教育家朱勃纪念文集

顾明远题

施雨丹◇主编

广东高等教育出版社
Guangdong Higher Education Press
·广州·

图书在版编目（CIP）数据

教育家朱勃纪念文集/施雨丹主编. —广州：广东高等教育出版社，2019.4
ISBN 978－7－5361－6452－9

Ⅰ. ①教…　Ⅱ. ①施…　Ⅲ. ①朱勃－纪念文集　Ⅳ. ①K825.46－53

中国版本图书馆 CIP 数据核字（2019）第 066626 号

出版发行	广东高等教育出版社 地址：广州市天河区林和西横路 邮政编码：510500　电话：（020）87554152　87553335 http://www.gdgjs.com.cn
印　　刷	广东信源彩色印务有限公司
开　　本	787 毫米×1092 毫米　1/16
印　　张	23.5
字　　数	401 千
版　　次	2019 年 4 月第 1 版
印　　次	2019 年 4 月第 1 次印刷
定　　价	160.00 元

出版说明

《教育家朱勃纪念文集》由四部分，即缅怀纪念篇、学术论文篇、著作译著篇、思想研究篇组成。缅怀纪念篇收录了朱勃先生的亲人、同事及学生撰写的回忆与纪念朱勃先生的文章。学术论文篇为朱勃先生的学术论文部分，精选了不同主题和类型的 11 篇文章，主题上侧重朱勃先生在比较教育学科建设、教育现代化、师范教育等领域的代表性文章；类型上则从多元化角度呈现朱勃先生的研究成果，既有学术论文，亦有考察报告、会议论文。著作译著篇收录了朱勃先生的代表性著作《比较教育史略》；译著从《比较教育的研究方法》中选取收录了“教育科学与比较研究”一章。思想研究篇为朱勃比较教育思想研究，收录了本书作者的两篇研究朱勃先生比较教育思想的论文。全书结构力求总体上呈现本文集的纪念意义与学术价值。

朱勃先生的夫人肖前瑛教授在 1994 年编写的《朱勃教育论文选集》（非营利性出版物，粤印准字第 0985 号）中选编了朱勃先生的 21 篇学术论文。《教育家朱勃纪念文集》的选文与《朱勃教育论文选集》有交叉但不限于此。其中，《朱勃教育论文选集》中的“朱勃传略”特别收录在本文集中。

《教育家朱勃纪念文集》全文根据出版规范统一修正了格式。例如，原文中使用汉字表达的年份、数量等，均按目前出版规范用阿拉伯数字表示；全文在尊重原著的基础上，语言表达根据目前使用习惯和出版规范略作修订；对学术用语的使用惯例进行了规范，如比较教育学家康德尔，原著中翻译为“坎德尔”，现统一为“康德尔”。

图 1　1946 年朱勃先生获华中大学教育学学士学位留影

图 2　1948 年朱勃先生在美国哥伦比亚大学图书馆前留影

图 3　1949 年朱勃先生与肖前瑛教授结婚纪念留影

图 4　1950—1957 年朱勃先生在陕西师范大学工作期间家庭留影

图5　1958年朱勃先生在苏联莫斯科与苏联专家合影（左一为朱勃先生）

图6　1960年朱勃先生在陕西师范大学附属小学进行教育改革实验

图 7　1980 年朱勃先生赴印度参加联合国教科文组织举行的第六次亚洲教育会议合影（二排右四为朱勃先生）

图 8　1981 年朱勃先生参加《中国大百科全书·教育卷》编委会合影（二排左四为朱勃先生）

图 9　1981 年朱勃先生赴澳大利亚访问，与悉尼大学著名教育专家康奈尔教授夫妇合影
（右一为朱勃先生）

全国外国教育研究会第二届理事会名单

（一九八一年五月二十九日会员代表大会上选举产生）

理 事 长：张天恩

副理事长：滕大春　朱勃

秘 书 长：金世柏

顾　　问：檀仁梅　陈友松　彭文龙　孟宪德　徐锡令　刘文修　傅统先

常务理事：张天恩　滕大春　朱　勃　顾明远　钱景舫　金世柏　王承绪　孙世路　熊承涤　刘北鲁

理　　事：吴元训　周鸿志　吴文侃　李荷珍　郝克明　邵　珊　刘树范　刘殿如　曲　程　马骥雄　杜殿坤　毕淑芝　符娟明　王　桂　梁忠义

图 10　朱勃先生当选为全国外国教育研究会第二届理事会副理事长

图11　1981年朱勃先生参加全国第三次外国教育学术讨论会合影（一排右四为朱勃先生）

图 12　1983 年朱勃先生赴英、法两国考察，与杭州大学王承绪先生在马克思墓前合影（左一为朱勃先生）

图 13　1983 年朱勃先生赴英、法两国考察，与世界比较教育大会主席德博韦和法国国际教育研究中心副主任亚历山大合影（右二为朱勃先生）

图 14　1983 年朱勃先生赴英、法两国考察，与英国比较教育学家埃德蒙·金教授夫妇合影（左一为朱勃先生）

图 15　1983 年朱勃先生赴英、法两国考察与英国伦敦大学教育学院博士研究生座谈合影（左二为朱勃先生）

图 16　1986 年朱勃先生与来访的日本比较教育学家大冢丰教授等合影

（一排右一为朱勃先生）

图 17　1986 年朱勃先生与来访的中国香港学者卢乃桂博士等合影（一排右一为朱勃先生）

图 18　1986 年朱勃先生与来访的澳大利亚悉尼大学黄开济博士等合影

（左二为朱勃先生）

图 19　1986 年朱勃先生与美国加州大学副教授、哲学博士骆思典等合影

（一排左一为朱勃先生）

图 20　朱勃先生工作照

图 21　1988 年朱勃先生与肖前瑛教授金婚纪念留影

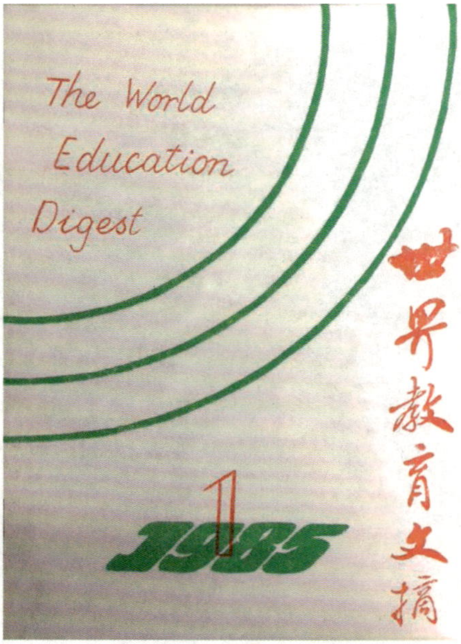

图 22　朱勃先生主编的学术期刊《世界教育文摘》封面

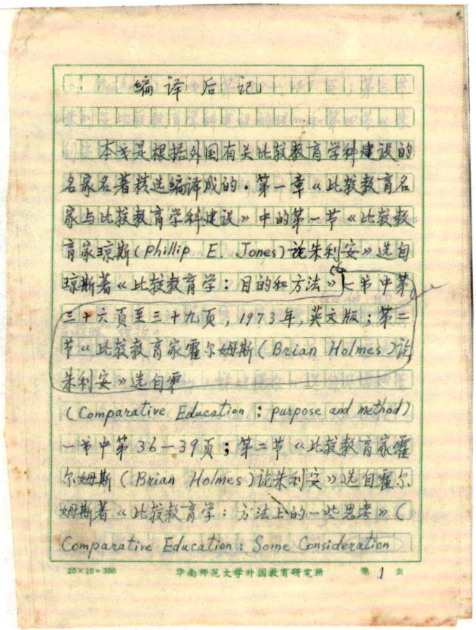

编译后记

本书是根据外国有关比较教育学科建设的名家名著精选编译成的。第一章《比较教育名家与比较教育学科建设》中的第一节《比较教育家琼斯(Phillip E. Jones)论朱利安》选自琼斯著《比较教育学：目的和方法》一书中第三十六页至三十九页，1973年，英文版；第二节《比较教育家霍尔姆斯(Brian Holmes)论朱利安》选自霍

(Comparative Education: purpose and method)一书中第36—39页；第二节《比较教育家霍尔姆斯(Brian Holmes)论朱利安》选自霍尔姆斯著《比较教育学：方法上的一些思考》(Comparative Education: Some Consideration

20×15=300　华南师范大学外国教育研究所　第 1 页

图 23　朱勃先生手稿

怀念朱勃先生

朱勃先生是我国老一代教育家，早年留学美国，20 世纪 50 年代后期留学苏联。可惜我在苏联与他失之交臂。本来同是一所学校——国立莫斯科列宁师范学院，我于 1956 年回国，他刚巧才去，没有能够在那里做同学。认识朱勃先生已是改革开放以后了。

改革开放使我们有机会了解世界各国的教育。1980 年，教育部高教司邀请哥伦比亚大学比较教育学者胡昌度教授到北京师范大学来讲学，同时组织了一个大学教师进修班，向胡昌度先生学习比较教育。我当时担任北京师范大学教育系主任兼外国教育研究所所长，算是这个班的组织者。进修班学员除了跟学生一起听课外，还要学习胡昌度先生为进修班开设的比较教育方法论等课程。一个学期的课程结束后，进修班的十几位老师一起商量，打算编一本中国自己的比较教育教材。但是我们进修班的学员当时大多已年过半百，都没有留学的经验，对比较教育也比较陌生，不知如何下手，于是想到邀请老一辈的教育家出来做指导。我们邀请了杭州大学的王承绪先生，他曾经留学英国，早年就介绍过西方的教育；邀请了福建师范大学的檀仁梅先生，他曾经留学美国；还有就是邀请了华南师范大学的朱勃先生。

为了写好新中国第一本比较教育教材，我们进行了多次讨论，初步拟订出了一个提纲。1981 年初春，在华南师范大学召开了大纲讨论会。朱勃先生为这次讨论会做了精心的准备。我记得，那时学校办学条件很简陋，华南师范大学在广州郊区，四周都是农田（现在当然已变成市中心了），学校连个招待所都没有，朱勃先生联系了空军招待所。我们在那里开了整整一个星期的讨论会，把大纲定了下来。同年夏天，在烈日炎炎下，王承绪先生、朱勃先生和我一起在北京西皇城根北京四中旁边的中国人民大学招待所工作了整整一个月，才把初稿定下来。那时檀仁梅先生因病没有再参加，因而就由王承绪、朱勃和我作为主编出版。该书在教育部第一届高等学校教材评优中被评为二等奖。

1979 年 10 月底中国教育学会外国教育研究会在上海成立，朱勃先生和我都被选为研究会常务理事，于是我们的接触就更多了。当时约定好年会由北京师范大学、华东师范大学、东北师范大学和河北大学的四个外国问题研究所及华南师范大学教育科学研究所轮流坐庄。第一次学术研讨会是在研究会成立之前——1978 年夏天在北京师范大学召开的。第二次年会在上海的华东师范大学召开，就是那次会上成立了外国教育研究会，后改为比较教育研究会。第三次年会于 1981 年在保定的河北大学召开。第四次年会于 1983 年在长春的东北师范大学召开。本来第五次年会轮到在广州的华南师范大学召开，但因种种原因，尤其是朱勃先生患病未能开成，甚感遗憾。

朱勃先生为我国比较教育建设做出了重要贡献。他不仅指导我们编写了新中国成立以来第一本比较教育教材，还积极参加了比较教育的各种学术讨论，特别是他撰写了《比较教育史略》一书。该书虽然篇幅不大，但是运用历史唯物主义的观点系统地介绍和分析了比较教育学科发展的历史，填补了当时我国比较教育研究的空白。

朱勃先生学识渊博，为人谦和，可惜过早地离开了我们，确是我国比较教育学界的一大损失。今天我们怀念他，我们要不忘初心，继承他的事业，在新时代努力推进比较教育的发展。

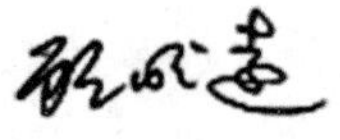

2019 年 1 月 20 日

朱勃传略

朱勃，原名朱如初，1919 年 7 月 5 日出生于云南省宣威县（1994 年撤县设市）来宾乡（1988 年建镇）观音堂村的一个富裕家庭。启蒙后进入小学，同时在家读私塾。初小[①]毕业考入县城三元宫高小[②]（今榕城一小）。1936 年前往昆明求学，考入昆华中学初级部读初中，1939 年 1 月考入云南省立昆华高级工业职业学校（以下简称“昆工”）。学习期间，由于受进步思想的影响，不仅个人刻苦攻读马克思列宁主义（以下简称马列主义）哲学著作，还与昆工中共地下党员窦甫仁等组织读书会，并积极组织进步同学阅读艾思奇著的《大众哲学》等进步书籍，与同志们展开讨论。1939 年 6 月由窦甫仁介绍加入中国共产党。入党后，更积极地从事党的工作，并担任昆工地下党支部书记。此外，他还利用假期返乡到宣威中学和乡村师范组织星火读书会、举办《星火壁报》，积极开展抗日宣传活动。皖南事变后，遵照云南省工作委员会（以下简称云南省工委）为贯彻执行党中央在国民党统治区实行“隐蔽精干、长期埋伏、积蓄力量、以待时机”的方针和中共中央南方局“勤学、勤业、勤交友”的指示，1941 年 9 月经党组织决定，将已暴露身份的党员隐蔽，因此改名朱勃，并离开昆工，考入从武汉迁移到云南大理喜洲的华中大学（华中师范大学的主要前身）物理系，以读书为掩护，继续进行党的工作。

1946 年 8 月，大学毕业，当时宣威高级师范校长易人，新任校长思想反动，云南省工委指派朱勃到该校担任教务主任，并指示到校后，要充分利用反动校长的亲戚、同乡、同学关系，以“中间人物”面目接近校长，了解其

① 初小，即低年级的小学，一至四年级阶段。

② 高小，一般指五六年级阶段。

与宣威上层人物的关系，必要时公开身份与校长展开斗争，并指示：今后工作直接与云南省工委的侯方岳联系。朱勃在宣威高级师范学校任教期间，为人耿直、平易近人，与群众关系密切；所教授的外语等课程，深入浅出，通俗易懂，深受学生欢迎。

1947年春天，朱勃因考取留学，奉组织指示离开宣威高级师范学校回到昆明，在昆明师范学院英语系任教。1948年5月，经云南省工委同意，到美国哥伦比亚大学学习，成为宣威首批留美学生之一。在美国学习期间，他争分夺秒，刻苦攻读，用一年时间完成了两年的课程。1949年秋天，朱勃获得硕士学位，此时，中华人民共和国成立。为了能亲身投入新中国的建设，他毅然放弃继续深造的机会，积极响应党中央的号召，克服种种障碍和困难，绕道香港，乘英国轮船北上天津，终于在中华人民共和国成立前夕回到祖国。

新中国刚成立，百废待兴，百业待举，正是需要人才的时候。朱勃回到北京后，有关方面负责人曾多次前往其住处，邀请他担任处长以上职务工作，而他却一一谢绝。他认为自己虽入党多年，由于长期从事地下工作，未曾系统地学习马列主义，理应先提高马列主义水平，才能更好地为党工作。因此，他再三要求到北京华北大学（中国人民大学前身）政治研究院学习，并任该院第四班学委会主席。在学习期间，他不仅如饥似渴地阅读马列主义著作，还积极主动配合班干部组织全班学生学习。

1950年7月，朱勃被教育部分配到西安西北大学师范学院工作，任该校教育系副教授、系党支部书记等职。1952年院系调整，西北大学师范学院独立为西安师范学院（即现在的陕西师范大学）。1957年8月，朱勃奉命到苏联莫斯科列宁师范学院进修教育学。1959年9月学习期满回到陕西师范大学工作，担任该校党委委员、党委常委、教育系主任、教育研究所副主任等职。后由于陕西师范大学教育系停办，1963年10月奉命调往华南师范大学，先后任党委委员，党委常委，教育系、外语系党总支书记、系主任，华南师范大学韶关分教处处长，广东省教育科学研究所副所长，外国教育研究所所长，《世界教育文摘》主编，中国教育学术委员会委员，全国外国教育研究会副理事长，中国比较教育学会顾问，云南师范大学客座教授等职。1986年9月，因患肺癌，被批准离休，享受厅级干部待遇。

一、忠诚党的事业

朱勃早年在国民党统治区的白色恐怖下，对中国革命事业就具有必胜的信念，不怕牺牲，积极发展党的组织，宣传党的抗日政策，开展党的统战工作，对当地革命工作有一定的贡献。

朱勃原为工业职专学生，后考入华中大学改为攻读物理专业。由于参加革命工作，难以完成校方规定的实验和作业，他毅然转入该校教育学院的英语专业。

新中国成立后，朱勃风尘仆仆地回国，深深感到为了更好地为党工作，建设祖国，不仅需要加强马列主义学习，还要为响应党“向苏联学习”的号召掌握俄文。因此，他一面积极完成各项工作任务，同时还自学俄文，为向苏联学习创造条件。

从个性特点来看，朱勃乃是热衷于研究理论、探讨学术问题的一介书生。由于身为党员，理应服从党组织的安排，他始终是既从事党的工作，又承担教学、科研任务的“双肩挑”干部。在负责学校、系党政领导工作期间，能坚决贯彻党的各项方针政策，特别是教育方针和知识分子政策，能坚持民主集中制原则，对大是大非问题不含糊、有主见。他坚决拥护和积极贯彻党的十一届三中全会以来的路线、方针、政策，和党中央在政治上保持高度一致。朱勃为人坦率，对党忠诚，作风正派，办事公道，关心师生，团结同志。他参加革命工作近50年，为党和人民的革命事业奉献了毕生精力。

二、孜孜不倦、学有所专

朱勃在求学道路上并非一帆风顺，他原本学工，进入大学后转学理科，最后又转入教育学院攻读英语专业。由于云南地处边陲，交通闭塞，外语水平一般较低；而华中大学又是教会学校，外语水平普遍较高，能否凭借努力弥补地区水平差距顺利通过转系的英语考试，对朱勃来说是一次严峻的考验。但他却不畏艰辛，迎难而上，经过一个暑假的刻苦学习，终于顺利通过考试，最初与他接洽转系的教师，对他英语水平提高之快也不胜惊讶。与此同时，他对英语产生了浓厚的兴趣，他的学士论文是用英文写的《中学生英语词汇的研究》，出国前又在中学和昆明师范学院英语系任教。留美后，他在英语方面的学术造诣更上一层楼。但是新中国成立后，全国英语系停办。由于朱勃毕业于教育学院，因此来到西北大学，被安排在师范学院教育系，从此开始了他的教育学研究生涯。

除了教好教育学这门新课程，朱勃更是如饥似渴地学习俄文，不管党的工作和教学如何忙碌，他每天都会完成自订的俄文学习计划。为了尽快掌握俄文，他甚至在进城办事的马车上也不忘学习（当时的学校在郊区，而20世纪50年代前期的交通工具主要是马车）。他双目紧闭，身体随着马车摇摇晃晃，口中念念有词，分秒必争地记忆俄文单词。1957年奉上级命令，他被指派到苏联进修。按规定副教授不需写论文，而他为了进一步掌握苏联教育理论和俄文，硬是坚持完成了《直观教学理论与实践》的俄文论文。

朱勃重视马列主义和教育理论的研究，20世纪50年代，他先后编写了教育学、列宁教育思想、毛泽东教育思想等教材。尤其是党的十一届三中全会召开以后，他如沐春风，干劲更足，运用他扎实的外文功底，开拓了崭新的研究领域，开始着手比较教育研究。他在比较教育领域有较高的造诣，不仅担任原教育部委托编写的新中国第一本《比较教育》教材的主编之一，还担任《中国大百科全书·教育卷》外国教育史与当代外国教育分支的副主编。他治学严谨，孜孜不倦，埋头苦干，仅以1981—1982学年为例，在这一年里撰写论文10余万字，翻译达20万字，审阅论文有30万字之多，真不愧是比较教育学科的带头人。

朱勃撰写的《教育三面向和今日比较教育》曾获广东省社会科学联合会奖。他在罹患肺癌后，仍坚持整理文稿，完成翻译任务，与病魔争夺时间，使《比较教育史略》《比较教育名著评论》《比较教育研究方法》《悉尼大学》等著作在其有生之年出版。这些论著在国内有较大的影响，其中，《比较教育史略》一书荣获（1986—1988）中南地区大学出版社优秀学术专著二等奖。

朱勃曾作为中国代表参加联合国教科文组织在印度召开的国际教育会议；曾应澳大利亚中国教育学会和澳大利亚悉尼大学中国教育学会联合邀请，前往澳大利亚的四大城市进行讲学和访问；还奉联合国教科文组织选派前往英国和法国考察比较教育，并多次接待前来我国访问的国外教育专家。他不仅是学有专长，在国内外还有一定的名望和影响力，在教育学术交流方面为我国做出了积极的贡献。

令人遗憾的是，朱勃病逝后还遗留若干待撰写的专著，分别为：《中国师范教育与基础教育》《外国普通教育与职业技术教育》《外国师范教育与基础教育》《外国高等教育与比较教育》等。各个文集都分门别类地收集了资料，其中有的已写出初步提纲，然而天不假年，徒之奈何。

三、热爱党的教育事业

朱勃热爱教育事业，把自己的毕生精力贡献给党的教育事业。尤其是在新中国成立后，他更加热爱党、热爱祖国、热爱社会主义事业，认真做好党交给他的各项工作。在完成学校党政工作的同时，他积极从事教学和科研工作，关心青年教师的成长。他曾先后开设教育学、列宁教育思想、毛泽东教育思想、苏联教育史、比较教育等课程。他的马列主义理论和教育理论基础扎实，教学经验丰富，循循善诱，常用亲身经历引导学生思考；他注重理论联系实际，对工作认真负责，有着严谨治学和优良的作风，深受系、所师生的爱戴，获得他们的一致好评。为了党的教育事业，20 世纪 70 年代末期，他开始进行比较教育研究。1986 年后，他虽身患重病，仍忘我地工作，为党和人民的革命事业和教育事业献出了毕生的精力。1988 年 12 月 29 日，朱勃先生因肺癌医治无效，在广东中山医科大学附属第一医院逝世，终年 70 岁。他逝世几年后，学校还不时有外地甚至远在边陲地区的青年来信，畅叙敬仰之情，申请报考他的研究生或请教他有关问题等。然而此时此刻，唯有对天长叹，痛失良师，呜呼哀哉。

朱勃的一生，是革命的一生，是乐于奉献的一生。早在学生时期，他就对中国革命怀有必胜的信念，不怕牺牲，积极发挥党员作用，宣传党的抗日政策，开展党的统战工作，为新民主主义革命做出了一定的贡献。

目　　录

缅怀纪念篇

永恒的怀念——为父亲100周年诞辰而作　3
大哥引导我走上革命道路　13
缅怀兄长为国家做出的贡献　15
朱勃是朱氏家族的榜样　18
忆朱勃先生　20
朱勃同志在西安　23
我国比较教育学科学术带头人——朱勃同志　26
纪念朱勃教授——我的回忆与体悟　29
恩师朱勃先生往事点滴　38

学术论文篇

从“三个面向”看现代化的教育世界　43
我国教育的回顾与亚洲教育的展望　53
世界师范教育经验的综合研究——比较与借鉴　61
学习外国先进经验，加速我国师范教育的发展　98
当代世界高等教育的发展和特点　115
美英两国的比较教育　124
从比较教育史看教育借鉴与改革　129

国外教育科学的一个新领域
——比较教育学的发展 138
比较教育学科建设的探讨 147
当前比较教育研究中的几个重要问题 154
比较教育研究的新尝试 160

著作译著篇

比较教育史略 173
教育科学与比较研究 293

思想研究篇

朱勃先生的学术人生及比较教育思想 325
借鉴时代的比较教育：朱勃比较教育思想择粹
——纪念朱勃先生诞辰 100 周年 334

参考文献 344

后　　记 345

缅怀纪念篇

永恒的怀念
——为父亲100周年诞辰而作

光阴似箭，岁月如梭，不知不觉中父亲离开我们已经30多年。历史的脚步在不断地向前走，我相信即使再过更长的时间，父亲的音容笑貌和高风亮节，以及他的治学精神、对信仰的追求、对生活的热爱都会永远印刻在我的心里，并且伴随着我走完一生。

一、人是要有信仰的

父亲生前经常对我说："做人必须要有信仰。"这句话有两重含义：一是对共产主义的信仰；二是在学术研究上的信仰。

（一）对共产主义的信仰

1939年父亲还在读高中的时候就参加了地下党，当时他在云南省立昆华高级工业职业学校学习，由于心中充斥着对国民党政府的不满和抗日的热情，他参加了地下党组织，在学校发展党员，去农村对农民进行思想动员。当时和他一起工作的地下党同志，有的被捕，有的牺牲，由于父亲单线联系的上级和下级都是安全的，所以他很幸运没有被捕。

对于父亲早年参加革命一事我曾经很困惑，在我的观念里，参加革命的应该都是穷苦人家的孩子，可是父亲出身于富裕家庭，过着不愁吃不愁穿的日子，他为什么会参加革命呢？父亲告诉我，他反对封建家庭包办婚姻，反对农村宗族之间的争斗，还反对父母为了家族利益让他去读警察学校。因为这些，他的家族切断了对他的经济资助。情急之下，他选择了勤工俭学去读中专。在读中专的时候他接触到地下党组织，受到了进步思想的熏陶，后来被发展成中共地下党员，从此走上了革命的道路。因为没有了家庭的经济资助，父亲读书期间，一直是用自己的劳动来维持读书时的开销，跟那些贫困家庭的孩子没有太大的区别。

抗日战争期间，父亲一边读书，一边坚持做学生工作和中共地下党的情报工作。1948 年，他获得了云南省政府主席龙云设立的派云南省子弟到美国学习的奖学金，并得到了地下党组织的批准，到美国哥伦比亚大学读教育学，用了不到两年的时间他就拿到了硕士学位，这奠定了父亲一生的学术基础。

在美国完成学业以后，父亲本可以选择留在美国继续深造，但他毫不犹豫地选择了回国工作报效祖国，这也是他对共产主义信仰的追求与坚持的具体表现。当然任何坚持信仰的过程都是充满艰辛与坎坷的，“文化大革命”期间，父亲遭受了不公正的待遇，不仅受到了批判还被停发了工资。在那段时间我曾经问过父亲，如果当年你选择留在美国，一定像你那些留在美国的同学一样，也当了教授过上了富裕的生活，但你却选择了回国，难道你不后悔吗？对于这个问题，父亲思考以后告诉我，人是历史的产物，任何人都应当从历史的背景来看待自己、看待社会、看待人生；任何一个政党也是历史的产物，任何一个政党的成长都不是一帆风顺的，都会经过许多曲折和坎坷，但只要这个政党是有生命力的，它的方向是正确的，那它迟早会走到正确的道路上来。每个在党内的人也不可能一辈子都非常平稳、非常公正地被对待。父亲就是这样，他把个人的历史放到整个民族的历史中考虑，把个人的经历与民族的兴衰联系在一起。因此他对自己的选择并不后悔，这也是为什么在“文化大革命”结束以后，他收到补发的工资后第一件事情就是用它交了党费。这件事情给我的印象非常深刻。正是因为历史唯物主义和辩证法的思维方式，父亲能以客观的态度看待历史，也正是这种思维方式支持着他，不论在顺境和逆境当中都不断地奋斗。

我曾经对父亲说过的“人是历史的产物”这句话并不理解，但是当自己有一定经历以后，才真正理解这句话的深刻哲理。父亲生活的年代是抗日战争时期，在那个时代有爱国良知的热血青年都投入到抗日的洪流中去了，他接触到共产主义的思想，认定共产主义能给自己带来新的生活，这也因此成了他一生的信仰。所以在这种历史背景下，对共产主义理想的坚定信念，让我更深刻地理解了父亲。

（二）在学术研究上的信仰

父亲学贯中西，熟练掌握英文和俄文两门外语，他这一生都把党的事业和学术研究放在生命的第一位。作为新中国比较教育的三位奠基者之一，他在中国比较教育学的研究地位得到了后人的认可。

父亲的刻苦学习给我留下了非常深刻的印象。父亲去莫斯科进修的时候已经年近 40 岁，为了克服语言障碍，他每天早上起来刷牙时，都把水卷在舌头里练习俄语中一个非常难发的音。20 世纪 50 年代，我们住在西安市大雁塔附近，当时去市区要坐马车，父亲在马车上都会抓紧时间不断地背俄语单词。那时候母亲经常说，父亲如果一天不学习新的俄语单词就会寝食难安。他对学习是那样地刻苦认真，也因此在很短的时间内就掌握了俄语，这为他顺利地在苏联进修打下了坚实的基础。父亲这种坚持不懈、锲而不舍的学习精神，在当时我幼小的心灵里留下了非常深刻的印象。

1959 年，父亲从莫斯科进修回来，我们去北京接他。当时我还在上小学三四年级，以为他会带很多好吃的、好玩的东西回来，但没想到父亲带回来的全是俄文版教育学的书。他把所有的外汇节省下来都去买了书，那时他豪情满怀地跟母亲说，这回他要把在苏联学到的知识和经验，运用到中国的小学教育当中，创办有我们自己特色的教育体系和教学方法。在此之后父亲经常去小学上实验课，跟小学教师一起研究教学方法，现在我们还能在旧相册里找到一些他跟当时陕西师范大学附属小学的师生一起做教学实验的相片。

20 世纪 60 年代国家经济困难，教育部实行院校合并，当时陕西师范大学的教育学专业被撤销了，于是我们举家从陕西师范大学搬到了广州的华南师范大学。记得在我们搬家时，父亲把一箱箱俄文版教育类书籍都悉数搬到了广州。“文化大革命”时期，我们家被下放到干校，居住的地方小了很多，当时我们扔了很多东西，但是这些俄文版书籍父亲却一本都没舍得扔。他拿了一个很大的箱子来装书，并把自己的床板放在书箱上，还开玩笑地说，他这是真正地睡在书堆上了。那些书最后都保留了下来，直到父亲去世以后，母亲把这些书全部捐给了华南师范大学的图书馆，当时图书馆还专门列了一个专柜来存放这些书。

正是由于父亲在美国和苏联的学习经历，以及他在学术研究上不屈不挠的追求，使得他在教育学方面积累了丰富的学识和经验。在中国改革开放时期，他迎来了教育革命的新时代。父亲与浙江大学的王承绪教授以及北京师范大学的顾明远教授，努力开创了中国比较教育的新领域，他们在这个领域里辛勤耕耘，为中国比较教育学科的发展做出了贡献。他们在学术领域的信仰和坚持也为后人留下了丰厚的精神遗产。

二、人是要有一技之长的

父亲经常告诫我，一技之长不仅是我们的生存之道，也是我们为人民服务必不可少的技能。父亲的这一教导对我的一生都有着巨大的影响。

（一）教我学习英语

父亲是我人生最重要的英语老师。记得“文化大革命”期间，学校已经停课了，但是父亲一直坚持要我学英语。最开始我们是学英文版的《毛主席语录》，后来父亲找到了一本英语教材，他就从最基础的英语字母和国际音标开始教我。每天不管多晚他都一定要检查我当天的英语学习情况，每一篇课文他都要求我做到“五会”，即会读、会写、会听、会说、会翻译，每一课的内容都要学深、学透。在父亲的严格要求下，我打下了良好的英语基础，使我终身受益。当时我并没有感觉到父亲让我坚持学英语会对我的一生有多大的帮助，直到多年以后我到法国留学，由于熟练掌握英语，我得到了去经济合作与发展组织（Organization for Economic Cooperation and Development，以下简称经合组织）当研究实习员的机会，我才意识到熟谙英语给我带来了多大的益处。在经合组织实习的时候，我参加了中国科技史发展的一个研究项目组，主要任务是把中文翻译成英文。那时候进经合组织有很多竞争者，而在竞争考试中用英文而不用法文，所以当时在法国，熟谙英语是我的一个很大的优势。

在撰写博士论文的过程中，扎实的英语功底也给我带来了莫大的帮助。我当时跟的导师是一个希腊人，我跟他商量论文第一稿用英语写，然后再把它翻译成法语，这样我就可以把语言和学术上的两重困难分阶段地克服掉，导师同意了我的建议。因此我顺利地完成了博士论文的答辩，并取得了优异的成绩。现在回想起来，父亲不仅教会我英语，更重要的是告诉了我一个道理："人生不能虚度光阴，每一天都要学习新的东西。"这都是父亲给我留下的宝贵财富。很多年过去了，父亲在马车上记俄文单词的场景一直深深地刻在我的脑海里，这也是激励我遵从他的教诲，每天都学习新东西的动力所在。

（二）鼓励我当好赤脚医生

16 岁上山下乡的时候，我去了海南的一个建设兵团，在劳动之余我对医学比较感兴趣，当了连队的赤脚医生，并且学会了一些简单的针灸知识，后来还被推送到兵团医院的护训队进行学习。当时我的梦想是到中山医科大学读书。从护训队毕业以后我就被派到手术室里当护士，父亲得知我有继续深造医学的想法以后表示非常支持。他经常告诉我，不要小看赤脚医生的工作，只要认真学习和实践，有真的本领，在任何岗位上都能做出成绩。他费尽周折，拿到了中山医科大学工农兵学员使用的一整套基本教材，要求我在业余的时间自学，不懂的就问医院的医生。后来我被派到兵团医院手术室当护士，父亲又要求我每做完一个手术都要做笔记，手术的程序和使用器材都要记清楚。因此，我留下了两本厚厚的手术笔记。现在回想起来，父亲实际上是要求我在实践当中认真学习科学的基础技术，做一个有知识有文化的人。

（三）支持我停薪留职考研究生

1973 年我从海南回来以后就读了广东的外贸类中专，1976 年毕业后我被分到了广州市轻工进出口公司工作。那时候进出口公司工作稳定，薪水也不低，而且每年可以参加交易会，还有很多出国出差的机会，在当时这份工作是很令人羡慕的。我当时也安于现状，不求上进了。但是父亲和母亲都希望我能接受高等教育，鼓励我直接考研究生。在父母的鼓励下，我办了停薪留职到暨南大学经济系进修经济学专业。我记得非常清楚，那时，"文化大革命"刚结束不久，各个大学开始恢复招考研究生，每个学校都可以自己制定考试时间，这样就给报考研究生的年轻人一年两次考试机会。

从1980年起，我一边在暨南大学补经济学的课程，一边开始参加研究生的考试。我先后一共考了四次，记得每一次考试失利我都会大哭一场，然后擦干眼泪继续备考。父亲每次都跟我说："你要是考上了是意外惊喜，考不上是理所当然的。为什么呢？因为人家上大学四年都不一定能考上，你又不是什么天才，你现在才刚开始补单门的课程，怎么可能一下子就考上呢?"他也反复跟我说，要我把考研究生当作自己学习的动力，自觉主动地接受高等教育，让自己成为有科学文化知识的人，这样的人生才有价值。

通过三个学期的努力，我终于在1982年考上了研究生，开始了自己的硕士学习生涯，也从此走上了学术的道路。这件事应该是我人生路上的一个重大转折点。现在看来，父母鼓励我停薪留职去读研究生，实际上是希望我用更多的知识来武装自己，走好自己的人生道路，实现自己的人生价值。

（四）鼓励我出国留学

1986年，我已经为人妻为人母了，当时我先生在北京读博士，孩子才1岁左右，父母身体也不好。所以那时候我已经非常安心在大学当一名普通教师，同时照顾老人和孩子。可是父亲却鼓励我出国留学，希望我有机会出去见见世面。在父亲的反复劝说下，我参加了1988年由教育部资助的高校青年骨干教师访问学者的考试并获得了出国名额，有机会到法国进修。

出国前，父亲让我准备好了所有我可能需要的资料，包括翻译我的硕士论文的内容和发表的文章的目录。当时父亲想得真是周到，他跟我说，如果有机会就读博士，没有机会也没有关系，但是要做好准备。没有想到的是真被我父亲说中了。在我到法国三个月之后，我就得到了破格申请读博士的机会。如果不是当年父亲给我的这些指导，如果不是他的细心周到，即使碰到机会我也会措手不及，与机会失之交臂。

记得当我接到可以注册攻读博士学位的通知时，坐在学校图书馆给家里写信，说我喜忧参半，喜的是我可以有机会攻读博士了，我非常热衷于学习，也非常有信心可以完成学业；忧的是我从进修生变成了自费读博士的学生，要开始半工半读的生活了。很快我就收到了父母的来信，他们都鼓励我一定要把博士学位拿到。后来我才知道，在我获得博士申请后的大概两个星期，父亲就病逝了，但是在此之前，他一直跟我母亲说，他相信我一定能够拿到博士学位回来。母亲为了让我安心学习，把父亲去世的消息瞒了我一年多，直到去澳大利亚探亲的时候，我先生才告诉我这个消息。当时我真的是悲痛欲绝，但我也下决心一定不辜负父母的愿望，尤其是父亲，一定要把博士学位拿回来。五年之后当我拿到博士学位的证书和博士论文回到广州，回到华南师范大学，把这些放在父亲的遗像前时真的是百感交集。

是父亲把我引上了学术研究这条道路。虽然父亲是研究教育学的，母亲是研究心理学的，而我学的是经济学。但是我仍然记得非常清楚，在我读硕士期间，父亲经常会跟我海阔天空地聊天，特别是在论文的撰写方面他会给我很多思考和意见，对我做学问的思想方法也有很多的指导。除此以外，父亲做学问的精神和态度，对我也产生了深远的影响。他当时做比较教育研究的时候，正处于改革开放初期，是教育领域重新焕发青春的时代，但同时也是资料非常匮乏的时代。每一次出国访问回来他都大量地翻译国外的资料，并结合中国实际情况写出了非常多的文章，他是一个非常刻苦自律并且坚定自己信仰、坚持自己研究思想的学者，他的这些品质对我产生了潜移默化的影响。在我整个人生的道路上，父亲都一直是我的精神支柱，他时常告诉我做任何事情，尤其在做学问方面，要肯坐冷板凳，要坚持不懈地完成自己所钟爱的研究事业，这些话语一直都给我很大的精神鼓励。

三、赠人玫瑰，手留余香

父亲的一生，是助人为乐的一生，是与人为善的一生。他总是把帮助别人作为一种乐趣，经常资助有困难的人，如经济困难的学生、刚工作没有积蓄的年轻教师等，对他人的帮助也都是悄悄进行的。父亲曾对我说，为什么人们总说赠人玫瑰，手留余香呢，因为人的价值和生命的意义就在于对他人有用、对社会有用。

这些话在当时我并不是十分理解，直到他去世以后，我碰到了他的学生们，从他们的叙述中得知，他们读书的时候，因为家庭生活困难面临被迫退学。父亲当时是教育系的党总支书记和系主任，他不希望这些学生因此而断送学习生涯，就从每个月的工资中拿出一部分资助他们，一直资助到这些学生读完大学，这件事情父亲没有跟任何人说过。此外，对于年轻老师的帮助，父亲也是不遗余力的，不仅在他们的学业上给予帮助，而且只要他们生活有困难，父亲都会毫不犹豫地帮助他们。这些事情都是很多年以后我们才得知的，这让我真正认识到父亲的助人为乐和与人为善的品质，这就是他的生活信条，也是他做人的原则。

四、父母相伴而行，相爱一生

父母的一生，是相伴而行的一生，是举案齐眉的一生，是互相搀扶的一生，也是坎坷不平的一生。

（一）事业上举案齐眉

父母都是事业心非常强的知识分子，父亲从事教育学研究，母亲从事心理学研究。在陕西师范大学工作的时候，教育系包括教育学专业和心理学专业，所以他们是在一个单位工作。父亲一直是单位的系主任和党总支书记，而母亲是心理学教研组的一位普通教师。他们在专业上其实是相通的，只是领域不同，各有专长，他们在事业上的互相帮助给我留下了很深的印象。

记得改革开放初期，母亲突然得到一个去美国进行学术交流的机会，母亲的英语没有父亲的好，尤其在口语方面。当时为了帮助母亲练习口语，父亲拿个录音机把母亲要讲的文章一句一句录下来，然后让母亲反复听、反复读，这对母亲在口语上的帮助挺大的，发现母亲发音不准确的地方，父亲都会不厌其烦地帮母亲纠正，从而帮助母亲顺利地完成此次的学术交流活动。

而母亲则永远都是父亲文章和书稿的第一阅读人。20 世纪七八十年代是父亲创作的高峰期，在去印度、澳大利亚、英国和法国访问归来之后，他写了大量的文章，也翻译了大量的文章，并开始撰写很多书稿。母亲总是第一阅稿人，她对父亲的文章提出意见，然后帮他誊写。当时电脑还未普及，都是母亲亲手誊写所有的手稿。因此，母亲在父亲科研方面一直都是不断地支持着，不仅是辅助，她还会从自己的专业角度提出很多观点，来帮助父亲更好地完善他的文章和著作。

（二）生活上互相关爱

生活中，母亲一直对父亲不离不弃。“文化大革命”时期，父亲被隔离审查和监督劳动期间，家里的经济比较紧张，那时父亲的工资已经停发了，只有母亲一个人的工资维持着全家的生活。父亲被关押的时候，我们每天要给他送饭。母亲总是想方设法地从牙缝中挤出一点钱买鱼肉，然后藏在米饭下面给父亲送去。母亲知道那个时候父亲的精神压力非常大，如果缺乏营养，恐怕是很难支撑下来的。在父亲被监禁的最艰难的时刻，正是母亲在精神上的关爱和生活上的照顾，让父亲挺过了那个艰难的时期。

后来，父亲生病以后，母亲对他更是无微不至地关怀和照顾。从父亲被发现肺癌到去世，大概有两年多的时间，都是母亲在无微不至地照顾。听说参汤可以增强抵抗力，炖参汤就成了母亲每天的必修课，无论刮风下雨，她都会炖一碗汤给父亲送去。其间，母亲写了一本日记，每次翻看都让我感动不已，里面详细描述了父亲生病以后，她每天是怎样给父亲炖汤、喂饭、送药，直到父亲生命的最后一刻。当时母亲也已年近七旬，并且患有心脏病，但是她仍无微不至地照顾父亲。他们两人一辈子互相搀扶着，经历了很多的风风雨雨。父亲去世以后，母亲还花了非常多的时间和精力整理父亲没有完成的文章及没有出版的书稿。母亲用这样的方式来纪念父亲，同时也帮父亲完成了他在学术上的最后一个愿望。

（三）历经坎坷，互相搀扶

父母相伴的一生经历了很多坎坷和灾难，每次他们都是互相抚慰，互相搀扶着从痛苦中走出来。

我们家在20世纪60年代末发生了很大的变化，短短三年时间里父母失去了两个孩子——我的哥哥和妹妹。由于当时年纪小，这件事情对我来说印象不是特别深刻，但是我知道父母当时都是非常痛苦的，在经历了这次打击之后，父母苍老了许多。若干年后当我自己成为母亲时，我才真正体会到短时间内失去两个孩子对父母的打击是多么的沉重。然而父母在这种打击当中，互相搀扶着、安慰着对方的心灵，慢慢地从沉重的打击中走出来。他们两人默契地把自己的精力放到了学术研究上，以此转移失去孩子的痛苦。当时他们如果没有相互之间的搀扶和抚慰，在这样沉重的打击面前是很容易崩溃的。

（四）相敬相爱，相伴永远

父母在事业上有共同的追求，他们携手从青年走到中年，再走到老年。

他们相敬相爱的一生用他们自己创作的一首诗是最能表达的。1988 年 10 月，父亲和母亲共同创作了一首诗：“人生七十古来稀，风雨同舟共朝夕。金婚双双忆当年，伉俪情深今胜昔。”至今为止，看到父母共同撰写的这首诗和他们金婚的婚纱照，我都感慨万千。

对父亲母亲的思念是永远也说不完的，对父母的怀念与祭奠也将是终生的。因为父母不仅给予了我生命，更教会了我如何做人，如何掌握科学技术跟上时代的步伐。作为一个有知识有文化的科学工作者，为社会、为人民做出自己应有的贡献，才不虚度此生。现在，父亲和母亲在天堂相会了，他们将继续相敬相爱，相伴永远。

在父亲 100 周年诞辰之际，怀着对父亲的敬仰与爱戴，我会更加珍惜父亲为我们留下的宝贵的精神财富，让自己真正做到生命不息，奋斗不止。

朱勃先生的女儿　朱乃肖

大哥引导我走上革命道路

我今日参加了云南省普洱市墨江县委政府召开的全县先进教师代表会，受到了表彰及奖励，并要求我介绍从教经验。我只不过是尽到一个人民教师应尽的职责，成绩的取得应归功于党的领导及同事们的帮助，但领导却给我这么高的荣誉，使我心潮澎湃，思绪万千。其实我今天能走到这一步除了我自身的努力外，还有一个重要原因就是我的大哥对我的帮助和教育，他是对我一生影响最大的人。

我和大哥出身于较富裕的大户人家，因此我们兄弟二人才能在昆明求学。读书期间我一心只想读好书，实现当一名物理学家的梦想，其他事情都不大关心。而大哥除了读好书之外还关心政治，不时叫上我一起去宣传抗日，参加抗日救亡活动。大哥除管好我们兄弟二人的生活外，还告诉我要树立自立自强的信念，坚决不能有靠着祖宗留下的产业生活的念头。他对我说："你不是想当一名物理学家吗？那就靠自己的努力奋斗去实现。"

那时候大哥苦口婆心地教育我，我并没有认真地去思考。但在大哥身上发生的一件事情对我的触动特别大，那就是大哥突然决定去上中专，我知道那是一所有生活补助的学校，我问大哥为何，大哥说："我不想依靠家庭生活，要靠自己的努力读好书。"当时我也不敢多问，但我心想定是与家里发生重大冲突。通过这件事我开始认真思考，思考大哥对我说的每一句话，思考我的人生道路。直到多年后，我才知道大哥在抗日战争初期就加入了中国共产党，他动员父亲把祖宗留下的田产除留下自己能吃饱饭之外的全部分给穷人，为这事大哥与父亲的关系到了决裂的程度。1947 年，大哥经党组织批准决定赴美国留学深造，当时我也即将从云南大学毕业，离别前我们深谈了一个晚上，大哥语重心长地对我讲：“你也快要毕业了，要记住永远靠自己走自立自强之路。”

1949 年，从云南大学毕业后，我选择到云南省曲靖市宣威县的倘塘小学做了一名小学教师。1950 年云南全省解放，当我得知云南大学要组织一批人员到边疆地区支援教育工作，便报名参加了。刚好大哥从美国学成归来，我就把自己想去边疆地区支教的想法和大哥讲了。大哥立即给我回信，表示支持我到边疆地区当教师，并对我讲：“新中国才成立，百废待兴，急需有文化的建设人才，你可以去培养更多的人当物理学家，不比你个人奋斗更有意义吗?”并讲他自己回国后，也可以留在北京工作，但他还是选择到西北地区去从事教育工作，发展教育事业是百年之计。以大哥为榜样，我选择支教，并在工作中做出了成绩。我在不眠之夜写下这段思绪中的波涛，就是要鞭策我努力奋进，为祖国建设增砖添瓦，献出绵薄之力，也作为对大哥指引我走上正确道路的感恩。

朱勃先生的二弟　朱如午

缅怀兄长为国家做出的贡献

吾兄朱勃离世已30余载，在兄长（即大哥）诞辰百年之际，回顾我们兄妹五人，大哥、二哥、三哥、四姐，已相继作古，不能与小弟一同享受太平盛世之幸福生活，甚感遗憾。如今我已是八旬老者，回望我走过80余载的足迹，每一步都饱含兄长对我无微不至的关怀与爱护，激起我无限的缅怀。

记得11岁那年，在老家的兄弟姐妹无人照顾，大哥通过当地政府与我和四姐联系上后，便立即要求我们上学读书。生活费由他负责提供，特别交代不要向学校申请助学金，并在信中教导我们如何安排生活起居，努力学习文化课，大哥的每一次来信都给我们讲很多道理，使幼年的我明白：新中国的成立是来之不易的，是无数革命先烈和人民大众流血牺牲才获得的。

大哥要求我们除了努力学习文化知识外，还要提高思想政治觉悟。他经常告诫我：共产党是为全国劳苦大众服务的，要懂得没有共产党就没有新中国的道理。虽然那时的我只有11岁，通过大哥的教诲，我慢慢知道了许多道理，树立起热爱共产党、热爱祖国的信念。最使我难忘的是，他把我每次给他写的信中的错别字和不通顺的地方，都修改好后再寄还给我，希望我不断提高，大哥的良苦用心，我终生难忘。

二哥从云南大学毕业时，大哥告诫他毕业后要自立自强，不能依靠家庭来生活。二哥遵从大哥的教导，到曲靖市宣威倘塘小学担任教师，后来又到普洱市墨江中学教书。由于成绩优异，二哥被评为优秀教师出席墨江县教师表彰大会，那时我才体会到大哥对我们的关心和指导，为我们的成长付出的心血。

1954 年，我小学毕业，是考普通中学还是考职业技术学校？我没有主意，向大哥请教。他综合分析之后，觉得我当时年纪已大，应该有判断能力了，还是自己决定，无论选择什么学校，他都会支持的。最后我报考了昆明铁路技工学校，录取以后在给我的祝贺信中，大哥语重心长地说：“你今后要走的道路还很长，要利用这次机会，学一门好技术，同时还要努力学好文化课，毕业后当一名有文化的好工人。”

走上工作岗位之后，在大哥的苦心帮助下，我用 10 年时间，刻苦学习技术，上工人夜校，最后终于获得回报，我发明的蒸汽机车叠板弹簧成型机，被选送参加云南省技术革新成果展，并得到奖励。云南一家国有企业的金属处理技术及生产线在“文化大革命”期间全部被毁掉了，“文化大革命”结束后急需恢复生产，我受命重建金属热处理生产线。此时我才深深意识到，大哥反复要求我学好技术及文化的意义所在。我和我的团队用一年的时间重建了金属热处理生产线车间，并在节约电力消耗上走在全省前列。云南省科学技术委员会、省节约能源办公室在工厂召开了节约电力现场会，我们给全省乃至全国提供了金属热处理节能技术及样机。

此后，我以双优的成绩被保送到云南工学院金属热处理专业进修，1982 年考取金属热处理工程师职称。若没有大哥数十年对我的关爱，我怎么能取得如此成绩。

大哥是我们家族的榜样。华南师范大学党委曾对大哥的成就做出如此评价：“朱勃同志是中国共产党抗日战争初期培养起来的高级知识分子，1939 年加入中共的朱勃，为中国人民的解放事业和中国教育事业奋斗终生，特别是对中国教育事业做出重大贡献，朱勃教授担任中国教育科学技术委员会委员，是中国比较教育学学科主要奠基人之一，朱勃教授出版和发表的多部著作，是留给后人最宝贵的财富。”

我们这个家庭，朱勃为长兄，兄妹五人的子、侄、孙共有 16 人，有 13 人受过高等教育，分别获得博士、硕士、学士等学位的有 9 人，其中有 8 人获得高级职称。子孙们从小听到最多的故事就是在我们这个小家族中，有一位很了不起的人。他为抗日战争的胜利出生入死；为新中国的诞生奋斗在地下战场；新中国成立后，为发展中国教育事业，呕心沥血填补中国比较教育学的空白，辛苦工作到生命最后一刻。他博古通今的学识，对多种外国语言的熟练掌握和平易近人的态度激励着每一位子孙奋发向上，朱勃的事迹已深深地印在子孙后代的脑海里。我们的子孙后代只要读书到中学，每人都会将朱勃著作带在身边，朱勃的事迹一直给他们以鼓舞。

1985年接到大哥来信，得知他患有肺癌，我一下子懵了，脑子顿时一片空白，等回过神来继续看信，才知大哥已经做了手术，而且手术很成功。反倒是大哥安慰我不要紧张，他用积极的心态与病魔做斗争，争取早日康复。大哥的病我虽十分无奈，但还是时时向身边的人打听，希望能有药方可帮助治疗。当听说甘肃省甘南州碌曲县阿拉乡有一位中医发明了一味中药对肺癌的治疗有辅助作用，我立即去拜访这位中医；得知在昆明西山龙门下的石缝里长着一种叫龙爪草的植物，可用于肺癌的治疗，我就带着儿子采集了几公斤龙爪草，寄给大哥。在康复治疗期间，大哥念念不忘他的比较教育学研究，并撰写专著。此后他受云南师范大学的邀请来昆明讲学，当我们从电视新闻里看到大哥已抵达昆明时，当晚我便见到大哥和大嫂，大哥和我两年前见到的相比，已苍老了许多，不知不觉间，我已热泪盈眶，大哥却说："男儿有泪不轻弹，你看我现在不是精神很好吗?"大哥装作精神焕发、中气十足的样子。大哥此次的讲学时间只有一周，他希望与所有家人见面，时间较为仓促，于是所有能来的家人，都到四姐家与大哥大嫂见面，大哥询问了每一个亲人的情况，特别是见到二哥长子腿受伤行动不便，问得最多，还问要不要去广州做手术，他可以帮助联系。大哥与侄子们亲切交谈，他那和蔼可亲的面孔，轻言细语的姿态，给我们留下永不磨灭的印象，没想到这竟是他与亲人们最后的诀别。很久很久以后，我的耳边萦绕着大哥常挂在嘴边的一句话："人生自古谁无死，青山处处埋忠骨。"虽然大哥已离开我们，而今缅怀兄长的贡献，记忆犹新，激励着我们奋发向上。

朱勃先生的四弟　朱如虎

朱勃是朱氏家族的榜样

朱勃原名朱如初，公元1919年岁次己未七月初五生于云南省宣威市观音堂朱村，是观音堂朱氏明初奉旨率军南征入滇始祖朱德之19世孙，我的族侄。

1992年，我在编写族谱时，了解了朱勃，他是我们家族中学位最高，为民族教育事业做出卓越贡献的人，是家族中的精英代表，是我们最值得推崇的对象。基于此，在我编写的族谱人物栏目中重点写了朱勃传略。

平心而论，当我对朱勃有所认识的时候，我们早已是隔世之人，不存在任何私人关系。我为何热心于朱勃事迹的宣传呢？那是因为朱勃的崇高品质对我来说是高山仰止。他自幼奋发图强，努力学习，立志报国，且志向宏大。他加入中国共产党之后，为谋求民族的解放而浴血奋斗；在美国学业有成后，他归心似箭，不计权位，忠于职守，党的需要就是他的志愿；“文化大革命”期间，他遭遇坎坷，但仍坚信党的领导；“文化大革命”结束之后，他以“老牛自知夕阳晚，不用扬鞭自奋蹄”的精神，更加勤奋地投入到教育科研之中，在比较教育学研究方面做出了卓越贡献；在与病魔抗争期间，他仍争分夺秒地完成了著述和翻译的鸿篇巨制。他的一生是奋斗的一生，是奉献的一生。他做人做事的方方面面都成为我的榜样。

了解朱勃后，我阅读了朱勃夫人肖前瑛教授编写的《朱勃教育论文集》，以便更多地了解朱勃，向他学习。想到朱勃精神，他才是“眼界高时无物碍”。比之朱勃的经历，我有天壤之别，也就能用平常心去看待一切，可以说我的思想境界得到了升华。直言之，我为家族做了不少事，都是在朱勃这盏明灯照耀下前进的。

朱勃常指导他的亲属家人："人不能依赖祖人创造的条件来生活，要自立自强，自食其力。"在他的指导之下，有的投笔从戎，跻身革命队伍；有的弃学从教，成为边疆地区的骨干教师；他的四弟朱如虎，14 岁才得到学习的机会，通过刻苦努力，成为铁路战线上的工程师；他的侄子朱树文双学士学位，在环保工作中已卓有建树。这在我们家族中是绝无仅有的，印证了"榜样的力量是无穷的"这句话。

2019 年是朱勃 100 周年诞辰，得悉华南师范大学将隆重举行朱勃教育思想研讨会，我甚感欣慰。这是对朱勃为教育事业做出卓越贡献的公认。在对朱勃的纪念和学习中，期望更多的人受到朱勃精神的鼓舞，为国家做出更多的贡献。

朱勃先生的族叔　朱庆美

忆朱勃先生

朱勃同志离开我们快五年了。他那平易近人、和蔼可亲的音容笑貌，好像就在眼前；他那好学不倦、开拓奋进的治学精神，还影响着比较教育学术界的同行和一代新人；他在和疾病做斗争中为比较教育学科建设写下的光辉篇章，已成为我国教育科学界的宝贵遗产。

中国共产党第十一届中央委员会第三次全体会议（以下简称“党的十一届三中全会”）迎来了教育科学的春天。1979 年 4 月在北京隆重举行了全国教育科学规划会议，制订发展教育科学的宏伟蓝图。早在 1978 年 6 月，在武汉举行的高等学校文科教学工作座谈会上，通过了教育系学校教育专业教学方案，规定开设比较教育课程，并把编写比较教育教材列入文科教材编写规划。就在这次教育科学规划会议上，原教育部高教一司的领导，组织部分出席会议的同志协作编写比较教育教材。就从那时开始，我和朱勃同志连续八个年头，在比较教育的学术园地里共同学习，相互切磋，对比较教育的学科建设，贡献我们的一分力量。

我和朱勃同志的第一次合作是比较教育教材的编写工作。1979 年 11 月，全国比较教育研究会在上海举行年会，具体落实在北京全国教育科学规划会议上所决定的比较教育教材编写工作。为适应教学急需，采取引进（翻译）和自编两种方法同时进行。由北京师范大学等九校的同志合作承担。比较教育教材由朱勃同志、顾明远同志和我负责主编翻译了美国的两种比较教育教材，即卡扎米亚斯和马西亚拉斯合著的《教育的传统和变革》及艾萨克·康德尔的《教育的新时代：比较研究》。经过两年多的时间，集体讨论三次，最后于 1982 年 6—7 月，主编们在北京集合定稿。这是我学术生涯中最难忘记的两个月，我们住在北京皇城根的人大招待所，多少个日日夜夜，我们讨论了比较教育的基本特征、比较教育发展的历史阶段，以及各级各类比较教育的重点，从教材的内容到文字的表达，展开了深入的讨论，有多少个晴朗的早晨，我和朱勃同志同登景山，徜徉北海。我们按时完成了定稿工作，朱勃同志为编写中华人民共和国第一本比较教育教材做出了重要贡献。

我和朱勃同志的第二次合作是在参加《中国大百科全书·教育卷》外国教育分支学科编写组工作。我们共同参与了外国教育条目的设计、审稿和定稿，朱勃同志还亲自撰写了比较教育专条和国别教育中的澳大利亚教育、印度教育、泰国教育、印度尼西亚教育和马来西亚教育等条目。为撰写这些条目，朱勃同志参考了大量资料，在定稿工作中极度负责。

1983 年 11 月，朱勃同志和我得到联合国教科文组织的资助，同赴英国和法国考察学习。伦敦大学从 20 世纪 30 年代开始，就是世界比较教育的中心之一。世界比较教育大师中的尼克拉斯·汉斯、劳锐思、埃德蒙·金和霍尔姆斯先后在伦敦大学讲授比较教育。当时霍尔姆斯担任伦敦大学比较教育学教授；埃德蒙·金已退休，担任《比较教育》杂志的主编。我们非常珍惜这次考察学习的机会，和他们研讨比较教育的教学和科研，特别是他们的比较教育学说。在考察过程中，朱勃同志做了非常详尽的记录，这在朱勃同志的比较教育论著中有充分的反映。朱勃同志好学深思的钻研精神，我深为钦佩。

在 20 世纪 80 年代早期，朱勃同志先后出访印度和澳大利亚，他是同辈中了解印度和澳大利亚教育最深的同志。他留学过美国和苏联，对美国和苏联的教育也有深切的了解，特别是对两国的高等教育和师范教育做过比较研究，发表过多篇著作。为发展比较教育，他创办了外国教育研究所，出版了《世界教育文摘》，承担了国家教育科学规划比较教育学科建设的研究课题，形成了一个以他为学科带头人的比较教育研究中心。

朱勃同志曾多次到杭州大学主持杭州大学比较教育硕士研究生的论文答辩。在答辩会上，我们的研究生和我本人都深受教益。就在 1986 年的一次答辩回广州后，他不幸发现患有癌症，立即施行了手术，进行化疗。同年初冬，国家教委国家教育发展中心在华南师范大学召开会议。朱勃同志正值化疗一个疗程之后，身体十分虚弱，在会议期间，我们每晚都在华南师范大学操场上沿着跑道散步，讨论世界比较教育大师们的学术思想，那时他正致力于比较教育发展史的研究，我劝他以健康为重，保养好身体，为比较教育多做贡献。1987 年 5 月，我赴泰国参加联合国教科文组织的亚太地区教育合作咨询委员会的会议，途经广州，在一天傍晚到华南师范大学看望朱勃同志一家，我们又有一次较长时间的关于比较教育的讨论。当晚，朱勃同志和肖前瑛同志到石牌公共汽车站为我送行话别，谁知那次一别，竟成永诀。从那以后，我们音信未断，朱勃同志顽强地与疾病做斗争，不断有新作发表，他的力作《比较教育史略》于 1988 年出版，亲自签署惠寄一册，使我分享先读的喜悦。朱勃同志在中学时代就投身革命，与国民党反动派进行坚决的英勇斗争，在他生命的最后 10 年，为祖国社会主义现代化建设、为教育科学的发展、为比较教育的学科建设而努力工作，生命不息，战斗不止，朱勃同志的一生，是光辉的一生、革命的一生，是我学习的光辉榜样。他过早地离开人间，是教育学术界的巨大损失，是革命的巨大损失。

浙江大学　王承绪

朱勃同志在西安

我国著名教育家朱勃同志，离开我们已经多年了，但是，他在西安时期乐于奉献的精神，却永远留在我们心中。

我是1952年底认识朱勃同志的，当时我们都在西北大学师范学院党支部组织生活，他在教育系任教，我在机关上班。1957年他去苏联留学，1958年我去北京学习，后来我们都回到陕西师范大学工作，1963年10月朱勃同志调往华南师范大学任教。

朱勃同志在西安期间，给我留下了深刻的印象。我这里写的仅仅是他在各项工作中的一些片段，以此寄托我对朱勃同志的深切怀念。

一、品德高尚的好党员

朱勃同志从美国留学回到北京后，如饥似渴地学习政治理论，提高思想水平，又无条件服从组织分配，来到各方面条件都较差的西北地区的西北大学师范学院工作。不久，随迁到新校址。新校环境更艰苦，条件更差。但他的工作热情仍然很高，真正体现了一个共产党员“先天下之忧而忧，后天下之乐而乐”的高尚品德。

1952年，全国高等学校院系调整，西北大学师范学院独立建校。同年年底，教育系首先迁出，搬到西安城南郊。新校址是在一片荒原上筹建的，校外除了农村就是田野，交通很不方便。校内到处高低不平，杂草丛生，还有未迁走的坟墓。在此艰苦的环境中，朱勃同志既承担繁重的教学任务，又兼任党支部的领导工作。他严格要求自己，认真负责，做到了“双肩挑，两不误”。为了加强党员教育，充分发挥党支部的战斗堡垒作用，保证迁校建校工作的顺利进行，朱勃同志于 1953 年 1 月 13 日，及时主持召开了迁校后西北大学师范学院党支部第一次扩大会议，着重讨论研究了党员在建校中如何发挥模范带头作用的问题。教育党员要克服困难，努力工作，团结党外同志，保证建校工作顺利进行。同年 8 月，学院改名西安师范学院，11 月成立学院党总支。1954 年 9 月又相继成立学院党委，朱勃同志先后被选为党总支和党委会的成员，在学校和党的建设中，发挥了积极的作用。

朱勃同志既是共产党员，又是民主党派组织——九三学社的社员。他不仅严格按共产党员的标准要求自己，同样遵守和执行九三学社组织的各项规定，认真贯彻党的统一战线政策，虚心听取和反映党外人士对学校党政工作的意见和建议，对密切党群关系发挥了重要作用。

二、乐于奉献的好教师

朱勃同志在西安工作期间，一直承担教育系的主课——教育学的教学任务。他责任心很强，对学生负责，备课认真，教学效果很好。他在教学中从不满足于教育学的课本，熟悉和听过他讲课的老教师说：“朱勃同志备课时，先博览有关资料做到旁征博引，写成提纲后再补充内容，做到论点、论据、论证清晰，有条不紊地写好讲稿，上课从不照本宣科。他理论联系实际，以通俗生动的语言，吸引着学生的注意力，课堂秩序活而不乱，管而不死。学生听过之后印象深刻，回味无穷，他的教学过程充分体现了他那种极端负责、孜孜不倦的好学精神。”

朱勃同志并不满足于完成教育学的教学任务，为了不断提高教学质量和培养青年教师，在国家暂时困难时期，各方面条件都比较困难的情况下，他在教育系开办了英语班和俄语班，亲自讲授英语课和俄语课。朱勃同志开拓进取，无私奉献，对教育系和教育学科的发展和建设做出了重要贡献。

20 世纪 60 年代初，我国开始进行教育改革，学校确定教育系要重点抓好中小学学制试验工作，指定朱勃同志负责，抽调了一批教师参加编写各种教材，并确定在陕西师范大学附属小学实验外语教学，外语教材是由朱勃同志编写的，已印成册使用。经过一段时间的试验，取得了良好的效果，其后陕西省委宣传部召开了会议，朱勃同志在会上汇报了试验工作的具体情况，分发了他编写的外语教学实验教材，会议对试验取得的成果做了充分的肯定。

三、刻苦研究的好学者

朱勃同志是研究教育基本理论的，他外语水平高，既了解中国教育也了解外国教育，专业造诣较深。他在出色完成教学任务的同时，还刻苦学习，深入钻研，在科学研究方面取得了显著成果。他在西安期间，先后撰写了《苏联教育发展中两个基本问题》《列宁论文化教育》《认真学习毛泽东教育思想》《改革俄语教学的初步尝试》等论著，还与人合作撰写了《量力性原则批判》等，都先后在陕西省的教育专刊《陕西教育》杂志上发表，不仅促进了教育系的研究工作，在社会上也产生了广泛的影响。

四、平易近人的好同志

朱勃同志在西安工作时是一位从事教育学研究的专业学者，当时他不仅是从美国留学回来的副教授，而且还是一位老党员，他还兼任和参与党政领导工作，他的身份和地位受到同志们的尊敬。但是朱勃同志严于律己，对工作兢兢业业、勤勤恳恳、认真负责，他勇挑重担、为人正派、谦虚和蔼、平易近人。每当讨论问题时，他的观点明确，论理充分，对不良现象敢于批评，对正确意见积极支持，诚恳采纳，受到大家的欢迎。20 世纪 50 年代初，教育系毕业留校工作的曹鸿远（老师），在 60 年代初曾听过朱勃同志亲自讲授的俄语课。在 1962 年俄语班结业时，他写了一首五言诗赞扬朱勃同志，诗云：“红绿方过眼，风雪又一年。甘苦君与共，春风生座前。”这首诗充分表达了大家对朱勃同志在困难面前与群众同甘共苦精神的崇敬。他这种孜孜不倦、任劳任怨的服务精神是值得称赞的。我国著名的教育家朱勃同志，将永远活在人民心中。

原陕西师范大学党委副书记　王周发

我国比较教育学科学术带头人
——朱勃同志

朱勃同志于1963年到华南师范大学工作，至1988年病逝，前后共25年。其中，1963—1966年、1976—1984年约13年时间，我和朱勃同志在同一个单位工作，他既是我的领导又是我的挚友。

1963年10月，朱勃同志因陕西师范大学教育系停办而奉上级要求调到华南师范大学，先后任教育系总支书记、系主任兼校党委常委、华南师范大学韶关分教处处长、广东省外国教育研究所所长等职。他在工作中坚决贯彻党的各项方针政策和校党委的决定。“文化大革命”前他在学生中开展“红专大辩论”，经常到学生中间了解情况，定期研究大辩论发展情况及如何引向深入等问题。通过摆事实、讲道理的大辩论，绝大多数同学坚定走“又红又专”的道路。还组织学生分期分批到农村参加锻炼，在艰苦的环境中，一方面，同贫苦农民同吃、同住、同劳动，培养工农威信和服务意识；另一方面，亲身参加当地的阶级斗争，在实践中培养、锻炼革命事业接班人。与此同时，积极开展教育改革，在担任华南师范大学韶关分教处处长时带领学生到粤北山区分校进行教改试验，在进行教育科目教学改革的同时，组织学生参加生产劳动，以加强教育与生产劳动相结合；组织学生下乡参加教育调查和办学活动，加强教育理论与实践相结合，以培养既掌握教育理论又有一定教育实践能力的新型师范大学生。

“文化大革命”爆发后，由于华南师范大学的政治、历史、教育三个系合并为一个系，朱勃同志暂不担任教育系主任。其间他也曾被送到干校参加劳动，后经组织审查无罪释放，回学校转任外语系总支书记兼系领导小组组长。后来教育系复办，他才调回教育系任系主任。1979年，党中央召开十一届三中全会后，在邓小平理论的指导下，改革开放之风吹遍全国。同年他应教育部邀请到北京参加全国教育会议，研讨开展教育改革的问题。回来后他除了对教育改革提出许多建议外，还征得广东省高教局的同意，积极筹建广东省华南师范大学教育科学研究所，并亲任副所长，领导一批教师进行教育科学研究。同时，他意识到今天中国的教育改革，再不能关门改革，必须借鉴国外教育改革的先进经验再结合中国实际才能搞好。于是他在教育系开设比较教育学科教学后，即投身外国教育和比较教育的科学研究，充分利用自己过去曾留学过美国、苏联，既精通英语又掌握俄语的有利条件，为搞好比较教育的教学和科学研究做贡献。1980 年初，他接受上级的委派，到印度出席联合国教科文组织召开的第六次亚洲教育会议。会上，他还做了有关中国教育情况的报告。经过和其他与会者的交流，他对外国教育发展的现状有了更加深入的认识，大大增加了搞好比较教育的教学和科学研究的信心和决心。1981 年，朱勃先生应邀到澳大利亚进行访问和教育考察。接着他又相继邀请澳大利亚、马来西亚和香港中文大学等从事比较教育研究的专家学者来华南师范大学讲学和进行学术交流。同年，他在上级部门的支持下，与王承绪教授一起赴英国和法国考察教育现状，特别是他们对比较教育的研究和教学情况进行全面的、深入的了解。进一步丰富了他对当前发达国家教育现状的认识，为下一步推动全国比较教育界开展科学研究和搞好这门学科的教学打下更加坚实的基础。回国后，他与王承绪教授一起组织全国各师范大学从事比较教育研究和教学的专家、学者合作编写了新中国成立后的第一本比较教育学科教材，由他和王承绪教授、顾明远教授担任主编。该教材经过大家反复讨论后，最后由主编修改定稿，于 1982 年出版发行。对提高比较教育学科教学质量起了重要作用，也为我国教育行政部门借鉴外国先进教育经验开展教育改革提供了参考。

1983 年，在上级的支持下成立了华南师范大学外国教育研究所，由朱勃先生任所长。随后他又申请发行了《世界教育文摘》杂志并亲任主编，为从事外国教育研究的专家、学者们发表科学成果提供平台。同时，他又应邀参加了《中国大百科全书·教育卷》的编写，并任该卷外国教育部分的副主编。他除了亲自编写有关外国教育和比较教育的基本理论方面的条目 40 多条外，还参加该卷条目的设计、审稿和修改等工作，为完成该书付出了巨大的心血。

自 1981 年全国成立比较教育研究会后，他多次被选为该研究会的理事长之一，并兼任广东分会的理事长。在每次召开的年会上他都做一次报告。每次报告都得到与会者的欢迎和赞赏，大家一致认为他是当时全国最出色、最有学问的比较教育专家。

1986 年，他获得中央批准的比较教育硕士学位授予权后，即招收三位研究生，由他担任研究生指导组组长。这三位研究生至今已有一位获得了美国博士学位。本来学校领导曾多次建议他进一步申报博士学位授予权，他也做了一些准备。但由于意想不到的事情，他因病住院留医三个月，被迫放弃了这一计划。

朱勃同志在担任外国教育研究所所长期间，除了努力完成工作任务外，还腾出更多时间和精力用于比较教育的科学研究，他夜以继日，埋头苦干，先后发表了 20 多篇论文，出版了《比较教育史略》《教育的传统与变革》《教育中的比较方法》等专著和译著，为我国比较教育科学的发展做出了巨大的贡献，成为我国名副其实的比较教育学科的学术带头人。

原华南师范大学教育系党总支书记　汤孟松

纪念朱勃教授
——我的回忆与体悟

在举国上下都在纪念我国改革开放40周年之际，人们普遍都在回忆和思考我们共同走过的这段历史，有些大众媒体或专业团体还专门推出了相关行业或领域的“改革开放代表人物”的专题节目或栏目。如果我们比较教育学科专业领域要选自己的“改革开放代表人物”的话，我认为朱勃教授无疑是当之无愧的代表人物之一。尽管他的生命止于改革开放进程的第10个年头，但他是改革开放第一个10年中我们学科领域最重要的先行者与开拓者之一，而且他的事迹和作为不仅具有历史的影响，对于当下也仍具有现实的意义。

一、朱勃教授之于我未曾消逝的记忆与感念

1978年10月初，在经历了多个接踵而来的台风的阻延之后，我终于乘搭上那时候往返于广州与海南之间的主要交通工具——“红卫号”轮船，登陆洲头咀码头来到了华南师范学院（1982年10月，更名为华南师范大学）。这就是我的大学人生故事的开头，故事的情节，其中的人和事，就这样延展开来……

朱勃教授对我个人最较为直接的影响发生在1980年。那时他担任学院教育科学研究所（并被省里确认为“广东省教育科学研究所”）的副所长，主要专注于对外国教育动态和比较教育的研究，以及对外教育交流活动。1980年初，朱勃教授受邀出席了联合国教科文组织在印度举办的“亚洲教

育理论与教育目的”国际研讨会，会后带回了相关的会议资料及印度比较教育学者甘马等人撰写的《简明比较教育学》一书。朱勃教授当时对国际教育交流和引介外国教育资料投入了巨大的热情和精力，不但自己翻译了大量的外国教育资料及撰写发表了相关的论文，同时也很注意组织力量开展外国教育资料的翻译和研究。在这种情况下，朱勃教授把该书的第六部分交由当时的外语系副主任陈德民副教授组织人员翻译。陈德民副教授是我们教育系 78 级的英语任课老师，他选择了五位英语功底好的同学帮助翻译，其中就有我。我们的译文先是于 1982 年在《世界教育文摘》第 2 期，以编入“比较教育专刊”的形式发表，并在后来被编入《印度比较教育学：启发提问》一书，由北京师范大学出版社于 1986 年正式出版发行。这是我与比较教育的最初“邂逅”，自此，我对外国的教育理论与实践开始有了些许的认识。

1981 年，华南师范学院教育系开始为本系的学生开设比较教育学课程，朱勃教授曾给我们做了一个关于比较教育学科的特征与比较教育研究问题的课堂讲座。他认为，比较教育学科具有“跨国性”“跨学科性”和“跨文化性”等特征，强调比较教育研究要注意从事实出发，避免先入为主去评判不同国家的教育制度和教育现象。这也让我开始从专业意义上留意观察和领悟朱勃教授的为人为学。当然，我从朱勃教授身上观察到或领悟到的为人为学之道，更多地不是在课堂或他的学术讲座上，而是在后来与他的更为直接的接触和相处上。

1982 年 5 月，我接到了华东师范大学教育基本理论专业教育原理方向的硕士研究生录取通知书，决定到上海去读研究生。读研期间，在导师的指导下，我的研究方向定在了对外国德育理论与方法的研究上，我开始走向对外国教育理论与实践的研究。也正是在这个过程中，我的学习和研究与比较教育有了更多的交集。

1983 年，华南师范大学外国教育研究所从教育科学研究所（同时也是广东省教科所）分离出来成为一个独立建制的研究所，华南师范大学的比较教育研究在朱勃教授的带领下得到了快速的发展，学科队伍亟须扩展和加强。朱勃教授一方面努力把校内相关的学科专业人员整合到比较教育学科团队中，另一方面也不断从外部招收外语较好地与教育研究相关的专业人员来加强外国教育研究所的力量。正是在这种背景下，朱勃教授希望我毕业后能到外教所来工作。最终在朱勃教授的感召下，我在研究生毕业后回到了华南师范大学，走向了比较教育的专业方向。

1985 年是华南师范大学比较教育学科的重要发展之年。在经历多年的努力之后，这一年，比较教育学科成了本校教育学科中两个率先招收硕士研究生的学科之一。为了有效地培养本专业的研究生，朱勃教授不仅组建了本学科的指导团队，还注重通过与国外或境外相关学科的专家学者的学术交流来为研究生培养和学科研究提供条件，这也为我这个年轻的学科入门者提供了不少向外国或境外专家学者学习的机会。就在 1985—1986 年间，我曾陪同当时到访的香港中文大学讲师卢乃桂博士（美国哥伦比亚大学比较教育学专业毕业）在广州和顺德等地做调研；参与接待了澳大利亚悉尼大学教育系主任约翰·克利弗莱教授和黄开济博士等到访的专家学者。

1986 年，华南师范大学比较教育学科在朱勃教授的带领下，通过评估，被定为广东省社会学科的“重点发展学科”，这也是华南师范大学当时获得的社会学科中的两个重点发展学科之一，我也因此被定为“重点培养教师”。我从内心感激朱勃教授为我们年轻人的发展提供了较为优越的学术环境和条件。然而，我对朱勃教授感念更深的是，他在我们年轻教师发展过程中所给予的指导和帮助是“以人为本”的、带有人性化意味的，并非纯粹出于领导对下属的“公事公办”式的指导或要求。

朱勃教授对华南师范大学乃至广东比较教育学科的领导在 1986 年 6 月达到了一个新的高度。1986 年 6 月，“广东省高等学校比较教育研究会”（后改名为“广东省比较教育研究会”）成立大会暨学术研讨会在华南师范大学召开，来自华南师范大学、中山大学、暨南大学、广州外国语学院等高校的相关学者就比较教育研究和学科建设问题欢聚畅谈。这进一步强化了华南师范大学比较教育学科的优势地位，也扩大了广东的比较教育研究在全国的影响。遗憾的是，之后不久，朱勃教授查出患有肺腺肿瘤，并于当年 9 月离休，退出了外教所的具体工作。此事来得有点突然，也开始影响了比较教育学科的发展状态。朱勃教授在治病期间仍不忘比较教育事业，他将主要精力放在整理出版自己的学术著作上。此外，他对华南师范大学比较教育学科和外国教育研究所日后发展可能遇到的问题也有所考虑。他一方面劝一些有外语专业背景的教师调到相关系所的合适岗位，以获得更好的发展机会；另一方面，仍一如既往地鼓励年轻人出国学习。他所开启的与澳大利亚悉尼大学的学术交流合作项目在雷晓春老师接任所长后仍得到了延续，为年轻教师争取赴澳留学机会的工作也得到了推进。

我最后一次探望朱勃教授是在 1988 年的 11 月初，他因病情发作住进了中山医科大学第一附属医院。他当时虽躺在病床上，需要人照顾，但精神状态看上去还不错。我告诉他，我将启程到美国访学一年。他告诉我，他已跟广东省高教局的相关领导谈过，主张把外教所并入教育系，让比较教育学科跟教学结合起来。我虽不能完全理解他对比较教育学科发展可能遇到的问题的思考或顾虑，但对他在重病之中仍心系学科的生存与发展而深感敬佩。两个月后，我在美国中西部的奥马哈城从家人的来信中获知了朱勃教授病逝的消息。周遭的寒意让我的心脏因抽紧而感到不适，看着窗外的异国景象，想起了他对我的指导和鼓励，我的双眼不由地充满了泪水。

二、朱勃教授的专业作为与影响

关于朱勃教授的专业作为与影响，我未必能做出完整而系统的归纳概括，但我还是想说说我的理解。我以为，从历史和现实的角度看，朱勃教授的专业作为和影响主要表现在如下几方面。

（一）开展有关外国教育资料的翻译与研究的先行者和组织者

从华南师范大学国际与比较教育研究所保存的资料可以看到，由朱勃教授组织编译印发的外国教育资料中，有 1977 年印发的《国外教育动态》、1978 年印发的《国外教育文摘》。经对相关当事人的查证，早在 1976 年，在朱勃教授担任刚刚恢复招生的华南师范学院“教育学教研室”（1975 年成立并开始招收工农兵学员，1977 年后恢复为“教育学系”）的负责人时，就在“教育学教研室”中组织了“外国教育资料翻译组”或“外国教育动态研究组”，主要组织俄文和英文专业的相关教师开展对相关国家教育资料的编译工作。朱勃教授这种自觉精神和专业作为在当时实属“前卫”。他的胆识和作为，使之成为外国教育研究与比较教育研究领域当之无愧的先行者与组织者之一。

尤其值得强调的是他的组织者角色，对“比较教育”作为一个学科在我国高校中的重新制度化起到了积极的推动作用。也正是在这个意义上，我觉得有必要修改我以往在编写华南师范大学国际与比较教育研究所或外教所的历史时的一种说法，应将“滥觞于1979年成立的华南师范学院教育科学研究所下设的‘比较教育研究室’”，改为“起源于1976年在华南师范学院教育学教研室中设立的‘国外教育动态研究组’”，这样才更符合历史事实。

（二）从事国际教育交流合作的先行者与引领者

改革开放之初，出国参加国际学术会议、从事学术交流活动是极具彰显度的事情，能在相当程度上反映出学者的学术能力和影响力。1980年1月，朱勃教授出席联合国教科文组织在印度召开的“亚洲教育理论和教育目的”的国际研讨会，可谓那个时候走出国门，进行国际学术交流的先行者之一。1981年，他应邀访问澳大利亚的悉尼、墨尔本、堪培拉和布里斯班四地的高校，并为教育专业的本科生和研究生讲授《中国教育》。1983年，他受联合国教科文组织委派，与王承绪教授一起前往英国和法国考察两国的比较教育研究状况。所有这些都反映出，朱勃教授当时已跟相关国际组织和大学建立了多方面的联系，其在参与国际教育交流方面是相当活跃的。

这也许能解释他在那个阶段能够获得较多较新的国外教育信息和研究资料，能有效地推动与相关国家和领域的研究，以及被当时刚刚形成的中国比较教育界视为资深学者和引领者的原因吧。

（三）在比较教育史、比较教育理论与方法和国别教育研究等领域都做出了开拓性的贡献

大家通常认为，朱勃教授在比较教育学科建设上的主要学术贡献，在于他与王承绪教授和顾明远教授共同主编了新中国第一本比较教育教材。诚然，朱勃教授在该教材的编写和中国比较教育课程教学的恢复上发挥了重要的作用，但我认为，朱勃教授在比较教育学科建设与发展上的突出贡献并不在此，因为该教材毕竟是全国性合作的成果。朱勃教授的突出贡献，在于他个人在比较教育史、比较教育理论与方法论等方面所做的开拓性工作。其

《比较教育史略》是我国比较教育史方面的第一部专著，《比较教育：名著与评论》和《比较教育的研究方法》，都是相关方面的第一部编译著作。这些著作的出版引领了我国比较教育学科研究向专深化和系统化的方向发展。

此外，朱勃教授对印度、澳大利亚、东南亚国家所做的国别教育研究也是开拓性的，不仅在对象国上扩大了我国比较教育研究的范围或覆盖面，而且还增加了对象国类型的多样化和代表性。

（四）创建了华南师范大学的比较教育学科

朱勃教授创建了华南师范大学的比较教育学科实体，倾尽心力将之发展成为结构与功能都相当完整的专业研究机构。朱勃教授对中国比较教育学科的恢复与发展的贡献，是得到普遍认可的，其专业作为和影响无疑具有全国性或全局性的意义，如参与发起成立“全国比较教育研究会”和共同主编第一部全国统编比较教育教材等。然而，若说到他在比较教育学科实体建设与发展上的独到作为和影响，主要还是体现在对华南师范大学比较教育学科实体的创建与提升上。在改革开放最初的几年间，朱勃教授的积极进取和卓越领导，使华南师范大学的比较教育学科破茧而出，形成了学科团队，建立了专门机构“外国教育研究所”，获得了硕士学位点，所创办的专业刊物也于1980 年定名为《世界教育文摘》，并于 1985 年成为公开发行的专业期刊。华南师范大学的比较教育学科犹如异军突起，成了全国比较教育研究、人才培养和专业交流的重镇之一，从而为我国比较教育学科力量的整体壮大和学科研究水平的全面提升做出了自己的贡献。

作为华南师范大学比较教育学科的创建者和塑造者，朱勃教授对该学科发展的影响是不言而喻的。这种影响在他身故后仍然存在，并在一些事关学科发展的大事上释放出来。1989 年我们的学科迎来了广东省“重点发展学科”评估的“危机”。首先，我们失去了学科带头人，急需调整和加强学科梯队。在华南师范大学学校层面的指导和教育学科内部的协调之下，比较教育学科最后形成了由教科所（当时外教所在行政上已并入教科所）的李锡槐教授为学科带头人，由雷晓春、柯森、冯增俊等原外教所的教师和教育系的袁锐锷等教师整合而成的核心团队。我们的努力虽然没有保住比较教育学科的省“重点发展学科”地位，但还是换来了“重点扶持学科”的新名堂。

朱勃教授为该学科打下的基础和建立的声望，以及所拓展的国内外的学术联系和研究资源，使得该学科仍拥有一定的凝聚力，并且在新的学科团队的通力合作下，尤其是在新生代教师的积极作为下，当国家重新走向改革开放时，又迎来了恢复和发展的新机遇。

三、朱勃教授的榜样作用与启迪

在根据个人记忆或经历追思朱勃教授的过程中，我对朱勃教授的学术人生带给我们的榜样作用与启迪，似乎也有了进一步的体悟。在这里，我仅从高校学者或教师的角度，谈几点粗浅的体会。

（一）关于学者与时代

每个学者或高校教师都是生活在特定的时代的，因此，不可避免地会受到时代的影响，而一个有时代意识和清晰的自我意识的人，则不会被动地受时代的影响，而可能主动地去回应时代的要求，并做出自己的努力，从而与时俱进，获得进步和发展的机会。

朱勃教授早年参加革命，追求进步，并加入党组织，自觉地把个人的发展与民族的解放事业联系起来，是那个年代的先进分子。中华人民共和国成立之初从美国哥伦比亚大学学成之际，便立即回国，报效国家，1950 年便已担任了西北大学师范学院教育系副教授兼师范学院党支部书记。“文化大革命”结束后又敏锐地意识到时代的转变，自觉主动地投身于国家的改革开放事业中，积极参与国际教育交流活动，成为我国比较教育学科恢复和发展的先行者和引领者。

朱勃教授在专业上的作为和成就，自然缘于其个人条件和因素的特性，但时代因素的影响依然是明显的。而他一生追求进步，自觉投身于国家发展与改革开放事业的精神，具有某种超越历史的意义，在今天依然值得我们后辈高校学者或教师好好学习和领悟。

（二）关于学术与政治

对于高校学者或教师来说，学术工作是本业、专业，但在过往历史中，高校学者或教师受政治运动的冲击或受政治因素的影响是不少的，今天想起依然记忆犹新。

朱勃教授作为一个早年参加革命的高校学者，他显然是坚持按照高标准严格要求自己的。他在相当长时间里也是属于“双肩挑”的高校干部，担任过所在高校的党委委员、常委和校务委员，以及相关系科的党政领导职务。但自改革开放之后，他明显更看重自己的专业工作和学术身份。他总是劝告年轻人要学好外语，打好专业基础，要有更高的学术追求。因此，我们外教所里的同事间有时谈起朱勃教授时，会有这样的议论，随着时间的变迁，朱勃教授的行政职务似乎是越做越小，但在科研与学术交流上却是空前活跃和全身心地投入，学术声望也越来越高。

现实地讲，没有人会天真地认为，高校学者或教师可以完全回避学术与政治的关系问题，而且人文社会学科的学者或教师，其学术研究或专业作为总免不了涉及政治或社会价值。但在泛政治化或行政化的环境中，选择专注于自身的专业和学术工作，减少对外在政治利益或行政职务的追求，也许在今天的高校学者或教师中仍然还是值得提倡的。这也是朱勃教授在学术与政治关系上的选择取向给我们提供的一点启迪吧。

（三）关于学者与学科

从某种意义上讲，每个学科或特定的学科实体对属于自己的学者在学科研究与学科发展上的作为和贡献都应予以肯定和尊重，都应载入自家的史册，以激励学者们不断地为学科的发展做出努力和贡献。也就是说，学科史或学科机构史的建设和对相关学者的纪念性研讨活动，应成为学科建设与发展的重要内容。

对历史事实或历史人物的追忆和分析，可以使我们清醒地认识到，每一个学者对于一个拥有自己的历史与建树的学科或学科实体来说，都只有相对的意义。学科或学科实体在发展过程中实际上可能已经成为一种共同体和连续体，成为不同特征或不同代际的学者共同的事业。如果我们认为这是学科或学科实体较为理想的状态，如果我们认为学科的可持续发展是所有学科成员或学科参与者的共同利益与共同责任，那么，学科的参与者，尤其是学科的带头人或领导者，就应在关注学者个体的同时，更应关注学科梯队的结构和传承及发展的机制，从而在条件允许的情况下，尽可能地为学科的持续发展做出预防性努力，防止学科因人事更替或外部冲击而出现危机。

作为朱勃教授曾经的学生和下属，以及在华南师范大学比较教育学科待的时间较长的学科成员，我感到有责任以本学科跌宕起伏的发展史来向朱勃教授表达我的敬意和怀念，并认为回忆与体悟的过程实质上也是我从朱勃教授身上再度获得教益的过程。

华南师范大学教育科学学院　柯森

恩师朱勃先生往事点滴

时光飞逝，朱勃先生已经离开我们 30 个年头了；回首往事，朱勃先生和蔼亲切的笑容和严谨的治学风范依然历历在目……

我于 1981 年进入华南师范学院教育系学习。在就读本科期间，通过各种渠道，了解到华南师范学院有诸多的全国知名教育家，朱勃先生便是其中之一。那个时候，只知道朱勃先生早年留学美国哥伦比亚大学，后回国投身教育学科建设，心中的仰慕之情不言而喻。虽然在本科阶段，朱勃先生没有为我们教育系的本科生上过课，但是，朱勃先生的爱人肖前瑛教授担任我们的“教育心理学”课程的教师，我有幸担任该科目的科代表。有一次前往肖老师家里递交作业时，有机会第一次见到了朱勃先生。当时，肖老师家住在中区独栋小楼的二楼，肖老师开门后，将朱勃先生介绍给我认识，还记得朱先生见到我这么一个本科生，也是满脸笑容，十分和蔼可亲。

在本科即将毕业之时，便面临就业还是继续读研的选择。其实在读本科时，我对研究生生活就向往不已，多么想有一本绿皮的研究生借书证，这样能进入图书馆的外文阅览室阅读外文的图书资料。加上父母和老师的鼓励，我便决定继续读研究生。在选择专业方向方面，当时的想法很简单，就是希望将来有机会能出国学习。而比较教育学专业的招生介绍上注明了今后有出国学习的可能，所以我便毫不犹豫地选择了比较教育学专业，最终如愿以偿。

1985 年的秋季，我成了华南师范大学比较教育学专业的第一批研究生。之后，就有了更多的和朱勃先生接触的机会。朱勃先生当时担任外国教育研究所的所长，也是我们导师组的组长。那时，我们知道朱勃先生和杭州大学的王承绪先生、北京师范大学的顾明远先生都是中国比较教育学的开山鼻祖和学术泰斗。因此，对于未来的学习，心里也充满了期待。

记得开学的第一周，在第一次导师见面会时，朱勃先生和陈德民老师、张季娟老师、雷晓春老师等便召集我们见面。朱勃先生对我们三位研究生提出了三点学习要求：一是夯实教育理论功底；二是关注国家教育发展需要；三是努力学好外语。现在想起来，这三点要求也是对比较教育研究工作的基本要求，因为只有了解了国外教育发展状况的第一手材料，结合我国教育的需求，才能客观地进行分析和借鉴。朱勃先生提出的不仅是要求，还为我们的学习创造了尽可能好的条件。为了使我们更好地了解国外的教育发展状况，导师组为我们邀请了来自香港中文大学、澳大利亚悉尼大学和新加坡、泰国的学者，用英文为我们授课，还不时有来自英国、美国等西方国家的学者前来访问交流。

在第一批三位比较教育硕士研究生中，我是唯一一位来自教育系的学生，另外两位同学都是外语系的毕业生。朱勃先生和陈德民老师对我的英语能力开始总是不放心，因此要求也很高。记得第二次到朱勃先生家，是朱勃先生告诉我可以到他家中借阅一本全英文的教育书籍。待如约到他家中，朱勃先生从书柜中取出一本约 200 页的介绍澳大利亚教育方面的英文书给我回去阅读。我当时有一种如获至宝的感觉，因为之前要找到一本全英文的教育书籍绝对不是一件简单的事情。不仅如此，朱勃先生为了让我有练习英文打字的机会，还专门介绍我到当时的外语系资料室，在资料室里面练习打字机的使用。虽然这些看似小事，但老师对学生的殷切期望，总是折射在这些点点滴滴的关怀之中。

除了在校的课程学习，朱勃先生也十分关心我们的学术能力成长。1986 年 9 月，全国比较教育第五届学术年会在武汉召开，朱勃先生和导师组老师们设法筹集经费，让我们有机会前往华中师范大学参会。在会上，我们不仅接触了全国比较教育的学术泰斗，更接触了来自其他院校的另外 30 名研究生。当时，外国教育研究所主办了《世界教育文摘》杂志，朱勃先生鼓励我们结合课程学习和毕业论文写作，撰写文章投稿发表。也是在这份杂志上，我们开始了发表比较教育研究的文章。虽然现在回首当时的文章，觉得还极其的稚嫩，但为我们后续踏上教育研究之路开启了一扇大门。

三年的求学之路也只是弹指一挥间。临近毕业之时，朱先生便因病住院治疗，每次我们前往医院探望，他都依然关切地询问我们毕业后的选择，叮嘱我们要自强不息，为社会发展尽己之力。在探望朱勃先生期间，我们才知道朱勃先生早年便参加了地下党工作，也曾历经坎坷，但无论何时，心里总是对国家、对社会满怀热情。30 年过去了，他对我们的关爱，我依然记忆犹新。所幸，比较教育学科历经几代人的努力，已经不断发展壮大。相信朱勃先生在天之灵有知，也会倍感欣慰……

怀念恩师朱勃先生。

华南师范大学教育科学学院　郑福明

学术论文篇

从“三个面向”看现代化的教育世界

马克思和恩格斯在《共产党宣言》一书中指出：“过去那种地方的和民族的闭关自守和自给自足状态已经消逝，现在代之而起的已经是各个民族各方面互相往来和各方面互相依赖了。物质的生产如此，精神的生产也是如此。各个民族的精神活动的成果已经成为共同享受的东西。”① 马克思恩格斯的这些话阐明了人类进入资本主义社会以后的国际关系及其发展趋势。100多年的历史完全证明了这个论断的正确性。

邓小平同志从战略的高度，明确指出：“教育要面向现代化，面向世界，面向未来。”这既是我国教育创新的根本方针，又是借鉴国际教育经验的基本准则。

一、教育面向现代化的回顾

在近现代史上世界各国教育面向现代化的进程，可分为下列几个阶段。

（一）第一阶段：面向蒸汽机为标志的工业革命

18世纪60年代开始的第一次工业革命，到80年代蒸汽机的发明和应用而加速发展。这对教育改革产生了深刻的影响。工业生产要求生产者至少接

① 中共中央马克思恩格斯列宁斯大林著作编译局．马克思恩格斯全集：第4卷［M］．北京：人民出版社，1958：470.

受完初等教育，因此，各工业化国家提出了普及义务教育的要求。资本家希望工人受初等教育后能为他们创造更多的剩余价值，而又不扰乱他们的安宁。这就是资本主义现代化教育的本质特征。

教育现代化在历史上是起过进步作用的。广大工人学会了读、写、算的本领，适龄儿童获得了享受普及义务教育的法律保护。1793 年，法国制定了普及初等教育的法令；1870 年，英国也实施了类似的法令；到 20 世纪初，美国在产业工人和适龄儿童中全部普及了初等义务教育。因此，第一次工业革命对教育改革的主要影响是以普及免费的、强迫的初等教育为特征而载入史册的。普及义务教育是现代化大生产不可缺少的一个重要环节。在文盲众多的国家里，不可能实行现代化的大生产。这是一条已为实践证明了的教育规律。资本主义制度下的大生产性质和社会主义制度下的大生产性质有着本质的区别，但要求普及义务教育这一点却是相同的。

早在 17 世纪，捷克教育家夸美纽斯就积极提倡普及义务教育。18 世纪末叶，法国提出了很多普及教育的方案，反映了夸美纽斯教育改革的思想。其教育改革的目的在于摆脱教会的控制，使教育世俗化，培养学生适应工业社会的实际生活和就业需要。法国教育改革家拉夏洛泰通过政府于 1763 年提出了初等教育方案，要求每个公民应知道自己对实行普及初等义务教育的权利和义务。他设想每一个有 400 名居民的村庄，就应有一所四年制小学，儿童 6 岁入学，10 岁小学毕业。课程有读、写、算、测量入门、工业技术、行为守则、体育等。拉夏洛泰的教改方案，把夸美纽斯的教育理论和法国教育实践结合起来，促进了法国教育的发展。欧洲各国的普及义务教育，像法国那样，在不同程度上，先后开创了教育改革的新局面。

（二）第二阶段：面向以电气化标志的工业革命

从 1848 年《共产党宣言》的发表到 1945 年第二次世界大战结束，可划为现代教育发展的第二阶段。以电气化为特征的第二次工业革命对现代教育改革提出了更高的要求。首先，欧洲各国为适应现代化生产的需要加强了中等教育的改革。一方面，延长义务教育年限至中学阶段；另一方面，加速发展中等职业技术教育。电气化大工业生产向劳动大军提出了在普通教育的基础上进行职业技术训练的新要求。马克思在《资本论》一书中指出：“工艺学校和农业学校是这种变革过程在大工业基础上自然发展起来的一个要素；职业学校是另一个要素，在这种学校里，工人的子女受到一些有关工艺和各种生产工具的实际操作的教育。”① 在这一历史发展阶段中，各国工业现代化与教育现代化都有了新的突破。

1. 义务教育

各工业化国家的义务教育都延长到初中或高中。“对一切儿童实行公共的和免费的教育”。1924 年，英国政府提出了“普及中等教育”的主张，这反映了英国电气化工业生产对教育改革的要求。1944 年，英国议会通过了《巴特勒教育法》，使初等教育与中等教育相衔接，扩大了英国劳动人民受中等教育的机会，使英国中等教育有了较快的发展。普及中等教育对现代化大生产提供了有利条件。

美国也把义务教育从小学延长到中学。普通中学同小学相结合，普通中学的主要职能是培养学生既能升大学又能就业，但升学与就业的矛盾始终得不到合理解决，成为美国教育改革中的一个突出问题。

据统计，美国公立中等学校于 1860 年有 321 所；1890 年有 3 526 所；1900 年有 6 005 所，在校学生共 51.9 万名；1930 年有 23 930 所，在校学生为 439.9 万名；1945 年有 24 542 所，在校学生为 572.5 万名。除公立中学外，还有数以千计的私立中学，1945 年有 3 331 所，在校学生为 67.2 万名。

2. 中等职业技术教育

世界上第一个重视发展中等职业技术教育的国家是德国。从 19 世纪到 20 世纪初，德国就建立了独立于普通教育之外的教育制度，它在欧洲各国的中等职业技术教育体系中居领先地位。就学校类型看，有部分时间制、全日制两大类；从学校程度看，有初级职业、职业进修、中等专业补习和中等专科职业技术学校。早在 20 世纪 40 年代末联邦德国就有约 80% 的青年在各种类型的中等职业技术学校读书，中等职业技术教育被人们称为“其教育体系中的重要式样”。

苏联也很重视中等职业技术教育。苏联政府认为，这类学校对青年进行职业技术训练，有利于培养工人阶级后备军，为现代化大生产造就合格的熟

---

① 中共中央马克思恩格斯列宁斯大林著作编译局. 马克思恩格斯全集：第 23 卷［M］. 北京：人民出版社，1972：535.

练青年工人。职业技术学院招收八年制学校毕业生，学制为1～3年，进行初步职业训练。中等职业技术学校招收八年制学校毕业生，学制为3～4年，培养中级技术工人。课程设置包括普通教育和中等职业技术训练两大类。中等专业学校招收八年制学校毕业生，学制为4～5年，毕业后可担任技术员、工长和技师。

列宁有个公式：共产主义=苏维埃政权+全国电气化。可见，电气化在现代化大生产过程中的重大意义和作用。斯大林在20世纪30年代创造性地应用了列宁的这一光辉思想。从1931年起，他针对苏联当时还缺乏现代化生产技术的状况，论述了科学技术在现代化大生产中的重要性。1931年，他在苏联社会主义工作人员第一次会议上的演说中明确指出："在改造时期，技术决定一切。"1935年，他在克里姆林宫举行的红军学院学生毕业典礼上的讲话中再次强调技术和干部专业化的现实战略意义，他说，在需要"得到足够数量的能够推进技术和运用技术的干部"的条件下，"干部决定一切"。在当时历史条件下，苏联教育部门的领导和广大教育工作者面临的紧迫任务是加速实现强迫的、免费的普及中小学义务教育；在普通教育的基础上进行综合技术教育；提高亿万工农群众的文化水平以培养大批合格的技术人才。

马克思、恩格斯、列宁、斯大林生活在这个历史变革的伟大时代，他们的各部学说科学地总结了现代化大生产与教育改革的历史经验，阐明了现代教育发展的基本规律，分析了未来教育的问题和前景，为下一阶段的教育发展指明了前进的方向。正是在这个历史时期，教育科学得到了进一步的发展，出现了世界著名的一些教育家。其中以杜威为代表的实用主义教育家，登上了历史舞台，他对马克思列宁主义进行了攻击。以列宁夫人克鲁普斯卡娅为代表的苏维埃教育家有力地抨击了资产阶级教育家的观点，从而保卫和发展了马克思主义教育学说。

（三）第三阶段：面向以电子信息为标志的工业革命

从第二次世界大战结束到20世纪末，可划分为教育现代化的第三阶段。以发展电子科学技术为主要特征的第三次工业革命，对当代世界教育提出了更高的标准与要求。发展教育数量与提高质量二者之间的矛盾在现代工业与信息发展中日益尖锐化了。当前如何正确处理这个普遍存在的矛盾，是教育科学工作者面临的重大任务。

1. 关于发展教育数量的问题

二战后世界教育迅猛发展。据联合国教科文组织的统计资料，从1950—1975年世界各国学生入学率的平均百分数如下：

（1）小学。1950年，发达国家中有35个国家的小学生入学率达到103.1%；1975年，有42个发达国家的小学生入学率为100.3%，这就是说，这些国家已经普及了小学教育。发展中国家的情况则不同。1950年，有93个发展中国家的小学生入学率为43.7%；1975年，有90个发展中国家的小学生入学率达到了81.1%，两种类型国家的小学生入学率的差距为20%。

（2）中学。1950年，有35个发达国家的中学生入学率为26.7%；1975年，有48个发达国家的中学生入学率已提高到66.9%。这就是说，在25年里，中学生入学率提高了40.2%。在同一历史时期内，1950年，有85个发展中国家的中学生平均入学率为5.3%；1975年，有79个发展中国家的中学生入学率为24.7%，两种类型国家的中学生入学率的差距为42.2%。

（3）大学。1950年，有30个发达国家的大学生入学率为3.7%；1975年，有46个发达国家的大学生入学率为18.9%。1950年，有95个发展中国家的大学生入学率为0.6%；1975年，有78个发展中国家的大学生入学率达到4.5%，发达国家与发展中国家的大学生入学率的差距为14.4%。发展中国家的大学教育照上述发展速度，要赶上发达国家的大学教育，不是20世纪内所能办得到的。

总的发展趋势很清楚。在上述这段历史时期，全世界小学生平均在学率从59.9%增至86.5%；中学生平均在学率从11.5%增至40.7%；大学生平均在学率从1.3%增至9.8%。这些情况表明，二战后世界各国的教育都沿着面向现代化的总方向普遍地发展，原因在于世界各国政府的教育经费在国家预算中的比例相对有所增加。从1960年到1961年的544亿美元相比，8年内就增长了150%。再加上校外教育经费，全世界每年用于教育的开支估计在2 000亿美元以上。

2. 关于提高教育质量的问题

教育改革的中心环节在于提高教育质量。各国社会制度不同，教育质量观各异。但是，各国教育在通过开发智力，从而提高劳动生产率方面，则是相近的。联合国教科文组织的研究表明，受过初等教育的工人能提高工作效率43%，受过中等教育的工人能提高工作效率108%，而受过高等教育的专家能提高工作效率300%。国外有句名言："效率就是生命。"生产建设要讲求效率，教育建设也不例外。

提高教育质量的最终目的是开发智力，培养人才。从国外教育的经验看，各国的教育改革都在沿着提高教育质量的方向发展。

苏联一贯重视基础教育的质量。苏联教育学者认为，改革中小学课程、教材和教法，是提高质量的关键，而改革师范教育又是这一关键的核心。早在20世纪60年代中期，苏联就开始对中小学教育进行了一系列的实验和改革，曾把小学从4年改为3年，使学生早日学习系统的中学课程。教材内容按年级下放，中学毕业可学到更多的科技知识，更好地掌握现代科学、文化和技术的成就。中学除必修课程外，增设了许多选修课程、职业技术性质的课程，以利于进一步开发智力、提高质量。1984年初，苏联又开始改革普通学校教育和职业学校教育，使二者的教育质量更加符合现代化大生产的发展趋势。改革后的苏联中等教育，使普通教育职业化，职业教育普通化。中等教育，特别是高年级，能更好地完成升学与就业的任务。这样的改革，引起了世界各国的关注。与此同时，苏联教育界还大力改进师范教育，培养合格教师。为此，苏联当局要求修改师范院校和中等师范学校的教学计划和教学大纲，将高等师范院校的学制从4年改为5年，在职教师每4～5年有一次脱产进修学习提高的机会等。这样做有利于年轻教师掌握深刻而牢固的科学基础知识和运用这些知识的本领，从而达到提高教师素质和教育质量的目标。

高等学校提高教育质量的基本标志，是培养攀登文化、科学和技术高峰的杰出人才。这就是所谓"重点大学的尖子教育"。美国的重点大学有哥伦比亚大学、哈佛大学、麻省理工学院等。20世纪70年代，美国大学获得诺贝尔奖的学者有30人，居世界各国的首位。国外学术界公认，大学教育质量高的标志之一，是获得诺贝尔奖。当然，这不是衡量大学教育质量的唯一标志，然而，作为参考依据还是有意义的。

苏联也很重视专门人才的教育质量。苏联的重点大学有莫斯科大学、圣彼得堡大学、列宁师范学院等。苏联现有高级专家1 400多万名，专职高级研究人员130多万名。在苏联第10个“五年计划”期间，国家通过了“关于进一步发展高等学校和提高专家培养质量”的决议。该决议特别重视知识分子在现代化事业中的地位和作用，要求“国内外一切大事均应优先向高等院校的师生通报”。可见，苏联教育改革的目标，不仅在于提高基础教育的质量，而且更着重于提高大学教育的尖子教育质量。

二、教育世界的前景

现代化的教育世界如何向前发展？这是广大教育科学工作者很有兴趣的研究课题。唯心论者认为，当代教育危机严重，前景难测。联合国教科文组织国际教育发展委员会发表了《学会生存》这本专著，分析了教育世界的今天和明天，得出了消极悲观的结论。编者打听不到西方社会危机的原因何在，认为未来社会的前景将面临“毁灭”，而教育的宗旨就在于使青年一代寻求防止毁灭的办法，谋求生存的出路。从唯心主义观点看未来教育，人们就不可能真正预测世界教育的发展趋势。

然而，马克思主义认识论为我们预测未来教育提供了锐利的思想武器，在深入地、科学地剖析教育发展的过去和现在，就可能看出现代教育的大趋势。马克思总结了人类历史发展的基本规律，科学地揭示了未来社会的美好前景。列宁也曾指出，搞社会主义建设不仅要善于解释过去，而且要能大胆地“预测未来”。因此，预测未来教育的发展趋势，不仅需要，而且可能。问题在于依据什么理论与方法进行预测。

美国人研究“未来学”与“教育未来学”起步较早。1960年，“世界未来学会”在美国成立，有80多个国家参加，与会人员达4万多人。美国学校从1967年开始设未来研究课程，最初只有3所大学开设这门课，到1971年增至200所。20世纪80年代，几乎各大学都在开展这方面的教学活动与科学研究。有很多大城市的中等学校，尤其在高年级，也设了未来研究的课程，并为高等学校输送尖子学生，培养从事未来研究的专门人才。

联合国教科文组织在1978年第20届大会制订了“教育未来发展问题研究”的计划，开展世界性教育预测活动。1980年召开了讨论会，研究“今后二十年内普通教育内容的发展”。1981 年，第 38 届国际教育大会讨论了世界未来教育问题，探索了 2000 年世界教育发展总趋势。

1971 年，苏联教育科学院安排了教育未来预测的科研课题，对 20 世纪 80 年代到 20 世纪末的教育做了内容广泛的预测。为此，苏联教育科学院还专门设立了教育发展预测实验室，研究 20 世纪最后 10 年如何建立现代化的普通教育模式问题。苏联教育专家柯斯杜亚希金著《苏联的未来学校》，在联合国教科文组织主编的《展望》杂志（1980 年第 4 期）上发表后，引起了广大教育科学工作者对苏联教育前景的普遍关注。

我国教育的前景如何？根据研究，当前，有几个因素制约着我国教育的长期、中期和短期的预测与规划。其一，人口因素对教育的影响。据统计，我国现有 6～18 岁的儿童和青少年人数 3.2 亿多人。但是，有 6% 的适龄儿童不能上小学，12% 的小学毕业生不能上初中，50% 的初中毕业生不能上高中，95% 的高中毕业生不能上大学。在 10 亿多人口的国家里，受正规学校教育的人数如此少，对我国教育现代化的前景是不利的。因此，在未来的学校里，人口因素不仅影响教育发展的数量，也影响教育发展的质量。如果我们掌握了人口增长的实际情况，我们就可能比较准确地规划教育的宏图。

其二，经济因素对教育的影响。教育经费在国家财政总预算中所占比重的多或少，对教育发展的影响很大。1971 年，日本的教育经费占国家财政总预算的 20.4%，居世界首位；美国的占 16.7%，苏联的占 16.0%。我国从 1966—1976 年，教育经费均占国家财政总预算的 5.63%。这几个百分比表明，教育投资太少不利于教育的发展。据估计，我国教育经费在国家财政总支出中有可能增加到 15%。那么，我国开创教育事业新局面的前景就有了可靠的物质基础。

其三，科技因素对教育的影响。现在世界上正在进行一场新的科技革命。世界著名的未来学家奈斯比特说，工业社会正在转入“信息社会”。他在《大趋势》一书中较详细地论述了所谓“信息社会”的教育问题，他认为，“在信息经济社会里，价值的增长不是通过劳动，而是通过知识实现的。”他的“知识价值理论”对美国教育产生着广泛的影响。美国企业管理学家德鲁克认为，知识已成为最主要的工业，这个工业向经济提供生产所需要的重要的中心资源。因此，未来教育将有两个显著特征：一是以知识价值论为指导思想建立新型教育模式。智力和知识已成为重要的生产力，它是生产劳动能力、竞争能力和经济成就的关键所在。新教育的目标是培养具有一定的生产经验、劳动技能、智力和知识的劳动者。二是新教育过程的基本手段是广泛地、充分地发挥电脑的作用。电脑能为个人化教育提供“因材施教”的有效方法。美国中学教育改革中增设了一年半的电子计算机课程。到2000年，美国将建设成一整套高质量的电子教学系统。

美国宣传“信息社会”将代替工业社会的观点同马克思主义关于社会主义制度将取代资本主义制度的基本原理是对立的。这一点，我们应保持高度的警惕。然而，新的电子科学技术成就将不仅促进社会生产力的发展，也相应地促进教育科学的发展。这个新动向，值得我们重视，需要我们认真加以研究。

三、结语

邓小平同志说：“我们的现代化建设，必须从中国的实际出发。无论革命还是建设，都要注意学习和借鉴外国经验。但是，照抄照搬别国经验、别国模式，从来不能得到成功。这方面我们有过不少教训。把马克思主义的普遍真理同我国的具体实际结合起来，走自己的道路，建设有中国特色的社会主义，这就是我们总结长期历史经验得出的基本结论。”我们根据这个结论的精神分析上述教育的现代化的进程和趋势，可以得出下列几点结论。

第一，发展工业与普及教育相结合。第一次工业革命，普及了初等教育。第二次工业革命，普及了中等教育。第三次工业革命，使得高等教育大众化，如美国大学生已占适龄青年的54%。展望未来，到2000年，工业发达国家，普及大学教育的可能性将变为现实性。

第二，扩大教育数量与提高教育质量相结合。数量与质量的矛盾是长期存在的，解决矛盾的关键在于培养高质量的师资队伍。“名师出高徒”，中外古今都同理，毫无例外。

第三，普通教育与职业技术教育相结合。为了解决中学生升学与就业的矛盾，世界各国的中等教育改革都沿着普通教育职业化、职业教育普通化的大方向发展。

第四，教育与生产劳动相结合。现在看来，马克思列宁主义关于这个问题的理论必须加以发展。在电子计算机、海洋工程、空间工程、遗传工程，以及新能源、新材料迅猛发展的20世纪80年代，现代化大生产中的工人不仅是以生产经验和劳动技能为基础，而且是以知识和智力为基础。因此，扩大知识面与开发智力，不仅是教育的核心，而且是提高劳动生产效率的积极因素。教育这个概念有了新的含义，生产劳动的概念也有了新的内容。

第五，体力劳动与脑力劳动相结合。到20世纪末或21世纪初，工业发达国家将普及高等教育。产业工人都是大学毕业生，他们既是工人，又是专家。到那时，体力劳动与脑力劳动的差别，将会逐渐消灭。人的全面发展的花朵将开遍教育世界的原野。

原载《教育研究》1984年第10期

我国教育的回顾与亚洲教育的展望

一、回顾伟大的三十年

中华人民共和国成立前，中国的教育事业是十分落后的，“一穷二白”，广大劳动人民被剥夺了受教育的权利。教育事业是为反动统治阶级服务的。新中国成立前，我国的学校数量最多的一年，全国高等学校有 207 所，中学有 4 266 所，小学有 28.9 万所。全国高等学校在校学生有 15.5 万人，中学生有 149.6 万人以上，小学生有 2 368 万人。全国文盲人数占比为 80% 以上。新中国成立后，我国教育的发展开启了新的篇章，我国的教育事业得到了迅速的发展。1978 年，在校学生人数与新中国成立前最高的一年相比，高等学校学生增长 4.5 倍，中等学校学生增长 34 倍，小学生增长 5 倍，学龄儿童入学率达到 94% 左右；高等学校毕业生有 294.6 万人，中等专业学校毕业生有 520.7 万人，普通中学的高中毕业生有 3 915 万人，初中毕业生有 13 088 万人。1978 年，全国各级学校中，有少数民族学生 1 025 万人，比 1951 年增长 9.3 倍。1978 年高等学校有专任教师 20.6 万人，是新中国成立前高等学校教师人数最高的一年的 12 倍；中等学校有教师 328.1 万人，是新中国成立前中等学校教师人数最高的一年的 30.6 倍；小学教师 522.6 万人，是新中国成立前小学教师人数最高的一年的 6 倍。1979 年，各级各类学校的教职员工共达 1 076 万人，为新中国成立前教职员工人数最多的一年的 10 倍。从以上简要的叙述可以看出，30 年来，尽管我国教育发展经历过曲折反复倒退，但总的来说，新中国成立前与新中国成立后相比较，确实取得了巨大的成就，开启了我国教育史上的新篇章。

新中国成立前后，我国高等教育和中小学教育发展概况如表 1 所示。

表 1　新中国成立前后，我国高等教育和中小学教育发展概况

年份	高等教育			中学教育			小学教育		
	学校/所	教师/万人	学生/万人	学校/所	教师/万人	学生/万人	学校/万所	教师/万人	学生/万人
新中国成立前	207	1. 7	15. 5	4 266	7. 8	149. 6	28. 93	86. 4	2 368. 3
1949	205	1. 6	11. 7	4 045	6. 7	103. 9	34. 68	83. 6	2 439. 1
1950	193	1. 7	13. 7	4 013	6. 9	130. 5	38. 36	90. 1	2 892. 4
1951	206	2. 3	15. 3	3 994	7. 3	156. 8	50. 11	122. 2	4 315. 4
1952	201	2. 78	19. 1	4 298	9. 4	249. 0	52. 70	143. 5	5 110. 0
1953	181	3. 4	21. 2	4 433	11. 3	293. 3	51. 21	155. 4	5 166. 4
1954	188	3. 9	25. 3	4 792	13. 8	358. 7	50. 61	165. 5	5 121. 8
1955	194	4. 2	28. 8	5 120	11. 9	390. 0	50. 41	159. 4	5 312. 6
1956	227	5. 8	40. 3	6 715	18. 7	516. 5	52. 90	174. 9	6 346. 5
1957	229	7. 0	44. 1	11 096	23. 4	628. 1	54. 73	188. 4	6 428. 3
1958	79. 1	8. 5	66. 0	28 931	30. 5	852. 0	77. 68	225. 7	8 640. 3
1959	84. 1	10. 0	81. 2	20 835	35. 0	917. 8	73. 74	250. 3	9 117. 9
1960	1 289	13. 9	96. 2	21 805	42. 6	—	72. 65	269. 3	9 379. 1
1961	845	15. 9	94. 7	18 983	41. 8	851. 8	64. 52	255. 4	7 578. 6
1962	610	14. 4	83. 0	19 521	39. 9	752. 8	66. 83	251. 1	6 923. 9
1963	407	13. 8	75. 0	19 599	42. 0	761. 6	70. 80	260. 1	7 157. 5
1964	419	13. 5	68. 5	19 214	44. 2	854. 1	106. 60	442. 0	9 294. 5
1965	434	13. 8	67. 4	18 102	45. 7	933. 8	168. 19	4570	11 620. 9
1966	434	13. 9	53. 4	55 010	59. 7	1 249. 8	100. 70	597. 0	10 341. 7
1967	434	13. 9	40. 9	57 507	60. 3	1 223. 7	96. 42	319. 6	10 244. 3
1968	434	14. 3	25. 9	67 210	70. 1	1 392. 3	94. 06	325. 5	10 036. 3
1969	434	13. 7	10. 9	94 871	93. 8	2 021. 5	91. 57	348. 7	10 066. 8

续上表

年份	高等教育			中学教育			小学教育		
	学校/所	教师/万人	学生/万人	学校/所	教师/万人	学生/万人	学校/万所	教师/万人	学生/万人
1970	434	12.9	4.8	10 495	117.4	2 641.9	96.11	361.2	10 528.0
1971	328	13.8	8.3	94 765	132.7	3 127.6	96.85	109.5	11 211.2
1972	331	13.0	19.4	92 966	165.7	3 582.5	100.92	439.8	12 549.2
1973	345	13.9	31.4	97 324	196.6	3 446.5	103.17	467.9	13 570.4
1974	378	14.8	43.0	100 621	178.2	3 650.3	105.33	494.4	14 481.4
1975	387	15.6	50.1	123 505	209.2	4 466.1	109.33	520.3	15 094.1
1976	392	16.7	56.5	192 152	272.9	5 836.5	104.43	528.8	15 005.5
1977	404	18.6	62.5	201 268	318.7	6 779.9	98.23	522.6	14 617.6
1978	598	20.6	85.6	162 345	318.2	6 548.3	94.93	522.6	14 624.0

注：新中国成立前代表新中国成立前数目最高的一年的统计数字，新中国成立后为从1949年到1978年的统计数字。

虽然我国教育的发展取得了巨大的成就，但是还远远落后于我国四个现代化的需要。因此，邓小平同志指出："实现四个现代化，科学技术现代化是关键，教育是基础。"而且"发展科学、教育也是经济问题、四个现代化问题"。教育事业的成败不是一个小问题，而是关系到四个现代化的全局的重大问题。30年来，我国教育事业的发展过程，经历了"马鞍形"的不平衡阶段，从1949年到1965年，教育事业兴旺发达，从17年教育成就看，它显示了我国教育制度的优越性。以1965年为例，高等学校有434所，比新中国成立前数量最高的一年增加1.1倍，在校学生达到67.4万人，比新中国成立前数量最高的一年增长3.3倍；中等学校在校学生达到933.8万人，比新中国成立前数量最高的一年增长5.2倍；小学生在校人数有11 620.9万人，比新中国成立前数量最高的一年增长3.9倍；学龄儿童入学率达到85%。业余高等学校学生达到41万人；业余中等学校的学生达到854万人；业余初等学校学生达到2 960万人。此外，半工（农）半读的各级学校也有大幅度的发展，取得了可喜的成绩。

然而，我国教育事业发展的道路是比较曲折的。从1966—1976年，由于“文化大革命”，我国的教育事业遭到了大破坏，教育质量严重下降。以1976年为例，高等学校数量为392所，比1965年减少42所；在校大学生仅有56.5万人，比1965年减少16%。中等学校在校学生仅有5 836.5万人；学制单一化，取消了多种办学形式，中等学校几乎全部办成了普通中学。在校小学生人数仅有15 005.5万人。整个教育事业面临崩溃的危机。自1977年开始，教育战线出现了一派大好形势，正如南宋诗人陆游所言：“山重水复疑无路，柳暗花明又一村。”1978年，全国高等学校增加到598所，比1976年增加了206所，在校学生达到85.6万人，比1976年增长51.5%；中等学校在校学生达到6 548.3万人。小学在校学生达到14 624万人。当前，全党全国工作的着重点正在转移到社会主义现代化建设上来，其中包括教育工作在内。为了适应这个伟大的历史性转变，要认真贯彻执行“调整、改革、整顿、提高”的八字方针，在尽可能办到的条件下，把我国的教育事业搞上去，改变后进状况，接近或超过世界先进教育科学水平。

现在已经进入20世纪80年代，展望未来，我们的任务是：根据国家建设的需要，要努力提高大学教育质量，改革中等教育结构，普及小学教育，发展各级各类的职业教育和技术教育，各级各类学校都要努力提高教育质量。我国教育工作者同心同德，团结在党中央的周围，为把我国建设成为四个现代化的社会主义强国贡献自己的力量。

二、学习亚洲兄弟国家先进经验

为了实现四个现代化，我们不仅要重视国内教育，而且要研究国外教育。在亚洲地区，我国是一个发展中国家，需要学习其他亚洲国家的先进教育经验，加速我国教育科学的现代化。

（一）高等学校教育

我国高等教育的发展是比较“慢”的。根据联合国教科文组织1977年统计年鉴的资料，在1957年，菲律宾平均每万人口中，高等学校的学生数已发展到205.2人。在1978年，我国平均每万人口中，高等学校的学生数才发展到8.9人。据统计，在泰国，1965年有大学生（包括开放大学）3.6

万人，1976 年有大学生 13.1 万人，平均每年增长速度为 13.7%。在日本，1965 年有大学生（包括函授教育）118.2 万人，1976 年有大学生 231.3 万人，平均每年增长速度为 6.3%。在印度，1965 年有大学生（包括预科）105.4 万人，1976 年有大学生 319.9 万人，平均每年增长 10.6 万人。在我国，1965 年有大学生 67.4 万人，到 1975 年大学生减少为 50.1 万人，平均每年增长速度为 -2.9%。这是世界教育史上罕见的大倒退，我国高等学校的学生人数与我国在亚洲的国际地位是很不相称的。我们一定要加快速度，迎头赶上，提高大学生人数的增长速度。

（二）中学教育

在泰国，1965 年有中学生 31.7 万人，1975 年有中学生 95.9 万人，平均每年增长速度为 11.7%。在日本，1965 年有中学生 881 万人，1975 年有中学生 733.80 万人。在印度，1965 年有中学生 1 713.3 万人，1975 年有中学生 2 475 万人，平均每年增长速度为 3.7%。在我国，1965 年有中学生933.8 万人，1975 年有中学生 4 466.1 万人，平均每年增长速度为 12.5%。

（三）小学教育

在泰国，1965 年有小学生 464.0 万人，1975 年有小学生 668.6 万人，平均每年增长速度为 3.7%。在日本，1965 年有小学生 992.7 万人，1976 年有小学生 1 061 万人，平均每年增长速度为 0.6%。在我国，1965 年有小学生 11 620.9 万人，1975 年有小学生 15 094.1 万人，平均每年增长速度为 2.6%。

就亚洲地区的国际教育交流、相互学习的情况看，日本的许多先进教育经验和其他亚洲国家一样，都是值得我们学习的。1978 年，我国派往日本的留学生数为 109 人，这是我国派到亚洲各国留学生数中最多的、占比最高。1974 年，日本提出了一个关于教育科学文化的国际交流的报告，得到了国内外教育界人士的广泛支持。日本对联合国教育、科学和文化组织（以下简称联合国教科文组织）（United Nations Educational, Scientific and Cultural Organization，UNESCO）的活动及联合大学给予援助，受到世界教育舆论的热烈赞扬。就学校教育范围而言，日本跟发展中国家的合作是值得我们借鉴的。在 1976 年财政年度，日本从国外邀请了 14 位教育专家和领导人共同研究教育问题，还派出 11 000 名日本学生到外国留学。日本还派送技术专家到发展中国家去工作。当前，不仅亚洲各国，其他国家都不断派留学生到日本学习。在 1975 年，日本高等学校的外国留学生数增加到 5 600 人，同年日本派出国的留学生人数有 11 000 人。日本十分重视国际教育科学的合作，实行双边和多边的合作计划。1978 年，日本派送研究人员 1 397 人出国搞科研，从国外接受了 309 位研究人员到日本。为了促进教育科学技术现代化，日本提供了大量科研经费，以 1977 年财政年度的开支为例，日本总共支付的金额为 23.4 亿日元。

印度在国际教育活动中也有许多贡献。在 1970 年至 1972 年之间，位于新德里的亚洲教育计划和行政研究所主持了两期培训管理人员的课程。培训期一般为 5～6 个月，教材内容现代化，包括使用了含有对教育应用近代管理技术在内的教育行政管理现代化的培训内容和方法。教育实习中包括对某个假想亚洲国家的实际模拟管理。在 1972 年，还开设了高级培训课程，训练和提高在职教育行政负责人。

亚洲地区各国教育事业发展与联合国教科文组织的领导和大力支持是分不开的。从 1970 年到 1978 年，教科文组织为亚洲地区各国培训了 46 位高级教育行政专家，他们是各国教育政策的顾问或主管人，对于这些专家的培训有重大的理论意义和实践意义。培训方式灵活多样，有专门开设培训课程，有采用讨论班方式，有进行参观、见习和实习等。参加这些培训活动的人数有 4 380 人，而亚洲、大洋洲的就有 600 人。总之，联合国教科文组织的亚洲、大洋洲区域教育司（The Regional Office for Education in Asia and Oceania）对于本地区教育科学和文化的发展取得了引人注目的新成就，特别是国际交流方面，为亚洲教育科学发展史打开了新的一页。

三、亚洲教育的展望

每个国家的教育目标和教育理论，都是根据本国的政治需要、生产发展和社会制度而制定的。不同的社会制度就有不同的教育目标和教育理论，亚洲也不例外，尽管如此，但我们都是发展中的国家，我们的教育事业仍然存在一些共同的趋势。

（一）普及基础教育

从亚洲地区的情况来看，不少国家还处于经济不发达的状况，但是为了提高本国教育科学文化水平，绝大多数国家都主张加强基础教育，使每个学龄儿童都可能接受初等教育，并为此进行多方面的努力。例如，印度实行两部制，就是说把小学二、三年级学生在校时间分别减少一半，这样一来，就可以使教师能教更多的学生，对于那些全天不能上学的儿童，则采用部分时间上课的办法，并可以利用现有的校舍，在同一天内不间断地进行各种不同的教学活动，使小学生在前三四年不至被迫停学。在我国也有类似的情况，目前我国基础教育落后于四个现代化发展的要求，全国约有文盲 14 000 万人，普及小学教育的状况是：形式上有 90% 的学龄儿童进了小学，实际学完五年的不过 60%。为了改变这种落后状况，我们正积极地采取各种措施，例如，全日制小学扩大招生；增加半日制小学，加强民办小学教育。另外，根据具体情况为牧区儿童开办马背小学，为渔民子弟开办船上小学，等等。千方百计普及基础教育，计划在五年内初步普及小学教育，并进一步努力，在尽可能短的时间内普及中等教育。

（二）改革高中教育结构

当前教育改革的另一种趋势是教育结构的多样化。在亚洲地区，广大教育工作者都认为单一的教育结构不能适应当前社会发展的需要。例如，在中国，近年来把教育结构的改革当作促进教育发展的重要目标之一。教育结构改革的重点是中学，特别是高中阶段。因为中学毕业生只有少数人能升入大学，而绝大部分人要从事工作，但普通中学这样的单一结构，使高中毕业生缺乏专业训练，不能满足就业需要，从而造成社会问题。因此，绝大部分教育工作者主张高中阶段的教育应具综合性质，使学生能受到一定程度的职业或专业训练，在没有机会升学的情况下，能够从事某种职业，使教育结构改革适应社会发展的需要。

其他教育比较发达的国家，主张教育结构改革的重点应放在大学阶段，把大学一、二年级办成具有职业性质的教育，使高等教育从原来二级结构（大学 4 年和研究院 3 ~5 年）变为三级结构，即把四年制本科大学改为初级阶段两年，主要进行职业训练，叫作初级学院；高级阶段两年，进一步提高专业水平（另仍有四年制本科大学），大学毕业后，可进 3～5 年的研究院。目前日本的教育结构改革就是向这个方向发展。

（三）深入开展教育科学研究

亚洲各国教育的共同趋势之三是力争教育科学现代化。概括起来有以下三个方面：

其一，教育内容现代化。在各级各类学校都尽可能把现代最新科学成就反映在教学上。例如，我国为了实现四个现代化，正在积极促进各科教材内容现代化。

其二，教育方法现代化。传统的教育方法很少把课堂知识和科学实践联系起来，在教学过程中不是用启发式，而是用注入式。这种旧教育方法很难启发学生从事科学活动的创造性、想象力和主动性。而观察、搜集数据、归类以及证明结论的能力，都不应看成只是科学家的任务，这些也应是学生的任务。当前心理科学的研究，对于知识的问题，正在从事更深入的探索。知识已不再被认为是许多原始的、不变的形式积累，而被当作是一个发展过程。心理学的实验对学习和记忆的贡献，对认识论的探索，都积累了大量材料，如果我们把这些材料经过教育科学的加工整理，就可以促进教育组织和方法的现代化，从而大大提高教育效率。

其三，教育科学要大力研究人的发展规律。一般来讲，过去的教育科学并不是有助于受教育者去认识他们自己，去理解他们自己的个性，理解大脑的机制、智力活动、支配身体发展的规律。而近几年我们在大脑的研究和生物化学科学方面所取得的突破，已经使我们更加清楚地和更加客观地理解了人类的行为、心理机制和学习过程。这些新发现揭露了一个惊人的事实：人的大脑中还有很大一部分潜力未曾加以利用，而且根据某些权威多少带点武断的估计，这种未曾利用的大脑潜力竟高达 90%。教育科学是研究人如何发展的规律的科学，过去教育科学往往强调研究人的社会属性方面，而忽视人的自然属性方面。关于这一点，马克思曾经说过："自然科学往后将包括关于人的科学，正像关于人的科学包括自然科学一样，这将是一门科学。"这就是现代教育科学的发展方向。

本文是朱勃先生 1980 年赴印度参加联合国教科文组织举行的第六次亚洲教育会议的学术论文。

世界师范教育经验的综合研究
——比较与借鉴

一、师范教育方向与制度的比较

本文的主要目的在于比较研究苏联、美国、日本、英国和印度等国家的师范教育经验，为发展我国师范教育事业提供借鉴。从上述各国师范教育的历史、现状和发展看，它们的培养目标、专业定向和就业状况是各不相同的，根据它们之间的差异，大体上可以划分为两种不同类型的师范教育体系。

第一种是定向型师范教育体系。这一类型的师范教育，是专门以培养中小学某一门学科教师为目标的专业性很强的师范教育。其优点是培养目标单一集中，师范生的专业思想比较稳定；缺点是课程设置比较狭窄，基础知识不够宽广，学术水平比较低，难以适应现代科学技术发展的需要和中小学提高师资质量的要求。苏联的师范教育就属于这一类型。

第二种是非定向型师范教育体系。这一类型的师范教育，是以培养能同时担任中小学几门学科的教师为目标的专业性不强的师范教育。其优点是培养目标多样化，课程设置灵活广泛，易于开展综合性的科学研究，使学生的基础知识面广些、学术水平高些、就业机会多些；缺点是培养目标不够明确，对教育课程不够重视，学生的专业思想不够稳定，不利于培养热爱教育事业的合格教师。

日本战前的师范教育属于定向型的师范教育。战后的日本对师范教育进行了改革，取消专门培养师资的师范院校，由大学担负培养师资的任务。这就是日本人所谓的“开放制”教育，它属于非定向型的师范教育。战后推行的开放制教育培养不出合格的热爱教育事业的师资队伍。据日本《文部时报》1979 年 1 月号载文部省的调查材料显示："1977 年除教育大学、学部（院）外，在一般大学（包括短期大学）领取初中教师许可证的有 86 200 名，其中从事教育工作的仅有 4 300 名，占领取教师许可证总数的 5%；领取高中教师许可证的有 68 700 名，其中从事教育工作的仅有 3 900 名，占领取教师许可证总数的 5.7%。"这一类"教师"，既缺乏专业教育思想，又缺乏专业教育训练，不适应社会发展的客观需要。于是日本文部省在 1979 年 10 月创办了两所新型的教育大学，其宗旨是推进初等、中等学校教育实践诸科学的教育和研究，从而提高初等、中等教师质量，明确了新型教育大学的主要目标是提高师资质量。按照这个目标培养出来的合格教师，应当具备与一般大学毕业生同等的科学文化水平，同时应具备教育专业的理论与实践修养，成为热爱教育事业的专门人才。这种新型教育大学吸收了定向型师范教育的优点，尽量克服非定向型师范教育的缺点，对今后师范教育的改革有示范作用。日本教育界正在大力推广这一新型的师范教育经验，以达到全面改革师范教育的目的。

英国的师范教育方向是定向型与非定向型相结合。对培养小学教师的师范教育机构来说，以定向型为主；对培养中学教师的师范院校来说，以非定向为主。

印度的师范教育方向，类似于英国，有定向型的师范学校，也有非定向型的大学师范院校，还有定向和非定向相结合的高等师范院校。印度的师范教育不仅受英国的影响，近些年来，也受美国和苏联师范教育的影响。因此，它是属于一种综合型的师范教育体制。

国外比较教育学者认为，师范教育方向的确定直接关系到师资质量和数量等重大问题。苏联采用定向型师范教育体制的主要目的在于保证师资质量兼顾师资数量。美国采用非定向型的主要目的在于保证数量兼顾质量。日本拟将定向型与非定向型二者结合起来，但目前仍以非定向型为主，保证数量兼顾质量。英国采用定向与非定向两种办法来保证数量兼顾质量。印度的师范教育体制处于改革过渡中，各种类型的师范教育院校都存在，但主要倾向则属于欧美类型。

师范教育方向与非师范教育制度的基本思想是紧密联系在一起的。下面分别对有关诸国的教育制度进行比较。

美国教育行政制度的基本思想是所谓“地方分权”，它已经形成了美国资产阶级“民主化”的教育传统。

从教育发展的基本思想看，资产阶级把教育作为阶级斗争的工具，总是把教育的性质和任务用宪法固定下来。然而，美国1787年制定的第一部宪法却是罕见的唯一例外。宪法中“教育”或“学校”这样的问题，一字未提。这导致后来美国教育形成资产阶级的地方分权制度的思想渊源：美国没有全国统一的教育制度，联邦政府没有统一管理全国教育的权利和义务。国家的教育以州为主体，各自为政，各州建立自己的教育制度，制定自己的教育政策，实施各自的普通基础教育和师范教育。由于美国教育缺乏全国统一的行政规划，因此，师范教育制度是极端“民主化”的，其发展速度与苏联集权制比较是缓慢的、缺乏计划性的。

虽然，美国总统约翰逊于1867年向国会提出《教育部法案》，当时国会通过，并且一直到现在都被认为是美国中央政府教育行政机构的基本法规。但是，中央教育部（1869年改称为“教育署”，1870年又改称为“教育局”）的实际权力，概括说来，仅有3项。一是搜集教育情况及统计资料；二是报道各地教育和学校的动态；三是发展国际教育关系。直到现在，美国联邦宪法修正案第十条仍然规定“本宪法所未授予合众国或禁止各州行使之权限，皆保留于各州及人民”。这一条文的规定，更明确教育应由各州自行负责，而联邦政府对各州的教育是无权干涉的。各州直接管理师范教育的机构（或负责人）有四个方面：一是州议会；二是州长；三是州教育董事会或教育局长；四是高等教育委员会或各大学的管理机构。

有的州，或者说绝大多数的州教育董事会或教育局长有10多种特别重要的职权，例如，任命师资训练机关首长；同意师资训练机关首长的任命；修订教育课程；认可教育课程；规定入学条件；承认入学条件；规定毕业条件；承认毕业条件；规定教育许可证书最低标准；授予教员许可证书最低标准；认可师资训练机关；认可师资训练课程。

由于美国教育行政管理实行地方分权制的传统，以致很大程度上影响了师范教育的发展进程。直到18世纪后半叶，作为有代表性的美国资产阶级教育权威富兰克林和杰斐逊才比较明确地提出了开办学校及培训教师的进步思想。富兰克林于1749年发表了《有关宾夕法尼亚青年教育的建议》演讲，其中提出办好中等学校及训练师资的主张。杰斐逊同意他的观点，并于1779

年向弗吉尼亚州的立法院提出了“促进知识普及”的议案。他们两人的教育思想对19世纪美国基础教育和师范教育的改革和发展，都产生了极其深刻的影响。

1823年，美国教育家霍尔创办了第一所中等师范学校，作为师资训练的最高教育机构。19世纪末，中小学校发展较快，但中小学师资数量不足，质量不高，中等师范学校已不能满足师资培训的需要。因此，1920年，美国首次创建了45所四年制高等师范学校。从1920年到1940年的20年间，美国高等师范学校的发展速度比过去加快了，1940年，高等师范学校已达180所，平均每年增加6.75所，增加了3倍。

1957年，苏联的第一颗人造地球卫星上天。苏联所取得的科技成果与其基础教育和师范教育的发展是分不开的，因为科学家不是天生的，而是教育的结果。对此，美国教育界受到公共舆论的指责，认为美国教育落后了。于是美国教育界派代表团到苏联参观学习，并在国内开展了全国性的加强基础教育运动，从而对师范教育也提出了更高的要求。不仅如此，代表们认为，要高速发展教育事业，美国的地方分权制度要革新，有必要逐步加强联邦政府的领导。1978年，美国总统卡特曾提出改组教育机构的建议，把教育部从卫生教育福利部分出来，独立建制，以加强联邦教育机构的权力。这项建议受到了美国教育界的广泛支持，对于美国教育事业的发展起了积极的作用。

苏联教育行政制度的基本思想是所谓“中央集权”，它已形成了苏联高度集权的教育传统。全国教育，包括师范教育在内，由苏联党和政府集中统一领导。十月革命后，苏联宣布取消教会学校的自主权，把教会学校一律转归教育人民委员部管理。1918年，废除了学区制，教育权利集中于苏维埃政府。1922年，苏联教育人民委员部把整个国家的教育大权集中统一领导。1946年，苏联成立了教育部。苏联教育部领导各个加盟共和国的教育部，各共和国教育部领导学前教育、普通教育、师范教育和儿童保育等机构。1959年，苏联又成立了高等教育和中等专业教育部，领导共和国高等和中等专业学校。

苏联共产党中央委员会和苏联最高苏维埃主席团、苏联部长会议都颁布有关教育法令或通过有关教育决议。各加盟共和国也有权颁布有关教育法令。不过后者应当是前者的补充和发展，而不应当跟前者抵触。

关于师范教育问题，苏共中央、苏联部长会议于1972年6月通过的

《关于完成向青年普及中等教育过渡和进一步发展普通学校决议》中明确规定："为保证对师资培养要求的一致性和师范院校与中小学的接近，必须在苏联和加盟共和国教育部系统实行对师范学院和师范学校的统一领导。"这是苏联师范教育中央集权制的具体表现。不仅如此，这种权力要深入到师范院校的日常工作中去。例如，决议中规定："责成苏联教育部和各加盟共和国部长会议在师范学院为居住在边远农村地区的青年确定免试入学的必要名额。这部分学生毕业以后仍回原地工作。应增加师范院校低年级教师的培养数量。"苏联第八届最高苏维埃第六次会议于 1973 年 7 月 19 日通过的《苏联和各加盟共和国国民教育立法纲要》指出，苏联在国民教育方面的权限有 12 条：为苏联国民教育规定中的指导原则和管理制度；规定苏联国民教育发展计划和为苏联国民经济培养具有高度技能的工人和专家的计划；领导苏联国民教育机关，管理属于苏联国民教育系统的教学、教育和科学研究机构和企业；规定学校和其他国民教育机构的类型，批准这些学校和机构的条例（草案）、规定入学年龄和学习期限；创办、改组和撤销属于苏联管辖的高等学校、中等专业学校、职业技术学校和普通教育学校；规定学校和其他国民教育机构人员编制、劳动定额和劳动报酬的制订办法；规定对所有教学、教育机构进行教学法指导的总原则，批准教学计划和规定教学大纲的审批程序；规定苏联发展学校和其他国民教育机构教学的物质基础的计划；规定给教学、教育机构里学习和受教育的人以物质帮助的种类和标准；在国民教育方面实行国家监督并规定实现这种监督的制度；规定国民教育方面统一的统计、核算和报表制度；解决根据苏联宪法和立法纲要属于苏联处理的其他国民教育问题。

从以上 12 条统一集中的所谓"规定"中可以比较清楚地看出中央集权规定得太细，统得太死。尽管有上述缺点，战后苏联的师范教育发展还是较为迅速的。

高等师范和文科院校的在读学生数与毕业学生数的比较：1950—1951 学年，在读学生数为 29. 63 万人，毕业学生数为 7. 85 万人；1969—1970 学年，在读学生数约为 88. 67 万人，毕业学生数为 14. 01 万人。

中等师范学校的在读学生数与毕业学生数的比较：1950—1951 学年，在读学生数为 34. 53 万人，毕业学生数为 7. 67 万人；1969—1970 学年，在读学生数为 34. 17 万人，毕业学生数为 9. 49 万人。

入学人数增长的原因有二：一是以原有教育学院为基础创办了许多新型高等院校；二是现有高等院校不断发展，扩大招生名额。高等师范院校和大学毕业生增多，充实了中等学校的教师队伍；中等师范学校毕业生增多，充实了小学教师队伍。

美苏两国从不同的方向来发挥办好师范教育的积极性，但都存在不能充分发挥中央和地方两个积极性的问题。美国教育在二战后，“分权”制的缺点日益暴露，美国长期实行以地方为主体办师范教育，使联邦政府难以集中全国统一规划教育事业的力量，从而削弱了中央办师范教育的计划性和积极性。20 世纪 70 年代，美国的教育改革方向是进一步加强联邦政府对各州的领导，扩大联邦教育机构的权利。苏联一贯实行“中央集权”，全国教育统一规划、统一管理、统一招生、统一分配。由于学校缺乏因地制宜的自主权与灵活性，不利于调动一切积极因素办好师范教育。近几年来，苏联当局似乎注意到了这种缺点，在有些地区对某些权力已有逐步下放给地方教育当局去掌管的趋势。

我国办师范教育是充分发挥中央和地方两方面积极性的。新中国成立以来，师范教育的发展既有中央的领导，全面安排；又有地方的因地制宜，各尽其长，这就改变了新中国成立前师范教育的落后状态，呈现了欣欣向荣的局面。1951 年 10 月 1 日中央人民政府颁布了全国性关于改革学制的决定，把各级各类师范学校的学制用法律条文确定下来，并提出了师范教育的方针和任务。1953 年 1 月中央人民政府政务院（1954 年撤销，其全部职权由国务院行使）颁布了全国统一的《关于改进和发展高等师范教育的指示》，同时召开了全国高等师范和中等师范教育会议，制定了有关高等师范学院和中等师范学校的各项文件，从而促进了我国师范教育的蓬勃发展，培养了大量的人民教师。1954 年全国中等师范学校已达 791 所，在校学生有 36.9 万人，比新中国成立前最高一年（1946 年）的在校学生数多了 50.3%。高等师范学院由新中国成立初（1949 年）的 12 所增加到 1954 年的 39 所，在校学生数达到 4.1 万人，比 1949 年增加 234.7%。到 1957 年，全国高等师范院校达到 58 所，在校学生数达 11.8 万人。各省（市、自治区）都有自己的师范院校，基本上改变了新中国成立前高等师范学院分布不平衡，缺乏统一规划的无政府状态。

30 多年来，我国师范教育日益发展，教育质量不断提高，各级各类学校的师资队伍不断成长壮大。1978 年，高等院校专任教师有 20.6 万人，为新中国成立前数目最高年份的 12 倍；中等学校教师达 321.8 万人，为新中国成立前数目最高年份的 30.6 倍；小学教师有 522.6 万人，为新中国成立前数目最高年份的 6 倍。当前的状况是：各级各类学校的师资队伍共有 1 076 万人，为新中国成立前数目最高年份的 10 倍。然而，从发展的观点看，为了适应四个现代化的要求，我国的师范教育，无论从数量和质量上说，还是不能适应形势发展的需要，还要充分发挥中央和地方的两个办学积极性。就我国的实际情况看，重点师范院校以中央统一管理为主，一般师范院校以地方管理为主。在有条件的高等师范院校是否也可以适当扩大学校的自主权，如在执行统一规定的教育方针的原则下，各高等师范院校应该有一定的灵活性，特别是在具体的教学计划、教学内容、教学方式和方法方面，应该允许各个学校进行实验研究，真正做到“百花齐放，百家争鸣”；在执行国家统一招生和统一分配计划的前提下，各高等师范院校可以根据自己的条件挖掘潜力，增招一些各地区的旁听生、走读生、函授生、进修生；毕业后找工作也不要一律采取国家包分配的办法。在遵守国家统一人事制度的原则下，各高等师范院校可以实行教学人员互相交流的合同制；在遵守国家统一规定的财政制度前提下，高等师范学校可以利用现有人力、物力，扩大为社会服务的项目，广开财路增加经济收入，以改善学校的教学、科研条件，改善教职工生活福利等。总之，要把地方和中央办学的积极性有机地结合起来，才能更好地发展我国的师范教育事业。

二、师范教育发展与现状的比较

苏联比较重视发展师范教育，美、日、英和印度等国也不例外。二战后，各国从自己的政治、经济需要出发，力争高速度、高质量地发展本国的师范教育，培养大批合格的教师队伍。现在，从各国师范教育的发展，特别是战后发展的数量和质量进行初步的分析比较。

（一）苏联师范教育的发展与现状

苏联比较重视师范教育在国家建设事业中的地位和作用。列宁曾强调指出："学校的真正性质和方向，并不是由地方组织的良好的愿望决定的，不是由'委员会'决定的，也不是由'教学大纲'等决定的，而是由教学人员决定的。"这就是说，要办好学校，关键在教师，而培养热爱教育事业的合格教师，关键又在于办好师范教育。因此，师范教育是一个国家教育现代化的关键所在。苏联把师范教育视为培养合格教师的所谓"母机工厂"，从而有计划、按比例地不断改革整个师范教育体系。苏联教师社会地位较高、经济收入较优、就业较充分、工作较稳定。

1. 苏联师范教育发展的数量

二战期间，苏联的师范教育遭到了严重的破坏，战后 30 多年，苏联师范教育的发展是相当迅速的。从 1959 年到 1970 年，苏联培养了 200 多万名教师，其中 100 多万名毕业于师范院校。在 20 世纪 70 年代，苏联师范教育又有进一步的发展，中小学教师的合格率上升到 75% 以上。

2. 苏联师范教育发展的质量

苏联师资质量随着生产力和科学技术水平的发展而相应地提高了，教师规格也更加严格了。在 1974 年 4 月 16 日，苏联公布了《关于评定普通教师的决议》，其中规定评议教师的原则和程序。为了落实"决议"，专门成立了教师评定委员会，对教师进行全面考核，查明情况，建议上级审批，对优秀教师给予奖励，对不称职者进行调整。这个委员会有权提请上级机关对优秀教师分别授予"一级教师"和"教学法专家"等光荣称号；但对不称职教师，则建议上级机关免职或剥夺其某种荣誉称号。评定目的有二：一是为了进一步提高干部、教师的思想理论水平、业务能力、教育技巧；二是为了推广先进教育、教学经验，提高师范教育的地位，加强教师的责任感，发扬忠诚人民教育事业的精神。

尽管苏联人民很重视师范教育，大力提高教师的地位和待遇，但仍然有很多年轻人不愿意读师范院校，不想当教师。苏联中学毕业生大多数力争进入科学与技术类型的大学，不愿报考师范院校，尤其不愿选择教育专业。这种倾向对师范教育的发展来说，是一个严重的问题。据苏联相关部门统计，在填报高考志愿选择专业时，大多数的考生选读医学或理工专业，而选读师范专业的考生则相当少。就在已报考师范学院的学生中，有 62.5% 的人不是出于热爱教育事业，而是出于权宜之计。在师范学院的毕业生中，不愿当教师者仍占 38.2%。

3. 苏联师范教育的发展趋势

近年来，苏联大力提高师范教育的学术水平，压缩了中等师范学校数量和招生规模，增设高等师范学院，并在综合性大学开设教育学院或教育系。苏联的师范教育逐渐与综合性大学结合起来，共同培养教师。根据苏联政府规定，“培养师资是综合性大学的重要任务之一”，在65所综合性大学中，有63所于1977年担负了培养师资的任务。从1965—1974年，师范学院培养的师资人数只有4 500人，到1977年就增加到2万人。这段时间里有13所师范学院改为综合性大学，有12个加盟共和国未单独设立师范学院，而由综合性大学担负培养师资的任务。

由此可见，苏联师范教育发展的总趋势在于进一步加强综合性大学与师范学院的联系，使得师范教育的“师范性”与综合性大学的“学术性”更好地结合起来。

（二）美国师范教育的发展与现状

美国长期重视研究师范教育。美国著名比较教育学家康德尔在《教育的新时代》一书中说：“对新教师的培养规格要求愈高，培养的时间愈长，无疑会对教育专业地位的改变产生良好效果。”他又说：“国家的安全和经济的发展，要通过改善人力资源来实现，教育在这方面的重要性，人们已经普遍地认识到了；教育制度能否成功，需要看参加教育工作的教师如何而定，这一点也为公众所认识到了。”教学已不是传统式讲述知识，而变成为一种专业，它要求教师不仅掌握教学内容，更重要的是理解教育对象——学生。要从教育对象的特点出发，按教育规律教育学生。这样一来，师范教育的发展，从传统的艺徒式训练的低级阶段，就进入了具有现代专业化教育特点的高级阶段。

1. 美国师范教育发展的数量

二战期间，美国的师范教育虽然受到了战争的影响，但没有像苏联那样，遭到严重的破坏，所以战后美国师范教育的发展较快。

1958年美国有小学教师80多万人，就业率是82. 9%；中学教师有48万多人，就业率是65. 5%。就“供求关系”来看，小学教师的指数为188，即需要数为32 431万人，供给数为17 229万人，缺15 202万人，供不应求。反之，中学教师的指数为83，即需要数为24 520万人，供给数为29 403万人，超额4 883 人，供过于求。

随着师范教育的迅速发展，中小学教师人数不断增加。从 1960 年到 1974 年，中小学教师从 146. 4 万人增加到 242. 5 万人，增加了将近 100 万人。教师人数的增加，加上近年来人口出生率下降，入学人数减少，导致出现了供过于求的现象，1981 年，各师范教育机构培养的新教师近 20. 1 万人，但实际上中小学校只需要 4. 5 万名教师就够了。教师供求关系不平衡状况，看来还会长期存在。

2. 美国师范教育发展的质量

战后，美国的师范教育不仅增加了数量，并提高了质量。特别是自 20 世纪 50 年代，美国对师范教育采取了新措施。首先，为了保证教师质量，要求中小学教师必须接受高等教育。到 70 年代，全国除了三个州以外，其他各州都要求中小学教师必须在高等学校修业四年，成绩合格者才能获得教师许可证。有些州还把师资培训的年限逐渐由四年延长到五年。从 1950—1968 年，曾在高等学校接受四年教育的美国小学教师由 50% 上升为 90%，中学教师则上升为 98%。有的教师还继续进研究生院深造并获得学位。例如，1974 年，密歇根州中小学教师全部获得学士学位，其中还有 80% 的人获得硕士学位。

其次，培养师资的重点放在综合性大学，而不放在独立的师范院校。因此，师范院校的数量相对减少。就 20 世纪 60 年代小学师资培养的情况而言，公立大学培养的师资人数最多，占总人数的 48%；私立大学培养的师资人数占总人数的 32%；师范培养的师资人数最少，仅占总人数的 20%。现在，美国 2 000 多所大学中，有 1 300 所担负着培养师资的任务。

3. 美国师范教育的发展趋势

美国师范教育的发展趋势主要是扩大各种类型的高等学校，逐步减少独立设置的师范学院。根据美国凯尔纳教授的看法，美国师范学院的质量很低，不能适应师范教育现代化的要求，综合性大学与文理学院将成为培养师资的主要机构。当前美国师范院校培养师资的办学形式将逐渐衰亡。在 20 世纪 80 年代，美国各州要求中小学教师取得学士学位、硕士学位，甚至博士学位。美国对师资规格要求越来越高，将导致研究生院来承担培养师资的任务。师范生研究生院也不得不随之增加数量与提高质量。

虽然美国师范教育的发展已取得了很大的进步，但是存在问题仍然不少。如许多经过专业训练的合格教师找不到工作，失业情况严重。美国教师供求关系失调的问题是一个“老大难”的问题。目前仍然没有找到解决这个问题的良好的方法。一方面，学校缺少合格的教员，从而降低了教育和教学的质量；另一方面，受过专业训练的合格教员找不到教学岗位，加深了教员失业危机。

（三）日本、英国、印度等国家师范教育的发展与现状

1. 日本师范教育的发展与现状

日本师范教育的显著特点是美国化。日本师范教育从 20 世纪 40 年代后期起，曾进行了一系列的改革。到 80 年代，日本中小学教师的数量和质量都有了大幅度的变化。根据 1978 年 10 月《内外教育小史》的资料，全国中小学教师总数，从 1948 年的 51.3 万人增加到 1978 年的 103 万人，增加了 1 倍。教师的质量已基本上提高到大学毕业生的水平。

战后日本教育的重大改革，是废除了战前军国主义教育体制，实行美国式的开放教育体制。日本调整了中等师范学校，中小学教师必须接受高等教育的专门训练。教育性大学、学艺性大学和综合性大学的教育学院担负培养幼儿园、小学和中学教师的任务，其他类型的高等学校也培养教师。这就扩大了培养教师的“母机工厂”。据 1976 年《日本统计教育年鉴》发表的资料，培养幼儿园教谕（教谕即教师）的大学有 87 所，短期大学有 198 所；培养小学教谕的大学有 81 所，短期大学有 51 所；培养初中教谕的大学有 332 所，短期大学有 408 所；培养高中教谕的大学有 352 所，研究院有 155 所。可见，日本教师的数量和质量都有较大幅度的提升。然而，随着日本工业现代化的发展进程，师范教育制度已不适应现代工业对教育提出的更高要求了，这种不适应状况主要表现在大多数获得教师许可证的教师不安心从事教育事业，不热爱教育对象，教育专业思想不巩固。据 1979 年 1 月号日本《文部时报》发表的教育资料显示，在 8.62 万名领取初中教师许可证的人中，只有 4 300 人当教师，占领取教师许可证总人数的 5%。日本教师获得教师资格者很多，实际上从事教育事业者极少，因为一般大学毕业生不热爱教育工作，不具备教育专业所要求的知识、技能和技巧。

为了克服上述缺点，日本文部省对现行师范教育制度的结构进行改革，试图创办一种新型的专门教育大学，培养具有高质量的新型教师。新型教师

的主要标志有二：一是具有普通综合大学同等程度的学术研究能力；二是具有师范大学的专业修养，成为既善于“教书”又热心“教人”的教育专门家。日本的兵库县和上越市于1979年建立了两所新型专门教育大学，探索培养新型教师的经验。这种新经验的核心在于提高师资质量。为此，在教育改革过程中，既要提高综合大学培养师资的责任感，又要提高师范大学培养师资的学术水平。

2. 英国师范教育的发展与现状

英国教育比美、日两国的教育更具有浓厚的保守性，师范教育也不例外。英国对欧洲师范教育传统一贯持保守态度，英国的师范教育制度的发展和改革是比较落后的。一战后，英国才提出最初的发展师范教育的方针，并做出一项有关师范教育的决议：“任何改进师范生普通教育和专业规划都应确保师范学院的工作与普通大学的工作取得密切联系，制定一套至少延续学习三年的课程计划。”这项决议虽然促使师范学院与大学的联系更密切，但实际上大学并不因为此决议而承担培养师资的任务，师范教育仍旧处于落后的状态，被认为是低于大学水平的次级教育机构。

英国师范学院联合会常务委员会和师范学院院长会议于1938年发表了关于“教师培训”的报告，强调师资质量的问题时就指出：“教师的职能越是被充分自由地表达出来，教师的工作就越是复杂和细致，培养教师的任务也就越困难。”为了便于克服困难，提高师资质量，每所师范学院都应“最终成为它所在地区的大学的一个有机组成部分”。

麦克奈尔领导的英国教育委员会于1944年发表《教师和青年领导人》的报告中建议成立“地区师资培训权利机构”以改进师范教育。这个机构负责审批师范院校的教育质量，推荐毕业生作为合格教师呈请教育部审批。培养师资的权力在地区，授予合格教师证书的权力在教育部。此后，社会上对中小学教师的认识前进了一步，人们把教学作为一种专业来认识，经过一定时期专业训练的教师被称为合格教师。地区师资培训机构包括师范学院和大学教育系。二战后，英国师范教育有了进一步的发展。在1953—1954学年，有23所大学建立了培训师资的机构，另有114所师范学院。此外，还有16所艺术师范院校，有14所家政师范学院，有7所体育师范学院，有3所技术教育学院，共计有177所师范院校和教育系。地区师资培训机构的基本特征是教育的灵活性与自主性，使得师范教育能因地制宜地快速发展。为了协助地区师资培训机构在学术上和行政上更好地完成教育任务，大学专门设立了研究所，负责举办本地区在职教师进修班、建立教育专业图书馆、协调各个师资训练机构的教学与科研。

20 世纪 60 年代，英国师范教育的主要目标是通过大学的教育学院培养教师。到 70 年代初期，开始改变目标，许多教育学院不再属于大学的一部分，而单独建制，成为高等教育的主要机构之一。

近 10 年来，英国中等教育改革中最显著的变化，是将过去经选择性考试后及格的满 11 岁的学生所进的三种不同性质的中学（即文法中学、技术中学和现代中学）合并为综合中学。1968 年，英国约有综合中学 2 900 所，文法中学 477 所，现代中学 1 000 所。到 1976 年，英国有 300 万名学生上综合中学，占全体学龄生的 76%。根据 1976 年的法案，英国要推广综合中学，把它作为普及中等教育的重要教育形式。

1981 年，英国有师范教育和兼施继续教育的院校约 40 所，单纯从事师范教育的院校约 30 所，在 25 所工艺学院中设教育系。原有 163 所教育学院，仅有 4 所并入大学，有 40 所教育院校停办了。由于中学对师资的需求减少，中小学生入学人数的下降，今后英国的师范教育院校还可能继续被压缩。

如何改进英国的师范教育呢？1975 年，英国巴尔默谢教育学院院长詹姆士·波特提出“师资三段培训方法”的设想。他认为，要把大学基础教育、师范教育和在职进修教育三个阶段有机地统一起来，这三者缺一不可。作为合格教师，在职进修教育是整个师范教育很重要的组成部分，是基础教育阶段和师范专业教育阶段的继续。他主张师范教育改革的重点不应放在延长学制年限和加多课程门类上，而应该把重点放在如何加强教师的继续教育上。他认为，各国现行的适龄儿童的强迫义务教育制是一种很好的办法。对教师来说，也应实行类似强迫教育的在职继续教育，才能保证师范教育制度得到充分的发展。

总之，二战后，英国师范教育的发展趋势是：20 世纪 50 年代到 60 年代，人口出生率增长，学生数量增多，学校需要教师的数量日益增长。随着生产力的不断发展，科学技术的不断进步，带来了西方学者所谓“知识爆炸”的新时代。从 60 年代到 80 年代，从事教育工作的人要有良好的专业本领，才能获得较高的职业待遇。因此，教师质量问题重于数量问题。最近几年，教师供过于求，师范院校压缩，提高质量就成为当前英国师范教育改革中的主要课题了。

3. 印度师范教育的发展与现状

自17世纪英国统治印度到20世纪印度独立，这漫长的历史（1698—1947年）进程中，印度教育的显著特点是“英国化”。19世纪中叶，英国设在印度的统治机构东印度公司制定了一个教育法案，要求以英国教育模式来改革印度教育，师范教育的改革也不例外。为了英国殖民主义统治利益而建立的印度师范教育制度，完全背离了印度教育传统，走向全盘西方化的道路。1854年，英国政府派以伍德为代表在印度制定了一项发展印度教育的基本政策，要求印度政府集中全力办好高等教育制度，培养优秀分子，以便通过他们教育民众，普及西方的民主与科学，此后，现代师范教育制度在印度就逐渐发展起来了。1882年，印度开办了6所师范学院和50所师范学校，培养中小学教师。1904年，印度政府制定了师范教育政策阐明师范教育的意义、重要性、课程设置、教育实习以及学位制度。1913年，印度政府正式公布了合格教师证书制度。1929年，印度当局对师范教育进行了一些改革，具体包括：提高师资教育标准；延长师范教育学制年限；优秀教师应提拔到师范院校任教并扩大培养优秀教师的数量；要不断更新教师教育课程；要改善教师待遇，把有才能的人吸引到教师行列中来。这些建议对英国师范教育的发展有深刻的影响。

1947年7月，《1947年印度独立法》公布了。独立后，印度的教育，包括师范教育在内，进入了一个新的阶段。各级学校的数量和质量都有较大的发展。教师待遇，尤其高等院校教师的待遇有相当大的提升。师范教育有一定的发展。1949—1950学年，印度高等师范院校有43所，其他类型的师范教育机构有720间；高等师范院校在校学生有4 761人，其他师范生有6.7万人。在1961—1962学年，高等师范院校已发展到522所，其他类型的师范教育机构已发展到1 290间；高等师范院校学生有8.9万人，其他师范生有18.9万人。1971—1972学年，除高等师范院校外，印度师范教育机构已发展到1 622间，师范生也增加到23.5万人。

由此可见，印度师范教育数量的发展是相当快的，但据说教育质量不高。据1966年调查，中小学教师有30%以上不合格，需要进修提高。不仅如此，印度学校的教学内容一般比较陈旧，教学方法主要为死记硬背，教学设备简陋，现代化教学手段甚差，有许多农村学校连起码的粉笔和黑板都没有，教师不得不在沙地上教学生写字。

由于印度经济贫困，且师资数量不足，质量不高，以致严重影响教育的发展。印度在第5个“五年计划”（1974—1979年）中，原拟定的普及义务教育的指标——6～11岁的儿童入学率为100%，11～14岁的少年入学率为75%——因师资不足和经费不够而未能完成预订计划。印度经济不发达，影响教育事业的发展，对师范教育影响尤大。反之，教育不发达，人的智力资源得不到充分的开发，又影响经济建设的快速发展。可见，开发经济资源与开发智力资源是相辅相成的。要发展经济，必须培养各种人才。培养人才的关键在于教育，而师范教育是教育的基础，也是经济建设的长远投资之一。

三、师范院校课程设置的比较

（一）苏联师范院校的课程设置

苏联的师范院校主要有四种类型。

（1）中等师范学校。中等师范学校的主要任务是培养1～3年级小学教师及少先队辅导员。招收八年制学校毕业生，学制四年；招收十年制毕业生，学制两年。在20世纪70年代，中等师范学校多升格为师范学院，新建小学教育系。1977年，苏联的中等师范学校尚有409所，教师2.8万人，学生29万人，后来其数量日趋减少，逐步升格为高等师范学校。

（2）高等师范学院。高等师范学校主要培养4～10年级的中学教师。招收完全中学毕业生或中专毕业有一定工龄的青年，学制分别为四年或五年。要求前者掌握一门专业，后者掌握两门专业，有些师范学院的小学教育系，学制也是四年。据统计，1976年苏联有高等师范学院200所，教员和教授4.4万人，学生79万人。

（3）综合性大学的师资培训机构。近年来，苏联联合大学担负了较多的培养师资的任务，主要培养普通中学高年级和中等专业学校的基础课教师，担负培养师资任务的系开设教育专业课程，如教育学、心理学、教学法及教育实习等。

（4）专门化师范院校。专门化师范院校是为培养各学科教师而设立的机构。例如，外语师范、体育师范、工程师范、艺术师范等等。

苏联师范教育专业训练比较窄，课程设置相对集中。各类课程的任务和它在全部课程中所占的学时比例如下：

①政治课程。这类课程的主要任务是向学生进行思想教育和道德品质教育，它占教学计划总学时的15%。

②专业课程。这是培养教师的基础课程，其基本任务是使学生掌握这门专业学科基础理论、基本知识和技能，使学生了解该专业发展的最新成就。这类课程占教学计划总学时的60%。

③教育课程。这类课程教给学生做教师所必需的教育科学知识和技能，它占教学计划总学时的25%。高等师范学院教育课程有教育学、心理学、教育史、分科教学法、学校卫生、教育见习和实习等，个别学院还开设比较教育学（如列宁师范学院）。中等师范学校开设的教育科目有教育学、心理学、教育史、学校卫生、各科小学教学法等。综合性大学在培养师资的系里增设教育学、心理学和教学法及实习等课程。

（二）美国师范院校的课程设置

美国师资训练机构，过去是以师范学校和中学附设师资培训班为培养小学教师的主要阵地，以高等师范学院和大学教育系为培养中学教师的主要阵地。现在则把师范学校升格为高等师范学院。中小学教师都要接受过高等教育才能获得教师许可证。师范院校主要有四种类型：

（1）中等师范学校和师资培训班。师资培训班是以培训乡村教师为目标的。它属于短训班的性质，不像中等师范学校那样正规化。师范学校有县立、市立和州立三种，招收初中毕业生，学制为两年或三年。随着社会的发展，这种师范学校，日渐减少，战后几乎没有了。市立和州立师范学校，现多已升格为高等师范学院了。

（2）高等师范学院。这是在以往的中等师范学校或师资培训班的基础上发展起来的。它是培养中小学教师的主要机构。招收高中毕业生，学制四年，毕业后授予学士学位。有些高等师范学院设有教育研究所，授予较高级的硕士学位或博士学位。美国公立学校的教师中，高等师范学院毕业生约占1/3，其中，小学教师的占比更高。就提高师范教育的质量方面看，中等师范学校升格为高等师范学院后，师范教育的质量并没有显著的提升，学生发展个人才智的机会仍然很少，学生仿佛只是在同一教育机构里把修业年限延长为四年，多听几门课罢了。

（3）教育学院。根据1974年美国《南加州大学通报》，教育学院的系一级机构有：①教育行政和视导系。这个系主要具有培养硕士或博士水平的教育行政管理和视导人员。很多教育行政管理干部都要求获得“行政合格证书”才能任职。②升学与就业指导教育系。这个系主要在个人或集体的入学指导、升学指导和就业指导等方向培养专门人才。③高等教育系。这个系主要培养高等教育的领导人员，开设博士学位课程。④教育技术系。这个系培养教育技术方面的教育和企业领导人员，开设有关教学手段现代化方面的课程。⑤国际教育系。这个系开设国际管理学、国际比较教育学、国际文化研究和经验交流课、发展教育课等；招收外国学生，另设专门业务课程，为准备回国后专门从事教学和研究工作的人员而设。⑥师范教育系。从三年级开始，分别为将来愿意从事小学或中学教育的学生开设不同的课程，为前者开设相应的小学教育专业课，为后者开设中学教育专业课。另外，有一年研究生课程，其中包括从事进修提高的专门化教学科目和教育专业课程在内。⑦儿童教育系。这个系主要培养从事3～8岁儿童教育的教师。为培养儿童教育专门人才开设基础课程与提高课程，研究儿童在这个时期扩大认识和发展的规律。⑧特殊教育系。这个系主要培养从事特殊儿童教育的教师、行政管理干部和研究人员。在美国联邦教育总署的资助下，特殊教育系为这个研究领域的专业工作者筹建了地区特殊教育资料中心，为师资培养提供了有利条件。

文理学院毕业生，志愿担任中学教师者，可进教育学院的研究生部攻读教育课程。他们在获得学士学位之后，再获得硕士学位。美国的中学教师是按学历来评定工资级别的，因此能否获得某种学位关系到晋升加薪的问题。

此外，州立农业及工艺学院是培养职业技术学校教师的专门机构，招收中学毕业生，学制四年。

（4）教育研究所或师范研究生院。这种机构是大学的一个组成部分，但也有些教育研究所或研究生院是单独设立的。中小学教师可通过这条道路获得硕士学位或博士学位。

师范生入学后就开始了专业训练的过程。在这方面，美国比较强调专业的“学术性”，苏联侧重于专业的“师范性”。从课程设置及相应的考试制度可以明显地看出两国的异同。

美国没有全国统一的关于课程设置的规定。那么，课程由谁来决定呢？概括起来，可分为三种情况：一种是由州行政部门规定的；二是由地方行政部门规定的；三是由各师范院校自己规定的。美国师范院校的课程一般分为三类，分别概述如下：

①一般课程。这是属于文化基础类型的课程。例如，本国语、外国语、文化科学基础等。

②专门课程。这是根据中小学教员所应担任的课程而组成的专门化课程。例如，中小学的数、理、化、生、地、文、史、语等专门化学科。

③教育课程。这是体现所谓“师范性”的核心内容的教育理论与实践课程。战后教育科学大发展，当前美国师范院校开设的教育课大同小异，各有选择，但基本方面趋向于一致，并日益重视教育科学。各高等师范院校大多开设这样一些学科：教育原理、中等教育原理、教育哲学、比较教育学、教育史、普通心理学、教育心理学、儿童心理学、青年心理学、成长与发展、教育评价、电化教育、辅导等。

在上述三类课程中，教育课程一般占全部课程学时的1/3左右。在教育课程中，实习很重要。师范生要教育实习及格，才能毕业。教育实习的课时比较多，以初等师资专业训练课程为例，教育实习的时间占全部课程的8.7%；在文理学院教育系，教育实习的时间占全部课程的7%；在综合性大学教育学院，教育实习的时间占全部课程的6.6%。

近些年来，许多师范学院、文理学院教育系、综合性大学教育学院的课程内容，趋向于“教材的专业化”。过去，学生须在文理学院修“专门”课程，在教育学院修“教育”课程。这二者之间往往不能有机联系，从而影响教育教学质量。目前，师范学院把“专门”课和教育课统一起来，两方面的缺点都克服了。这样统一的课程设计比两校分别开课好得多，有利于提高师范教育质量。

近些年来，师范教育课程改革的趋向是，加强基础教育和专业课，精简一些内容空泛的教育课。专业课的发展由注重“广而博”逐渐走向“精而深”。

20世纪70年代，美国的中小学规模逐渐扩大，学生增多，教师也随之而增加。因此，每位教师只教一门学科，需要以某一专业为主修方向，从

“广而博”走向“专而深”。基础课要求师范生掌握较广泛的文化科学知识，专业课要求师范生掌握高水平的专门知识。教育课要求学生不仅会“教书”，而且善于“教人”。师范教育应注重以教育专业训练和养成专业思想为特色。师范教育既要求提高学科知识水平，又不降低教育专业的学习质量。美国多数教育工作者都赞同该观点，并把它作为改进师范教育的指导思想。在学制改革方面，有人提出文理学院应延长学制，为五年制，第五年进行教育专业训练；也有人主张不延长，而在假期中进行教育专业训练；还有人主张在四年文理课程中增添教育科目，使专业课程与教育课程保持合理的比例。总之，不论怎样改革，关键问题在于提高教师掌握基础课程、专门化课程和教育课程水平。

美、苏两国师范院校的考试考查制度是不同的。美国采用百分制，苏联则采用五级分制；美国多采用笔试，苏联则多采用口试；大学毕业后，美国学生要自己找工作，大学毕业证书仅提供获得职业的可能性，创造就业的有利条件和必要准备；苏联的大学毕业生由国家统一分配工作，一般不存在“毕业会失业”的现象。

美国的师范院校较多为灵活多样，因地制宜，有州立、私立以及教会办等师范院校；苏联的师范院校则较为单一化，全国统一规划、统一安排、统一招生、统一分配等，形成了一种相当呆板的统一模式。

（三）日本师范院校的课程设置

战前，日本中等师范学校主要培养小学教师，高等师范院校主要培养中学教师；战后，日本以美国为榜样实行新学制，即从幼儿园到高中的教师全部由高等师范院校和一般大学负责培养。日本把大学作为培养师资的主阵地，许多大学都设立教育学院。文理学院毕业生也可以当教师。日本师范院校可以独立设置，也可以设在一般大学里。专业性较强的高等师范院校，如外国语大学、体育大学、工科大学等又分担师资培养的任务，这样的师资培训体制大大促进了师资队伍的成长。

日本师范教育院校及大学的专业与课程设置的基本思想是“面向中小学教育”。中小学教什么学科就设置相应的专业，开设有关课程，培养至少掌握一门专业学科的合格教师。

当前国外师范教育院校的专业课与课程设置趋向于向深广方向发展。许多国家都很重视基础学科，日本就是其中之一，日本师范院校把自然科学，如数、理、生、化、地和社会科学，如文、史、哲、经等都作为师范院校大学生必修的一些基础学科。体育和外国语也是基础学科。大学生都必修基础学科，扩大知识眼界，为提高学习质量打下良好的基础。

日本四年制师范教育大学，其课程可分为三大类，大致如下：

（1）基础课程。包括：人文类，如哲学、伦理学、历史、文学、美术；社会类，如社会学、政治学、经济学、法学；自然类，如数学、物理学、化学、生物学、地理学。共计 36 学分。每个学生从人文、社会、自然三类课程中，每一类最少选修 3 门课程，共选修 9 门课程。此外，选修外国语 1～2 门，12 学分。保健体育 4 学分，为必修课。

（2）教育课程。包括：教育学、教育史、教育方法、教育实习、教育心理学、青年心理学等。共计 12～16 学分。

（3）专门课程。以数学专业为例，包括：代数/数学、几何学、实用数学、数学教材教法、统计学、概率论、分析学、拓扑学、数论等。共计 60～70 学分。

除上述课程外，还有许多选修课程辅助发展具有特种专长的学生深造。

东京大学与学艺大学四年制小学教育专业的课程设置为：基础课，36 学分；外语课，12 学分；体育课，4 学分；教育课，16 学分；专业必修课（包括教材教法研究、教育技能实习等），共 54 学分。另外还有任选课，5 学分。四年制小学教育专业的必修课与选修课总计为 127 学分。

在日本，教育专业课程是培养合格师资的重要内容，是师范院校教学计划的有机组成部分。教育专业课程的学时约占整个教学计划总学时的 15%。凡毕业后志愿从事教育事业的大学生都要学习教育课程，经考试合格才能获得教师许可证。

（四）英国师范院校的课程设置

根据 1975 年统计，英国师范教育院校有下列几种类型：①一般大学的教育学院或教育系；②独立设置的教育学院或师训学院；③技术教育学院；④工艺教育学院；⑤艺术师训中心。

在各类师资培训机构中，教育学院数量最多，超过 160 所，主要任务是培养小学教师，修业期为三年，相当于大学本科，毕业后可获教师许可证。

从1965年开始，部分优秀学生可接受四年教育以攻读教育学士学位。教育学院的课程一般包括四个方面：各学科研究、各科教材教法研究、各派教育理论研究、各种学科的教育实习。

学生可主修一门学科，也可辅修两门学科，还有的主修一门和辅修两门学科以培训小学教师，重点研究教材教法，辅以其他课程；而培训中学教师，则重点研究将来到中学担任课程教师的专门科目，辅以其他课程。

教育课程是教育学院课程设置的重要组成部分。学生除学习教育原理、教育史、教学法、教育行政这类课程外，还要学习如何从哲学、心理学及社会学的观点分析研究教育问题。健康教育为公共必修课。教育实习时间一般为12~15周。

技术教育学院有4所，实施专业训练，学制一年，主要培养继续教育和技术教育师资。课程设置分为理科、工科、商科、数学科等多种类型，以供学生选修，基础课程为必修。教育实习时间为12周。申请学习这类课程的学生，通常要具备三个条件：一是大学毕业或具备同等学力；二是有一定实际教育经验；三是年龄在25岁左右。1970年，这4所技术教育学院共招收了1 650多名学生，其中大多数曾受过师资训练，学习成绩良好。

艺术教师培训中心有13所，学制一年，主要培养艺术学科教师。毕业时可获得艺术教师许可证或相应文凭，课程设置有绘画研究、雕塑或插图研究以及印染、纺织、刺绣、服装、家具、陶工、银工等专业课程。此外，学生还要学习一些教育课程，如教育原理、教育史、教学法、教育实习及健康教育等。课程设计模式与大学教育系专业教育课程相似，仅重点有所不同，侧重研究教学原则和教学方法。

大学教育系为一年制，训练班性质，它是为大学本科毕业生或同等学力的学生开办的。大学本科毕业生至少曾接受完三年高等教育，因此教育系主要集中精力学习教育学科。大多数教育系的课程设置主要针对中小学教学和教育的需要，也适当考虑其他有关教育理论和教育史的研究。多数教育系的课程设置为以下五类：一是中小学各科教材教法研究。大多数教育系学生必修一门或两门这类课程。二是教育学研究，包括教育原理、课程理论、健康教育、儿童教育、学校组织管理、教育实习（一般为10~13周）。三是心理学研究，包括普通心理学、儿童心理学、教育心理学、青年生理和心理发展学等。四是教育史研究，包括本国教育史、外国教育史等。五是其他课程，包括教育统计学、教育测量学、教育社会学、教有哲学、比较教育学、电化教育、程序教学与实验技术、教育工艺学等。

各教育系师生还开展音乐、戏剧、美工、电影和幻灯等教学活动以促进学生多方面的才能发展。

有些大学教育学院或教育系还开设了授予教育学士学位的研究生班课程，如基尔大学、约克大学等。自1963年罗宾斯委员会提出这项授予教育学士学位的建议后，到1968年获得该项学位的人数已有200多人。在1970年，有120多所教育学院开设这类学位课程，约有2 270人获得教育学士学位。各院校的课程设置都不相同，但基本内容则相近，大多数课程设置包括一组教育学科与两组专门化教学科目。教育实习在最后一个学年进行，实习成绩作为获得合格教师许可证的重要标准之一。

英国师范教育的课程设置是多种多样的。除上述各种课程外，尚有短期训练课程、部分时间课程、开放大学教育课程等。课程设置的目的在于为新老教师提供更多的学习机会。

（五）印度师范院校的课程设置

印度师范院校的主要类型及其课程设置是灵活多样的，没有全国统一的规定。当前，有下列几种师范教育机构与课程。

（1）幼儿师范学校。幼儿师范学校主要培养学前教育的教养员，学制为一年，学生入学资格为高中毕业，课程设计是以学分制为基础的。幼儿师范学校的学生接受72学分的专业课训练。课程分为三大类：一是教育学理论课程，占总学时的20%；二是教学法和教育实习，占总学时的60%；三是参与社区教育工作，占总学时30%。具体学科有9门，分别为：①印度教育与教师；②儿童发展；③按需要与可能开设的特殊课程；④工作情境（联系①、⑥和⑧等3门课程进行）；⑤一套核心训练方案；⑥特殊训练方案甲——照管儿童；⑦特殊训练方案乙——活动方法；⑧特殊训练方案丙——艺术、音乐及工作经验；⑨有关实习工作。

（2）中等师范学校。主要中等师范学校培养小学教师，学制为两年，学生入学资格为高中毕业，课程设计也是以学分制为基础的。中等师范学校学生的学分总数、课程设计及学时分配与幼儿师范学校是相同的。具体学科及内容有所不同。中等师范学校的课程设计分为12门学科，分别为：①印度教育与教师；②儿童心理学；③按需要与可能开设的特殊课程；④工作情境（联系①、⑧、⑨、⑩和⑪等5门课进行）；⑤核心训练方案；⑥特殊训练方案甲——语言；⑦特殊训练方案乙——数学；⑧特殊训练方案丙——环境研究之一；⑨特殊训练方案丁：环境研究之二；⑩特殊训练方案戊：工作经验与艺术。⑪特殊训练方案己：健康、体育和文娱活动；⑫有关实际工作。

（3）高等师范院校。1964年，在中央联邦教育部的指导和帮助下，有15个邦开办了高等师范院校，培养师范学校教师和中学教育行政人员，并协助小学教师进修提升；举办函授教育，协助邦教育部门修改、制订和贯彻教育计划等。课程设计的基础与中等师范学校相同，教育理论课时占总学时的30%，教学法与教育实习课时占总学时的50%，参与社区教育工作的课时占总学时的20%。学科分两类：一类是为职业训练组开设的，另一类是为学术研究组开设的。课程如下：①印度教育与教师；②教育心理学；③青年心理学；④按照需要与可能开设的特殊课程：⑤工作情境（联系①和⑧两门课进行）；⑥核心训练方案；⑦学术研究组选修特殊训练方案甲——特殊学科。职业训练组选修职业教育课程；⑧学术训练组选修特殊训练方案乙——研究要旨。职业训练组选修特殊中级训练方案丙；⑨两组分别选修学术研究或职业训练有关的实际工作。

（4）大区师范学院，创办于1963年。这是一种新型师范学院，培养理科、工科、商科及农科等学科的高质量教师，也培养高水平的师范教师。印度大区师范学院现在只有4所，即阿杰米尔、布巴内斯瓦尔、迈索尔和博帕尔的大区师范学院，每所师范学院都有附属的综合性实习示范学校。这些大区师范学院每年招收新生720名，在学总人数为1 870名。大区师范学院毕业生可获得学士学位，再继续深造两年者可获硕士学位。

印度的师范教育有两个显著的优点：一是实践性强。在各级师范院校的课程设计中，教育实习和各科联系实际进行教学的学时比例占60%以上。二是灵活性大。在各级师范学校的课程设置中，都考虑到学生年龄特征和个别差异，按需要与可能开设各种特殊课程，既能满足每个学生的意愿，又能适应社会生活的就业要求。另外，在各级师范学校的课程设计中，有全国统一要求的建议，但中央不做出硬性规定，各邦和各直辖区域的师范院校可因地制宜，在课程设计中有“集中论”与“分散论”两种不同的学术观点。前者主张全国的学校课程设计统一由中央决定，课程教材由中央教育部“统编”，全国通用，如苏联的课程设计与教材编写就是全国统一的。后者则主张因地制宜，分散设计课程，各邦的学校可自己编写教材，中央的建议仅作为参考，不一定硬性贯彻执行，应充分发扬学术民主、教学自由，美国、日本和印度的大多数教育研究工作者坚持“分散论”的观点，不赞成“集中论”。

四、教师的进修、社会地位与待遇的比较

教师的社会地位、经济收入及业务能力都和进修制度是紧密相关的。苏美等国长期培训师资的实践经验证明：师范院校的毕业生走上工作岗位时不能完全达到“合格”教师的要求，新教师要有“试用期”，并且通过在职进修不断提高水平，才能符合教师规格。在职进修是提高教师业务水平和社会经济地位的中心环节。

（一）苏联教师的进修、考核及待遇

苏联教师的规格与进修制度比美国更为集中统一，而且计划性较强，教师的政治地位较高，工作相对稳定，不似美国教师那样的“流动性大”。

目前，苏联中小学在职教师超过 280 多万人，他们迫切要求进修提高。在 20 世纪 70 年代，大约每 216 位中小学教师就有 1 位有经验的教育专家帮助他们进修提高。教师进修院校、教学法研究中心以及教育学研究室等机构，在协助教师熟悉新教学大纲和新教材、推广先进教学经验及使用现代化教学手段诸方面都做了大量工作，收到了良好的效果。但仍存在严重缺陷，主要表现在教师的教学理论和教学技巧的水平相当低，不能满足教学实践的客观要求；领导没有全面考虑教师的经验和特点，尚未充分发挥教师自学的积极性。

苏联在职教师进修的机会是比较多的。苏联师范院校都有专门供中小学在职教师进修的机构，如函授部、暑期进修班、夜大、业余进修学校、专题讲座、教学经验交流会与教学观摩、教师中心和教学研究室活动等等。所谓“教师中心”是苏联“借鉴”西方教育经验后于 20 世纪 70 年代设立的在职教师进修的新机构。它的主要任务是研究新课程与新教材、学习新教法和新

组织形式、运用新教学技术与技巧、改革教学结构、加强互相衔接、增进教师团结和友谊、扩大知识面与提高业务水平。总之，这个中心是在职教师进修提高的一种新形式。它不仅有利于促进教师自我发展的首创精神，而且有利于不断提高师范教育质量。

苏联中小学教师自 1974 年以来需要接受比较严格的考核和评定，每五年一次。对教师的评价分为四类：第一类是受奖励的一级教师；第二类是合格的教师；第三类是基本称职，但还要努力克服某些缺点；第四类是不称职教师。其中第四类教师要被免职或调动工作。教师的工资按学历和教龄计算。受教育程度越高、教龄越长，则工资待遇越高。除职务工资外，教师完成工作量以外的教学任务可得超额报酬。苏联的师资规格与教师在职进修的计划性比较强，进修制度也比较健全。

（二）美国教师的进修、社会地位与待遇

美国师范院校毕业生想当教师，首要获得教师许可证。该类证书分长期许可证与短期许可证两大类。有了教师许可证并不等于就有了实际上的教师工作岗位，因为许可证是由州教育行政机关颁布的，认可教师资格，而实际聘用教员的权限则属于地方学区的教育董事会。新教师要由教师介绍所介绍或本人直接向教育董事会申请，经考试合格才择优任用。据全国教育协会调查，都市学区的任用制分为三种：一是永久任用制，二是继续任用契约制，三是每年任用契约制。实行第一种制度的教员占半数以上。

获得教学岗位后，进修提高就成为十分重要的问题了。美国教育协会于 1961 年出版了一本《谁是一位好教师》新书。这本书认为，教师服务成绩评定的总趋势是曲折前进的。在教学的头几年，随着教学经验的增加，教学效果显著上升，教了 5～6 年以后，教师习惯于已有的教学程序，进步速度不像前一阶段那样快，有逐渐下降的现象；如果再教 20 年左右，也不会有多大进步，平平常常地应付教学；最后阶段则出现衰退的现象。可见，在职教师坚持长期不懈的进修，是不断提高教学质量的重要环节之一。

教师是通过传授知识来教育学生。当今是人类“知识爆炸”的时代。有人说，战后几十年人类知识增长速度十分惊人，大约每十年增一倍。如果教师不抓紧在职进修这个环节，新知识就不可能及时反映到教学过程中来，学生的成绩会下降，教师的业务能力也会落后。因此，美、苏两国都十分重视

在职教师，特别是中小学教师的进步和提高。

美国在职教师进修制度，联邦政府未做全国统一规定。现以加利福尼亚州“教育法”中有关教师进修的立法内容为例，阐明美国教师进修的现状和趋势。该“教育法”指出：对于州立和私立高等教育机构、教育研究中心、地区教育实验机关给予奖励，对于改进在职教师的业务培训计划给予协助，并采取专门教育研究机构同地方学区订立合同的方式，配备指导进修的人员，开设进修课程，提供进修设备和经费等；地方学区负责调整和管理教师进修计划；接受进修的教师和教学人员包括学区新聘教师、原有教师以及教育行政人员在内；教师进修的费用由学区支付；通过进修，教师可以获得学位、提高资格与增加工资；教师的地位和工资是按“学士”“硕士”“博士”这三个学位分别加以评定的；如果学历、教龄和教学任务相等，中小学教师享受同等薪级的地位和待遇。因此，在职教师进修的积极性很高，而进修的方式和种类也是多种多样的。有教师研究会、课程研究会、教育学科研究会、大学专题讲座、进修参观旅行、电视教育、脱产学习、出国进修、进研究生院学习等。近些年来，美国各州大力采用现代化教学手段，推广集体备课制度，这些措施对在职进修起了促进作用。有些州试行“主讲教师制”，即以经验丰富的老教师担任主讲，其他教师参加，以老带新，共同进修提高。学校充实新图书资料，充分发挥实验室、图书馆、资料室的作用。这些改革对于教师集中精力和时间进修提高，进一步搞好教学与科研提供了良好条件。

教师积极参加进修的最根本原因还是为了增加薪金。美国教师的待遇与同级其他工业、企业人员相比较，教师的待遇是最差的。这是发展师范教育的不利因素之一。为了谋生求职，教师的流动性比较大。有人开玩笑说：“教书是提皮包四处奔走求职的专业。”这种说法反映了教师待遇低，难居其位的处境。从 20 世纪 30 年代起美国实行中小学教师同工同酬的制度后，教师待遇有了一定的改善。然而，由于通货膨胀，购买力大幅度下降，教师的待遇仍然是一个亟须改善的重要问题。美国学者瑞曼在发表的文章中说，美国衡量个人威信的标准是经济收入，教师的收入很低，为了谋求高薪，优秀教师纷纷改行。据估计，教师任教的平均时间只有五年左右。为了改变这种留师困难的状况，有人建议，美国要改善师范教育的现状，要大力提高教师的经济地位。

美国比较教育学家贝雷迪在《教育中的比较法》一书序言中，对美苏两国教师的地位有一段分析，值得一读。贝雷迪认为，美国中小学教师几乎得不到社会的尊重并且薪水微薄；而苏联中小学教师则受到社会的高度尊敬并且薪水丰厚，特别是高等院校的教师每月工资收入超过工厂工人每月工资收入的16倍，而美国高等院校的教师每月工资收入仅超过工厂工人每月工资收入的4倍；苏联教师深受人们的尊敬，而美国教师则是屈尊俯就地被雇用罢了。美国中小学教师的薪水只能维持单身汉的生活，结婚养家就很困难；他们的经济收入水平约相当于机关普通职员或工厂熟练工人的收入水平。苏联中小学教师的薪水则高于一般职员和工人，达到了专业人员应得的收入标准。在美国，中小学教师与工人几乎没有什么差别，而律师和医生的待遇比教师高得多。在苏联，教师、医生和律师的薪水基本上是相等的，而工人的薪水则低些。

（三）日本教师的进修、社会地位与待遇

在日本，教师的社会地位比较高，普遍受到人们的尊重。学生和家长都很敬重教师，教师被认为是高尚的职业。因此，师范院校对教师的要求是相当严格的。教师必须大学毕业，经考试合格，才能取得教师资格，才能担任教师。不仅中小学教师是如此严格要求，对幼儿园的教师也不例外。

日本为了提高教师的社会地位，制定了《人才保证法》。根据这个法令，自1974年后，教师待遇曾进行过几次调整。教师工资待遇，过去和大学毕业进入公司的职员的待遇基本相同，而现在则比公司职员略高，并有日益提升的发展趋势。

日本教师的社会地位和工资待遇比较高是和教师在职进修制度分不开的。《教师公务员特例法》规定："教职人员为尽其职责，必须不断地进行教学研究和提高修养。"日本教师进修制度可分为两大类：一是基础知识进修制，二是专门业务进修制。前者主要指基本知识及技术的进修，后者主要指专门知识及教学法的进修。具体说来，进修制度采取的形式是比较灵活多样的。例如，进大学当旁听生或插班生；进大学暑期进修班或参加函授教育班；参加政府举办的教师进修讲习班或教师许可证鉴定讲习班等。经过进修，教师既提高了教学科研水平，又提高了社会经济地位。因此，日本教师在职进修教育的发展是比较好的。

（四）英国教师的进修、社会地位及待遇

二战后，英国中小学教师的地位有所改善。教师在职进修的领域也扩大了，中央和地方都建立了许多在职教师训练机构，英国教育与科学部在1953年教育年度报告书中指出："教师不能只希望自己在学院学到的全部知识足够将来教中小学生之用。所以，教师应是一个有教养的人，有自己的兴趣、理想和见解，他已有机会至少在一门学科领域内达到他力所能及的最高标准和在另一些学科领域内获得儿童学习和成长方式的一些经验。"

合格的教师不仅自己应是一个有教养的人，而且要善于引导学生也成为有教养的人。为人师表的人要活到老、学到老，不断进修提高。

英国中小学教师在职进修的方式是多种多样的，但最主要的方式是办在职教师进修班。据统计，1966—1969年，英国开办了约8 000个在职教师进修班，有近3万名教师进修。教育研究所、教育学院、大学教育系、教师中心和开放大学等教育机构都开办了进修班。教师中心为各种类型的未受过完全正规教育专业训练的在职教师提供非常广泛的进修机会。全国有480多所教师中心为进修教师服务。开放大学是英国于1971年创办的一种新型高等教育机构，其中包括在职教师进修。1971年开放大学的2.5万名学生中有1/3以上的学生是进修教师。进修方式分为短期、中期、长期三种类型。根据英国教育和科学部规定的《教师在职教育计划》，1975年中小学在职教师进修硕士学位的课程数有88门，进修教师有579名；进修教育学士学位的课程数有89门，进修教师有597名；进修毕业证书的课程数有132门，进修教师有1 037名。除了这些长期在职进修课程，进修教师还有短期和中期进修课程，共425门，进修教师达2 213名。长期课程主要由大学教育系、教育学院和师范学院等机构开设，短期和中期课程主要由地区教育机构开设。

英国在20世纪60年代曾有计划地发展中小学教师在职进修提升的教育制度。1972年教育学者詹姆斯提出了改革在职教师进修的制度，新教师要有1/5的工作时间用于进修，老教师每7年应有3个月带薪进修。詹姆斯的设想已受到英国政府和教育界的广泛支持。然而，由于20世纪70年代英国经济状况日趋恶化、财政开支困难、教师数量增加等方面的因素，使得英国中小学在职教师进修提高的制度每况愈下，陷于困境。事实上，英国政府已没有力量对中小学教师在职进修进行重大改革。当前英国教师进修制度的特点

是保守的。

（五）印度教师的进修、社会地位及待遇

当前印度的教师处境困难。师范学院毕业的学生和医学院毕业的学生相比较，他们的经济收入低、社会地位低、专业水平低，人们往往把医学当作一门高深的科学，而不把教育当作像医学那样受人尊敬的科学。

改善教师待遇，提高教师质量的有效办法之一是建立和健全在职教师的进修制度。印度政府在任命高等教育委员会的指示中特别强调教师在职进修的重要性。在印度政府任命的高等教育委员会的文件中有下面这样一段话："奇怪的是我们的中小学教师在24~25岁以前学完他们所教的学科，往后的进修则完全靠自己的教学经验，而这样一来，在大多数情况下，进修是停滞不前的。应当明白，只有通过系统进修才能总结丰富的经验，教师有时要当进修生，才会有生气。教学中不断有所输出，就得不断有所输入。教学实践要靠理论来指导，而理论又要受实践的检验。旧知识要被新知识所代替。"有位优秀教师说得好，他说："我要学生们喝长流水而不喝死水，就得进修。"

英国的一位教育大臣对在职进修的重要性和印度政府的观点是一致的。他说："优秀教师的标志是孜孜不倦地学习，不断扩充知识，加深对儿童和青少年的了解。总之，作为一个教师，无论在知识、思想、待人处世等各方面，都应该今天比昨天更有修养，而明天又比今天更有修养。"

美国师范教育委员会对在职进修的看法和英国及印度的看法也完全一致，委员会指出："教师的进修，远不止是弥补其原有教育的缺陷。它意味着不断增长教学能力，加深对人类发展和人类生活的理解，而比过去任何时期更突出的是，它意味着更能与人共事，在各方面处理好教员与校长的关系，处理好与领导、社会名流、家长及各年龄组儿童的关系。"

印度教师在职进修的办法是多种多样的，例如，在教师进修学校读某一门教学科目，边教书，边学习；在校内组织各种学习会，互相交流经验；让教师到外地或国外参观访问，扩大知识眼界，启发新教育思想；校与校之间交换教师讲学，互相学习，取长补短，共同进步；组织学术报告会，提高专业知识水平；开展专题讨论，交流思想和经验；通过函授教育提高专业水平；上电视大学、广播学校等。

据统计，当前印度有中等师范学校962所，高等师范院校496所，仅在1976—1977学年，二者共培养了中小学教师160多万人，每年增加这么多新教师，对在职进修制度的改进就成为一个十分重要的课题了。为使在职进修能收到实际效果，印度教育当局已把每4～5年正式修完大学进修课程定为教师晋升提级的重要条件之一。与此同时，每5年给教师进修假6个月，在本校或其他大学进修，提高业务水平，取得进修文凭。

五、我国借鉴国外师范教育经验的回顾与展望

我国师范教育历史悠久，孔子创办私学，开创了以知识教人为职业的教育活动。我国第一个私人讲学的师范教育家要算孔子了。在那时，孔子办私学是完全闭关自守，不借鉴国外教育经验的。

从清末到新中国成立前，我国教育改革以借鉴欧美、日本等国的“新学”为主。开始学习日本，后来学习美国和欧洲诸国的教育，师范教育也不例外。早在1862年，我国开办了外语学校，提倡学习欧美、日本等国的科学技术教育。梁启超在《论师范》一文中指出“欲革旧习，兴智学，必以立师范学堂为第一义”，并提倡借鉴西方师范教育经验，建立我国师范教育制度。1897年，盛宣怀在上海创办了南洋公学师范院，学制为一年，培养小学教师。1902年，清政府在京师大学堂内设师范馆并在各省高等学堂内设师范教育机构，学制为四年，培养中学教师。光绪皇帝颁发《钦定京师大学堂章程》中明确规定：开办学校要有好教员，培养教员的重要阵地是师范教育机构。本国缺乏办新型师范教育的经验，应当派留学生去日本、美国和欧洲学习，研究师范教育，回国后创办新师范，培养新教师。光绪皇帝于1907年又批准设立女子师范学校。此后，我国师范教育在整个教育制度中就确定了它应有的地位。

国民党统治时期，我国的师范教育主要借鉴美国，抗日战争时期公布的《师范教育规程》就是借鉴美国师范教育经验而制定的。师范院校分为两种类型，一是独立设置的师范学院，如国立师范学院等；二是附属于综合性大学的师范学院，如国立西南联合大学师范学院等。据统计，新中国成立前，国民党在北京、南京、武汉、广东等地设立高等师范院校，总共有20多所，

但培养的毕业生远远不能满足师资的要求，数量少、质量差。

著名的“晓庄师范学校”是借鉴国外师范教育经验，联系本国教育实际而创立的一所新型师范学校。我国教育家陶行知先生，用周恩来总理的话说，“是一个无保留的追随党的党外布尔什维克”。陶行知先生曾留学美国，受美国实用主义教育思想的影响，但是他从1916年回国从事教育工作起，就开始在教育领域里探索我国教育发展的新道路。他一贯注重教育科学实验，把借鉴国外经验与本国实际相结合作为改革教育的指导思想。这就是借鉴与创新相结合的思想。他曾有分析、有批判地研究了实用主义的教育理论，如“教育即生活”“从做中学”等。后来通过办晓庄师范学校等实践形成了陶行知教育理论。如“生活即教育”“教学做合一”等。从表面上看，实用主义教育理论与陶行知教育理论在字面上有某些相似之处，但从实质上分析，两种教育理论是不相同的。前者是为美国大资产阶级利益服务的，是改良主义的反革命货色；而后者是为我国新民主主义革命服务的，是马列主义在教育战线上的同盟军。陶行知先生善于吸取他人之长、补己之短，善于借鉴国外有用的经验，联系本国实际，创造新的教育理论。陶行知先生批判地借鉴杜威教育理论，通过教育科学实践，创立了自己的“生活即教育”理论。他不是简单地搬用杜威教育理论，而是改造杜威教育理论，真正做到“借鉴国外，为我所用”。陶行知先生这种借鉴与创新相结合的治学精神，是值得我们教育科学工作者认真学习的。世界闻名的晓庄师范学校是借鉴国外教育经验改革本国教育的典范之一。

新中国成立后，苏联师范教育改革经验对我国师范院校有着深刻的影响，其中最显著的特点有二：

（1）计划性。新中国成立前，我国师范教育的发展带有很大的盲目性。缺乏统一计划与合理布局。新中国成立初期，我们借鉴了苏联师范教育有目的、有计划、按比例发展的经验，对全国师范教育制度做了大规模的改革和调整。高等教育，包括师范教育在内的全面规划与合理布局，促进了我国教育事业比较健康地沿着社会主义革命和建设的方向发展，取得了巨大的成绩。师范院校独立建制，确立了四年制的师范院校、教师进修院校和教育学院，还建立了两年或三年制的师范专科学校和短期师资培训班等机构。这一系列的调整和改革大大增加了师范生在高等教育中的比重。到1958年为止，全国高等师范生在大学生总人数中所占的比例已从1947年的13.5%上升到

1958年的24%以上，各级各类学校的教师人数已由1949年的93万人增加到1958年的250万人，师资队伍的质量也不断提高，涌现了一大批模范教师和先进教育工作者。到1980年后，全国高等师范院校发展到161所，在校学生共计31万多人；中等师范学校已发展到1 000多所，在校学生共计48万多人。与1965年师范生人数相比，分别增长了2倍多。师范教育水平和师资质量都相应提高了。适应四个现代化建设需要的师范教育制度也远远没有建立起来，苏联师范教育的模式迄今对我国师范教育改革仍有着深刻的影响，建设中国式的社会主义师范教育制度的任务仍然是非常繁重而艰巨的。

（2）师范性。新中国成立后，我国像苏联那样，很重视"师范性"的问题。为建设中国式的社会主义师范教育制度，一定要正确认识师范教育的师范性问题，摆正师范教育在整个教育事业中的地位。这是关系到师范教育的性质和发展方向的问题。各级各类学校都要贯彻执行党的教育方针政策，这是毫无疑义的，但是每一级每一类学校都有它自己的特殊性，师范院校有自己的特点，这就是"师范性"问题。因此，师范院校的办学方向、课程设计、教学内容、教学组织形式、教学方法、行政管理和科学研究等方面都要体现"师范性"，而这种特性比较集中地反映在专业定向和课程设计方面。

新中国成立前我国的师范教育则多借鉴于美国，新中国成立后的师范教育则多借鉴于苏联。苏联师范教育专业定向与课程设计对我国的影响是十分深远的。

以教育系的培养目标和凯洛夫《教育学》为例。20世纪50年代以来，我国师范院校教育系按照苏联办教育系的经验，一般设立学校教育专业，培养中等师范学校教育学科教师；极少数院校开办学前教育专业，培养幼儿师范教育学科的教师；个别院校有心理专业，培养心理学教师和心理科学研究工作者。全国师范院校的数量不大，每所学校需要教育学和心理学教师的人数极少，从而导致教育系学生毕业不能对口分配，供过于求，教育系学生"入学时受专业思想教育，毕业时受转业思想教育"。教育系毕业生的出路越来越窄。在院系调整时，认为教育系"太多了"，要取消一些，合并一些，绝大多数教育系被迫停止招生。可见，对苏联经验机械搬用，不符合中国教育发展的客观规律，那一定要受到教育规律惩罚的。为四个现代化服务的中国式的师范院校教育系应该如何办？如果不解放思想，彻底从苏联教育系的模式中跳出来，教育系的出路是很难设想的。借鉴国外经验而不联系本国实际加以创新是一定要失败的。

“师范性”不仅反映在教育专业的培养目标上，更突出地反映在教育课程的设计上。在教育学科体系中，凯洛夫《教育学》对我国教育，特别是对师范教育的影响非常深远。新中国成立初期，我国师范院校全面肯定这本书，在全国范围内宣传，掀起学习热潮。当时有一股风，叫作“一边倒”。政治上要一边倒是无可非议的，但学术上也“一边倒”就值得深思。在那些难忘的年代，凯洛夫《教育学》似乎成为教育科学领域里的唯一“圣经”。不少人认为苏联教育上的东西都是完美无缺的，只能学习苏联教育，不能学习或借鉴欧、美、日等国家的教育，因而坐井观天，对世界各国教育现状和趋势非常陌生。许多年来，我国师范院校的教育科学工作者长期辛勤劳动，忙于编写教育学著作，忙来忙去，总是跳不出凯洛夫《教育学》的模式，被框死了，教育思想僵化或半僵化，没有从我国实际出发，以马克思主义为方针，借鉴国外一切先进教育经验，来揭示教育的客观规律，因而迄今尚未编写出中国式的社会主义教育学。

30 年来，我们借鉴国外师范教育经验以改革我国的师范教育，曾经走过了“全面肯定”到“全面否定”的大弯路。当前，有一种倾向是值得研究的。有些人认为“肯定—否定—肯定”的公式，应是对凯洛夫《教育学》的评价。显然，这是不正确的。凯洛夫《教育学》，特别是其教学论，对我国教育工作者影响之深，难以估计，严重束缚了很多人的思想，妨碍了我们正确地借鉴各国先进教育经验。这是一个发人深思的问题。马克思主义认为，实践是检验真理的标准，具体情况要具体分析。凯洛夫的教学论有合理的因素，也有错误的观点，要具体分析之后才能收到借鉴他人之长、补己之短的益处。凯洛夫根据马列主义反映论分析研究教学过程的实质及特点，结合总结苏联教学实践经验，形成了他的一套教学理论体系。他强调课堂教学的“三基”（即基础理论、基础知识和基本技能）和“四性”（即思想性、科学性、系统性和直观性），这种教学观反映了教学过程的某些特点和规律，有一定的参考价值。然而，凯洛夫的整个教学论体系是资产阶级传统教学论体系的改良或翻版，内容陈旧，已过时了。近 20 年来，随着科学技术的发展，开创了教学论的新领域。例如，用控制论原理指导教学过程、采用电化教学及机械教学等手段改革教学方法，这些新教学理论和经验突破了凯洛夫教学论的框框，有利于迅速提高教学质量。旧教学论的特点在于使学生掌握现成的知识、技能和技巧，局限于培养出“现成的专家”。新教学论的特点在于培养学生的发现能力和创造能力，在发现问题的过程中学习知识，在创造性学习活动中掌握知识。

凯洛夫《教育学》没有正确处理“师范性”与“学术性”的辩证关系，过分强调“师范性”，忽视了师范教育的学术水平。教育科学理论未能充分发挥指导中小学教育实践的作用，它落后于丰富多彩的教育实践的客观需要，有时变成了妨碍教育科学创新的教条主义。

时代在前进，教育在发展。我们应该大胆地探索中国式的社会主义师范院校究竟向何处去的问题。我们要从20世纪50年代搬来的苏联那一套师范教育模式中解放出来，敢于闯新路，研究师范教育的特殊规律，从我国四个现代化建设的实际需要出发，总结自己的经验，借鉴世界各国的先进经验，而不能再像过去那样仅仅局限于学习一国的经验，连学习外语都只能学俄语，不能学英语。这种“一刀切”、走极端的沉痛教训今后应该引以为戒啊！

六、结论

从上述国外与国内师范教育的历史、现状和趋势看，当前我国师范教育应如何改革才能更有效地为四个现代化建设服务呢？我们认为，有几点原则性的设想是可以提出来共同商讨的。

（1）定向型与非定向型相结合。中央直属的重点师范院校以定向型为主，地方管理的师范院校以非定向型为主。就我们师范教育制度的前景看，以综合二者优点，避免缺点，建立中国式的新型社会主义师范教育体系为宜。

（2）明确师范教育的重要性，发展师范教育要高速度与高质量相结合，以高质量为主。战后美、苏、日、英、印等国普遍感到师资奇缺，供不应求，于是各国竞相发展教育事业，特别是师范教育的发展比较迅速。到20世纪70年代，情况发生了根本性变化，教师质量不适应科技迅猛发展的要求，师范教育的高标准、严要求、高质量的问题就十分突出了。在国外，越来越多的教育工作者认识到，如果没有对教育事业的足够投资，师范教育的高速度、高质量发展是不可能实现的，建设现代化的社会制度也是不可能的。师范教育发展的速度和质量，关键在于提高对开发人力资源重要性的认识，使教育经费在整个国民经济计划中占应有的比例。据统计，美国教育经费占整个国民经济收入的7.4%、苏联占7%、日本占5.4%，英国占6.4%、中国占1.5%。到1979年，中国的教育投资总额只占工农业总产值的1.19%，占国民收入的1.97%，占财政总支出的5.77%。由此可见，对于在我国20世纪80年代教育事业“要有一个大的发展”的号召，应做具体分析，正确理解。当前国家很穷，人力、物力、财力都缺乏，所谓“大发展”只可以理解为：在确保高质量的基础上，尽可能在数量上有计划、按比例地发展。

美、苏、日、英、印等国的小学教师，绝大多数都是由高等学校培养的，中等师范学校绝大多数升格为师范学院或师范大学。小学教师受高等教育是师范教育现代化的发展趋势，是不可阻止的历史潮流。中小学教育是基础教育，中小学师资质量直接影响到后代的健康成长。因此，如何解决培养合格师资的问题，是当前我国师范教育发展中的一个战略性的重大现实问题。当前我国的幼儿园和中小学教师的数量和质量都远远不能适应实现四个现代化建设的要求。邓小平同志指出，全国教师增加“200万、300万，并不算多”。不仅如此，在职教师有很大一部分是不合格的。据统计，1960年在职小学教师，受过中等师范学校教育的人数仅占全国小学教师总人数的47%，有53%不合格；在职初中教师，合格率仅为10.6%，有89.4%不合格；在职高中教师，高等院校毕业者占50.8%，有49.2%不合格。总的说来约有一半以上的在职教师不合乎国家规定的学历标准。这就充分说明我国师范教育的现状是落后的，我们要尽一切努力改变这种不能容忍的落后状态，把教育事业发展的速度和质量扎扎实实地搞上去。

（3）认真做好师范教育的全面发展规划，要考虑统一性与多样性相结合，以多样性为主。师范教育结构与课程既要全国统一规划，又要因时因地制宜，灵活多样，广开学路，苏联师范教育结构与课程设计都强调统一性，忽视多样性。小学教师主要由中等师范学校培养，一般招收初中毕业生，修业四年，有一些师范学院设初等教育系，培养小学教师。中学教师主要由师范学院培养，少数综合性大学毕业生，也有当教师的。苏联师范教育课程是全国统一规划实行的学时制，有“一刀切”的缺点。美国的师范教育结构与课程设计与苏联模式不同，它比较重视多样性。美国师范教育课程不是全国统一规划的，因地制宜，因校而异，实行学分制，开设必修课程、分组选修课程、个人自由选修课程等。日本、英国、印度等国的情况与美国相接近，其共同点为重视教育结构的多样性、课程设计的灵活性，不仅独立设置师范学院，普通大学也设立师资培训机构，不仅开设共同必修课程，而且按学生个人差异开设各种不同类型的选修课程，这种办法有利于多出人才、早出人才。这点经验也是值得我们改革师范教育时参考的。

（4）提高教师的地位和待遇，使教师的在校教育与在职进修相结合，以在职进修为主。提高师资质量，不能单靠师范院校的教育，而主要靠在工作岗位上边教学边进修的继续教育。英国教育家波特关于“师资三段培训法”的设想是值得我们借鉴的。他不仅重视师范生在师范院校学习阶段要打好专业教育与师范教育的基础，毕业时能成为一个初步合格的教师，而且更重视师范毕业生的在职继续教育。当前我国的师范教育改革也碰到类似的问题。一方面，师范院校要培养几百万新教师以满足中小学教育发展的需要。另一方面，教师进修院校要把全国一半以上不合格的教师培训提高。1977 年，教育部召开了全国中小学师资培训工作座谈会，把师范生的在校教育与在职教师的进修联系起来研究，大力开展教师进修院校的培训活动。到 1980 年，中学在职教师已参加进修的人数超过了 100 万，约占应进修教师总人数的 41%；小学在职教师已参加进修的人数超过了 130 万，约占应进修教师总人数的 47%。虽然教师进修已经取得了很大成绩，但是还远远落后于师范教育现代化的要求，还没有从根本上改变师资数量不足、质量不高的状况。1980 年，教育部召开了第四次全国师范教育工作会议，初步总结了新中国成立以来师范教育改革的经验，进一步明确师范教育在四个现代化建设中的地位和作用，比较全面地借鉴国外师范教育先进经验，联系本国实际，深入地研究了师范生在校教育与在职教师进修教育的基本问题，系统地分析了当前师范教育面临的新形势，从而实事求是地确定了今后师范教育发展的新任务。

（5）借鉴与创新相结合，以创新为主。我国师范教育的改革，早在 1902 年就开始借鉴西方和日本的经验。截至 1949 年新中国成立，我国的师范教育制度基本上是“全盘西化”的，尤其是在 20 世纪 40 年代照搬照抄美国师范教育经验达到登峰造极的程度。这种借鉴国外教育经验的态度是错误的，它不符合借鉴与创新相结合的精神。50 年代初期，我国的师范教育制度基本是“全盘苏化”的。我们曾错误地认为，办社会主义师范教育，只能学习苏联，借鉴苏联，不能学习西方国家，尤其不能学习、借鉴美国和日本的，因而对世界各国师范教育的现状和趋势孤陋寡闻，根本谈不上真正实事求是地解决借鉴与创新相结合的问题。

1979 年全国第一次教育科学规划会议的春风，吹开了我国教育科学的幼芽。我们深信，今后我国借鉴国外经验，不是权宜之计，而是教育建设现代化的长期战略方针。从 20 世纪 80 年代到 20 世纪末，我们将逐步建成一整套既有全面规划又有因地制宜的中国式的新型社会主义师范教育制度。

本文是朱勃先生向 1981 年举办的全国第三次外国教育学术讨论会提交的大会论文。

学习外国先进经验，加速我国师范教育的发展

“洋为中用”是我国学习外国先进经验，促进教育科学现代化的基本原则之一。“洋为中用”的实质，是借鉴与创新相结合。有比较才有鉴别。以马列主义反映论为指导思想的比较法，是区别异同、总结经验的一种科学方法。本文的目的在于试图以马列主义为指导，分析美苏两国的师范教育的基本情况，探索其发展过程的特点及趋势，结合中国实际，从中吸取经验教训，提出一些借鉴或建议，为实现四个现代化的宏伟目标而培养合格的人民教师，力争加速我国师范教育事业的大发展。作者拟从提高师范教育质量，重视师范教育特点，发挥“两个积极性”诸方面对美、苏、中三国的师范教育进行分析比较，从而探讨我国师范教育改革的现状和发展趋势。

一、关于提高师范教育的质量问题

师范教育是培养合格的中小学校教师的所谓“母机工厂”。因此，我们从中小学校教师的数量和质量、师范院校学生毕业和就业各方面的发展变化情况来分析对比、综合研究，就可以了解师范教育的基本成就和主要动向。这里，先谈美国师范教育的历史、现状和前景。

二战前的美国教育是比较落后的。列宁同志在《关于人民教育委员会的政策的问题》一文中指出：“美国文盲占着很高的百分比，尤其在黑人中间这个百分比更高。”美国教育事业，特别是师范教育事业的发展非常缓慢，连美国总统杜鲁门都不得不加以承认。他于 1948 年 1 月 7 日致国会的咨文

中说："值得引为遗憾的是，像我们这样富有的国家里，竟使千百万儿童得不到适当的校舍和足够数目的中小学师资。"师资不足的原因之一是美国的教育经费在整个国家支付中所占的数目太少。1948—1949 学年，美国军费支出为 180 亿美元，而教育经费支出仅为 2.5 亿美元，即军费支出是教育经费支出的 72 倍。1949—1950 学年，军费支出占国家预算的 70% 以上，而教育经费只占国家预算的 1%。因此，美国中小学教师的数量不足，质量又差，生活也很拮据。在多数乡村中，实行"复式教学制"，一位小学教师要教 8 个班学生。在 169 905 所初级学校中，有 100 000 所是单元学制的，在那样的学校里，一位教师要按"复式教学制"从一年级教到八年级，这当然谈不上什么提高教学质量、改善教师待遇了。在二战期间，美国随着军费开支的不断提高，教育经费也相应地增加一点，使教育事业有了一定的发展。

1958 年，美国教育协会教育研究部的研究结果表明美国现有小学教师 80.9 万人，中学教师 48.2 万人，他们的文化水平、教育程度比二战前都提高了。在中学教师中，几乎全部都是大学或师范院校毕业生。就是在小学教师中，每 7 位小学教师有 3 人受过 4 年的高等教育。1959 年，美国取得中学教师许可证书者为 7.8 万人，约相当于全体中学教师的 16.2%；取得小学教师许可证书者为 47 490 人，相当于全体小学教师的 5.9%。这就是说，每年培养合格的中小学教师的比率约为 3∶2。然而，遗憾的是许多合格的中小学教师却找不到工作，失业情况较严重。据 1957 年统计，小学教师就业率为 82.9%，有 17.1% 的合格教师失业，中学教师就业率为 65.5%，有 34.5% 的合格教师失业。

再以 1958 年度各门学科合格教师的供求关系为例。对"供不应求"与"供过于求"做进一步的比较研究，发现初等教师的指数为 188，但需要数为 32 431 人，剩 4 983 人，供过于求。

根据美国教育协会的调查，都市学区采用三种契约制度任用教师。一是永久契约制，是指试用期满，被教育董事会认为合格的教师，就有永久受到聘用保障。二是继续契约制，是指一次可以签订几年继续任教的契约。三是每年契约制，是指每年签订一次契约，下一年是否受聘，没有保障。教育董事会有单方面任意解聘教师的权力。都市学区所采用的三种契约制的比率是：永文契约制占 56%，继续契约制占 28%，每年契约制占 16%。

美国教师的就业或失业完全由教育董事会决定。教师流动性较大，失业威胁比较严重。这是美国师范教育危机的一种表现：一方面，缺少合格教师，降低教学和教育的质量；另一方面，教师数量过剩，加深教师失业危机的严重性。

苏联教师，不像美国教师那样受“市场供求关系”的支配而决定就业与失业问题。苏联的教师就业是由国家统一分配的，基本上不存在像美国教师那样的“失业”现象。

据苏联政府公布的统计资料，在二战后，从 1950 年到 1970 年这 20 年间，苏联各教育学院培养了 207.2 万名教师，其中有 108.5 万人毕业于师范学院的全日制和部分时间制及夜校。在全日制师范学院毕业生中 1950 年为 5.3 万人，到 1970 年则超过 7.5 万人。师范学院函授部毕业生中，1950 年为 2.3 万人，到 1970 年增至 6.5 万人，就师范学院各专业毕业生的分析比较看，发展的情况又各不相同。数学和物理专业的毕业生增加了 5 倍，体育专业的毕业生数量增加得特别快，增加了 40 倍，然而，历史专业的教师与此相反，不仅没有增加，反而大幅度地下降了，从 1955 年的 1 万人降到 1970 年的 3 000 人。

从 1966 年到 1970 年，受完高等教育的中学教师有 63 万人，中等师范学校毕业的教师有 39.5 万人，其结果使得合格中小学教师的人数增加了 7%，即从 1966 年的 68% 增加到 1970 年的 75%，这就为进一步解决教师数量不足，质量不高的问题创造了有利条件。

在 20 世纪 70 年代，苏联教师规格比 60 年代的要求更高了。1974 年 4 月 16 日，苏联部长会议通过了《关于评定普通教师的决议》。其中决定评定的基本原则和评定程序条例。此外，成立了评定委员会，对教师工作进行全面考核。对有些优秀教师，建议上级机关授予“一级教师”和“教学法专家”等光荣称号；对有些不称职教师，则建议上级机关免职或取消某种荣誉称号。评定的目的在于：进一步提高教师干部的思想理论水平、业务能力、教育技巧和创造性精神；推广先进教育教学经验，提高对教育事业的责任心。

此外，师范生是未来的中小学教师，从他们报考师范专业的志愿这个侧面，也有助于剖析苏联师范教育的成果。当前，苏联多数中学毕业生，都不愿意选择师范教育专业。以苏联高等师范学院学生为例，苏联政府的统计资料表明：在填报高考志愿选择专业时，多数考生选读医学专业，而选读师范学院的考生则相当少。在考师范学院的学生中，有62.5%的人不是出于热爱教育事业报考师范的，而是出于权宜之计。他们认为，师范学院的录取标准比较低，考题难度比较低，竞争比较小，容易考取。

在师范学院的毕业生中，不愿当教师者占38.2%。如塔吉尔师范学院外语系，不愿当教师者占18.2%，化学系学生不愿当教师者则占26.2%。师范学院学生不想当教师，想干什么呢？调查表明，绝大多数学生想当专家、当军官或学者。

从20世纪50年代到70年代，美、苏两国师范教育的发展比较快，培养了大量合格的中小学教师，扩大了师范院校的招生名额，扩大了教师队伍。然而，师范教育的作用——发挥“母机工厂”的作用尚有待进一步研究。这是当前美、苏两国师范教育所面临的重大课题。

我国的师范学院和教育学院在新中国成立前多数设在综合大学内，独立设置的师范学院很少。总的说来，国家尚未重视师范教育。那时的中小学教师很多没有受过师范教育的训练。新中国成立初期，我们学习了苏联师范教育改革的经验，按照社会主义教育原则，对传统教育进行一系列的改革，在高等学校进行了院系调整，师范院校独立设置，开办了四年制的高等师范院校，三年制的师范专科，在有条件的师范院校还附设一年制、二年制的专科，开办师资短训班和函授教育等，这一系列措施大大增加了师范生在高等教育中的比重，到1958年，师范生在全国学生总数中已从1947年的13.5%上升到24%以上，各级学校的专业教师队伍已由1949年的93万人增加到1958年的250万人，师资队伍的水平也不断提高，涌现了一大批模范教师和先进工作者。现在有高等师范院校161所，在校学生有21万人，占全国高校学生人数的1/4。然而，高等师范教育的发展规模，远远不能适应中等教育事业发展的需要，从数量上看，据不完全统计，1978年全国中学在校学生比1965年净增将近6 000万人。按学生与教师比率20:1计算，还应该增加教师300万人左右，而在同一时期，高等师范院校的毕业生只有21万人，占应该增加教师数目的7%，由于师资不足，只有大量改用民办教师。以1978年为例，全国中学民办教师的比率，由1965年的19.6%上升到34.4%，有的省份和自治区竟上升到50%以上。从质量上看，根据全国不完全的统计资料来分析，现在任职的高中教师中高等院校毕业的，1965年为70.3%，1978年下降到45.9%；初中教师中等院校毕业或肄业的，1965年为71.9%，1978年下降到9.8%。在不少的农村学校里，中学毕业生当中学教师的现象相当普遍，其中大约有20%不能胜任教学工作。因此，我国中小学教师的业务水平与美国、苏联同级教师的水平相比，差距是相当大的。怎样提高师范教育质量和中、小学教师业务水平，是摆在我们面前一项繁重而又迫切的任务。

另外，高等师范院校教师队伍数量不足，质量不高，难以实现师范教育现代化的要求。据不完全统计，全国高等师范院校现在总共有3.5万名教师，其中教授、副教授占3%，讲师占16%，教员占36%，助教占45%。许多老教师体弱多病，难以上教学第一线；中年教师工作负担重，业务提高慢；青年教师业务基础差，多数还需要补课。因此，教师队伍的青黄不接现象十分严重，从而影响教学质量的提高。

我国由于师资力量薄弱，严重影响了中小学教育的普及。现在全国约有新旧文盲1.4亿人。普及小学的基本情况是：从统计数字上看，有90%的学龄儿童进了小学但实际上读完五年小学的不过60%，真正达到小学毕业生程度的只有30%。普及中小学教育与扫除文盲是美、苏两国已经基本完成的任务，而我们在这一方面差距还很大。因此，我们一定要切实抓好师资队伍的培养和建设，否则，扫除文盲、普及中小学教育、提高师范教育质量都是空话。从美、苏提高师范教育质量的情况看，有许多经验是值得我国借鉴的。美、苏两国中小学教师，在二战前，绝大多数由高等师范学院培养中学教师，中等师范学校培养小学教师，到20世纪60年代，美苏两国中小学教师逐步过渡到由高等师范学院校来培养。高等师范院校与日俱增，中等师范学校逐步减少。近几年，美、苏两国高等教育机构逐步增设“小学教育系”或“小学教育专业”。学制也延长了，高等师范学院或教育学院由四年制改为五年制则日渐增多，成为师范教育改革的共同趋势。这种发展趋势，不仅有利于提高师范教育质量，而且有利于提高中小学教师的政治水平和业务水平，还有利于加强基础教育，促进教育科学事业的迅速发展。

30年来，我国的师范教育日益发展，教育质量不断提高，各级各类学校的师资队伍不断成长壮大。1978年，我国高等学校有专任教师20.6万人，为新中国成立前最高值的12倍；中等学校教师有522.6万人，为新中国成立前最高值的6倍。当前的状况是：各级各类学校的师资队伍共有1 076万人，为新中国成立前最高值的10倍。然而，就提高教育质量的实际需要看，我们还要大力培养合格的人民教师，在数量上不断增加、在业务上不断提高，具体见表2。

表2　我国师范学生数统计表

年份	学生数/人
新中国成立前	20 818
1949	12 039
1950	12 039
1951	18 225
1952	31 551
1953	39 958
1954	53 112
1955	60 657
1956	98 821
1957	114 795
1958	157 278
1959	192 285
1960	204 498
1961	186 841
1962	137 561
1963	114 296
1964	97 462
1965	94 268
1966	72 003
1967	48 776
1968	25 078

续上表

年份	学生数/人
1969	2 516
1970	9 140
1971	16 840
1972	33 557
1973	56 365
1974	78 544
1976	109 731
1977	165 105
1978	249 940

注：新中国成立前代表新中国成立前数目最高的一年的统计数字，新中国成立后为从1949年到1978年的统计数字。

从长远来看，师资培养提高的关键问题，在于提高文化科学知识和专业水平，一般来说，小学教师应该接受中等师范训练或达到高中毕业程度，中学教师应该接受过师范院校的专业训练或者大学毕业。大学教师应该是研究生毕业并取得一定学位。我们要使各级各类学校教师达到上述规格，才能保证师资质量。在这一基础上逐步提高各级师资规格，若干年后才能接近或赶超世界先进师资水平。

二、关于师范教育的特点问题

办好师范教育的一个问题是正确认识和解决师范教育的特点问题，这是关系到师范教育的性质和发展方向的问题，各级各类学校都要贯彻党的教育方针这是毫无疑义的，各级各类学校都有它自己的特点。师范院校也不例外，因此师范院校的培养目标、课程设置、教学内容、教学方法、科研方向、行政管理等方面都要体现师范教育的特点。而这些特点比较集中地反映在教育专业课程的设置方面。

美国没有全国统一的关于课程设置的规定。那么，课程由谁来决定呢？概括起来，可分为三种情况：第一种是由州行政部门规定的，第二种是由地方行政部门规定的，第三种是由各师范学院自己规定的。

美国师范学院的课程分为三类：一是一般文化课课程，如文化课、本国语、外国语等。二是分科专门课程。这是根据中小学教师所应担任的课程，如中小学的数、理、化、外语等而开设数学专门教育，开设物理专门教育，等。三是教育专业课程，包括教育学、心理学、教学法、教育实习等。在全部课程中，教育专业课程日益受到广大教师和领导的重视。以中等师资训练专业课程为例，在教育学和心理学课程中，现已进一步发展为若干门互相关联而又相对独立的学科、各学校具体情况不同，但基本方面趋于一致。各高等师范学院大多数设有这样一些学科：中等教育原理、中等教育方法、教育课程、教育原理、电化教育、比较教育、教育史、教育心理学、成长与发展、心理学、青年心理学、教育评价、辅导等。

美国教育专业课在师范院校全部课程中占40%，在普通学院教育系全部课程中占39.3%，在综合大学教育学院全部课程中占41.4%。总而言之，教育专业课程不仅学科分得细、门类多，而且占学院全部课程比重在1/3以上。

不仅如此，美国师范教育还非常重视教育实习。师范生要教育实习及格，才能毕业。而且他们教育实习的时间比较多。以初等师资专业训练课程为例，教育实习的时间占师院全部课程的8.7%，在普通学院教育系全部课程中占7.05%，在综合大学教育学院全部课程中占6.6%。

最近，美国各师范学院、普通学院教育系、综合大学教育学院的课程内容，趋向于“教材的专业化”。过去，学生须在文理学院修“专门教育”课程，在教育学院修“教育专业”课程。这二者之间往往难于联系，不便于安排课表，影响教学质量，师范学院的课程设置则把这两方面的缺点都克服了，根据学生将来教学上的需要而安排课程，计划性比两校分设课程好得多，有利于提高教育和教学质量。

苏联的师范教育与美国不同，在苏联综合大学和其他大学都没有设教育系或教育学院。因此，教育课程只有师范院校才开设。过去，师范学院是四年制培养中学教师，师范学校四年制培养小学教师。自1956—1957学年起，师范院校改为五年制，原来培养只教一门学科的教师，现在要培养能教两门邻近学科的教师。目前趋势是，普通学校培养师资的任务也将由师范院校专门培养。有些师范学院已经设有小学教育系。今后普通学校各年级教师都将逐步过渡到由师范学院来培养。

苏联师范院校课程分三类，各类课程的性质、任务和它在全部课程中的地位如下：

（1）政治课程。这类课程的基本任务在于使学生受到马列主义的思想教育。这类课程占教学总时数的15%。

（2）专门课程。这是培养中学教师的重要课程。它的基本任务是使学生掌握他所学的这门科学的最新成就，使学生关心这门学科的进一步发展，并有钻研能力，这类课程占总时数的60%。

（3）教育课程。这类课程给师范生以做教师所必需的教育科学知识和技能，为了使师范生不仅具有一定的马列主义的教育科学理论修养，而且能掌握一定的教育工作方法和技巧，教育实习在苏联师范教育课程中占有相当重要的地位。这类课程占教学总时数25%。

苏联师范学院的教育科目有心理学；教育学；教育史；专门学科教学法或小学各科教学法；学校卫生学；生产实习和教育实习等。师范学校开设的教育科目有心理学；教育学；教育史；学校卫生；算术、理科、地理、历史、习字、图画、唱歌、体育等教学法；儿童文学；俄语；算术；实习；等等。

苏联在《关于加强学校同生活的联系和进一步发展国民教育制度的法律》公布之后，师范教育有了大幅度的改革。在全部高等师范院校课程中，教育学科的比重增加了。根据1977年《苏维埃教育》杂志7—8月号的专著《苏联师范教育：历史的发展和当前的趋势》中的论述，苏联师范学院的课程设置改为以下三大类：一是社会科学，这类课程为544学时。二是教育学、心理学、分科教学法、教学技术装配、现代教学问题、学校管理、教学理论和方法等，共计460学时，还有17～19周教育实习。三是师范生主修专门课程约2 000学时。

师范学院毕业生应学会一门外国语，专业训练要有两门课程通过国家考试，一门课程举行毕业论文答辩。现在，许多师范学院有36%的毕业生，掌握一门专业，64%的人掌握两门专业。

此外，教学法和教育实习还做了以下改革：在教学法方面推广启发式教学、采用现代化教学手段。例如，视听设备、闭路电视、无线电广播、程序教学等。在教育实习方面，苏联教育部于1972年1月批准了一份有关教育实习的计划和指示，加强了教育见习和实习。

教育见习是实习的预备阶段，高等师范院校的学生到中小学去了解情况，接触实际。一般在一、二年级举行。每周有“中小学活动日”。夏令营教育实习，即通过在少先队夏令营当辅导员，这类实习共有两次，分别放在二、三年级期末。中小学教育实习，即实习生到中小学去，全面了解教师教课的全过程，这项工作放在三、四、五年级进行。

在教育实习中培养师范生的教育专业能力；对中小学集体和个别学生从事设计和进行教育工作的能力；准备和进行各种课型教学的能力；组织各种课外活动的能力；开展校内外社会工作的能力；当好少先队辅导员的能力。高等师范院校学生的教育教学能力在很大程度上是依据教育学习的效果来评定的。

苏联教育部明确师范院校的任务是培养合乎规格的中学教师，师范院校比较强调各专业教学要联系中小学实际，师范生要学习中小学教学大纲和教科书，学习所学专业的教学法，通过各种教育实践，训练师范生掌握现代化的教学手段，学会计划和组织与专业有关的课外活动和校外活动，使师范生经过一系列学习和训练后，能熟悉日后在中学担任的教学工作。

根据师范学院的培养目标，苏联师范学院的教学计划与课程设置特别强调要与中学开设的课程、教育和教学目标要求相适应，以利于培养合格的中小学师资。

新中国成立后我国师范教育的特点，表现在以下三方面：

第一，在培养目标上，各级各类师范学校都要培养合格的人民教师。特别强调政治素养的规格。这与美、苏两国师范教育有显著的不同。因此，反映在课程设置上加强了政治理论课在整个教育中的地位和作用，有一个时期政治理论课约占总学时的1/5，保证教师政治质量。

第二，在专业设置方面，教育专业课占总学时的1/4左右，教育科目有教育学、心理学、教学法，有一段时间还开设教育史和学校卫生与管理。另外还开设定期的教育见习与实习。实习在整个教育计划中有一定的比例，从低年级到高年级有不同的要求，整个教育实习过程是从易到难，循序渐进，教育实习不及格者不能毕业。重视教育实习的目的在于培养师范生的教育与教学技能。

第三，在联系中学实际方面，师范院校设有附中附小，作为教育科学实验基地，体现了师范教育的特点。在过去有人过分强调“面向中学”，要求高等师范院校与“中学对口”，认为这才是全面反映师范院校的特点，而忽视高等师范院校的基础知识和基本理论的专业教育，这种观点是错误的。“面向中学”与加强基础学科教育二者并不矛盾，只有加强基础专业教育，才能提高学生深入中学实际解决问题的能力，所以二者是相辅相成的。

从美、苏两国师范教育在教育科学研究和教学内容、教学手段现代化方面，我们可以借鉴的有以下两点：一是美、苏两国师范教育专业课程越来越细，教育课程现在已增加到十几门，教学内容和教学手段都更加现代化。二是美、苏两国特别重视中小学的实习，目前已经进入到比较系统的教育实验研究，为提高师范教育质量，开展教育科学研究做出了贡献。以上两点在我国师范教育改革中可以参考。

三、关于发挥“两个积极性”的问题

美国教育行政制度的基本思想是所谓“地方分权”。它已经形成了美国资产阶级“民主化”的教育传统。它对于调动地方办学的积极性，创造了良好的条件。

从教育发展的基本思想看，资产阶级把教育作为阶级斗争的工具，总是把教育的性质的任务用宪法条文固定下来。然而，美国 1787 年制定的第一部宪法却是罕见的唯一例外。宪法中连“教育”或“学校”这样的问题，一字未提。这导致后来美国教育形成资产阶级的地方分权制度的思想渊源：美国没有全国统一教育制度。联邦政府没有统一管理全国教育的权利和义务。国家的教育以州为主体，各自为政，各州建立自己的教育制度，制定自己的教育政策，实施各自的普通基础教育和师范教育等。由于美国教育缺乏全国统一规划，因此，师范教育制度是极端“民主化”的，其发展速度与苏联集权制比较是缓慢的、缺乏计划性的。

虽然，美国总统约翰逊于1867年向国会提出《教育部法案》，当时国会通过，并且一直到现在都被认为是美国中央政府教育行政机构的基本法规。但是，中央教育部（1869年改称为“教育署”，1870年又改称为“教育局”）的实际权力，概括说来，仅有三项：一是搜集教育情况及统计资料；二是报道各地教育和学校的动态；三是发展国际教育关系。一直到现在，美国联邦宪法修正案第十条仍然规定“本宪法所未授予合众国或禁止各州行使之权限，皆保留于各州及人民”。该条文的规定，更明确了教育应由各州自行负责，而联邦政府对各州的教育是无权干涉的。各州直接管理师范教育的机构（或负责人）有四方面：一是州议会；二是州长；三是州教育董事会，或教育局长；四是高等教育委员会或各大学的管理机构。

由于美国教育行政管理实行地方分权制的传统，以至在很大程度上影响了师范教育的发展进程。直到18世纪后半叶，作为有代表性的美国资产阶级教育权威富兰克林和杰斐逊才比较明确地提出了开办学校及培训教师的进步思想。富兰克林于1749年发表的《宾夕法尼亚青年教育的建议》中提出办好中等学校及训练师资的主张，杰斐逊同意他的观点并于1779年向弗吉尼亚州的立法院提出了“促进知识普及的议案”。他们两人的教育思想对19世纪美国基础教育和师范教育的改革和发展，都产生了极其深刻的影响。

1823年，美国教士赫尔创办了第一所私立师范学校，作为训练师资的最高教育机构。19世纪末期，中小学校发展较快，中小学校师资数量不足，质量不高，中等师范学校已不能满足师资培训的需要。因此，1920年，美国首次创建了45所四年制高等师范学院。从1920—1940年的20年间，美国高等师范学院的发展比过去加快了，达到180所，平均每年增加6.75所，比原有师范学院增长了4倍。

1958年，苏联的第一颗人造地球卫星上天。苏联的这一科技成果，是与苏联的基础教育和师范教育的发展分不开的，因为科学家不是天生的，而是教育的结果。对此，美国教育界受到公共舆论的指责，认为美国教育落后了。于是美国教育界派代表团到苏联参观学习，并在国内开展了全国性的加强基础教育运动，从而对师范教育也就提出了更高的要求。不仅如此，代表们认为，要高速发展教育事业，美国的地方分权制度要革新，有必要逐步加强联邦政府的领导。1978年，美国总统卡特曾提出改组教育机构的建议，把教育部从卫生教育福利部分出来，独立建制，以加强联邦教育机构的权力，这项建议得到美国教育界的广泛支持，对于美国教育事业的发展起了积极的作用。

苏联教育行政制度的基本思想是所谓“中央集权”，它已形成了苏联高度集权的教育传统，全国教育包括师范教育在内，由苏联共产党和政府集中统一领导。十月革命后，苏联宣布取消教会学校的自主权，把教会学校一律转归教育人民委员部管理。1918 年，苏联废除了学区制，教育权力集中于苏维埃政府。1922 年苏维埃教育人民委员部把整个国家的教育大权统一领导。1946 年苏联成立了教育部。苏联教育部领导各个加盟共和国的教育部。各共和国教育部领导学前教育、普通教育、师范教育和儿童保育机关。1959 年，苏联又成立了高等教育部和中等教育部，分别领导各加盟个共和国的高等专业学校和中等专业学校。

苏联最高苏维埃主席团和苏联共产党中央委员会、苏联部长会议都颁布有关教育法令。各加盟共和国也有权颁布有关教育法令。不过后者应当是前者的补充和发展，而不应当跟前者抵触。

关于师范教育问题，苏共中央、苏联部长会议于 1972 年 6 月 20 日通过的《关于完成向青年普及中等教育的过渡和进一步发展普通学校的决议》中明确规定“为保证对师资培养要求的一致性和师范院校与中小学的接近，必须在苏联加盟共和国教育部系统实行对师范学院和师范学校的统一领导。”这是苏联师范教育中央集权制的具体表现。不仅如此，这种权力深入到师范院校的日常工作中去。例如，决议中规定：“责成苏联教育部和各加盟共和国部长会议。在师范学院为居住在边远农村地区的青年确定免试直接招收的必要名额，这部分学生学习以后仍回原地工作；应增加师范学院低年级的培养数量。”

从以上“规定”中，可以比较清楚地看出中央集权规定得太细、统得太死。尽管有上述缺点，二战后苏联的教育发展还是较为迅速的。以 20 世纪 50 年代到 70 年代高等师范学院和大学入学人数及毕业人数增长的情况为例，1950—1951 学年，学生数为 921 万人，毕业生人数为 16.6 万人。1969—1970 学年，学生数为 157.3 万人，毕业生数为 28.1 万人。若是将 1969—1970 学年与 1950—1951 学年相比，学生人数增加 65.2 万人，毕业生增加 11.5 万人。

高等师范院校和文科院校的学生人数与毕业生数的比较为：1950—1951

学年，学生数为 29.6 万人，毕业生数为 7.9 万人；1969—1970 学年，学生数为 88.7 万人，毕业生数为 14.0 万人。

中等师范学校的学生数与毕业生数的比较：1950—1951 学年，学生数为 34.5 万人，毕业生数为 7.7 万人；1969—1970 学年，学生数为 34.2 万人，毕业生数为 9.5 万人。

入学人数增长的原因有两个：一是以原有教育学院为基础创办了许多新型高等院校；二是现有高等院校不断发展，扩大招生名额。高等师范院校和大学毕业生增多，充实了小学教师队伍。

以上材料，说明苏联师范教育的发展是比较迅速的。

美、苏两国从不同的方向来发挥办好师范教育的积极性。二战后，美国"分权"制的缺点日益暴露，日益严重，特别是 20 世纪 50 年代苏联卫星上天后，向美国教育提出了挑战，美国长期实行以地方为主体办师范教育，使联邦政府难于集中全国统一规划教育事业的力量，从而削弱了中央办师范教育的计划性和积极性。70 年代，特别是卡特总统上台后，美国的教育改革方向是进一步加强联邦政府对各州的领导，扩大联邦教育机构的权力。苏联一贯实行"中央集权"，全国教育统一规划、统一管理、统一招生、统一分配。由于学校缺乏因地制宜的自主权与灵活性，不利于调动一切积极因素办好师范教育。近几年来，苏联当局似乎注意到了这种缺点，考虑到发挥地方当局主管师范教育的积极性与灵活性，在有些地区对某些权力已有逐步下放给地方教育当局去掌管的趋势。

我国办师范教育是充分发挥中央和地方两个积极性。新中国成立以来，师范教育的发展既有中央的领导，全面安排，又有地方的因地制宜，各尽其长，这就改变了前师范教育的落后状态，呈现了欣欣向荣的局面。1951 年 10 月 1 日中央人民政府颁布了《关于改革学制的决定》，把各级各类师范学校的学制用法律条文确定下来，并提出了师范教育的方针和任务。1953 年中央人民政府颁布了全国统一的《关于改进和发展高等教育的指示》，中央召开全国高等和中等师范教育会议，制定了有关高等师范学院和中等师范学校的各项文件，从而促进了我国师范教育的蓬勃发展，培养了大量的人民教师。1954 年全国中等师范学校已达 791 所，在校学生达 36.9 万人，比新中国成立前最高一年（1946 年）的师范生数多出 50.3%；高等师范院校由新中国成立初期（1949 年）的 12 所增加到 39 所，在校学生数达到 5.3 万人，比 1949 年增加

234.73%，到1957年全国高等师范院校达到58所，在校学生人数达到11.4万人，如表3所示。各省市都有了自己的师范院校，基本上改变了新中国成立前高等师范学院分布不平衡，缺乏统一规划的无政府状态。

表3 我国高等师范院校统计表Ⅱ

年份	院校/所
新中国成立前数目最高年度（1946年）	22
1949	12
1950	12
1951	30
1952	33
1953	33
1954	39
1955	42
1956	55
1957	58
1958	171
1959	175
1960	227
1961	163
1962	110
1963	61
1964	59
1965	59
1971	44
1972	44
1973	45
1974	57
1975	58
1976	58
1977	59
1978	157

30年来，各级师范学校培养了大批合格教师，中小学教育有了很大的发展，许多城镇基本上普及了初中教育，不少农村地区基本上普及了小学教育，中小学教师达到800多万人，他们为培养和教育下一代做出了巨大的贡献。

然而，我国的师范教育比较落后，为了适应四个现代化的要求，提高师范教育的质量，单靠中央办学的积极性是不够的，还要充分发挥地方办学的积极性，使两个积极性结合起来。就我国的实际情况看，重点师范院校以中央统一管理为主，一般师范院校以地方管理为主。当前的主要倾向，是中央对师范教育统得太死，应适当扩大各省办学的自主权，目前各省高等师范院校缺乏自主权，从办学方针、专业设置到招收学生，中央都规定得死死的，各省很难发挥创造性、积极性，更不要说高等师范院校了。当然统一是不可少的，但事无巨细都统得一模一样，就难以适应四个现代化多种多样的需要，何况我国地大物博，各地教育发展不平衡，有不少师范院校又各有其特色，更应该因地制宜、量体裁衣，发挥地方办学的积极性。在有条件的高等师范院校是否可以适当扩大学校的自主权，如在执行统一规定教育方针的原则下，各高等师范院校应该有一定的灵活性，特别是在具体的教学计划、教学内容、教学方式和方法等方面，应该允许各个学校进行实验研究，真正做到"百花齐放，百家争鸣"。在执行国家统一招生计划的前提下，各高等师范院校可以根据自己的条件挖掘潜力，可以增招一些各地区的旁听生、走读生、函授生、进修生；在遵守国家统一人事制度的原则下，各高等师范院校可以实行教学人员互相交流的合同制；在遵守国家统一规定的财政制度前提下，高等师范院校可以利用现有的人力、物力，挖掘潜力，增加生产，扩大为社会服务的项目，广开财路，增加经济收入，以改善学校的教学科研条件，改善教职员工生活福利等。总之，要扩大高等师范院校的自主权，把地方和中央办学的积极性有机地结合起来，为发展我国师范教育做出贡献。

综上所述，我们从美、苏、中三国师范教育的分析比较研究中，可以看出我国的师范教育事业，30多年来有了很大的发展，但还远远不能适应四个现代化的需要，在世界上还处于相当落后的状态。这和我们国家在世界上的地位是很不相称的，邓小平在科学大会上指出："实现四个现代化，科学技术是关键，教育是基础。"师范教育是中小学基础教育的基础。它是教育的"母机工厂"，当前我们中小学教育和高等师范教育的奋斗目标是：力争在5

年内普及小学教育，10 年内普及中学教育，15 年内高等师范院校学生的数量和质量都接近世界水平。为了达到以上目标，我们一定要坚持“洋为中用”的办学方针，学习外国的先进经验，结合本国实际，把师范教育搞上去，加强师资队伍的建设，为完成新时期赋予师范教育战线的光荣任务而努力奋斗。

原文未发表，收录在肖前瑛教授主编的《朱勃教育论文选集》中。

当代世界高等教育的发展和特点

1983 年 9 月，邓小平同志为北京景山学校题词：“教育要面向现代化，面向世界，面向未来”。教育“三面向”的精神，既概括了我国教育改革的方向，又指明了世界教育特别是高等教育发展的大趋势。

1985 年 5 月 27 日公开发表的《中共中央关于教育体制改革的决定》（以下简称《决定》）创造性地发展了教育“三面向”的思想。就高等教育改革而论，《决定》指出：“我国高等教育发展的战略目标是：到 20 世纪末，建成科类齐全，层次、比例合理的体系，总规模达到与我国经济实力相当的水平；高级专门人才的培养基本上立足于国内；能自主地进行科学技术开发，为解决社会主义现代化建设中重大理论问题和实际问题做出较大贡献。”为了实现这个改革目标，我们不仅要研究国内高等教育的经验和问题，而且要了解世界各国高等教育改革的总趋势。

一、高等教育现代化

新技术革命加速了高等教育现代化，这是世界教育发展的共同趋势之一。

新技术革命是知识密集型的科技革命，它使教育与社会的关系发生深刻的变化。马克思有一句名言：“现代工业的技术基础是革命的。”历史经验证明，以蒸汽机为标志的第一次工业技术革命，促进了发达国家的初等教育现代化，从而实行了强迫的免费的小学义务教育；以电气化为标志的第二次工业技术革命，促进了发达国家的中等教育现代化，从而使适龄学生“人人都有上中学的平等机会”；以电子信息为标志的第三次工业技术革命，促进了高等教育的深刻变革，有的国家如美国和日本，高等教育的发展已从大众化走向普及化。目前，美国高等院校的学生入学率已超过了50%，而日本亦达到45%左右。因此，在新技术革命的浪潮中，高等教育现代化已成为新型社会的一种战略措施。我国是发展中国家，高等教育现代化有着特别重要的战略意义。邓小平同志说：“我们要掌握和发展现代科学文化知识和各行各业的新技术、新工艺，要创造比资本主义国家更高的劳动生产率，把我国建设成为现代化的社会主义强国，并且在上层建筑领域战胜资产阶级的影响，就必须培养具有高度科学文化水平的劳动者，必须造就宏大的又红又专的工人阶级的知识分子队伍。”为了达到这个目标，高等教育现代化所面临的紧迫任务是培养人才，开发智力，尽快使我国的新技术革命的进程赶上，甚至超过工业技术发达的国家。

综观世界各国的新技术革命与高等教育现代化的关系有下列几个最显著的特点：

第一，调整高等教育的职能。当前，人类面临着新技术革命的挑战。用外国未来学的话说，人类社会将由工业社会发展为信息社会。这种以信息社会代替“资本主义必然灭亡，社会主义必然胜利”的社会发展观显然是错误的，因为信息社会观从根本上违背了辩证唯物主义与历史唯物主义原理。然而，新技术革命产生的各类形式的新思想、新手段和新方法对人类社会发展规律及教科文诸方面的深刻影响，值得研究，不能忽视。以美国社会变化对高等教育的影响为例。在20世纪50年代初，美国约有65%的劳动力从事制造工业，而进入80年代以后，制造业下降到20%左右。美国从事信息工业的劳动力，从50年代的17%，上升到现在的62%。从马克思的观点看，现代化大工业生产的本性决定了劳动的变换、职能的变更和工人的全面流动。这种变革趋势，直接地或间接地影响着高等教育现代化的社会职能。例如，英国高等教育的社会职能是以学术性“尖子教育”而驰名全球的。众所周知，大戏剧家莎士比亚、大哲学家斯宾塞等是世界名家，学术成就很突出，对英国高等教育传统产生了深远的影响。可是，在新技术革命的冲击下，英国高等教育现代化的任务不得不进行新的调整。1982年，英国当局发表了几个很有说服力的数据：当年哲学专业毕业的大学生失业率在大学35种专业中居首位，每100名毕业生中有40多人失业；而戏剧专业每100名大学生的失学率竟达39.5人左右。反之，适应新技术革命需要的专业，失业率很低，如医学专业、药学专业，没有失业现象，这类人才供不应求。于是，英国首相撒切尔夫人在对高等教育的职能调整时，提出了三点建议：①高等院校要把人类积累起来的知识传授给下一代人，并教会他们如何思考问题；②高等教育要探索科学发展规律，建立新学说，发现未来世界的新领域；③高等教育要把自己发现和创造的科研成果推广到社会上去，使之变成整个社会的财富。

总之，调整高等教育现代化的社会职能，关键在于多出专门人才、多出科研成果，以满足新技术革命对教育发展的客观需要。

第二，增加高等教育的数量。在新技术革命的推动下，世界各国的高等教育都得到了相应的扩大。据联合国教科文组织最近出版的《统计年鉴》所反映的数据，我们可以清楚地看出发展中国家与发达国家高等教育数量增加的新动向。1950年，有30个发达国家的大学生平均在学率为3.7%；1960年，有42个发达国家的大学生平均在学率已升为8.4%；1970年，有48个发达国家的大学生平均在学率又进一步发展为13.6%；1975年，有46个发达国家的大学生平均在学率已达到了18.9%。发展中国家的高等教育也在增长，1950年，有95个发展中国家的大学生平均在学率为0.6%；1960年，有72个发展中国家的大学生平均在学率为2.1%；1970年，有85个发展中国家的大学生平均在学率为3.4%；1975年，有78个发展中国家的大学生平均在学率为4.5%。从总平均数看，1950年，每100名适龄青年中，只有1.3人能上大学；1960年，有4.4人能上大学；1970年，有7.1人能上大学；1975年，有9.8人能上大学。换言之，在20世纪50年代，每100名适龄青年中，只有1人能上大学。25年后，上大学的平均数已增加了10倍。以此为据进行估计，世界各国的大学普及率最高的国家是美国，现在超过50%，20世纪末，可望达到100%。而最落后的发展中国家，可能要几百年后才达到这个比率。世界教育发展是不平衡的，但高等教育在校学生人数总趋势是不断增长的。据1983年联合国教科文组织的统计，从1970—1980年，发达国家的高校学生人数从2 110万人增至3 080万人。

第三，提高高等教育的质量。世界各国在提高高等教育质量方面都存在一个共同性的问题，这就是提高师资的素质问题。"名师出高徒"，言之有理。高等教育现代化的"突破口"应该从提高和培养合格教师队伍入手。在这方面，许多发达国家都积累了不少宝贵的经验。

（1）严格挑选优秀教师。美国哈佛大学的师资力量很强，85% 的教师有博士学位，其余的也有硕士学位。美国哥伦比亚大学有教师 3 467 位，绝大部分都有博士学位。美国教授在诺贝尔奖获得者中居世界首位。苏联高等院校很重视教师队伍的建设，在有些工科院校和综合性大学中，专职科研人员兼教学，专职教师兼科研，使二者相辅相成，苏联现有博士学位和教授职称的约 2 万人，有副博士学位和副教授职称的 20 万人。苏联高等院校没有不搞科研的教师，以莫斯科大学为例，全苏联现有国家下达的 200 项重点科研项目，莫斯科大学教师承担的这类重点项目竟高达 90% 左右。英国牛津大学和剑桥大学的教育质量高，重要原因之一是师资水平高。英国人常以他们拥有诺贝尔奖获得者的人数仅次于美国为荣。如按平均人口计算，英国与美国并驾齐驱，都居世界领先地位。英国有 63 位教授专家获诺贝尔奖，而剑桥大学就有 46 位。当然，诺贝尔奖不一定反映高等教育现代化的质量，但世界公众认为，用它来作为一个参考数据还是可取的。教育质量关系到提高劳动生产效能的问题。联合国教科文组织专家调查表明：合乎高等教育质量的专门人才，比未受教育的工人，平均能提高工作效率 300 倍。由此可见，教育科学质量在经济现代化中的重要意义和作用。

（2）重视研究生教育。各发达国家的高校教师都是受过研究生教育的。美国的研究生人数，1976 年有 126 万人，为英、苏、日三国研究生总数的 6.3 倍。以美国哥伦比亚大学师范学院为例，该院没有本科生，全为硕士和博士研究生。哈佛大学研究生与本科生之比为 1.58∶1，即研究生有 9 500 名，本科生只有 6 000 名。苏联的研究生质量较高，1969 年获得副博士学位的研究生有 25 810 名，其中仅有 1/10 能获得博士学位。日本也重视研究生教育，以东京工业大学为例，该校于 1953 年成立研究生院，1975 年攻读硕士学位的研究生有 447 人，获得博士学位的有 136 名。在新技术革命迅猛发展的今天，世界各发达国家都很重视健全研究生教育体制。美国硕士研究生学制为两年，招收 22～23 岁的本科毕业生；博士研究生学制亦为两年，招收 24～25 岁的硕士学位获得者；最近，美国还设立了“博士后”这个研究层次，培养更高级专家。我国现行硕士研究生学制为三年，而博士生再加三年，共六年，这类学生长年在校研究的“书院制”对高等教育现代化的优越性何在，值得研究。当前，我国高等院校的师资力量不足，科研水平不高。

研究生教育的发展和创新应提到教育体制改革的重要议事日程上来。

（3）重视教育科学研究。世界各发达国家一贯重视教育理论与实践的研究。苏联有驰名国际学坛的教育科学院及各级各类的教育研究所（室）。它们对苏联教育特别是高等教育现代化，做出了卓越的贡献。英国也很重视教育科学的理论研究和实际应用。英国有31所大学设教育学院或教育系，许多职业性大专院校也设立相应的教育研究机构。英国许多大学的教育系只招收教育研究生，专门从事教育研究，攀登教育科学高峰。伦敦大学教育学院比较教育系在研究生教育方面，成绩显著，赢得了国际比较教育界的高度赞扬。英国南安普敦等大学的教育科学研究也很引人注目，其研究课题相当广泛，包括：成人教育、现代化教育手段、国防教育、体育、健康教育、校外教育、普通教育、职业技术教育、语文教育、逻辑学教育、心理学教育等等。我国的教育科学特别是高等教育研究，自党的十一届三中全会以来，发展迅猛，效益显著。据不完全统计，全国成立的高等教育研究室（所）已超过50多个，而且还在不断增加。全国成立了高等教育学会，许多省（市、自治区）也相应地成立了高等教育学会或筹委会。高等教育研究课题不断扩大，概括说来，有基础教育理论研究、教育经验调查研究、中外教育史研究、外国高等教育研究、比较高等教育研究和国际学术交流研究等。总之，我国的高等教育现代化正迎着新技术革命的挑战，沿着“三面向”前进。

二、高等教育国际化

新技术革命促进了国际学术交流。高等院校是交流国际经验的重要渠道。因此，高等教育国际化是当代世界教育发展的共同趋势。

高等教育国际化有利于各国教育、科学和文化的互相交流、相互学习，取长补短，共同进步。在教育国际化的过程中，目前有几个国际性组织机构做出了特别突出的贡献。一是联合国教科文组织。它是对高等教育贡献最大的国际机构，是联合国下属的专门性国际机关之一。1945年11月，该组织通过了“联合国教科文组织宪章”。宪章序言说：“由于战争是从人们的思想中产生的，所以必须在人们的思想中筑起和平的长城。”为了促进国家之间的合作与交流，联合国教科文组织于1946年正式成立了。尽管各国政府对宪章前言的基本思想有不同的看法，但是，为了国际之间的教育、科学和文化的共同需要，现在已有 150 多个成员国参加了这个国际性组织，该组织是以各成员国的政府机关为单位构成，有 1 200 多名专职工作人员，该组织下属研究机构有国际教育局。该机构的任务是“作为情报中心为所有参与教育的人们服务，发展国际合作事业，对国家、政治、宗教问题采取中立态度；作为情报和研究机关而严格地采取科学的、客观的态度；其工作内容为收集教育情报，进行实验以及统计性质的调查研究，并将结果通报给教育人员”。二是汉堡教育研究所。该研究所成立于 1951 年，其目的是协助教科文组织召开国际性教育会议用于其有关教育理论与实践的科研活动。三是国际教育计划研究所。其研究目的在于探讨教育的发展与社会、经济、政治的关系，为各有关国家的教育发展计划提供信息和建议。现已有 50 多个国家参加该研究所的研究课题。四是亚洲地区教育事务所。该研究所于 1961 年在泰国曼谷成立，研究对象除高等教育外，还有成人教育、中等教育和初等教育。五是国际教育成绩评定学会。汉堡教育研究所于 1960 年组织了欧美九国代表参加“国际教育成绩评定计划”。研究成果有《国际数学成绩研究》（1967 年）和《十九国的理科教育：一次经验的研究》（1973 年）这两本专题调查报告，质量较高，受到国际教育界的好评。因此，该学会于 1980 年又进行了一次国际性数学成绩评定的调查研究。与此有关的国际性教育机构各国都有，它们对高等教育国际化都在不同程度上分别做出了应有的贡献。

世界各国的比较教育学会，作为民间性质的国际学术团体，与政府办的教科文组织有着极为密切的联系。美国的“比较国际教育学会”成立最早；接着有“欧洲比较教育学会”，如法国的“法语区比较教育学会会”，比利时和荷兰的“荷兰语区比较教育学会”。1979 年，中国也成立了“中国比较教育学会”，有许多省（市、自治区）也相应地成立了比较教育研究会。所有这些比较教育学会都得到该国政府的支持与联合国的关注。这些学会对国际学术交流与国际比较教育起了积极的推动作用。在此基础上，“世界比较教育学会”于 1970 年成立了。学会总部设在联合国教科文组织教育局。1970 年 8 月，世界比较教育大会首次在加拿大举行；第二次大会于 1974 年 6 月在日内瓦举行；第三次大会于 1977 年 7 月在伦敦举行；第四次大会于 1980 年 7 月在东京举行；第五次大会于 1984 年 7 月在巴黎举行。第五次大会，中国教育学会比较教育研究分会派出 3 名代表赴会。大会主席在闭幕会上正式宣告接纳中国的全国性比较教育学会作为会员。第六次大会将于 1987 年在巴西举行。到那时，我国的比较教育研究有可能接近或赶上国际水平。

世界各国高等教育国际化进程中有哪些值得重视和研究的显著特点呢？

其一，借鉴型比较。随着工业技术革命的发展，各国竞相改进自己的教育特别是高等教育，以满足培养专家的政治、经济建设的需要。欧洲诸国为了教育借鉴的目的，派遣学者和官员出国考察，学人之长，补己之短，为各国教育发展史打开了借鉴比较的新篇章。比较教育学的创始人是朱利安，他的代表作为《比较教育学的设想和初步意见》（1817 年）。以借鉴为标志的研究搞了约 100 年，学者们才认识到表面的借鉴弊多而利少，不能过分急于借鉴先进国家的教育经验，而忽视对象国的政治、经济、社会和文化传统诸多因素的影响。英国比较教育家萨德勒在 1900 年的一次讲演中对借鉴的概念提出了新的看法，他说借鉴别国教育经验不能就学校研究学校，“学校外的事情，比学校内的事情更为重要，而且它支配和说明学校内部的事情。”这一名言，流传于世，学界受益。回顾新中国成立前借鉴欧美国家先进经验未取得成功，新中国成立后借鉴苏联先进教育经验又遭失败。原因何在？主要原因就在于脱离国情，既脱离本国的国情，又脱离借鉴对象国的国情，就学校经验而借鉴学校经验。这种类型的借鉴比较，一定要受到历史发展规律的惩罚。这一点已是众所周知的客观事实了。

其二，因素分析型比较。由借鉴型比较研究向因素分析型比较研究的发展不是没有联系的。英国的萨德勒是这一发展中承上启下的代表人物。美国的比较教育名家康德尔继承和发展了萨德勒的比较教育思想。怎样进行分析比较呢？康德尔于 1933 年发表的名著《比较教育学》，试图从历史学观点来回答这个问题。康德尔用历史学方法对教育问题进行因素分析是对比较教育的发展的一重大贡献。康德尔因素分析的基本思想影响到他的整个教学与研究的学术生涯。他明确地指出：“研究比较教育学的方法，首先需要正确评价那些构成教育制度基础的、无形的、模糊的精神上与文化上的力量；各种来自校外势力的因素的影响比发生在校内的更为要紧。因此，比较教育研究必须以学校所反映出的各种社会和政治的理想为基础来进行分析，因为学校集中体现了这些理想的传授和发展。为了理解、鉴别和评价一个国家的教育制度的真实意义，对该国的历史和传统、对支配该国社会体制的势力和观念、对决定该国获得发展的政治条件和经济条件，对所有这些都必须有所认识才能比较。”康德尔的因素分析观到1955年发表的《教育的新时代：比较研究》一书中仍然没有改变。到20世纪60年代，社会科学方法引入比较教育的研究领域时，康德尔的历史因素分析观才受到了新的挑战。

其三，创新型比较。当代比较教育学者突破了康德尔比较教育学的框框，提出了很有水平的创新思想。以比较法为例，20世纪60年代以来，比较教育方法论逐渐脱离了康德尔式的研究法，引进了自然科学与社会科学的研究法。美国贝雷迪提出了“四阶段”（描述、解释、并置、比较）研究法；诺亚和埃克斯坦提出了以定量分析为特征的“假说验证法”；英国霍尔姆斯提出了以模式分类为特征的“问题解决研究法”；英国另一位比较教育学者埃德蒙·金不同意霍尔姆斯的观点，建立了他自己别具特色的“教育洞察法”。到80年代，比较研究的创新思想，在新技术革命的影响下，又进一步发展了。以1984年第五届世界比较教育大会的实况为例。大会的主题为世界各国教育的依赖和互相依赖，这个主题充分反映了教育国际化的趋势。大会研究的主要问题有：①殖民地以前时期、殖民地时期、结束殖民统治以后时期中的教育；②教育上的国际交流、相互依赖、合作和依赖；③国家一级的内部教育政策上的依赖与相互依赖：性别、区域、少数民族、社会集团、人种及文化集团；④学校的课堂教学这一级里的依赖和相互依赖：一个比较观；⑤新教育技术对各国之间依赖与相互依赖关系的影响；⑥比较教育的理论与方法（含国家开展比较教育和典型实例研究、比较教育的理论探索、依赖论与比较教育）。在康德尔时代，比较教育主要以国家为单位进行宏观跨国比较；而现在则发展到“比较教育中的国内比较”。不仅如此，历史性纵向比较、校内课堂教学的微观比较也以新姿态出现在比较教育的讲坛。可以预料：到2000年，各种比较研究的新思想、新学派、新风格都将迅速发展，比较教育学，特别是比较国际高等教育学，在教育面向世界和未来的进程中将发挥越来越重要的作用。尽管世界上存在各种不同的社会制度，但是，国际教育的交流，对所有参加者都是有益的。在一个世界共同体内由交流与合作所得到的好处，对于所有国家来说，都是同样有利的。无论工业化国家拥有多大的资源，如果它们在真空中发展，它们雄心勃勃的教育事业至少在一定程度上会陷入毫无结果的危险。至于其他国家，虽然也正在做出巨大的努力，但如果它们能通过国际合作获得支援与帮助，这仍然是十分可取的。

所以在各个发展水平上的一切国家都应该共同努力走向国际团结的道路，与此同时，对发展中国家应给予特别考虑。这种国际合作的精神对世界各国的教育建设产生了深刻而广泛的影响。从“洋为中用”的观点看，高等教育国际化的经验和趋势，是值得我们参考的，特别是对广东高等教育事业的开放和发展具有非常重要的现实意义。

原载《高教探索》1985 年第 4 期

美英两国的比较教育

一、美国的比较教育

1954 年，美国成立了国际与比较教育学会。学会的创始人是里德博士和布里克曼教授。学会的宗旨是：“促进和改革各学院和大学的比较教育学；鼓励进行比较教育学和外国教育学的研究；帮助各学科的教授们了解和比较其任教科目在各国的情况；促进世界教育工作者的互访和到现场研究教育情况；与其他学科的专家合作，从更广泛的文化联系来看待教育的发展；促进比较教育研究和最新情报的出版；促进世界各地比较教育专家合作研究、交流文献和第一手的资料；尽可能与联合国教科文组织、国际教育研究所、美国各州的研究机构进行合作。”

国际比较教育学会成立后开展了一系列出访活动，考察世界各国的教育现状和发展趋势。在 1956 年 8 月 18 日至 9 月 17 日组织人员访问了欧洲各国。同年 9 月 1 日在日内瓦召开了第一次国际性年会。1957 年 8 月至 9 月组织人员访问了委内瑞拉、巴西、阿根廷、智利、秘鲁和厄瓜多尔。1957 年 12 月组织人员出访苏联的莫斯科和圣彼得堡。布里克曼是这次出访苏联的学术领导人。出访前夕，在纽约组织了两天的学习，尽量做好考察苏联教育的准备工作。1959 年 8 月 9 日至 9 月组织人员访问了日本和韩国，并在东京参加了国际教育研究会议。1961 年 8 月至 9 月组织人员访问了丹麦、联邦德国、芬兰、比利时和英国。1962 年 8 月至 9 月组织人员访问了埃塞俄比亚、肯尼亚、坦喀尼喀、南罗德西亚、加纳和利比亚。1963 年，该学会组织了两次访问：一次是访问拉丁美洲，另一次是访问斯堪的纳维亚诸国。1965 年 11 月 3 日至 24 日组织访问了欧洲各国，比较研究了各国教育的共性与个性。

从 1958 年 2 月开始拟订国际比较与教育学会的章程，经过多方协商，反复讨论，到 1959 年 6 月 1 日才由学会全体会员表决通过。

自 1952 年 6 月以来，学会每年出版三期由贝雷迪教授主编的《比较教育学评论》。这份杂志成为美国和国际上著名的刊物。现由芝加哥大学出版，供应全球。

学会会员逐年增加。1956 年，会员组成为美国学术界人士 152 名，外国人士 3 名；1959 年，会员组成为美国学术界人士 329 名，外国人士 18 名；1962 年，会员组成为美国学术界人士 519 名，外国人士 47 名。20 世纪 80 年代，会员不断增加，比较教育学的影响在国际上日益扩大，为教育科学的发展做出了积极的贡献。

随着教育现代化的发展与国际学术交流日益增多，美国的比较教育学研究机构迅速扩大，科研方法多种多样，科研成果日新月异。国际性的主要出版物有《比较教育纪要》《比较教育研究》《世界教育情报》等。比如，芝加哥大学比较研究中心，其特点是运用社会学、人类学、政治学、经济学和历史学等方法来研究比较教育学。

哥伦比亚大学对比较教育学的贡献也是很突出的。1984 年以来，该校先后建立了东亚研究所、欧洲研究所、近东中东研究所、东欧中欧研究所、非洲研究所、拉美洲研究所、共产主义事务研究所、以色列和犹太研究所和国际研究所等。

在美国联邦政府及各种文教基金会拨款支援比较教育研究计划的同时，国家和私人团体援助外国的项目和资金也日益增多。20 世纪 70 年代美国高等学校的许多比较教育学者被派遣到海外从事教育工作，特别是第三世界国家，出访的教育专家越来越多。比较教育发展的重要经济来源是政府有关部门和私人基金会直接和间接的资助。这里举几个例子来说明教育经费对比较教育学研究的影响。

美国大部分比较教育研究经费来自福特基金会和卡内基基金会。他们提供经费的目的是为了培养适应美国利益的某种专门人才。约翰逊总统的国家安全顾问麦乔治·邦迪于 1966—1979 年担任福特基金会的会长，他说这种投资会给国家带来无法估量的效益，他认为美国的比较教育研究与政府情报机构在很大程度上是互相渗透的。比较教育学者与政府情报专家常常受邀为重大国际研究计划和技术援助项目出谋划策。比较教育学的研究经费直接或间接涉及美国外交政策的利益和争夺国际优势的前景。美国的国防教育法案提供的资金，不仅对第三世界比较教育的研究大有影响，而且对研究苏联教育——特别是苏联卫星成功升空后对美国的挑战，起了巨大的促进作用。这些教育投资的指导思想与美国的“现代化”论有密切关系。现代化论者认为，比较教育学是掌握世界教育动向的钥匙，是美、苏两国在教育领域里谋求优势的有效手段，是革新美国教育的一面镜子，是智力开发的长远基本建设投资。

二、英国的比较教育

英国比较教育学的研究中心在伦敦大学。1947 年，劳锐思博士被聘为该校教育学院比较教育学系第一任教授。他后来担任欧洲比较教育学会的首任会长。他用哲学方法研究比较教育学，认为政治哲学是决定教育目的的主要因素。他主张比较教育学应成为教育科学中不可缺少的一部分，使比较研究对制定一国教育政策和探索教育规律做出应有的贡献。

霍尔姆斯博士于 1953 年被聘到该校比较教育系工作。现在，他已被提升为比较教育系的系主任和比较教育学教授。该系还有其他一些比较教育学专家：帕金博士负责联合国教科文组织方面的研究工作，托密阿克讲师负责苏联和东欧教育的研究与教学，劳古洛讲师担任斯堪的纳维亚教育的教学与科研，考恩讲师是高等教育比较研究的专家。他们人数不多，但学术水平较高、教学质量较好。在系主任霍尔姆斯教授的引导下已形成了一支有战斗力的比较教育学梯队。霍尔姆斯也担任过欧洲比较教育学会的会长。自 1984 年以来，该系一直负责编辑《教育年鉴》，但从 1953 年起，英国伦敦大学教育学院与美国哥伦比亚大学研究生师范学院合作，共同编辑《教育年鉴》。1956 年 9 月出版了《教育年鉴》中的《教育与经济学》卷，1957 年 8 月出版了《教育与哲学》卷，1958 年 5 月出版了《中学课程》卷。贝雷迪教授作为美国哥伦比亚大学代表，参加了《教育年鉴》的编辑工作。美国和英国的比较教育学者互访讲学，促进了两国的比较教育学科建设。1957 年，伦敦大学的霍尔姆斯博士和埃德蒙·金博士两位著名比较教育学家赴美国哥伦比亚大学师范研究生院讲学；1958 年，美国贝雷迪教授也到伦敦大学教育学院讲学。两国比较教育学者经多方协作，经常互访，促进了学术交流与繁荣。

伦敦大学的比较教育学家很重视出国参观访问，进行调查研究，搜集第一手的比较教育学材料，提高教学与科研的质量。该校的比较教育学者们还重视国际协作和讲学。1956 年，埃德蒙·金博士访问了孟菲斯大学；霍尔姆斯博士访问了伊利诺斯州立大学和俄亥俄州立大学；劳锐思教授访问了美国、中东地区的国家、斯里兰卡、印度等国家和克什米尔地区，并做过多次公开讲学。1957 年，埃德蒙·金博士在美国华盛顿大学访问和讲学，深受听众的欢迎。

根据我们对 20 世纪 50 年代至 80 年代的 76 名比较教育学博士的博士论文的观察，发现他们的题目具有以下几个特点：

其一，纵向比较。从教育发展史的不同阶段及各阶段的教育名家的教育思想进行纵向性的比较分析，吸取历史经验教训，达到“古为今用”的研究目的。

其二，横向比较。对世界各国的教育理论与实践进行国与国之间的横向性的比较分析，重点在于探索各国教育发展的共同规律与国别教育发展革新的特殊规律。

其三，宏观比较。从国际之间的教育发展与国民经济建设的方针政策的高度，剖析教育建设的外部关系，阐明教育上的智力投资对国家现代化建设事业的深远战略意义。

其四，微观比较。就国别教育发展的内部关系进行比较分析，重点在于比较研究各级各类学校结构、课程、教材与专利法的最佳方案，从而提高教育和教学质量，培养现代化教育世界所需要的各种人才。

伦敦大学比较教育的学术地位在世界上是一流的。该校比较教育系研究生不仅来自国内高等院校，而且来自国外高等院校。研究生的质量很好，名师出高徒。该校有一流的比较教育学者，如劳锐思教授、汉斯教授、霍尔姆斯教授等担任研究生的指导教师。同时，该校拥有大量国内和国外的图书资料、现代化科研手段和最新科学信息及足够的教研经费与组织良好的梯队。

伦敦大学比较教育系的教学计划有两个显著的特点：一是双专业的培养

目标。例如，比较教育与外语教育相结合，教育系与外语系合办，开设硕士研究生课程，培养对象是外语教师，目的在于提高他们的比较教育理论水平及其在外语教学过程中的应用。二是多层次的课程结构。按学业程度分为四个层次。第一层次为教育证书。这里的比较教育是一门选修课，为大学本科生讲授一点比较教育基础理论和基本知识。第二层次为教育文凭。这里的比较教育虽然仍被列为选修课，但是课程比前者难度大，对象也非大学本科生，而是有经验的进修教师。第三层次为硕士学位。这里的比较教育为必修课。学位课程分为文科硕士（WA）和教育硕士（MED）两类。前者培养比较教育的教学与科研人员，要求学生系统地学习比较教育的历史、理论和方法，并选择对象国中的若干重要问题做比较研究，探索比较教育的发展规律；后者培养有教学经验的教师，如上述外语教师攻读比较教育硕士学位（PHD）。因此，教育硕士学位具有双专业的性质。第四层次为博士学位。硕士学位获得者可继续申请攻读博士学位，一般不需要上课。在教授指导下独立地撰写博士学位论文，学制2～3年，通过论文答辩，学术委员会授予博士学位。

比较教育与外语教育相结合是新设置的学位课程。攻读硕士学位者必修两门课程：一门是比较教育概论，另一门是外语教学理论与实际。有两门选修课程：一门是比较教育政策研究，另一门是视听教学方法与模式。学生可选修其中之一。读完硕士研究生的必修课之后，在比较教育学者的指导下，独立撰写学位论文，在学术委员会答辩通过后，授予教育硕士学位。

原载《外国教育》1985年第2期

从比较教育史看教育借鉴与改革

英国比较教育学名家埃德蒙·金曾经反复强调这样一个观点，他说："一切比较教育的研究都含有改革的意思（否则，为什么费心去比较?)。"日本比较教育学名家冲原丰说："十九世纪的比较教育活动，是在企图从外国获得有益经验的动机下开始的。"他还说："把推动教育改革作为目的是贯穿于比较教育学整个历史过程中的一种思想。"可见教育中的比较、借鉴与改革是相互联系的。

从比较教育发展的历史经验看，比较教育家与教育改革家有一个共同任务，他们都是为满足本国教育改革的实际需要而借鉴外国教育经验的。因此，教育改革的成功，离不开教育借鉴。

早在19世纪普法战争时，英国和法国看到普鲁士的教育很发达，就力图借鉴其先进教育经验，改善本国教育。可以说，比较教育学是认识别国和本国教育，借鉴别国教育成就的一把钥匙。因此，很多教育改革家对比较教育学十分关心，有些本身就是比较教育家，比较教育的前辈们则大多数是一些教育改革家或学者。他们是19世纪各工业国的教育改革的促进派。

在借鉴外国教育经验方面，虽然教育行政官员和教育学者们都想知道，通过了解别国教育改革经验是否可以学习到一些对改革本国教育有实际价值的东西，但是他们对待学习外国经验的态度则各不相同。总的说来，有两大派别：

其一，开放派。思想开放的教育改革者们力图从别国教育理论与实践中吸收对本国教育革新有益的东西，并加以鉴别，使外国经验在本国产生积极的效果。因此，他们出国访问，进行考察，综合分析，提出教育改革的设想和建议，供本国制定教育政策的人们做参考。在这种情况下，教育改革者与比较教育家有着共同的语言。他们对教育改革的政策不仅积极支持，而且亲自进行实验。人们称这些教育创新者为新时代的“开放派”。

其二，保守派。有许多思想保守的教育行政官员和老学究对借鉴外国教育经验抱有强烈的怀疑态度。他们认为，从外国教育制度中借鉴不到什么对本国教育改革有益的东西，因而采取排外的保守政策。他们认为，借鉴外国经验的办法是危险的，有害无益的，因为各国教育制度各有其自己的文化传统和社会特性，本国教育的改革，要按本国教育传统来制定教育政策才行。他们说，研究外国教育毕竟是比较教育理论家的任务，而现行教育制度的改革是教育行政部门的任务。二者是有区别的。教育行政领导人应研究本国教育发展中存在的重大问题，而非研究什么外国教育的“借鉴”问题。人们把这一类人称为教育改革中的“保守派”。

在比较教育学科建设的发展史上，尽管教育行政长官们所关心的是教育实践，但他们对教育理论也不是毫无贡献，因为任何有效的改革实践总离不开相应的理论指导。反之，比较教育家研究教育政策的理论根据，不仅对比较教育学科建设是一种贡献，而且对教育改革也是一种贡献。

随着资本主义大生产的发展，初等教育的改革日益受到各国政府的重视。在 19 世纪上半叶，各国政府为了建立适应生产发展需要的教育制度，增加了出国考察的国际交流活动。各国政府不仅派遣教育行政管理人员出国参观访问，增长见识；而且派教育专家到外国调查研究，比较分析，为改进本国教育提供借鉴。当时，欧洲和北美的中央政府和地方政府都在积极从事教育革新，特别是初等教育的普及和发展受到社会的关注。许多教育革新家力图减少或取消教会对学校的垄断，要求政府尽早实施教育立法，普及小学义务教育。这个时期的国际教育交流有了新的发展。有选择的教育借鉴日益受到各国政府的重视，照抄照搬外国教育经验的情况日益减少，比较教育学科建设也相应地得到了新的进展。

法国的朱利安最早从事比较教育研究。他于 1794 年被任命为巴黎公共教育执行委员会的委员，1810 年受命去瑞士考察裴斯泰洛齐学园。他认为，比较教育学属实证科学，要对所有教育现象进行分析，要考虑本国教育发展的情况和民族文化传统等因素来吸收别国经验，从而探索国际教育发展的共同规律，而规律性则是制定教育政策的根据。

与朱利安同时代的另一位著名学者，是热心教育改革的维克多·库森。他于1831年接受法国教育部的派遣，赴普鲁士考察教育，在1831年发表了《关于普鲁士公共教育情况的报告》。为了借鉴外国经验以改革法国教育，库森在报告中反复强调普鲁士教育制度的优越性。他明确表示普鲁士教育制度和教育政策给他留下了深刻的印象。首先，普鲁士的教育与宗教是分离的，世俗学校完全摆脱了教会的控制。其次，国家教育行政组织实行中央集权制，统一管理全国教育。再次，学校教育的效率较高，教育政策为国家需要服务的大方向相当明确。

库森特别重视普鲁士的教育经验，主张其他国家的教育改革都应以普鲁士教育经验为范例。他认为，有志气的国家和民族应敢于借鉴别国教育革新中的好东西，使本国教育发展至善至美，不断前进。库森的比较方法有三个特点：一是对外国教育资料应广泛搜集并加以认真分析研究；二是个人或集体出国访问，既核实已搜集到的资料，又增加第一手资料，把在异国的所见所闻作为对比研究的重要部分；三是写文章宣传外国教育发展中可供有选择性借鉴的好东西，并向政府各有关教育机构提出建设性的改革意见。库森相信世界各国的教育不论千差万别，教育经验总存在某些相似性和共同性，这就是教育借鉴的基础。

朱利安的比较教育原理与库森的教育观不尽相同。虽然，他们两人都想努力改革法国教育，以促进法国社会向现代化的方向发展，但是，他们两人对借鉴外国教育经验的看法则存在分歧。朱利安重视比较教育规律的探索与国际教育的合作事业。在朱利安看来，研究教育规律是第一位的，而教育借鉴是第二位的。库森则主张，教育借鉴在比较教育研究中应占首要地位，而探索教育规律是少数比较教育理论家的任务，应居次要地位。

库森的教育借鉴观在当时法国教育界起主导作用。法国政府根据库森出国考察教育后的建议，制定了法国教育改革史上著名的《基佐法案》。该教育立法的宗旨是，在保持本国文化教育传统的前提下，把外国教育的优秀经验作为发展本国教育的指导方针，带有“拿来主义”的色彩。

在教育借鉴思潮盛行的19世纪，美国的教育改革者与比较教育学家也为这门新学科的发展及本国教育的振兴做出了一定的贡献。在借鉴问题上，美国的霍勒斯·曼和亨利·巴纳德可作为当时教育改革派的代表人物，尽管他们两人的教育观不完全相同，但在借鉴别国经验以革新本国教育这个问题上，他们的见解则是一致的。

1837 年，美国的马萨诸塞州建立了一个由 8 人组成的教育委员会，主要任务是了解别国教育经验，对本国教育改革提出建议。贺拉斯·曼任该委员会的第一任教育督察长职务长达 12 年。在职期间，他十分重视教育革新，特别重视初等教育的发展。他每年都向马萨诸塞州的州议会提出一份有关教育情况的报告书。他于 1842 年有计划地出国考察教育，先后访问了苏格兰、爱尔兰、法国、德国、荷兰和英格兰，历时半年，参观了欧洲各国的各级各类学校，最后撰写了《第七年报》这本世界比较教育名著。英国比较教育学家汉斯认为，这个报告是对外国教育进行评价的首次尝试，对学校的组织形式和教学方法都进行了比较。这本专著的主要内容是：①对普鲁士学校的先进教育经验，特别是教师采用非强制性的纪律教育和启发式的教学方法，大加赞赏，不吝笔墨。②提出要改善美国马萨诸塞州教师和学生的关系，要求教师不仅热爱学生，而且应用新教学方法，以克服满堂灌的缺点。③倡导有选择性的借鉴，只借鉴普鲁士教师的优良教学技能和技巧，而不效法普鲁士学校对政府的默然服从和对教会条规的盲目信仰。④指出教学技能和技巧可以是各种不同社会制度共同使用的中立手段，不同的国家和不同的社会可以应用某种相同的教学手段为本国教育事业服务。

贺拉斯·曼的报告对美国传统教学提出了新的挑战，对宗教控制学校提出了非议，因而触犯了宗教领袖的权势，在教育改革实践中碰到了阻力。贺拉斯·曼认为，普鲁士国家可以利用学校教育为君主政权服务，美国也可以利用学校教育为共和政权服务；他还认为，现状是历史造成的，而历史的作用在于说明现在的问题，虽然历史事实是不能改变的，但教育发展的未来则有改变的可能性。因此，世界各国改善今天的教育，就意味着各国教育的美好前景。

巴纳德是美国康涅狄格州的首任教育督察长，因教育改革成绩显著，后来晋升为美利坚合众国第一任教育署长。他年轻时曾出访欧洲各国，特别研究了普鲁士的教育理论与实践，主张有选择地借鉴外国先进教育经验以促进本国教育的发展，他对美国中小学教育和大学教育的改革做出了重大贡献。首先，他创办了《康涅狄格教育杂志》，介绍欧洲各国的许多先进教育信息和经验。在美国教育界，他连续 30 多年从事教育改革的宣传活动。在美国联邦政府的支援下，他作为第一任教育署长，积极从事教育改革，提供国外各种有利于教育改革的情报资料和专题研究，并总结本国教育改革经验，为改善美国教育做出了巨大成绩。其次，巴纳德建立了美国教育促进协会并担任第一届主席。他还主编会刊《美国教育杂志》，尽量搜集、翻译和登载世界各国的教育统计资料，然后加以分类整理和比较研究。再次，巴纳德主张借鉴欧洲各国教育制度的先进性，但反对照搬照抄外国的东西，他认为美国教育应有自己的特色。以公立普通学校为例，美国的公立学校是与本国的社会、政治、经济制度及宗教文化传统相结合的。所以，美国教育能培养出适应美国生产与生活方式的实用人才。他们是富于创造性的开拓型人才，这种开拓求实精神是与美国人开拓边疆的传统因素分不开的。欧洲的教育则有所不同，学校强调学术性课程，轻视应用性的教学实践。欧洲各国的教育，特别是英国教育，并没有考虑培养具有实践能力与工作效率高的人才，而是片面强调书本知识，发展形式教育训练，培养经院式的书生型的人才。巴纳德认为，不论培养何种类型的人才，单靠学校教育是不够的，还要靠社会教育与家庭教育的相互配合，因为教育质量的决定因素是综合性的，即学校、社会与家庭诸因素的综合。总之，巴纳德不仅对本国教育大力进行改革，而且对外国教育也大胆地借鉴，不愧为美国 19 世纪的一位卓越的教育革新者。

英国 19 世纪工商业的大发展，对教育改革提出了新要求，在这一历史时期的教育改革家中，约瑟夫·凯与阿诺德二人具有代表性，他们都主张借鉴外国教育经验以振兴英国教育。

约瑟夫·凯为了改善英国平民教育，不仅研究了本国普通教育状况，而且出访欧洲各国，考察别国教育中可供英国借鉴的好经验。1850 年，他发表了《英国和欧洲大陆各国平民的社会地位和教育》这部专著，其中论述了德国和瑞士在平民教育方面取得的优良效果是两国改良社会的重要因素。为了英国的社会进步，他主张英国政府应借鉴上述两国的经验，以改革教育来促进社会制度的革新。这反映了英国 19 世纪“社会改良主义”的教育思潮。

阿诺德是一位英国学制改革的积极倡导者，并担任英国政府的视学官，他又是诗人和文艺批评家。可见，阿诺德是英国当时文化教育界颇有影响的代表人物。阿诺德于 1868 年为学校审议会写了考察报告《欧洲大陆的学校》。这本教育著作论述了法国的教育状况，介绍了意大利和瑞士的教育改革经验，阐述了普鲁士学校教育发展的各种条件。他从出访考察教育中形成了这样一种观点，即英国教育必须改革才能顺应时代发展的潮流。英国传统教育的保守性是妨碍教育革新的消极因素。阿诺德的教育观与社会观是相互联系的。就社会观而言，他把英国社会上各种各样的人们划分为三大类型：一是野人。他所指的野人是英国的贵族。这些人饱食终日，碌碌无为，性格死板，胸无主见。二是庸人。他所说的庸人是指英国中产阶级的人们。这些人虽非饱食终日而碌碌无为，但是他们自以为是，刚愎自用。三是平民。他所说的平民是指工人阶级、劳苦大众，贫穷受罪的人们。他预感到这一类型的人们是英国未来社会的民主力量，其崛起和发展的势头与日俱增。阿诺德相信，英国社会如不主动改革，很可能要发生悲剧性的革命。他认为，贵族是普及文化教育的敌人，中产阶级是无所作为的保守派。英国当局如果明智的话，应该十分关心平民教育，使这一类型的人们能受到良好的民主教育，掌握现代科学文化知识和技术。这样英国社会的前景才可能预防发生暴力革命。阿诺德的教育著作还有《民主教育》（论文集），其中有《法国的民众教育》一文，强调了英国政府借鉴外国教育经验的重要性。阿诺德相信，英国政府在改革教育以促进社会发展方面，不仅大有可为，能够收到“教育治政”的效果，而且能够提高英国民族文化教育的水平。从他对英国政府的教育政策的批评中可以看出，他提醒社会舆论注意，不能简单地相信政府发表的教育统计数字，而要剖析英国教育发展的实质，阿诺德的比较教育著作主要是赞扬外国教育经验的抽象论述。他主张借鉴外国经验，找差距，其目的在于促进本国教育的革新。

上述几位比较教育学家对教育改革的“借鉴”问题有一个共同的看法。他们都主张“本国教育传统为主体，外国教育经验为补充”。他们力求本国教育的传统与变革不被外国借来的新东西所损害。他们都承认普鲁士教育经验，特别是教学方法和技巧的优越性，但对于如何借鉴这类教育经验则采取了谨慎的态度。1836 年，美国翻译出版了库森著的《普鲁士公共教育情况报告》一书的摘要，没有发表全文，这是美国借鉴外国所采取的一种谨慎态度，这也可以说是有选择性借鉴的表现之一。该书序言作者泰勒一方面对这个报告表示欢迎，并认为美国教育改革可以从普鲁士教育中学习到许多好东西；但另一方面，他又提醒读者说，普鲁士教育制度中有许多东西是不符合美国人民的民族精神和民主原则的，因为普鲁士的教育是支持专制政权的，而美国的教育是支持共和政体的。

借鉴外国与保持民族传统的关系是一个比较教育研究中的重要课题。法国比较教育学家库森认为，一个民族的真正伟大之处并不在于它没有向别人借鉴什么东西，而在于是否借鉴到好的东西，并使其适应本国情况而有所创新。他相信法国人学习德国的教育经验，不会因两国存在历史上的对立情绪而影响对比与借鉴，更不会由此而损害法国民族的传统。库森的教育思想在当时英国教育界有着广泛的影响。伦纳德·霍纳曾把库森论荷兰教育的报告译成英文，并宣传教育借鉴的观点。他鼓励英国教育界从别国吸取经验作为改进英国教育的参考。

在19世纪“借鉴”之风盛行的时期，世界各国都在致力于普及小学教育及改进小学教学方法。因此，这些19世纪初期的教育改革者与比较教育学家都未能像19世纪末期的同行那样认识到借鉴外国经验的困难性与危险性。各发达国家在基本上实现了小学义务教育之后，开始讨论发展中等义务教育时，才较明确地认识到“借鉴问题”的各种不利因素。决定一个国家教育发展的因素是哪些？如何剖析教育改革中存在的各种外因和内因？这类问题的阐释对比较教育学家研究学科建设提出了更高的要求。

英国比较教育学家萨德勒是一位对“借鉴”问题有独特见解的代表性人物。他出访过德国、法国和欧洲的许多国家，考察教育实况。他见多识广、经验丰富、思想进步、见解新颖。他撰写了《教育问特别报告》，共28卷。在这部巨著中，他提出了一个发人深思的问题。他问道：“我们在研究外国教育制度中能够学到多少有实用价值的东西呢?”他在这次讲话中提出了一些有关研究外国教育以资本国教育改革借鉴的新观点。

第一，关于学校与社会的关系问题。他说：“学校以外的事比学校以内的事更重要，并且校外的事可以支配校内的事。”这就是说，学校教育改革是不能脱离社会政治、经济制度的制约性而孤立进行的。任何一国的教育发展总是受本国的社会因素、政治因素、经济因素、文化因素等客观条件所支配。因此，教育改革与社会进步是相互联系的，二者的发展是相辅相成的。

第二，关于教育制度与民族特性的关系问题。教育形式应该坚持多样性原则，而教育宗旨则应该坚持统一性原则。他认为，借鉴外国教育经验，就不能把眼睛老盯着学校建筑的灰沙砖石，也不能只看教师学历和学生考分。人们还要花大气力到校外去做社会调查，弄清楚那些支配学校成功或失败的各种精神力量与各个民族的传统与特性。如果他国借鉴德国的教育经验，就必须了解德国的民族特性。像德国那样的教育制度和学校体制不一定适合英国的教育改革需要。英国的教育制度是多样化的，特别是学校体制千差万别。英格兰的教育制度与苏格兰的教育制度各具一格，各有其特色。两个地区不仅彼此的行政管理组织不同，而且教育传统和形式各异。爱尔兰的教育制度与英格兰、苏格兰都不相同。这种教育形式的多样性并非意味着英国整个民族精神没有统一性。恰恰相反，英国各地区却属同一个联合王国，甚至英国的许多殖民地，各地方的教育制度各有其殖民地色彩，但有谁能说英国不是一个统一的联合王国？英国人的民族特性是统一的。因此，萨德勒认为，整个英国的各部分及英属殖民地的教育制度各不相同，但各种各样教育制度的教育宗旨则符合英国的民族特性，它是教育制度多样性与民族精神统一性的社会产物。民族特性的活力把现代科学精华与历史遗产结合起来，使英国学校与社会日臻完善。

第三，关于外国与本国的关系问题。萨德勒说，在研究外国教育制度时，不仅要了解“是什么”，如实地报道异国教育见闻，而且更重要的是理解“为什么”，分析其决定因素何在。他曾经形象地讲过，比较教育研究者在欣赏各国教育制度之林时，不能像小孩逛花园那样，从这株花枝上摘一些鲜蕾，从另一枝上摘一些绿叶，然后带回家去，把它们插在家园中的土地里，希望它们生根、开花与结果。那是不可能把花种活的。教育的借鉴，其理相似。每个国家的教育制度是有生命的东西，是本国教育传统与变革的有机组成部分。它摒弃该教育制度中不适应本民族特性的因素，而发扬民族特性中优良的传统因素。因此，他主张“各国的教育制度必须具有各国本身的特性”。当比较教育研究者“借鉴”外国教育经验时，一定要真正理解决定该国教育经验的各种相关因素。从比较教育学科建设的发展看，萨德勒对19世纪后期与20世纪前期的比较教育发展起了承上与启下的桥梁作用。比较教育学家希金森于1916年在伦敦召开的北欧比较教育学大会上高度评价萨德勒的比较教育思想的历史意义。萨德勒剖析了教育借鉴时代的比较教育理论与实践，提出了因素分析的概念，探索决定教育制度发展的诸因素，为比较教育学的借鉴与创新谱写了新篇章。萨德勒的因素分析论对比较教育的学科建设起了促进作用，对后来的比较教育学家康德尔与汉斯学派的理论体系有深远的影响。

我们从19世纪比较教育史得到的启示主要有三点：

第一，进行本国教育改革时要借鉴国外的经验，这是历史发展的必然趋势。而比较教育学是为各国教育借鉴和改革服务的，为了更有效地实行“拿来主义”，应该加强我国的比较教育科学研究。除了在科研经费、图书设备等方面给予应有的优惠条件外，尤其要重视培养从事比较教育研究的新生力量。

第二，借鉴外国教育改革经验一定要与本国实际相结合。只有这样，异国的好经验才可能在本国的土壤上生根开花，结出有本国特色的果实，才能达到改革和创新的目的。在我们研究和借鉴外国教育经验时，要联系我国几千年的历史文化传统和当前教育改革的实际状况。我们正在建设具有中国特色的社会主义和走向共产主义的新世界。

第三，教育改革家与比较教育家相结合有利于比较教育理论联系教育改革实际；有利于加速改革的过程；有利于收到良好的借鉴效果。所以决定教育政策的领导和各级行政人员学一点比较教育学是有益的，而搞比较教育研究的人一定要投身于我国教育改革的实践中去，为四个现代化建设做出应有的贡献。

原载《世界教育文摘》1985 年第 4 期

国外教育科学的一个新领域
——比较教育学的发展

比较教育学是教育科学的有机组成部分。它研究世界各国的教育发展规律，讨论各国教育的优点和缺点，然后加以借鉴，为本国所用。当前，比较教育学研究的问题已超出了学校的范围，发展到研究经济利益、社会教育和学校教育的关系。这门学科在国外高等教育中的地位越来越重要，它已普遍地成为许多国家高等院校教学计划里的必修课程。

关于比较教育的发展史，到现在还没有完整的文献。然而，大多数国外比较教育学者认为，它的发展大体上可以划分为四个主要的阶段。

一、第一阶段

第一阶段是在1817年法国教育学者朱利安提出比较教育研究设想以前的时期。这个阶段是以描述国外教育见闻为主要特征而载入史册的。希腊历史学家色诺芬著的《波斯国王赛勒斯传》中叙述了波斯教育见闻。意大利旅行家马可波罗在其游记中报道了东方教育情况。中国的高僧玄奘去印度取佛经也传播了中印两国的宗教教育思想。罗马的西塞罗著《共和政体》一书，讲述了希腊和罗马的教育概况。日本从7世纪就开始派遣官员和留学生到中国学习文化教育。

一般来说，从古代到中世纪这一段历史时期，比较教育理论和经验的研究是零星的、很不系统的，带着浓厚的个人随意谈论异国教育印象的特征。因此，这一阶段的研究只能说是比较教育的萌芽时期，为科学的比较教育学研究做了必要的资料准备，通称为比较教育学发展的预备阶段。

二、第二阶段

第二阶段是从朱利安的设想开始到19世纪末为止。这个阶段的主要特征是试图“借鉴”外国教育经验以促进本国教育事业的发展。这个阶段是从19世纪开始的。法国的朱利安于1817年出版了《比较教育的研究计划与初步见解》一书，其中阐明了有关比较教育学的一系列基本问题。朱利安认为，首先应明确比较教育学的研究目的和科学方法，使比较教育的发展沿着正确的方向前进；其次，应建立比较研究欧洲各国教育的“特别委员会”和培养教育专业人员的新型师范学校；最后，应制定详细的研究各国教育的“比较观察表”，以利于客观地、科学地调查研究各国教育情况和数据。朱利安的这些光辉思想，当时没有被人们所重视。经过100多年的历史检验，才证明了朱利安教育理论的进步意义。因此，欧洲人把朱利安称为“比较教育学之父”。研究比较教育学的设想是从朱利安提出来开始的。他的设想虽好，但对当时的教育实践影响不大。

除了朱利安之外，法国教育家库森对比较教育学的发展也做出了一定的贡献。他著的《普鲁士教育报告》向法国政府介绍了普鲁士的教育行政、师范教育，以及师资培养和课程设置方面的教育经验。这个报告为法国1833年制定初等教育制度基本法令提供了重要的依据，对法国教育的发展起了积极的作用。

朱利安教育思想与库森教育思想的相同点在于积极发展比较教育学，他们之间的不同点在于前者强调国际教育合作，建立一门系统的比较教育学；后者则强调借鉴国外教育经验，以发展本国教育。在当时的比较教育学者中，绝大多数人都认为，研究外国教育的目的在于改进本国教育，而不仅是为了建立一门比较教育学而已。因此，库森教育理论比朱利安教育设想对法国教育改革的影响更为显著。

美国的教育家格里森对国外教育的研究颇为重视。他访问欧洲后写了《留欧一年》，对美国教育改革有一定参考价值。25年之后，美国马萨诸塞州教育厅长贺拉斯·曼访问了欧洲各国，考察了国外先进教育经验，回国后向马萨诸塞州教育会提出了《第七年报》。他在报告序言中强调学习欧洲教育经验的重要意义。他认为，欧洲的许多教育经验值得美国很好地效法。到现在为止，美国对其中的一些经验还在理论上进行探讨，而那些经验在欧洲诸国已有了长期的实践，并取得丰硕的成果。这个报告在当时教育界的影响是相当大的。

英国的多数教育家在这一阶段对学习外国教育经验不十分感兴趣，但也有少数人持相反的见解。阿诺德就是一位积极研究外国教育的专家，他到法国和德国考察了普通教育和高等教育，并著有《欧洲大陆各国的学校与大学》一书，其中包括详细的有关法国和德国的教育史和教育统计的资料。

这一阶段的比较教育学有两个显著的缺点：

其一，“借鉴”的局限性。朱利安重视对外国教育第一手材料的搜集、整理和叙述性比较，但是他没有应用教育的科学方法把感性材料提高到理论上加以概括，从而找出比较教育的规律。库森认为外国教育经验仅可供本国教育改革参考而已，因为每个国家的历史不同，政策各异，借鉴外国的教育经验作用很有限。这两位教育家的观点代表了当时研究比较教育科学在认识论上的历史局限性。

其二，缺少系统的科研方法。上述教育家在其比较教育著作中没有采用科学的方法对研究课题进行系统的分析比较。库森的著作仅仅是国外教育札记而已。朱利安虽提出了系统地研究比较教育学的设想，但是他的设想仍然停留在纸面上，在实际研究工作中并没有发挥什么作用，甚至他的“调查表”也带有主观片面的特征。在这一阶段，大多数比较教育学者没有从国际差异来考虑所使用的专门术语的含义和统计科学的程序等方面的问题。方法论的研究在比较教育科学发展史上迄今仍处于初创阶段。

三、第三阶段

第三阶段是从 20 世纪开始到二战结束为止。这个阶段的主要特征是对世界各国教育问题进行初步的“因素分析”。英国的萨德勒是这个阶段的代表人物之一。在 1897—1914 年间，他所主持编辑的政府蓝皮书《教育问题特别报告》共有 28 卷，详细地描述和分析了国外教育现状和发展趋势。他认为，研究外国教育必须重视决定教育的各种因素，并强调学习外国教育经验的目的在于改进本国的教育事业。萨德勒教育思想对比较教育学的发展有很重要的理论意义和实践意义，特别是他的因素分析思想对比较教育学的发展起了积极的促进作用。

美国的比较教育学家康德尔认为，研究比较教育学的目的在于明确世界各国的教育特点和决定教育发展方向上的“民族性”问题，并通过分析对比各国教育情况以了解世界教育现状和趋势，从而促进国际学术交流与国际合作。他于1933年出版了享誉世界的《比较教育》一书。新中国成立前，罗廷光和韦悫曾把这本书译成中文，由商务印书馆出版，作为各高等院校比较教育学课程的教科书。康德尔的教育思想对我国高等教育的发展影响较深。根据美国教育学者卡扎米亚斯与马西亚拉斯合著的《教育的传统与变革》一书中所提出的观点，康德尔的教育目的论表现在三个主要方面。

其一，“报道—描述”的目的。他向读者介绍了各国教育情况，并按问题分类比较，如教育制度、教育行政、初等教育、小学师资训练、中等教育和中等学校师资等。1955年他的新著《教育的新时代：比较研究》就是以问题为主进行比较的。这种报道事实的比较法是有局限性的，不能阐明教育问题的实质，但却是比较研究过程中不可缺少的第一步。

其二，“历史—功能”的目的。比较教育学不仅要描述教育的实况，而且要分析教育的规律。不应把教育作为孤立存在的事实来看待，而应把它同国家的背景、社会、经济、政治和文化环境结合起来进行研究，以利于探索教育的客观规律。

其三，“借鉴—改善”的目的。通过考察外国和本国的教育制度，可以达到借鉴国外经验以改善国内教育的目的。研究比较教育学的学生可以养成一种更可取的态度，其终极目的是为了改进本国的教育制度。康德尔强调“民族性”在教育中的主导作用，并采用了描述历史事实、分析社会背景的历史学方法来研究比较教育学。这种研究法在当时影响深远，几乎支配了西方比较教育学研究领域的主要课题。

这一阶段，世界各国的高等学校不仅重视比较教育学的研究，而且重视它的教学。1898年，詹姆斯·拉塞尔教授首次在美国哥伦比亚大学讲授比较教育学。后来各国的高等学校，特别是师范院校，都在教学计划里列入这门新课程。此外，英国的劳锐思、法国的韦利亚尔、澳大利亚的琼斯、西德的勒尔斯、东德的基尼兹等人都各自对比较教育学做出了一定的贡献。

四、第四阶段

第四阶段是二战以后直到现在。这一阶段的主要特征是以国际教育经验为基础，进一步探索科学的比较教育学。二战后的教育科学对教育与社会的相互影响、相互作用的诸因素进行了比较系统的分析比较。教育被人们看作是反映社会的一面镜子，一方面，有哪种类型的社会结构，就会相应地产生哪种类型的教育结构。另一方面，教育结构也对社会结构发生反作用。教育是社会的有机组成部分。大多数比较教育学者认为，分析研究教育的历史因素、社会因素、政治和经济因素方面的问题是很重要的。汉斯是一位代表人物。他著的《比较教育：教育的因素和传统研究》一书详细地阐述了三个类型的因素：一是自然的因素，其中包括种族因素、语言因素、地理因素和经济因素等。二是宗教的因素，其中包括欧洲的宗教传统、天主教传统、英国国教传统和基督教传统等因素。三是非宗教的世俗因素，其中包括人文主义、社会主义、民族主义和民主传统等因素。这本书于 1949 年问世，到 1977 年已先后重印发行过 8 次。可见，汉斯的这本著作对比较教育学的发展影响很大，迄今为止，它仍是国外教育著作中的一本畅销书。汉斯是康德尔的继承人，他也用历史方法研究比较教育学，但他不受历史因素所限制，而把其他社会因素联系起来加以综合比较。汉斯的因素分析的思想受到世界比较教育学者的重视。

20 世纪六七十年代以来，比较教育学在世界各国的高等教育中再次盛行。美国的贝雷迪不仅研究了比较教育学的体系，而且研究了方法论的体系。他试图建立科学的比较教育学，他的代表著作之一是《教育的比较法》。英国教育家埃德蒙·金写的《别国的学校和我们的学校：今日比较教育》一书把丹麦、法国、英国、美国、苏联、印度和日本等国教育做了详细的分析研究，并对比较教育的理论和方法进行了科学的探讨。美国哥伦比亚大学师范研究生院的比较教育学教授哈罗德·诺亚与美国市立纽约大学昆斯学院比较教育学教授马克斯·埃克斯坦合著的《比较教育科学的探索》是一本高水平的比较教育科学著作。这本书包括三个主要部分。第一部分讲述比较教育科学的发展，它包括教育上借鉴其他国家的经验、国际合作、各种社会势力和基因、社会科学的解释等问题。第二部分讲述研究教育科学的一般方法，包括：其中有条件假设法、数量确定法、实验对照法、理论分析法以及一般的科研方法与比较教育科学研究的关系等问题。第三部分讲述比较教育学的科学方法：鉴别问题法、两种模式的假设法、概念表示法（假设模式 A，假设模式 B）、选择例证法（假设模式 A，假设模式 B）、搜集资料法（假设模式 A，假设模式 B）、处理资料法（假设模式 A，假设模式 B）和暗示效果法（假设模式 A，假设模式 B）。

诺亚和埃克斯坦对验证假说的比较研究法做了进一步的具体说明。主要有四点：①假说的确定并没有固定的方法，只有一般的模式，比如，“教育发展阶段比经济发展阶段高的国家，经济增长将是高速的；相反，教育水平比经济水平低的国家，经济增长速度将是缓慢的”。②对假说模式中的“教育发展阶段、教育水平”“经济发展阶段、经济水平”等概念要给以解说，进行量化，以便找出指标，使比较成为可能。教育水平的指标是：（a）中小学生的就学率；（b）教育经费在国民收入中所占的比例；（c）15 岁以上人口的文盲率。至于经济指标则分为两点：（a）测定经济水平的指标为平均每人的国民生产总值；（b）测定经济发展速度的指标为年平均增长率。③各项指标的数据要采用排列顺序的方法进行整理，以便验证假说。④数据收集整理后就运用它来验证假说，如果经济增长率的平均数比教育增长率的平均数高时，则证明教育水平比经济水平高的国家的经济增长率发展得更快。因此，最初的假说得到证实。

苏联的比较教育学比欧美国家起步晚了一些。1978 年莫斯科教育出版社发行了索科洛娃、库兹米娜、罗焦诺夫三人合编的《比较教育学》。该书对比较教育学所下的定义是“比较教育学联系同一社会经济结构的国家所特有的具体历史、经济和社会政治条件，研究现阶段的教育理论和教育与教学的实践，并且研究当前世界教育理论和教育与教学实践发展的一般和特殊的趋势和特点，阐明其经济、社会政治和哲学基础以及民族的特点。”

日本比较教育学者冲原丰教授则认为，比较教育学的研究对象是整个教育范畴，对教育制度、教育行政、教育课程和教育哲学等问题进行比较。因此，比较教育学能够涉及教育领域的所有问题。这个定义似乎太一般化，未能阐明比较教育学的性质和特点。前面讲过的汉斯在《比较教育学：教育的因素和传统研究》（1947）一书的开头就说：“比较教育学的内容究竟是什么？到现在仍无法得到任何统一性的见解。”这确实是合乎实际的论断。汉斯的观点发表后 8 年，即 1955 年，在汉堡举行的有关比较教育学的国际会议上，对比较教育学的定义也没有做出任何结论。土耳其叶其门教授说：“在今天与其要找出比较教育学的定义，倒不如实际上进行比较研究而发表其成果来得重要。”参加会议的学者都一致通过了此时不宜对比较教育学下一个确切的定义的决定。这一点也可以说明比较教育科学的发展仍处于十分年轻的阶段。

从比较教育学发展的总趋势看，它有下列几个比较显著的特征。

其一，可比性。研究普通教育学可以采用实验研究方法、哲学研究方法等等，而比较教育学首要的特点是用比较研究法。这就是说，比较教育学是对两个问题或更多的问题进行比较。一般说来，有水平比较法、垂直比较法、因素分析法。这几种研究法不是孤立的，而是相互联系的。在整个比较过程中，一般分为描述、解释、并列和比较等步骤进行分析综合，然后把可以比较的问题做出适当的科学概括。

其二，国际性。比较教育学不是研究某一国的教育，而是研究两个以上国家的教育。它是以国家为单位，对两个国家或多个国家的教育进行比较研究的。现代教育的发展是以国家教育制度为中心的，对两国教育制度进行比较就使这门学科不能不具有跨国家的国际性质。美国比较教育学家布里克曼在《国际比较教育学会的创立及其初期发展》一文中非常明确地阐述了这一个特点，他认为国际比较教育学会的宗旨是“促进和改革各学院和大学的比较教育学课程；鼓励对比较教育学和外国教育学的研究；帮助各学科的教授们了解和比较其任教科目在各国的情况；促进全世界教育工作者的互访和到现场研究教育情况；与其他学科的专家合作，从更广泛的文化联系来看待教育的发展；促进比较教育研究和最新情报的出版；促进世界各地比较教育专家合作研究、交流文献和第一手的资料；尽可能与联合国教科文组织、国际教育研究所、美国各州的研究机构进行合作”。自该学会于 1956 年诞生以来，开展了一系列的国际性学术活动，取得了相当大的成就。

其三，综合性。比较教育学所关心的主要是对现行教育的研究，特别是综合性的比较研究。二战后，很多著名的比较教育学者都强调比较教育学跨文化、跨学科的综合性研究。美国比较教育学者贝雷迪教授早在 1945 年发表的《教育中的比较方法》一书中就指出，比较教育学的任务在于集中几门有关学科的理论和方法，应用于各国教育的综合性研究。贝雷迪认为，学生学习和研究比较教育学，除掌握普通教育学科外，还要掌握至少一门其他社会科学的知识，掌握多几门更好。美国比较教育学者诺亚和埃克斯坦合著的《比较教育科学的探索》一书中指出，比较教育学是具有社会科学、教育研究、跨国家、跨文化、跨学科性质的一门综合性比较突出的学科。

国外的比较教育学对我国教育的发展是有影响的，对高等教育的影响尤为显著。早在20世纪五四新文化运动后，我国就有许多学者从事这个领域的教学和研究了。例如，庄泽宣著的《各国教育比较论》；罗廷光和韦悫曾把美国康德尔的《比较教育》（1933年）译成中文出版作为大学教科书，罗廷光还著有《最近欧美教育综览》；常导之是一位热心研究外国教育和比较教育的教授，他从20世纪30年代开始，先后编著了《比较教育》《各国教育制度》《德法英美四国教育概观》等丛书；钟鲁斋教授著的《比较教育》在大学丛书里享有盛誉。上述比较教育著作对于扩大学生知识眼界，以及试图借鉴国外教育经验来改进我国高等院校比较教育课的教学曾经起了一定的积极作用。

可惜的是自从20世纪50年代后期开始片面学习苏联以后，比较教育学这门课程就被取消了。特别是在“文化大革命”期间，比较教育学被迫停课。随着改革开放的到来，比较教育学“复活”了。1978年全国文科教学工作座谈会制定的《高等师范院校教育系学校教育专业学时制教学方案（草案)》在选修课程中列出了这门课程。这标志着我国比较教育学的发展进入了新的阶段。回顾过去取消这门课程的唯一理由，是说什么苏联的高等院校计划中没有这门课程，只有欧美国家的高等学校开设这类学科，因此，取消它是应该的。这种观点显然是不正确的。其实，苏联的高等院校近年来也开设了比较教育学。上面讲过莫斯科列宁师范学院曾把比较教育学列入教学计划，由国家出版了教科书及专著。不仅如此，苏联教育科学院的机关刊物《苏维埃教育》还常常发表这方面的论文。

在我国，外国教育研究会于1979年成立了。教育部又把全国比较教育科学工作者组织起来从事这方面的教材编写和研究工作。在这种情况下，我们认为应把比较教育学的地位从选修课程改为必修课程才符合当前教育科学发展的客观需要，比较教育学成为人们了解世界教育的一把钥匙，它帮助每位热心教育事业的科学工作者了解各国教育的现状和趋势。当前，我国的比较教育学的教学和科研已迈出了可喜的一步。我们深信，在马列主义指导下，我们的教育科学，包括比较教育学在内，一定会在四个现代化建设过程中做出更大的贡献。

原载《世界教育文摘》1981 年第 1 期

比较教育学科建设的探讨

中国教育学会比较教育研究会第四次年会讨论了比较教育学科建设问题。大会主席在“闭幕词”中指出：“比较教育这门学科，在世界上已经有160多年了。它算不算一门独立的学科？有的人认为算，它是教育学科的一个分支。有的人认为不算，它只是教育学科研究的一个领域，一种方法。这个问题，我们可以继续讨论。”

本文旨在提供一些资料并谈谈个人对比较教育学科建设的几点看法，供开创教育科学新局面的参考。

一、比较研究的对象国

1982年9月，邓小平同志在《中国共产党第十二次全国代表大会开幕词》中指出：“我们的现代化建设，必须从中国的实际出发。无论是革命还是建设，都要注意学习和借鉴外国经验。但是，照抄照搬别国经验、别国模式，从来不能得到成功。这方面我们有过不少教训。把马克思主义的普遍真理同我国的具体实际结合起来，走自己的道路，建设有中国特色的社会主义，这就是我们总结长期历史经验得出的基本结论。”我们研究比较教育就是为了本国的现代化建设。考察外国教育的历史经验和新鲜经验应以本国教育现代化为出发点和归宿点。

近几年来，我国的比较教育学科建设是有成绩的。教育部于1978年8月在武汉召开了高等学校文科教学工作座谈会，规定了高等师范院校教育系应开设比较教育课程。1979 年 4 月，教育部又组织了一批大学教育工作者翻译了几本有代表性的比较教育专著作为参考。其中有苏联索科洛娃、库兹米娜、罗焦诺夫等合著的《比较教育学》；美国卡扎米亚斯和马西亚拉斯等合著的《教育的传统与变革》等。经过几年的努力，我国比较教育工作者终于编写出新中国成立后第一本比较教育教材，供高等学校有关系科选用。这本教材填补了我国教育科学的一个空白点，从无到有，初具中国特色。然而，该书“美中不足”之处是比较研究美国、苏联、英国、法国、联邦德国和日本等 6 个国家的教育，而没有把本国教育作为对象进行比较研究。这 6 个工业发达国家的先进教育经验值得学习，应当研究。如果我们把本国教育研究也放进去，作为对象国之一，可能对当前开创教育事业新局面更为有利。

从比较教育发展史看，世界各国著名的比较教育家都把自己的国家作为比较研究的对象国之一，都把本国教育革新作为比较教育研究的出发点和归宿点。现举几位教育名家的著作为例。

美国比较教育家康德尔著的《比较教育》（1933 年），其研究的对象国为美国、英国、德国、法国、苏联和意大利。美国另外两位比较教育学家克拉默和布朗著的《现代教育：各国教育制度 < 比较研究 >》（1965 年），其研究的对象国包括美国、英国、德国、法国、苏联、日本、加拿大和澳大利亚。

英国比较教育学家埃德蒙·金著的《别国的学校和我们的学校：今日比较教育》（1973 年），其对象国为英国、美国、法国、苏联、日本、丹麦和印度。英国另一位比较教育家汉斯著的《比较教育：教育的因素和传统研究》（1949 年），其研究的对象国包括英国、美国、法国和苏联。

联邦德国比较教育学家希拉和林克尔合著的《西欧学校》（1933 年），其研究的对象国为联邦德国、英国、法国、丹麦、意大利、比利时、荷兰、瑞士、瑞典和挪威。

印度比较教育学者甘马、萨斯那、兰巴与默西合著的《比较教育》（1979 年），其研究的对象国为印度、英国、美国和苏联。

上述比较教育学学者均把自己国家列为比较研究的对象国。这是借鉴国外教育经验以促进本国教育发展的有效方式之一。还有另一种方式，不把本国放进比较研究的对象国中去，也就是人们戏称为“心中比”的方式。我们的《比较教育》教材大体上采用了后一种方式。现在，让我们试把这两种比较方式做一个简单的对比。

上述两种比较方式各有其特点，科学研究允许通过不同途径、在不同情况下应用不同的研究方式。“心中比”的方式简便、灵活，且含而不露、留有余地，可让读者发挥自己的想象力，自由思考，各抒己见，所谓“仁者见仁，智者见智”。在比较的事物已为人所共知时，在比较的情况不便讲明时，人们往往采用这种比较方式。“心中比”可以说是多少有一点中国特色的表达方式，也可以戏称为“明哲保身哲学”在比较教育研究领域中的一种反映。

从马克思主义观点看，把本国教育放进去进行比较研究，有利于深入联系本国教育改革的实际。用这种比较研究的方式效果可能更好些。以教育经费的比较为例，《比较教育》一书中列举了美国、苏联、英国、法国、联邦德国、日本6国从1970—1975/1976）年教育经费在国民生产总值、国民收入和行政费用中所占比率的变化，而有关我国教育经费的状况一句未提，一个数字也没有。当然，作为教育科学工作者来说，心中明白我国的教育经费很少，少到“不成比例”的程度，开创教育事业新局面，理应增加财力的投资。对于这类触及教育政策的国家大事，比较教育工作者应持什么态度？是据理直言呢还是心照不宣？

二、比较教育研究的带头人

历史上有许多杰出的比较教育学家，他们是比较教育学科建设名副其实的学科带头人。法国的朱利安就是其中的一位。他的主要教育专著有：《瑞士伊弗东学院采用裴斯泰洛齐教育方法的根本意义》《有关裴斯泰洛齐的教育方法的书信》和《比较教育的研究计划与初步意见》等。美国比较教育学家贝雷迪认为，朱利安是“第一位科学地专心从事于比较教育研究的学者”。朱利安很强调比较教育研究的两种效能：一是从本国教育需要出发，研究别国教育经验，为本国教育革新提供借鉴；二是研究世界各国教育的异同，探索教育发展的普遍法则。

朱利安的代表作《比较教育的研究计划与初步意见》包括两部分：第一部分阐述了各国初等教育、中等教育、高等教育、师范教育、女子教育、教育与立法及社会机构的关系等问题，探讨了这些问题的相同性与相异性；第二部分拟定了一整套调查问卷，科学地搜集各国教育资料以利于较客观地比较研究。朱利安认为，比较教育类似比较解剖学，它是由事实与观察所构成的。因此，比较研究应从搜集资料、调查事实入手，然后分析比较、归纳演绎，从中找出教育原理原则，使比较教育接近于一门实证科学。历史的发展往往是曲折的。朱利安比较教育理论尽管有重大的历史贡献，但没有被同时代的学者与领导重视。经过了100年漫长的岁月，他的比较教育研究的代表作才被匈牙利学者凯梅尼先生在法国一家旧书店里发现，自此朱利安的研究成果才开始被肯定。1948年，在巴黎举行的纪念朱利安逝世100周年的大会上，国际教育局的权威人士向全世界传播了朱利安比较教育研究的不朽之作，这位学者才名留青史。可见，经得起历史和实践的检验的成果才是真正的学术成就，有真才实学的人终究是不会被埋没的。

随着比较教育学的发展，有成就的比较教育学家越来越多。英国萨德勒对比较教育的贡献是举世闻名的。1900年，他在吉尔福德大学以“我们究竟能从外国的教育制度研究中学习到多少有实际价值的东西?”为题作演讲时，提出了这个耐人深思的问题。他分析了“搬用”外国教育经验的危害性。一国的教育制度与社会制度是紧密联系、息息相关的，他讲了迄今仍为世人经常引用的一句名言：“学校以外的事比学校以内的重要，并且校外的事可以支配校内的事。”这种观点对于比较教育的发展起到一定的促进作用。

美国的康德尔承认，他的比较教育思想曾受英国萨德勒的影响。他在曼彻斯特大学读书时听过萨德勒的课。康德尔和萨德勒的学术观点一致。他们都认为，研究外国教育制度，是为了检验自己的教育理论，更科学地分析本国教育制度的背景和基础。1930年，萨德勒赞扬康德尔编写的“教育年鉴”为比较研究世界各国教育制度和各国教育思想提供了最好的资料。康德尔于1933年发表的《比较教育》这本代表性著作，奠定了他在美国教育学科建设中的学术地位。他不像前人那样只满足于描述性研究外国教育，而是深入探索支配各国教育制度的潜在因素。他认为，比较教育研究的宗旨在于分析对比不同国家的教育制度是如何根据它们的历史和文化的内容而发展起来的。他把比较教育视为教育史延伸到现阶段的一个分支学科。

康德尔的比较教育著作有三个显著的特点：一是描述各国教育情况，按问题分类比较；二是剖析支配各国教育制度的各种因素，把教育与社会联系起来比较研究；三是研究外国教育经验不单纯是为改进本国教育提供“借鉴”，而且是为了培养人的国际合作精神，促进国际教育的发展。

康德尔著的《比较教育》曾译为中文作为大学教育丛书，对我国比较教育的学科建设产生过一定的影响。

英国的汉斯发展了上述几位比较教育学者的研究成果。他在1949年发表的《比较教育：教育的因素和传统研究》中，论述了比较教育的意义和范畴，并结合历史上著名学者的理论，分析了对教育起决定作用的三类因素：自然因素、宗教因素和世俗因素。他根据这三种因素评价了英国、美国、法国和苏联的教育理论与实践。汉斯正像他的前辈萨德勒和康德尔一样，也坚持认为，对于正确地了解一个国家制度，采用历史研究法是必要的；他还宣称比较教育研究的目的是：“以历史为背景，逐一研究每个国家的教育制度以及这个教育制度与民族特点、民族文化的发展的密切关系。”因为无论哪个国家的教育，都是历史发展的产物，而且一个国家的教育制度必定是“民族特点的一种外在表现”。

上述几位比较教育家的历史功绩在于对比较教育学科建设有自己独创的学术见解，对这门学科的发展有所“突破”，各自做出了应有的贡献。因此，他们被后人称为比较教育发展史上的里程碑。从他们的治学态度、研究方法以至学术成就中，我们都可以得到有益的启发，这将有助于我国比较教育学科的建设。从“古为今用”的观点看，把比较教育发展史，特别是对比较教育学家的研究，作为今后比较教育学科建设的一个重要课题，是完全必要的。

三、比较研究的新课题

我国现代化建设事业的发展对教育科学研究提出了许多新课题，比较教育学科研究也不例外。比较教育学研究的新课题是很多的，这里着重谈几个应优先研究的课题。

其一，要研究比较教育的课程结构。我国高等教育体制改革正沿着多层次的方向发展。比较教育的结构也应当是多层次的。第一层次是为高等学校干部专修科开设比较教育课程；第二层次是为大学本科教育系开设比较教育课程；第三层次是为硕士研究生开设比较教育课程；第四层次是为博士研究生开设比较教育课程。

其二，要研究比较教育的教材类型。由于有四个层次的课程，就要编写与各层次程度相适应的各类教材。第一种类型的教材是为干部专修科学生编写的，其特点为科普性的基础知识，目的在于扩大学生的知识眼界，增长见识；第二种类型的教材是为教育系高年级学生编写的，其特点为专业性的系统理论知识，目的在于加强教育专业训练，为学生的进一步深造，创造有利条件；第三种类型的教材是为硕士研究生编写的，其特点为专题性的比较教育研究，目的在于训练独立研究能力，掌握比较教育的研究方法与研究技术；第四种类型的教材是为博士研究生编写的，其特点为专著性的科研成果，目的在于提高博士生的科研质量，使之能有所发现，有所创新。

其三，要研究比较教育的教学方法。对不同层次的课程与不同类型的教材，要采用灵活多样的教学方法。一般来说，针对第一、第二层次的学生，宜采用课堂讲授与课堂讨论相结合，以课堂讲授为主的教学方法。针对第三、第四层次的研究生，宜采用课堂讨论与撰写论文相结合，以撰写论文为主的指导方法。总之，不论对哪种层次的学生，都要采用启发式，而不能采用注入式。

其四，要研究比较教育的教学与科研的辩证关系。美国有的学者认为，“比较教育作为一个研究领域，可以从其他学科划分出来，按照所研究的问题的种类，进行系统的学术研究。”苏联有的学者则认为，“在现代教育科学体系中分成这样一些独立领域，如普通教育学、学前教育学、学校教育学……比较教育学就是教育科学体系中的新门类。”事实上，把比较教育的学科建设与研究任务分割开来的观点是不正确的。作为一个研究领域的比较教育与作为一门教学科目的比较教育是可以统一的。康德尔著的《比较教育》一书既是一部高质量的科研专著，又是一部比较教育教科书的典范。他在比较教育的教学与科研上都同时做出了伟大的贡献。

在教学活动与研究过程中存在的一个难题，是比较方法的问题。怎样“比较”才科学？国外常用的比较方法有：以康德尔、汉斯和马林森等人为代表的历史学方法；以霍尔姆斯等人为代表的问题分析方法；以诺亚等人为代表的社会学方法等。我国的比较教育应该采用什么样的比较方法呢？笔者认为搬用外国任何一种比较方法都是欠妥的，但一概拒用外国有价值的比较方法也不一定恰当。我个人的看法是：从本国实际出发，借鉴国外经验，创建符合我国特点的比较方法——综合性的比较教育方法。

其五，要研究世界教育动态与比较教育学科建设的有机联系，二战后世界教育迅猛发展。从联合国教科文组织发表的“统计年鉴”（1950—1975年）中，我们可以清楚看出世界教育发展的总趋势及比较教育面临的新课题。1950年全世界128个国家的中、小学生平均入学率为59.9%；1975年则发展到86.5%，中等教育和高等教育也得到相应的扩展。1950年，全世界120个国家的中等教育学校学生入学率为11.5%，1975年则达到40.7%；1950年全世界125个国家的高等教育学校学生入学率为1.3%，1975年则增至9.8%。这些统计数字还表明：1950年，平均10个儿童中就有近4个失学，但到1975年，90%的儿童能上学；1950年，100名中学毕业生平均只有一名上大学，但到1975年，中学毕业生平均有10%可以上大学。发展中国家一般都尽力普及初等教育，有少数国家普及了中等教育。工业化国家大多数普及了中等教育，美国已开始向普及高等教育的方向发展。

教育迅猛发展的原因有两个：一是国家现代化与发展教育的辩证关系日益深入人心。人们认识到教育建设与经济建设是实现现代化强国必不可少的两个基本条件。二是全面发展教育对转化为生产力的积极因素具有深远的影响。教育发展将促进经济发展，有利于解放生产力。

然而，对世界教育发展的描述，对教育发展原因的分析，都要求比较教育工作者不能停留在“宏观教育”的比较领域，而要向“微观教育”的领域发展；也不能局限于“民族性”的理论来做比较，而要探索“国际性”的教育异同规律，宏观与微观相结合，民族性与国际性相结合，是当前比较教育研究的发展趋势。1984年7月，第5次世界比较教育大会在巴黎举行。大会主题为“依赖与互相依赖：比较教育的作用”。这个主题既包括宏观与微观比较，又包括民族性与国际性比较。笔者认为，世界比较教育大会的丰硕成果，必将对我国的比较教育学科建设产生积极的促进作用，为开创我国教育事业新局面提供有益的参考借鉴。

原载《外国教育》1984年第4期

当前比较教育研究中的几个重要问题

自二战以来，新技术革命不断地向教育科学的发展提出了新的挑战，对比较教育的发展也不例外。当前，比较教育学科建设中存在的主要问题是什么以及解决问题的前景如何，这是需要认真探索的。

一、关于比较教育研究对象的定义问题

战后比较教育科学研究中争论较多的问题之一是它的定义问题。战前比较教育界公认的定义，在战后产生了意见分歧。1958 年，国际教育局局长彼得罗·罗塞洛在一次日内瓦国际教育规划大会上说："我们大家都知道存在着一门比较教育，但比较教育的专家们在联合国教科文主持召开的两次讨论会上，却未能就比较教育的定义得出一致的意见。"在战前，特别是 20 世纪 30 年代，比较教育界一致同意美国哥伦比亚大学比较教育权威康德尔的观点。他认为比较教育研究对象的定义应该是："以现行的实况为基础而不以理论为基础，比较各国教育制度的原理"，"研究外国的教育制度就意味着评价、分析本国的教育实质，从而更清楚地分析、对比本国教育制度的背景和基础。"康德尔的代表作《比较教育》（1933 年）用历史法研究各国教育与民族性的关系，论述六个国家的各级各类学校教育状况，进行并列比较。60 年代以来，英国比较教育家霍尔姆斯提出了用问题法研究比较教育的模式，美国比较教育家贝雷迪提出了用四段法研究比较教育框架等，都说明比较教育界对康德尔教育理论及其定义不能不重新评价了。当然，从历史唯物主义

观点看，康德尔对比较教育的贡献是伟大的，他在教育史上已有一定的地位。可是，历史在前进，比较教育在发展，比较教育专家们在新的时代提出了新的定义。1978 年，苏联的索科洛娃、库兹米娜、罗焦诺夫三人合著的《比较教育学》一书中对比较教育定义的观点则与英、美两国比较教育学家的观点不同。苏联这三位学者认为，“可以对马列主义比较教育学下这样的定义：比较教育学研究当前世界中教学和教育的理论和实践的共同的和个别的特点及发展趋势，揭示它们的经济、社会、政治和哲学基础，以及民族的特点。”苏联比较教育定义为德意志民主共和国、保加利亚和波兰等国的比较教育界所接受，但受到西方比较教育学者的抨击。因此，就 20 世纪 80 年代的情况看，世界各国著名的比较教育学者们认为，比较教育研究应该从各国实际出发，研究世界教育发展中重大的具有普遍意义的实际问题，从实际出发分析问题和解决问题，而不是从抽象定义出发，构思现实意义不大的形式上的理论体系。比较教育不论作为一门学科或作为一个研究领域来说，有一个明确的科学定义是重要的，但要求世界上不同社会制度的国家，具有不同意识形态和不同学术观点的学者们“就比较教育的定义得出一致的意见”则是比登天还难的。就中国的比较教育建设而言，我们不纠缠于抽象的定义之争，而是重视从我国四个现代化需要的实际出发，在“三个面向”的思想指导下，用综合性比较研究方法，研究世界各国教育的理论和实践，总结教育发展的历史经验和当前的新鲜经验，探索国际教育发展的共同规律与国别教育发展的特殊规律，为国际之间提供互相借鉴的经验。随着教育科学的建设成果的日新月异，比较教育研究对象的定义也就可能随之概括得更全面、更深刻和更符合实际了。

二、关于比较教育研究方法的演变问题

什么是比较？顾名思义，比较就是分析不同事物之间的共性和个性。比较教育就是用比较法研究世界各国教育发展的普遍规律与特殊规律。随着教育科学的发展，比较研究方法也日新月异。从比较教育研究法的演变过程看，大体上可分为下列几个阶段：第一阶段为旅游者报道异国或异地教育见闻，主要出于好奇心而写作，一般采用描述方法，它具有明显的主观片面

性。第二阶段的比较方法有了很大的进步。以朱利安为首所倡导的问卷法使得比较研究减少了个人主观片面性，增加了比较成果的客观依据，提高了比较研究的质量。第三阶段的比较研究主要是采用康德尔学派的历史因素分析法，在 20 世纪上半叶，康德尔、汉斯等学术权威统治了比较教育界，历史学研究法成为当时公认的主要比较研究法。第四阶段的比较研究已不再受康德尔学派的束缚，出现了用社会科学方法研究比较教育的新动向。这种研究方法的显著特点是强调比较研究中的定量分析。美国的诺亚和埃克斯坦著的《比较教育的科学探索》一书，就是用定量法研究比较教育的一个新尝试。

比较教育研究法演变的总趋势是：从比较研究方法单一化向多样化发展。在 20 世纪 80 年代，常见的比较研究方法有：历史学比较法、社会学比较法、外在因素比较法、四阶段比较法、问题模式比较法、验证假说比较法、国别教育比较法、地区教育比较法、国际教育比较法、类别性的教育专题比较法、比较归纳法、比较演绎法、教育洞察比较法、社会类型学比较法等等。研究方法多样化的主要前景不外两个方面：一是以世界教育体系为研究基础的宏观比较法；二是以学校教育过程为研究基础的微观比较法。发达国家正在从宏观比较向微观比较的方向演变；第三世界各国仍以宏观比较为主，借鉴工业化国家先进教育经验改革本国教育制度，使其适应现代化经济建设的客观需要。然而，随着第三世界各国教育现代化的发展，比较教育研究法也将从宏观比较逐步向微观比较演变。

三、关于比较教育内容的进一步更新问题

自美国哥伦比亚大学腊塞尔博士于 1898 年首次开设比较教育课程以来，发达国家的高等院校先后开设了这门新课程。随着比较研究的发展，这门课程的结构从单层次发展为多层次，具体体现为：大学专科的比较教育课程、大学本科的比较教育课程、硕士学位研究生的比较教育课程、博士学位研究生的比较教育课程。在比较教育课程结构多层次化的过程中，比较教育学科的课题激增，英国雷丁大学 1983 年教育硕士研究生的比较教育课程。第一学年的讲授课题为 27 个；英国伦敦大学 1984 年教育文凭比较课程，在一学年内教师授课 23 学时，共 16 个课题；德国波鸿鲁尔大学 1983 年比较教育课

程在一学年内的课题有 19 个。

战后比较教育课程体系的更新有显著的变化：一是国别教育研究。在战前，比较教育实质上是国别教育问题的分类排列，极少有科学的系统比较。战后，国别教育研究的分析对比因素加强了。一个国家的教育可以从不同历史发展时期进行比较，也可以从各级各类相同水平的学校教育进行比较。这样研究就不局限于国别教育概括介绍，而提高了比较研究的质量。二是各国教育研究。战前，比较教育局限于介绍各国教育的演进、教育的现状和趋势，最后联系本国教育改革提出一些建议。战后，各国教育比较研究迅速发展，类别教育比较有了新进展，出现了一系列比较教育专著。三是比较教育理论研究。战前，以康德尔为代表的历史学比较研究理论居统治地位，自成一家之言，影响深远。战后，青年一代比较教育学者对康德尔的比较教育理论，特别是教育与民族性的理论，提出了严肃的挑战，把社会科学理论和方法引进了比较教育研究领域。以霍尔姆斯为首的英国比较教育学派，应用"问题法"研究比较教育的哲学基础、历史经验和现实模式，从而打开了比较教育理论研究的新篇章。以阿尔拜奇为首的美国比较教育学派，应用"宏观与微观结合的比较法"研究世界教育的现状和趋势，试图建立国际合作多元论，提倡工业化国家教育模式向第三世界国家"移植"的理论。以索科洛娃为首的苏联比较教育学派，应用"类型学"研究法，把全世界教育分为三大类进行比较研究，第一类是以苏联为代表的社会主义教育制度，它是教育发展史上最优越的教育制度；第二类是以美国为代表的资本主义教育制度，它是教育发展史上最腐朽的教育制度；第三类是以发展中国家为代表的新老殖民主义教育制度，它是教育发展史上一种过渡形态的教育制度——向资本主义教育制度发展，或向社会主义教育制度发展。这就是苏联比较教育理论的精髓。

从 20 世纪 80 年代比较教育课程更新的前景看，世界各国的比较教育学者都在研究下列几个具有普遍意义的课题。

第一，总结比较教育发展的历史经验，批判地继承著名比较教育家的理论，试图建立一门比较教育发展史课程。

第二，从定性研究与定量研究相结合的角度，研究比较教育方法论和具体方法，试图建立一门比较教育方法学原理课程。

第三，以辩证唯物主义和历史唯物主义为指导思想，通过教学与科研实践，试图建立一门比较教育学原理课程。

总之，比较教育原理、比较教育史和比较教育研究法，是比较教育学科建设的基础课程。年轻一代的比较教育研究工作者掌握了上述比较教育基础知识、基本理论和基本方法之后，才有可能攀登比较教育的科学高峰。

四、关于正确处理比较教育研究中古与今的关系问题

1979 年，我国首次召开全国性教育科学规划会议，教育部组织部分高等院校的教学研究人员编写新中国成立以来我国第一本比较教育教材。在探讨比较教育学科的发展状况时，有人撰文说："比较教育是一门古老的学问。"又有人说："美国布里克曼研究比较教育发展的历史，曾追溯到古代的希腊和罗马。"这篇论文一问世就引起了"争鸣"。有人针对这个观点，发表了不同的看法，认为把比较教育看成一门"古老的学问"欠妥，"因为整个教育科学都是很年轻的学科，说'比较教育学'是古老的学科怎么会有人相信呢?"另外一种意见则认为，学科与学问的含义有联系，亦有区别。从比较教育的历史渊源看，它的确是一门古老的学问，但从教育科学体系的建立看，它又是一门新兴的学科。还有人提出如何正确处理教育史与比较教育的关系问题，"可否以第二次世界大战为界，以前属于教育史探索的领域，以后属于比较教育探索的范围"。对此，有位教育学者回答得很好，他说，教育史和比较教育是两种紧密相连的姊妹学科，因为教育理想和教育制度都无法像物理现象或化学现象那样在实验室进行实验，它们的价值功过需经长期实践取得结论，因此比较各国的教育必须借助于历史；从另一方面看，比较教育主要是当前情况的比较，这种比较又恰是评价历史所需要的。美国比较教育学者卡扎米亚斯与马西亚拉斯合著的《教育的传统与变革：比较研究》一书就主要以历史题材做比较的例证。

在比较教育与外国教育研究方面，有一个正确处理古（历史）与今（现状和趋势）的关系问题，其中还包括比较教育学科本身的历史经验与当前新鲜经验的结合问题。换句话说，比较教育学原理与比较教育发展史是既有区别又有联系的两门课程，前者以研究比较教育的现状和趋势为主，但也不能割断历史，后者以研究历史经验为主，但也不能脱离现实。

除了以历史性课题为主进行比较研究之外，更重要的是以现状和趋势的课题为主进行比较研究。1982 年，阿尔拜奇、阿诺维、凯利等合编的《比较教育》是近来面向现状、厚“今”薄“古”的巨著。

综上所述，我们对当前比较教育研究可以概括出四点结论：

第一，研究比较教育要从实际出发，总结经验，上升为得出理论，从而探讨符合客观实际的科学定义。我们研究比较教育不能从书本上的定义出发，利用现成的理论模式束缚或曲解教育发展的新局面。

第二，比较教育的研究方法应从单一化的传统中解放出来，应用多种多样的比较研究方法，不同类型的比较课题应采用不同的综合性的比较研究方法。总的发展趋势是：定性比较研究法与定量比较研究法相结合，以定性比较研究为主。

第三，比较教育的内容要不断更新，以便跟上时代的步伐。教材结构应以多层次为宜。就世界各国比较教育课程内容改革的趋势看，至少有四个层次：①比较教育的入门课程，讲基础知识，供一般教育工作者参阅；②为大学本科生开设比较教育课程，讲授国别教育和比较教育概论；③为比较教育硕士研究生开设比较教育学原理、比较教育发展史、比较教育研究法、比较教育专业外语等课程，另选修一些相关学科，扩大知识面；④为比较教育博士研究生开设专题性研究的与学位论文直接联系的高级课程，引导学生攀登比较教育的科学高峰。

第四，我国比较教育研究，还要正确处理古与今的关系。从纵向比较看，从历史的角度进行比较研究是可取的；然而，从横向比较看，以现实问题为主进行比较尤为重要。综观世界比较教育名家与名著，今日比较教育学科建设有两个显著的标志：一是古为今用、以古鉴今，古与今结合，以研究“今”为主。二是洋为中用，分析对比，借鉴与创新相结合，以创新为主。

总而言之，在新技术革命进入 20 世纪 80 年代的今天，比较教育研究中出现了一系列的新课题。我们对各种各样的新课题都要进行严肃的科学探索。马克思指出：“在科学上没有平坦的大道，只有不畏劳苦沿着陡峭山路攀登的人才有希望达到光辉的顶点。”如果在比较教育研究的道路上，我们认真探索与努力攀登，则对我国的四个现代化建设一定做出应有的贡献。

原载《世界教育文摘》1985 年第 2 期

比较教育研究的新尝试

一

在20世纪60年代至70年代初，以美国为首的工业发达国家提出了用现代化理论研究比较教育的主张。现代化理论对研究第三世界各国的教育影响很大，对西方教育本身也是有一定影响的。

以现代化理论为指导研究比较教育，使教育“借鉴”的含义增添了新的内容。过去100多年，比较教育研究的宗旨是通过“借鉴”外国先进教育经验以革新本国教育。到了20世纪60年代，西方比较教育学者到发展中国家去，把本国现代化教育模式“借出”给第三世界各国。用美国历史学者布莱克的观点来表述：发展中国家要搞现代化，就必须西方化，于是现代化与西方化就等同起来了。社会学家希尔茨则不完全同意这种观点。他认为现代化理论意味着世界各国将继续争取本国社会制度和经济增长的合理化，以促使本国生产力的发展达到最大限度。在教育与现代化的关系方面，比较教育研究的重点在于探索哪一种模式的教育革新对现代化的贡献最大。现代化理论家们认为，教育既是对个人成才的投资又是对社会发展的投资。这种教育投资的效益，从长远的观点看，将大大超过重工业生产投资的效益。调查研究表明：接受了教育的人比未接受教育的人工作效率高、工资收入多；国家发展教育事业可以促进国民生产总值水平的提高。

以现代化理论为指导的比较教育研究，从研究现代化概念转向研究教育现代化对政治、经济和社会所起的作用。现代化理论家们重视教育实践经验的数量化；重视教育资料的可靠性与比较标准的客观性；重视不同历史和地理条件下政治经济与文化教育的相互关系所产生的社会功能；重视各项研究成果对教育现代化的可推广性。20 世纪 60 年代后期至 70 年代初期，现代化理论家们把本国工业化教育框架强加给发展中国家，以求实现西方式的现代化。这种尝试越来越行不通了，因为现代化理论家们所谓的西方现代化模式脱离了第三世界各国的实际情况，变成了纸上谈兵的空洞说教，对发展中国家的教育革新无所作为，失去了积极的现实意义。

有些研究比较教育的学者提出了修订现代化理论框架的主张。在他们中间有社会学家艾森施塔特，有经济学家舒尔茨，有历史学家布莱克。这些学者都相信教育改革对现代化建设有重大贡献。他们认为，教育现代化与第三世界各国的职业教育的发展有着密切的关系。因此，他们大力提倡各国发展职业技术教育，特别是非正规化的灵活多样的基础职业技术教育。20 世纪 70 年代初期，比较教育研究工作者加强了非正规化的职业技术教育对促进社会现代化的研究。然而，研究成果不能令人满意，因为它既不能阐明发展中国家的教育问题和前景，也不能为欧美发达国家的教育带来好处。于是许多比较教育工作者放弃了所谓“借入”西方“现代化理论”的研究，开始研究本国教育现代化的比较标准和解决本国教育问题的可行性方案以及国际合作相互借鉴、相互依赖的新领域。

现代化理论家们在 20 世纪 60 年代至 70 年代初研究的范围主要是英美援助的对象国以及讲英语的东非和西非国家。这在很大程度上反映了英美两国的比较教育科学的发展在世界教育体系中的特殊地位。在亚洲地区，他们研究印度教育的成果最多，而研究其他东方国家教育的成果则很少。不仅如此，他们也忽视了欧美国家教育发展的比较研究。比较教育学者对尼日利亚教育的研究成果比对欧美法国教育的研究成果还要多些，尽管法国教育在当时正处于迅速扩展之中。在 50 年代，苏联人造地球卫星升空震撼了欧美各国，英美比较教育学者对苏联和东欧教育成就产生了强烈的研究兴趣，但到 70 年代初期，这种兴趣日趋下降了。

现代化理论家们对第三世界国家的教育实况了解甚少，又缺乏系统的科学研究方法。他们研究的重点，大体上是教育的外部关系，如教育与社会的关系、教育与经济的关系等，很少研究第三世界国家教育的内部关系，即教育结构、教学内容、教学原则和方法等问题。“现代化理论家们强调从历史发展的角度研究第三世界国家教育的现状和趋势，忽视了从阶级差异的角度来研究这些对象国的教育实质。”

西方的“现代化理论家们”试图把发达国家的教育模式主观地“借入”给第三世界国家，作为这些国家教育革新的框架。这种“借出”现代化的理论已被历史发展的客观现实所否定了。第三世界国家的教育现代化，必须从本国的实际出发，有选择地借鉴别国经验而加以创新，绝对不是机械地“借入”欧美发达国家的现成“模式”。正如邓小平同志指出的那样，任何“照抄照搬别国经验、别国模式，从来不能得到成功。”西方“现代化理论”之所以失败的基本根本就在这里。

二

20 世纪 60 年代，比较教育的学科建设有了迅速的发展。英国比较教育学家霍尔姆斯对比较教育的学科建设做出了贡献。

霍尔姆斯是英国伦敦大学教育学院比较教育系教授兼主任，而英国比较教育的研究中心就设在伦敦大学教育学院。

霍尔姆斯教授在教学与科研两方面都有显著的成就。他不仅向硕士、博士研究生讲授比较教育的理论和方法，而且对比较教育的学科建设进行了深入的研究。他的代表著作有《教育问题的比较研究》与《比较教育研究法的思考》。从这两本著作中，我们可以清楚地看出霍尔姆斯试图用问题法分析教育问题，霍尔姆斯的问题研究法使比较教育的学科建设具有自然科学与预测学科的性质。因此，霍尔姆斯认为，问题研究是比较教育的科学方法。他相信通过比较研究可以建设一门既有利于教育改革，又有利于教育预测的教育学科。他的问题法使比较教育的学科建设日趋现代化与科学化。霍尔姆斯对科学方法的解释是有新意的，他认为科学方法不是等于固定不变的教义，而是继续辩论的研究课题而已。他还说，过去人们认为用科学方法概括出来的科学规律是完全驳不倒的，是无条件地行得通的，是绝对正确的。然而，现在情况不同了，自相对论出现以后，人们对科学规律就有新的解释了。霍尔姆斯是用相对论观点来阐释科学规律的，他认为科学规律是概括客体的表述，用于预测未来的形势，其真实程序只能是相对可靠而已。判断科学规律的准则，是看其有用否，而不是看其真实与否。所谓有用，就是用来作为进一步研究问题的假说、预言和行动的基础。社会科学的发展表明，理论与实践之间的差距是司空见惯的；人们无法达到理论与实践统一的最理想的精确程度。然而，科学方法的优越性仍不能抹杀。一是注重客观性，二是注重证据，三是注重检验结论，四是注重辩论争鸣。因此，霍尔姆斯认为，比较教育的科学方法既有助于教育改革的政策规划，又有助于预测教育发展的动向。他选定了问题法作为研究比较教育的一种科学方法。

（一）霍尔姆斯与杜威

霍尔姆斯的问题研究法的理论支柱之一是约翰·杜威的反省思维理论。关于反省思维理论的内容见于杜威教育专著《我们如何思维》一书。霍尔姆斯应用杜威的反省思维理论研究比较教育，在比较研究法方面做出了新贡献——这就是霍尔姆斯的问题研究法的新意。

霍尔姆斯把杜威的反省思维理论应用于比较教育研究，共有下列几个特点：

第一，选择问题。比较教育研究人员所选择的问题是否适当，取决于研究人员的经验、学识和兴趣。他们可能选择本国教育改革面临的紧迫问题，也可能选择世界各国共同关心的重大问题。如果所选择的问题有普遍意义，初步考虑之后，原来迷惑不解的情况变得明确了，原来解决不了的难题有了解决办法。于是研究者对初步选定的问题进行逻辑推理，搜集有关该问题的各种资料，通过初步研究，构思有利于解决问题的或可行性方案。

第二，确定假说。确定了假说之后，研究者对假说是否符合实际要进行检验。检验包括对解决问题的假设所涉及的各种因素在内，也就是说，不仅要检验从假说中做出的逻辑推理，而且要检验预言事态与真实情况是否一致。如果检验结果证明该假说是正确的，则这个假说就可以成功地解决所面临的混乱状态和对事态的发展趋势做出合理的解释与预言。

第三，因素验证。在确定假说之后，对于验证与假说有关的各种因素，要严格地逐一分析。在预测各种解决方案可能产生的效果之前，对于与预测有关的各种因素，也要一个又一个地加以鉴别和验证，弄清楚哪些因素在问题解决中起关键性作用，哪些因素对解决问题有一定的影响，哪些因素不起作用，可以排除。霍尔姆斯认为，鉴别验证是科学地解决问题的中心环节。验证者要有全面分析问题与概括问题的能力；善于洞察关键性的、起决定作用的基本因素；善于筛选各种相关的因素，排除多余的因素。从理论上讲，这样做是正确的；但从实践上看，问题就很复杂。在五花八门的大量资料堆中筛选、鉴别和验证各种不同性质的因素是相当困难的。因此，需要有一个比较客观的资料分类框架或模式。霍尔姆斯从波普尔的“批判二元论”得到启发，设计出了他自己的教育模式或称资料分类框架。这一点后面再论述。

第四，预测效果。在因素分析的基础上，预测是最有效地解决问题的办法。按照假说中拟订出的一些解决问题的有效标准，分析某种方法对解决问题可能产生的最佳效果，从而使比较研究科学化——这就是霍尔姆斯竭力倡导问题研究法的意图所在。问题研究与历史分析法是相互联系的，前者对教育改革和教育规划更有预测作用，后者则对教育改革和教育规划的历史经验提供借鉴。

（二）霍尔姆斯与波普尔

波普尔的“批判二元论”理论是霍尔姆斯问题研究法的又一理论支柱，其对霍尔姆斯的方法论影响很深。

波普尔的代表著作有：《科学发现的逻辑》《历史决定论的贫困》和《开放社会及其敌人》等。波普尔的著作包括两条重要的法则：一是规范性法则，二是社会性法则。前者的理论渊源是他的“证伪主义”，后者的理论渊源是他的“社会改良主义”。

霍尔姆斯把波普尔的规范性法则改为规范模式。它们对资料分类与处理是很有用的，特别是对因素验证提供了较为科学的依据。

1. 规范模式

什么是规范模式呢？霍尔姆斯说，它是社会生活准则的概述，它为更具体的比较研究提供简明而可靠的基础。例如，从某个有社会代表性的思想家的著作中，可以分析该著作所反映的社会性质，进而概括出该社会的规范性模式。此过程的关键在于筛选出真正有代表性的思想家。按霍尔姆斯筛选法，苏联最有代表性的思想家是列宁，中国的是毛泽东，英国的是洛克，法国的是笛卡儿，美国的是杜威，联邦德国的是黑格尔。然而，对许多社会来说，很难确定谁是代表性人物。规范模式的建立有利于阐述大量的科研资料，使之条理化。规范模式亦非包罗万象，只要包括判断所依据的基本因素就行了。

规范模式包括政治方面的资料、经济方面的资料、宗教方面的资料、教育方面的资料、社会结构方面的资料、文学艺术方面的资料和法律方面的资料。

当人们认识和应用规范模式时，要明确区分高级价值标准和低级价值标准。前者指理想的结构观念，全社会共同遵守的行为准则；后者指现实的结构观念，个人日常生活的惯例。霍尔姆斯认为，建立规范模式的优越性在于使大量科学资料的阐述趋于条理化与科学化。因此，合理的规范模式是因素验证的必要条件之一，而构成模式是比较研究具体化的一种表现。

2. 制度模式

什么是制度模式呢？霍尔姆斯认为，这个模式以研究制度，特别是现行教育制度为主。然而，教育制度的模式与教育规范的模式是互相联系的统一体。前者是教育改革和教育规划的理论准则，后者是教育理论在教育实践中的具体应用。有关教育制度的内部关系与教育制度的外部关系的各种资料，要尽量做到系统搜集与分析加工，使其能较确切地阐明所研究对象国的教育制度性质、结构及其与政治、经济、社会诸因素的联系。制度模式的建立对解决所要比较的问题来说前进了一步。

制度模式由教育制度、政治制度、经济制度、社会制度、宗教制度和其他制度构成。

霍尔姆斯认为，研究制度模式的任务是描写和解释现存的教育问题，而解决问题的办法要适合产生制度模式的背景。如何完成这项任务，主要取决于所研究的问题的性质。如果我们研究的问题对整个教育制度都很重要，则我们可以先描写这个制度的结构，并描写有关政治、经济、社会、宗教及其他制度对该制度的影响和作用，然后再逐一分析验证，并进行科学的解释。例如，霍尔姆斯分析对比苏联高等教育模式与西欧高等教育模式之后说，苏联高等教育模式不同于西欧高等教育模式。前者是综合大学与专门院校并置，正规全日制高等教育与非正规全日制高等教育并置，这种高等教育模式的结构是“纵向型”的体制。西欧各国高等教育模式则恰好相反，它是“横向型”的体制，大学规格高于学院，正规高等教育地位高于非正规高等教育地位。苏联高等教育模式适应中央集权制度的需要，西欧各国高等教育模式符合地方分权制度的需要。

3．物质模式

什么是物质模式呢？霍尔姆斯把物质模式又称为自然环境模式。这个模式不借用波普尔的上述两个模式，而是由霍尔姆斯本人建立的。物质模式是自然环境中不以人的主观意志为转移的客体，它与前两种模式有密切联系，在比较研究中不能忽视物质模式对教育发展的作用。例如，第三世界的石油国家，凭借石油资源储藏丰富和石油价格上升，几年之内便由贫困国家变为富裕国家。随着石油工业的发展，教育也相应地发展了。这就表明，自然资源对教育建设的影响是巨大的。

物质模式由地理环境、地质概况、人口统计、经济资源、气候条件和其他因素构成。

霍尔姆斯认为，物质资源是人们从事教育事业的重要因素，环境的力量对人们受教育的影响是十分重要的。例如，二战前澳大利亚为农牧业国家，自然条件限制了该国教育实现现代化的步伐。二战后，澳大利亚大量开采金矿，经济发达了，工业实现现代化了，教育也随之实现现代化了。美国拥有丰富的自然资源在其实现工业化后，教育也随即实现现代化了。总之，有了自然资源这个物质条件，才能谈及教育规范和制度规范的建立和发展。这也是霍尔姆斯的因素验证中的一个有效模式。

4．精神模式

什么是精神模式呢？在20世纪80年代比较教育问题的研究基础上，霍尔姆斯又前进了一步，提出精神模式这个新概念。1981年，霍尔姆斯发表了题为《比较教育研究法的探讨》的论著。他明确地提出了精神模式的概念，补充上述三个模式在问题研究法中的不足之处。他认为，人们的精神状态不同，对教育改革和发展的影响各异。如果比较教育研究者不能发现人们的精神状态的本质，就不能真正理解人们的教育与发展的效果，也不能正确分辨规范模式、制度模式和物质模式对精神模式产生的影响。因此，精神模式的建立使因素验证更加全面、合理。

精神模式由民族特性、道德观念、文化传统、生活方式、革新态度和其他有关因素构成。

在上述精神模式中，民族特性不仅对因素验证的分析起着关键作用，而且对问题解决的全过程也有一定的影响。霍尔姆斯认为，把上述四种模式联系起来运用，对与问题解决有关的各种资料进行系统的选择、分类与组合，不仅可以进行某种一般性的教育预测，还可以使比较研究的学术成果更加科学化。

霍尔姆斯是比较教育学家，也是物理学家，他试图应用物理学的方法来研究比较教育，使教育中的比较方法科学化。

霍尔姆斯研究比较教育的方法论，受波普尔“批判二元论”理论的影响。波普尔对科学方法的贡献在于他建立了一套以相对论为基础的研究方法。二战后，霍尔姆斯的问题研究法有了新的进展。他不仅应用杜威的反省思维理论来研究比较教育的程序，而且应用了波普尔“批判二元论”的理论来剖析假设验证的诸因素，把验证步骤模式化。因此，霍尔姆斯接受了相对论和实用主义的研究方法。他认为社会规律有利于人们了解社会制度，正如自然规律有利于人们了解自然世界一样。他认为这两类规律都应经得住实践的检验和他人的反驳。检验为正确的、颠扑不破的规律，才是真理，才有用处。

霍尔姆斯相信，在杜威的反省思维理论和波普尔的“批判二元论”的理论基础上建立起来的比较教育问题研究法，能使比较教育学家在特定环境条件下预测某些社会问题解决办法所产生的后果。关于这一点，霍尔姆斯自认为能获得预期成功，他还相信，作为人类活动的一种计划是有可能做出科学预测的，只要人们按计划正确行动，预测效果是能够实现的；计划被接受并付诸实施，就有可能取得预期的结果，否则所做出的任何美妙计划都是空的、毫无实际价值的。

波普尔的“批判二元论”的理论中就包括预测这一重要因素在内。他说自然科学家和社会科学家都可以应用预测程序发现问题和解决问题。霍尔姆斯确信，把杜威的反省思维理论与波普尔的“批判二元论”的理论结合起来，形成一种新的问题解决法，它有助于决定教育政策的人们对教育改革和教育规划做出科学判断、选择和预言。霍尔姆斯的结论是：比较教育学家的任务之一是分析、鉴别和验证教育政策，而比较研究方法不能单一，应采用综合比较法为宜，针对不同性质的问题采取相应的不同对策。有时解决一个问题要交叉使用几种不同方法，有时用一种方法也可以解决许多问题。霍尔姆斯自认为，他的比较教育问题研究法仍在试验中，需通过长期实践才能逐步完善。

三

比较教育研究的尝试与探索是一个长期实践和认识的反复过程，需要认真研究，逐步加深认识。在教学与科研实践中去探索解决问题的可能性和现实性。当代比较教育学科本身存在的主要问题可概括为五个方面。

第一，比较教育学真的是一门有别于其他研究领域的学科吗？是否有一套方法论可以给本学科下定义？抑或这门学科只能通过学科内容来下定义？

第二，如果比较教育学只能通过学科内容来下定义，那么其内容应包括哪些？这门学科是否应坚持迈克尔·萨德勒的传统看法，认为“学校范围以外的事物比学校范围以内的事物更重要?”因而把这门学科的研究完全集中在学校与社会的关系问题上？或者这门学科更应集中在研究有关“学校内”的各种事物上，比如教育行政、学习效率和方法？

第三，如果这门学科完全集中于研究学校与社会的关系，那么，它怎样才能使本身有别于那些学校教育系统内外的各种特殊事物的姊妹学科呢？再者，在学校与社会的诸关系中，比较教育学以研究何种事物为宜？能否摘出一套框架或方法论来研究这些特殊事物？

第四，假如比较教育学要集中研究各种脱离社会背景的校内特殊事物，那么比较教育学如何区别于教育心理学、教育行政管理学、课程论与教学论呢？即使以学术性的教育学科术语来给比较教育学下定义，学科的特性问题仍会有所争论，学科的方法问题也一样。

第五，比较教育学，如果有这么一个学科的话，对学术界、对教育政策的制订和推行和对师范教育是否做出了独特的贡献？

上述问题，在国际比较教育论坛上，曾经引起长达 30 多年的“百家争鸣”，而今尚未取得一致的见解。凯利说得对，当比较教育研究“进入 20 世纪 80 年代之际，倒是可把仍在进行的争论、该学科领域的不固定性及其广泛的变化等，看成是比较教育学的基本活力所在。”

我国的比较教育研究起步较晚，但在短短的几年里，已取得了可喜的成绩。以中国教育学会比较教育研究会的发展为例，第一次全国性比较教育学术年会于 1978 年在北京举行，当时只有几所高等院校的代表参加，交流了为数不多的论文和资料。第二次学术年会于1979年在上海举行，情况比第一次有所改观，实际到会代表有96人，交流了一批学术论文和专题资料。第三次学术年会于1981年在保定举行，实际到会代表有130多人，交流论文142篇，译文20多篇。第四次学术年会于1983年在长春举行，实际到会代表有150多人（研究生列席者除外），交流论文200多篇，译文几十篇。特别值得高兴的是，世界比较教育学大会第五次年会于1984年在法国巴黎举行，正式接纳我国的比较教育研究会为团体会员。从年会学术活动的迅速发展，可以预测我国比较教育研究的前景是美好的、乐观的。我们坚信：在"教育三面向"的战略方针指引下，比较教育研究将为我国教育改革，特别是为贯彻执行《中共中央关于教育体制改革的决定》（以下简称《决定》）做出本学科应有的贡献。《决定》指出，教育改革除了总结本国教育经验外，也要注意借鉴国外教育发展与改革的经验。借鉴外国经验以改革本国教育的基本理论，过去是、现在是、将来也许还是国际上比较教育长期研究的主题，我国的比较教育研究也不会例外。在比较教育研究为"四个现代化"建设服务的"新长征"的道路上，只有对比较教育学的理论和方法进行顽强探索的人，才有希望达到开创我国比较教育事业新局面的境界。

朱勃于1986年"七一"前夕撰写，原文未发表，收录在肖前瑛教授主编的《朱勃教育论文选集》中。

著作译著篇

比较教育史略

序

随着现代化的深入发展，教育科学研究出现了许多新的领域，形成了一些相对独立的分支学科。比较教育学科就是当代教育科学体系中的一个新的分支。

从辩证唯物主义和历史唯物主义的观点来看，我们研究任何问题，都要考察这个问题是在什么历史条件下产生的，它在发展中经历过哪几个阶段，现在的情况怎样，将来的发展趋势如何。研究比较教育也不例外。朱勃教授正是从这一马克思主义的哲学观点出发，用了极大的努力来研究比较教育发展史，并以此作为我国教育学科建设的重要课题之一。

承蒙朱勃教授的信任，让我首先通读了他的近作——《比较教育史略》。我的初步印象是：本书丰富和发展了迄今尚不完整的比较教育发展史的文献，探索比较教育的产生、演变和发展规律，将比较教育发展史划分为四个阶段：一是比较教育学科建设的准备时期；二是以教育借鉴为标志的比较教育学科建设；三是以因素分析为标志的比较教育学科建设；四是比较教育学科建设的新时代。这一建树，不仅填补了我国比较教育学科的空白，而且还为比较教育学史学界打开了一条新的科研道路。

本书不仅体系完整，理论框架严谨，而且有其显著的特色。因此，在这篇序言中我很难将本书的精华全部向读者介绍，唯有略举数例，以见一斑。

其一，全面性。作者对学科建设与历史渊源的关系的论述是比较全面的。在教育理论和教育史学界，一部分学者认为“比较教育是一门古老的学问”，在古希腊、罗马时期就存在比较教育。另一部分学者认为，“从朱利安创建比较教育到现在只有170年的历史，怎能说它是一门古老的学问呢？比较教育应该是一门年轻的学科”。而朱勃教授却认为，“从历史渊源看，比较教育的确是一门古老的学问，但从比较教育学科建设来看，它的确又是一门年轻的学科”。这一论断的客观性和全面性在于：它不割断历史，而把比较教育学科建设的准备时期和学科建设的发展阶段有机地联系起来，使比较教育史的理论框架比较全面、严谨和系统化了。

其二，科学性。比较教育史研究的目的在于总结教育借鉴与创新的历史经验和新鲜经验，探索世界教育发展的科学规律。比较教育名家朱利安、康德尔等总结了“教育借鉴”与“因素分析”的科学经验，明确了教育借鉴的首要任务是为本国的教育改革提供科学依据。为此，比较教育科学工作者不仅要对各国教育进行定性分析，而且要对影响教育革新的有关因素进行定量分析，并进行科学的预测。以借鉴为例，在朱利安时代，比较教育学者到国外考察教育，凭着感性认识提出一些“借用”外国经验的主张，但这种认识是不完全的。我们认为，“借用”绝不等于“照搬”，更不是什么“全盘西化”。我们学习外国的教育经验，首先要从本国教育的实际出发，在马克思主义理论的指导下，把教育理论与教育实践结合起来；把有选择性的教育理论与教育实践结合起来，以利于获得教育改革的有利条件。在这方面，二战后到20世纪80年代的许多国际知名的比较教育科学工作者发表了一系列的论著，正像本书第四章中所述的那样，它丰富了比较教育史的科学宝库。

其三，现实性。比较教育的历史经验必须为当前的教育改革服务。朱勃教授在这个问题上研究得比较好。以普及义务教育为例，作者分析了外国教育改革的经验，特别是工业发达国家普及义务教育的经验，对我国的教育体制改革是很有参考价值的。尽管各国的社会制度不同、政治经济体制各异，但对普及义务教育都存在共同性的客观规律。首先是人们对教育观念的更新。第一次工业革命使人们认识到教育已不是纯消费事业，而是生产性的投资，人们的教育水平越高，则对社会发展生产力越有利。这一观念性的转变，至今还有它重要的现实意义。当前，我国绝大多数人越来越看到教育的重要性，积极去普及九年制义务教育，促进教育新体制的建立。但是，还有一些人仍然把教育看成是消费事业，他们还不理解：“从根本上说，科技的发展，经济的振兴，乃至整个社会的进步，都取决于劳动者的素质的提高和大量合格人才的培养。百年大计，教育为本。必须坚持把发展教育事业放在突出的战略位置，加强智力开发”。其次，每个国家普及义务教育必须有教育立法，以保障适龄儿童受教育的权利。我国义务教育法的制定与实施，也正是这一历史经验的发展。再次，在经济上必须解决受教育者的负担，实行免费义务教育。这一点还需要根据我国的国情逐步努力实现。由此可见，这些宝贵的历史经验，是全人类教育事业的共同财富。我们要加速和深化教育改革，很有必要认真地借鉴这些有益的历史经验。

总之，《比较教育史略》是一本填补我国教育学科空白的、造诣较深的学术专著，它对广大教育工作者、各级各类学校的教师、各教育研究机构的专家学者、各级教育行政部门的干部、各师范院校的师生，特别是教育专业和心理专业的本科生和研究生，都有重要的参考价值。

以上是我初读朱勃教授《比较教育史略》的一点敬意和几点粗浅看法，谨以此就教于诸位读者，是为序。

周鹤鸣

1987 年 10 月

前 言

随着教育科学研究的发展，教育研究课题逐步分化，新的研究领域不断扩大，新的分支学科也相继建立。比较教育学就是教育科学领域的一个新的分支。比较教育学科建设的历史经验，是建立这个新学科的有机组成部分。

一

美国学者卡扎米亚斯、马西亚拉斯在《教育的传统与变革》一书中指出："比较教育作为一个研究领域，可以从其他学科划分出来，按照所研究的问题的种类，进行系统的学术研究"①。苏联学者索科洛娃、库兹米娜、罗焦诺夫在《比较教育学》一书中说："比较教育学作为高等师范院校和综合大学体系中的一门学科有其自己的历史"②。不了解比较教育学的发展历史，就不可能剖析教育发展的规律、特点和趋势。因此，"比较教育学作为一门学科在许多国家（比利时、英国、日本、瑞典、美国、德意志联邦共和国等）被看成是对在国内、特别是到国外工作的科学工作者、教育学教师和未来教师进行教育培训的专门而必不可少的一部分"③。

二

从辩证唯物主义和历史唯物主义的观点看，研究社会科学和教育科学问题，要考察这个问题在历史上是怎样产生的，发展中经过哪几个阶段，现在是怎样的，趋势如何。我们研究比较教育问题也不能例外。因此，要掌握比

① 卡扎米亚斯，马西亚拉斯. 教育的传统与变革［M］. 比较教育编写组，译. 北京：文化教育出版社，1982：1.

②③ 索科洛娃，库兹米娜，罗焦诺夫. 比较教育学［M］. 顾明远，译. 北京：文化教育出版社，1982：24.

较教育学，首先要掌握这门学科的来龙去脉，通晓比较教育学科建设与发展的历史。目前，我国的教育学园地里，比较教育史是一门长期没有解决的“空白”学科，它迄今仍是一块尚未开垦的“处女地”。

三

党的十一届三中全会以来，我国比较教育学和比较教育史的研究出现了喜人的新气象。1979 年 4 月，全国首次教育科学规划会议期间，教育部高教一司组织部分高等院校协作编写新中国成立以来的第一本《比较教育》教科书。自 1980 年起，在教育部高教一司（现统称高等教育司）的直接领导下，参加编写工作的同志先后召开了三次讨论会，讨论比较教育大纲、初稿和第二稿。1982 年 12 月由人民教育出版社出版。主编为王承绪、朱勃、顾明远。在此基础上，我们继续开展比较教育学科建设与教材编写的科研工作。在“六五”时期（1981—1985 年）第二次全国教育科学规划中，教育部把比较教育研究列为国家教育科学研究的重点项目之一，并组织科研力量编写一套具有中国特色的比较教育丛书，笔者撰写的《比较教育史略》就是其中之一。为了更好地完成上述任务，笔者特邀华南师范大学周德昌教授参加此项工作。周德昌教授不仅积极地承担了本书第一章的写作任务，而且还主动地参加本书全过程的研讨活动，贡献极大，特致谢意。广东省高等教育局（后并入广东省教育厅）的领导同志对比较教育研究的关心和支持，为笔者的科研活动提供了十分有利的条件。广东高等教育出版社的同志们对本书提出了许多宝贵的意见，使笔者有机会对一些重要问题反复斟酌，认真修改，减少失误，深表感激。

时任广东省高等教育局副局长周鹤鸣同志不仅对这门新学科的发展表示了极大的关怀与支持，而且在百忙之中为本书作序，笔者对此表示衷心的感谢和崇高的敬意。

最后，笔者的马列主义水平不高，研究比较教育史的经验不足，本书一定还存在这样或那样的谬误。在这里笔者本着抛砖引玉的精神，求教于贤，尚希读者勿吝教言。

朱勃

1987 年国庆节于华南师范大学

第一章 比较教育学科建设的准备时期（古代—1817 年）

比较教育的特点之一，就是要对各个国家各种类型的教育进行比较研究。由于地理环境的隔绝和交通不便，古代世界各国之间的文化教育交流受到一定的限制。但是，当时一些比较邻近的国家的文化教育交流还是很频繁的。在 1817 年法国教育学家朱利安提出比较教育研究设想以前，希腊历史学家色诺芬著有《波斯国王赛勒斯传》，其中叙述了波斯教育见闻。意大利旅行家马可·波罗在其游记中报道了东方教育情况。中国的高僧玄奘去印度取佛经也传播了中印两国的宗教教育思想。罗马的西塞罗的《共和政体》一书，分别讲述了希腊和罗马的教育概况。日本从 7 世纪就开始派遣官员和留学生到中国学习文化教育。然而，从古代到中世纪这一段历史时期，比较教育理论和经验的研究是零零星星的、很不系统的、带着浓厚的个人随意谈论异国教育印象的特征。因此，这一阶段的研究只能说是比较教育的萌芽，为科学的比较教育学做了必要的资料准备，通称为比较教育学科建设的准备时期。

第一节 古代希腊、罗马的文化教育交流

在古代希腊，雅典和斯巴达的教育都是各有特色的。斯巴达和雅典这两个奴隶制国家，它们的教育都各具有显著的特点，属于两种不同的类型。

斯巴达的教育目的是为国家训练坚强的武士。所以，它的教育是极其严格的。奴隶主国家为了训练奴隶主子女的体力和“勇敢”，让他们接受繁重

的军事体育锻炼。男孩 7 岁就被送进类似军营的学校，在那里除了学习一点最起码的识字和写算以外，智育可以说是不够重视的。军营里主要教授学生赛跑、跳跃、掷铁饼标枪、角力、肉搏术和唱战歌等。在生活上，故意让学生经受饥饿寒冷，如赤脚走路、冬天只穿单衣、夜晚以石块当枕睡于芦苇秆上和吃十分粗劣的食物。斯巴达人认为，忍受不了痛苦是可鄙的懦夫的行为。他们还组织夜间捕杀奴隶的“实习”，叫作“偷袭活动”。这一切都是为了把年青一代培养成能残酷地镇压奴隶，勇于防御外敌，并能进行掠夺性战争的奴隶主阶级忠诚的武士。

由于雅典的社会政治制度与斯巴达有所不同，决定了它的教育制度和教育内容同斯巴达的单纯军事体育训练也有所不同，而比较注重学生智育、体育、德育、美育等多方面的训练和发展。

雅典奴隶主的子女 7 岁前在母亲的照管下接受家庭教育。女孩 7 岁后就在家里学做家务。男孩满 7 岁后，开始进学校，不过仍旧住在家里，上学和放学都有称作“教仆”的奴隶伴送。

从 7 岁起，男孩先后或者同时（上下午或隔天轮换）上两种学校：文法学校和弦琴学校。文法学校教授阅读、写字和计算；弦琴学校则教授音乐、唱歌和诵诗。

儿童满 13 岁，升入体操学校，学习体操、游泳和五项竞技（角力、赛跑、跳高、掷铁饼和投标枪）。一部分青少年的教育在修完体操学校的课业后即算结束。但是那些显贵和富裕的奴隶主子弟为了准备担任国家的要职，在体操学校结束学习后，升入体育学校，除继续练习体操外，还接受政治、文学、哲学等多方面的知识教育，一直到 18 岁。

从 18 ~20 岁，青年们进入青年军事政治学校，接受最后的军事训练。在这段时间里，青年们学习军事操练和学习进攻、防御的战术方法，研究国家的地形特征并开始专门进行骑兵、步兵和海军的演习。青年们还参加各种公共纪念日的庆祝会和戏剧公演。此外，还继续学习国家法律、参加政治座谈等的知识训练。这样，到了 20 岁，青年已做好了成为一个完全的公民和武装力量中羽毛丰满的成员的准备。

由斯巴达和雅典的社会政治背景、教育目的、教育制度、教育内容到教育方法进行的一番比较、分析，使我们获得了对这两种不同类型教育的更为深刻的了解，评价出它们的特点、积极因素和消极因素，那确实是富有比较教育学科的色彩的。

从公元前最后 3 个世纪到公元初几个世纪，历史上称为希腊化时期。作为希腊化的一部分，雅典型的学校教育制度曾被广泛地移植到小亚细亚（今土耳其境内）、美索不达米亚（今伊朗、伊拉克地区）、伊朗和埃及等地。在原有和新建立的许多城市中，仿照希腊设立了各种学校，如文法学校、修辞学校、体育学校和大学。例如，希腊化的几个中心城市，尤其是亚历山大利亚都是希腊哲学、文学和艺术的保存所。古代希腊的文化主要是从亚历山大利亚经过阿拉伯人传到中世纪的欧洲。

亚历山大利亚城有一所古代最大的图书馆，内有手抄本藏书 70 万册（羊皮纸本）。在这座城市里，还建立了博物馆、气象台、植物园和动物园。博物馆是希腊化时代的世界科学中心。这是一个国家机关，里面有大批各科的专门学者从事研究工作。各个国家渴求知识的青年都在亚历山大利亚会集。亚历山大利亚博物馆渐渐地变成了特殊的大学中心。在这里组织了语言学、修辞学、哲学、数学、医学等讲座。这些领域里的科学研究，都是依照亚里士多德的方法进行的。亚历山大利亚的影响也表现在后来罗马帝国高等学校的工作上。

自然，希腊化的过程不应理解为希腊文化对东方国家的单方面影响。在这个过程中，东方古代国家也曾经以自己发达的数学、天文学、自然科学、技术和宗教、哲学思想等影响着西方文化。它实际上是古代西方文化与东方文化的一次大规模的接触与融合。如果从比较教育的角度来看，它在教育制度以及教学内容等文化交流的实践方面（尽管当时没有理论的概括），是起了一种跨国家跨文化的比较借鉴作用的。

在同一时期的罗马，教育的特点有所不同。它是为自由民服务的。由于自由民分成了贵族和平民，学校也分成了供贵族和富人子弟上学的文法学校及为平民子弟设立的初等学校。初等学校和文法学校都是私立的，学生入学要缴纳学费，因此，在平民当中也只有少数人家有钱送子弟上学。

在初等学校里，儿童只学习一些初步的读、写、算，目的是使平民子弟能掌握一点知识，为贵族和富人服务，借以谋生。贵族和富人的子弟在经过一段家庭教育之后，就被送进文法学校，在那里学习拉丁语、希腊语和修辞学（包括某些历史知识和文学知识的雄辩术）。

在罗马，希腊被征服（公元前 146 年）以前，就已经广泛地接受了希腊

（雅典）文化的影响。希腊语成了罗马贵族和事业家以及一切有教养的罗马人的语言。希腊哲学迅速地在罗马传播，希腊文成为学校学习的学科。上千名希腊教师在罗马会集。整个希腊式的学校体系也建立起来了。由于政治的需要，演说术大为流行，希腊的文法学家和修辞学家就成为罗马最受欢迎的人物。

随着希腊被罗马征服，希腊的文学、哲学、科学和艺术在罗马得到了更为广泛的传播。希腊的学校教育制度在罗马更加盛行起来。教学用语是希腊文，教师大多是希腊人，教材也是希腊文的。只有到了希腊化时期的后期，在罗马才出现拉丁文法学校，与希腊文法学校并行。

罗马的高等学校——修辞学校也是按照雅典的修辞学校的模式办起来的。修学年限、学科内容、教学方法也大体上与它相仿，教师则多是来自雅典等地的“修辞学家”与“哲学家”。而不少罗马青年为了接受这种修辞——演说教育，则往往要到雅典或其他东方文化中心去留学。

这些事实说明，早在欧洲奴隶制时代，各个国家之间在教育制度、教学内容等方面已经起了交流传播和借鉴的作用，从实际的意义上来说，它应该属于比较教育的一种萌芽状态。

第二节　西欧中世纪的文化教育交流

中世纪的西欧，处于封建社会时期，教会几乎垄断了整个教育阵地。教会的寺院学校大致分为初级和高级两个阶段，大都设在寺院里。

除了宗教教义课之外，学校也教授一些必要的知识。在初级学校里主要是书写和算术。在高等学校中是文法、修辞学、哲学，有的也教一点数学、天文学或医学。西欧的寺院学校的课程设置，名义上有所谓“七艺”（即文法、修辞、辩证法、算术、几何、天文学和音乐）。但实际上大多数学校只有文法、修辞、辩证法和音乐，少数学校才讲授全部“七艺”。而神学则被称为是整个教学的“王冠”。

西欧的封建地主阶级为了维护自己的统治，必须经常保持强大的武力。这样就产生了所谓“骑士教育”。这种教育的内容是“骑士七艺”（即骑马、游泳、投掷、射箭、狩猎、下棋和吟诗）。至于文化知识，骑士教育是不被重视的，所以许多骑士都是目不识丁。

寺院教育和骑士教育在西欧各国是很为普遍和广为流行的。

到了12—13世纪，经济关系在西欧国家日益扩大，封建的闭关自守的情况逐渐消失，城市兴盛起来了，城市中的手工业和商业都有所发展。人们要求有较深刻和较切实的知识来充实自己，因此，大学产生了。12世纪，在意大利、法国、英国，以及其他各国都先后开办了大学。在14世纪的中欧，曾在捷克（布拉格），稍后又在波兰（克拉科夫）陆续开办了大学。到15世纪，欧洲的大学已增加到60余所。

大学的产生，对中世纪的文化教育起了很大的促进作用。这些大学享有很大的权威，它们是传播各种思想和文化知识的中心。教授和学生可以从一个国家的大学转到另外一些国家的大学，这就打开了国际文化教育交流的新局面。突破了过去封建闭塞的状态，并且在相当程度上为欧洲的文艺复兴运动创造了条件。

中世纪的大学，在文化教育领域里带来了一些新特点和新气息：

其一，中世纪的大学被承认以后，就享有许多特别的权利。如免缴人口税，并享有完全属于大学的裁判权；大学对内部的事务享有完全的自治权；一所大学认为在这座城市不适合，可以迁移到另一座城市去。

其二，大学本身就是一种自治组织，对地方行政当局和教会保持着相当的独立性。中世纪大学教师的组织叫作“教授会”。“教授会”实际上就是代表部分学科和教师结合起来的团体。当时大学主要开设文学、法律、医学和神学四科，四科有四个“教授会”，每一个教授会推选一位主任，作为大学代表。校长就是由教授会主任和学生团体的代表共同选举出来的。

其三，中世纪的大学生为了得到较全面的知识教育，可以到各个国家的大学去游学。如先到巴黎大学学习文法和哲学，再到意大利的波伦那大学去学教会法规，然后再回到巴黎大学研究神学，最后在英国读完硕士学位。

中世纪大学的产生和发展，对于教会垄断教育阵地和利用教育维护以教皇为主的天主教黑暗统治是一个威胁。于是，教会就竭力争夺对大学的领导权，千方百计地加强对大学的控制，并把一切持有“异端思想”的人从大学里驱逐出去，进行迫害，斗争是十分尖锐的。但从比较教育的观点来看，大学的产生和发展打通了欧洲中世纪国际文化教育交流的渠道。大学像雨后春笋般地在欧洲出现，这些大学又是当时传播和讲授各种思潮和文化知识的中心，加上教授和学生可以在各个国家之间进行知识和人才的流动，这对于促进当时西欧学术思想、科学技术和文化教育的繁荣，无疑是做出了巨大贡献的。各个民族和国家同时可以从这个交流的过程中吸取有益于自己文化教育的营养和成分，这也就达到一种借鉴或引进的作用。

16 世纪初，尼德兰（属于荷兰的一部分）在欧洲各国中，资本主义生产方式较为发达，它在学校设置、领导管理和师资等方面采取了一系列的革新措施，使得尼德兰在 16—17 世纪之间成为欧洲教育最发达的国家。这期间，尼德兰具有欧洲最好的小学教育制度。荷兰人在较大程度上在城市中实行了普及的义务教育，有女子小学，甚至还出现了男女同校的小学。荷兰人又陆续开设了一些大学，总数达到 14 所。这些大学代表着当时欧洲最先进的文化水平，荷兰遂成为欧洲各国具有新教倾向的学者与学生会集之所。

尼德兰曾经以其学校制度、领导管理、课程设置与教学方法方面的先进教育思想与实践，影响了当时欧洲的各个国家，并成为这些国家仿效和借鉴的榜样。

第三节　古代中国与朝鲜、日本、印度的文化教育交流

一

中国是世界文明古国之一，它曾以高度发达的封建主义文化教育而闻名于世。

中国自汉代以来，与邻近的国家特别是朝鲜、日本、印度等国就保持着密切的经济、文化联系。

朝鲜和我国隔江相望，是中国的近邻，两国之间的交往，比起其他国家来更早一些。远在公元前，两国就开始了经济贸易和文化交流。中国的阴阳五行、儒、道等家的思想，都先后传入朝鲜，对朝鲜的文化教育产生影响。

朝鲜学者在《朝鲜哲学史》一书中说：古朝鲜时期（公元前 5—4 世纪开始，到公元前 1 世纪中叶），贵族奴隶主“从中国吸收了阴阳五行思想中的宗教迷信的政治观点。”阴阳五行思想本来是在中国产生的朴素的唯物主义和自发辩证法的哲学思潮。但是到了汉代，由于唯心主义哲学家加进了神

秘主义的宗教内容，使它的社会政治观，变成为剥削阶级统治服务的理论①。书中还提到，在古朝鲜时期儒学就同汉字一起输入朝鲜，与朝鲜原有的崇拜天神的宗教结合，得到进一步的发展，成为三国时期（公元前 1 世纪中叶到公元 7 世纪中叶）封建贵族的意识形态②。

由此可见，中国的各种思想流派很早就传入了朝鲜，并在朝鲜的思想界和教育界产生了深刻的影响。

早在公元前 124 年，汉武帝采纳了董仲舒“兴太学，置明师，以养天下之士”的建议，中国开始在中央创立太学，以五经博士为教官，为博士置弟子（太学生）50 人。据汉史记载，太学的学生后来不断增加，东汉时最多达到 3 万人。这个数字或有夸大之处，但是汉代太学曾发展到一定的规模，并成为中国古代高等学府的主体，这乃是事实。中国这种先进的教育制度和教育内容，自然会影响到邻国朝鲜。

在朝鲜三国（高句丽、百济、新罗）时期，中国的五经（《春秋》《礼记》《周易》《诗经》《尚书》）、三史（《史记》《汉书》《后汉书》）等书，陆续传入朝鲜半岛，朝鲜许多人都能诵读讲解，还有不少人能用汉文写作，所有这些，对朝鲜的文化教育产生了重大影响。

公元 372 年高句丽开始“立太学教育子弟”，在这所儒学的最高学府——太学里传授《五经》《三史》《三国志》《晋阳秋》等儒家经典。这明显的是接受了中国汉代太学传授经学的影响，说明了中国的学校制度（太学）和教学内容（经学）已经移植到朝鲜半岛了。

4 世纪，百济也建立了儒学教育制度。《旧唐书·东夷传》曾记载：百济在 4 世纪也有了较完备的儒学教育制度，“其书籍有五经、子、史，又表疏并依中华之法”。著名的儒学家高兴等人曾获得博士的称号。而在高兴获得博士称号的前 90 年，即公元 285 年百济名儒王仁由于把《论语》和《千字文》带到日本，传授儒学和汉字而闻名。可见，早在 4 世纪以前孔子和儒学传至百济，影响是深刻的。

韩国学者曾概括地分析和介绍了朝鲜三国时期中国经学对朝鲜的影响，认为朝鲜三国时期主要是吸收了以经学为中心的汉代儒教。三国各有其特点：高句丽从陆路传入儒教，以汉儒的典章制度为重点；百济从海路传入中

---

①② 郑镇石，郑圣哲，金昌元. 朝鲜哲学史［M］. 平壤：朝鲜科学出版社，1962.

国南方文化，吸收了六朝的多样性学术思想，然后再传到新罗和日本，因而使它成为国际文化交流中心。在百济，儒教的典章制度的机能转变为纯学术的研究。新罗处于不受汉族冲击的朝鲜半岛的东南部，又有朝鲜的固有文化，又是经过高句丽、百济间接地吸收中国文化，且通过逃亡来的知识分子学习原始儒教的道德精神，因此新罗儒教具有普遍性和调和性的特点。

到了唐代，中国与邻国的文化教育交流达到兴盛时期。唐朝的京都长安设立国子学和太学（中国封建社会的最高学府），规模很大，最多时有8 000多名学生。其中有朝鲜和日本的留学生。高句丽、百济、新罗都在640年向唐朝首次派遣留学生，入国学。新罗善德王九年（640年）“夏五月，王遣子弟于唐，请入国学。是时，太宗大征天下名儒为学官，数幸国子监，使之讲论，学生能明一大经以上，皆得补官。学舍千二百间增，学生满三千二百六十员。于是四方学者云集京师。于是高句丽、百济……吐蕃亦遣子弟入学”。高句丽荣留王二十三年（640年）“王遣子弟入唐请入国学”。百济武王四十一年（640年）“二月遣子弟于唐请入国学”。唐太宗召集天下名儒为学官，讲授儒家经典，培养留学生。留学生们学习了当时先进的汉族封建文化，并把它带回本国，促进本国文化教育事业的发展。

这些材料，说明了中朝文化教育交流的一些重要事实和趋向：

（1）当时唐代的封建主义教育十分发达，它的发展水平大大地超过其他国家，唐朝的封建统治阶级也极为重视培养外国的留学生，并在政治上、生活上给他们优厚的待遇。

（2）朝鲜的统治阶级都十分积极地派遣他们的子弟来中国留学，目的在于学习和吸收中国先进的封建主义文化。

（3）朝鲜通过派遣留学生，陆续地把中国的教育制度、科举制度和一些重要的儒家经典及其他文学、科学技术等引进朝鲜半岛。

新罗统一朝鲜以后，682年在中央创立了国学，设有儒学科和技术科，配备博士和助教等教学人员。国学只有贵族子弟才能入学。课程主要是儒家经典。如《左氏春秋》《尚书》《周易》《礼记》《毛诗》《论语》《孝经》《算数》《文选》等，其中《论语》和《孝经》是各科的必修课。教育的目的是为适应国家领土的扩大，进一步巩固和发展封建统治培养骨干。新罗就是在这种意义上积极采用孔子的教育思想和儒家教育体系的。

在新罗，随着儒家经典和汉学学习风气的盛行以及同唐朝的交通和贸易的日益发展，贵族子弟赴唐留学的人数也逐渐多起来，最多的时候达百余名。有的还在中国参加科举考试。据史书记载，新罗宪德王十三年（821年）“唐（穆宗）长庆初，有金云卿者，始以新罗宾贡科题名杜师。至唐末，凡登宾贡科者58人。五代梁唐又31人……新罗时金夷鱼、金可纪、崔致远、朴仁范、金渥皆入唐登榜”。这些留学生，许多成了知名学者，其中像朴仁范以诗著称，崔致远以诗文扬名，唐全诗中就收有崔致远的诗。据统计，840年，学成归国的朝鲜留学生一次就有105人，留学生在吸收、传播唐文化上起了很大的作用。他们模仿唐朝也设立国学（国家学校），实行科举制度，以中国的儒家经典作为考试内容，并常常派人到唐，请求汉文典籍。

高丽建国以后，继承了新罗的文化，从儒学中摄取了统治国家所必需的一切实际知识和封建道德标准。因此，要做官必须攻读儒家经典。孔子的思想仍然是高丽的教育、取吏和治国的统治思想。

为了利用儒学治国，高丽王朝采取了很多措施推崇孔子，促进儒学的发展。公元930年，在西京创立学校，设书学博士，招收两班子弟进行儒学教育。958年，高丽王朝首次施行科举制度，这是促进儒学发展的重要条件。为了大量培养儒学思想武装起来的官吏，将经学博士派到全国12个牧，从事培养年青一代的工作。992年，在首都开京设立最高学府国子监，并在国子监里建造文庙。国子监招收两班子弟，进行长期儒学教育。

中国封建社会发展到两宋时期，阶级矛盾进一步激化，封建地主阶级为了维护和巩固其统治秩序，更需要加紧思想控制，以程颢、程颐、朱熹为代表的新儒学——“理学”，就是适应这种需要而产生的。程朱理学特别是朱熹的思想，便成为中国封建社会后期占统治地位的思想。朱熹从儒家的经典中选出《论语》《孟子》和《礼记》中的《大学》《中庸》两篇，合为四书，按照他的理学思想体系，做了新的注解，称为《四书集注》。四书所宣扬的儒家政治纲领、伦理道德和教育思想等，经过朱熹的一番加工粉饰，更富于迷惑性。《四书集注》也就成了由封建统治者法定的，从中央到地方，从官办以至私办的一切学校的基本教科书，也是科举考试的基本内容，它支配了中国封建社会的文化教育领域达700年之久。

13—14世纪的朝鲜，高丽封建制度陷入极为严重的危机之中，一些儒学者开始从元朝引进普及朱子学，以便给封建社会制度注射强心剂。

1290年，高丽儒臣安珦从元朝燕京抄回朱子学，并临摹了朱熹画像，最先把朱子学介绍到朝鲜。这个时期也出现了安珦、李穑、郑梦周等不少著名的儒学教育家。李朝建立后，朱子学被宣布为统治阶级唯一的正统思想，李朝500年间，它起到了维护和巩固封建制度的作用。

由于朱子学在李朝得到独尊的地位，朱子学家视程朱为“天下万世之法”。“自孟子辟杨墨尊孔子以来，汉之董子、唐之韩子、宋朝之程朱子皆扶斯道辟异端，为天下万世之君子也。”他们把程朱抬到“万世君子”的高度，目的无非是“尊董韩程朱之学，以正人心明人伦。”因此，他们把儒学教育看作正本清源之大计。李穑说：“盖国学及风化之源，人才是政教之本，不有以培之，其本未必固，不有以浚之，其源未必清。”

可见，朝鲜的一些教育家是把儒学教育视为维护封建统治，培养人才，改变社会风气的重大手段。

在朱子学家的倡导下，李朝大力恢复废弛的学校，使一度衰落的儒学教育呈现“中兴”的局面。李朝统治者根据朱熹的言论和著作编撰的《四书集注》《小学》，成为他们向人民灌输封建道德的主要教材，其出版量之大令人叹为观止。鉴于汉文难懂，李朝“颁王命”，几十次对《小学》做谚解，以便普及。朝鲜的朱子学家们仿效朱熹以“三纲五常”为武器，一方面，用来对付人民，任何对封建统治不满的思想、行为，都被视为“异端邪说”和“犯上作乱”；另一方面，则用来调整统治阶级内部的关系。这样一来，朝鲜的统治阶级把“三纲五常”封建伦理道德渗透到各阶层的社会生活和文化教育领域中去，借以巩固封建宗法制度和封建等级制度。

朝鲜的朱子学家还把朱熹“明人伦”的思想当作为学的宗旨和纲领。朝鲜著名的教育学家李珥，继承和吸收了朱熹的“父子有亲、君臣有义、夫妇有别、长幼有序、朋友有信”的教育纲领作为自己的办学宗旨，向学生灌输儒学的伦理道德，为封建统治阶级培养“不怀二心”的“圣贤”之士。他改变了当时朝鲜学校教育内容没有一定系统的情况，确定了学科，规定了各学科的学习顺序。他说：“其读书之序，则先以《小学》培其根本，次以《大学》及近思录定其规模，次读论孟中庸五经间，以史记及先贤性理之书以广意趣以精识见。”他所制定的学习科的顺序是：《小学》《大学》《论语》《孟子》《中庸》《诗经》《书经》《周易》《春秋》。

李珥所提的教学内容，主要是中国的儒家经典，这显然是受到中国儒学教育的影响。但是，他所制定由易到难、由浅到深、由简到繁的学习学科的程序，在一定程度上是合乎教学的客观规律的。这一思想与朱熹主张“读书先读《大学》，以定其规模；次读《论语》，以立其根本；次读《孟子》，以观其发越；次读《中庸》，以求古人之微妙处。”“读书须是遍布周满。某尝以为宁详毋略，宁下毋高，宁拙毋巧，宁近毋远。”是一脉相通的。可见，李珥是深受中国儒家教育思想和朱熹教育观点浸染和熏陶的。

李珥还把学生的学习程序规定为“学必博，问必审，思必慎，辩必明，沉潜涵泳必期心得”等五个步骤，并把这五个步骤视为“穷理”的必要程序。但是，他认为单靠“穷理”是不够的，要求进一步做到“力行”功夫。他说：“居敬以立其本。穷理以明乎善，力行以践其实，三者终身事业也。”李珥的上述思想很明显的是《中庸》一书中的“博学之，审问之，慎思之，明辨之，笃行之”和朱熹的“穷理以致其知，反躬以践其实”观点的继承和发展。

在教学方法和学习方法方面，李珥常引用孔子和孟子“欲速则不达”“其进锐者，其退速”的话来证实学习中不能“求速其效”的正确性。他认为，学习必须经历“疑渐渐释，以至融会贯通，都无所疑，方始是学”。这个看法与朱熹的“读书，始读，未知有疑。其次，则渐渐有疑。中则节节是疑。过了这一番，疑渐渐释，以至融会贯通，都无所疑，方始是学。”把二者联系起来看，可见李珥和朱熹的教学思想正是一脉相承的。由此也可看到李珥是善于吸收儒家和朱熹教学思想中的精华，并加以发展，而形成了自己的教学思想体系，这也是古代中国教育思想交流史上的光辉篇章。

李朝历代的统治阶级都采取了各种形式尊崇孔孟、表彰程朱、奖励儒学的文教政策。他们修造文庙、大成殿、集贤殿，规模相当庞大。在大成殿上，正位是“大成至圣文宣王”，其他从祀者有：四圣（颜回、子思、曾子、孟子），十哲（闵损、冉耕、冉雍、宰予、端木赐、冉求、仲由、言偃、卜商、颛孙子）以及宋朝的六贤（周敦颐、程颢、程颐、邵雍、张载、朱熹）。由此可见，儒学从李朝初年起就占据了整个思想界、教育界，成为朝鲜占统治地位的思想，它的影响是十分深远的。

韩国学者认为，“先秦儒的伦理规范和汉儒的典章制度成为我们日常生活和政治、教育、行政的方法，成为与我们民族不可分离的文化基础。这样就使儒教变为政治、社会、学术、生活的内容自身。儒教也就超越外来思想和固有思想的界限，成为我们历史文化的基本。”

作为文化教育交流，除了中国的文化教育的思想和制度向朝鲜输出外，朝鲜的文化也丰富了中国人民的生活。如在音乐方面，朝鲜的乐曲《箜篌引》和耶伽琴等乐器传入中国，给中国音乐园地增添了新的华章与活力。

从比较教育学科发展的历史渊源的角度来看，古代中国与朝鲜的文化教育交流，多少显示了比较教育的一些萌芽状态。

（1）古代中国向朝鲜输出了它当时在世界上处于先进地位的教育制度和教育内容，朝鲜方面则吸收和移植了中国的教育制度和教育内容。它已经是一种跨国家的国际性的文化教育交流。

（2）朝鲜的统治阶级、思想家和教育家根据他们的政治需要和本国文化教育的特点，吸收和改造了中国儒学和儒学教育来为他们本国的封建主义政治和教育服务，培养本国的人才，建立了学校，它在一定程度上体现了借鉴的作用。

（3）中国儒家教育思想中的一些精华，也被朝鲜教育家所吸收，并在这个基础上形成自己具有民族特点的教育思想体系。所以，中国儒家的教育思想不仅是古代中国固有的教育思想体系，而且已经跨越国界，成为国际的（包括朝鲜、日本和东南亚各国）极有影响的思想潮流和派别。

二

日本和中国是一衣带水的邻邦，有 2 000 多年友好关系的历史，文化教育上的联系十分密切，彼此给予对方的影响也非常深远。

中国的儒家思想在日本影响很大，渊远而流长，它对日本人的道德观和教育观影响也很深，是古代日本思想界、教育界的一种十分重要甚至占统治地位的思想流派。

儒学究竟是什么年代传入日本的，其说不一。中日两国学者目前一般认为，公元 285 年百济博士王仁赴日本，贡献《论语》十卷与《千字文》一卷，日本应神天皇之子菟道稚郎子拜王仁为师而学《论语》（《古事记·应神天皇》）。这是中国儒学文献传入日本的最早记录，同时，也是中国文化教育传入日本的最早记录。可见，当时日本贵族已经接受了中国汉字和儒家思想的影响。

其后 300 年间，自应神天皇时代至推古天皇时代，以儒学典籍《周易》

《诗经》《尚书》《春秋》《三礼》为中心的中国思想文化，主要通过朝鲜半岛，从东亚大陆逐渐传到了日本。

由于汉学家传来了汉学，日本的统治阶级在宫廷中办起了学问所，开始了宫廷教育。先是皇太子菟道稚郎子拜阿直歧、王仁为师，学习经典。后来皇族和宫中官吏的弟子也激发起好学之心，希望就学者也去听讲，因而促成了学问所的出现。虽然它不是学校，也无学校这个名称，但此种学问所已初具学校的性质。学科的内容以儒学和书法为中心。可以说，日本的学校教育就是这样发端于宫廷设立的学问所。

当时学习汉学的人，必读的教科书就是《论语》和《千字文》，它既是掌握读书本领的入门书，又是道德教育的启蒙书。日本史学家认为："离开这两本书，就无从着手去考察日本教育的内容，在教育史上它占有极为重要的地位。"《论语》被日本人看作是儒学的根本经典，所以日本学者对它做了很多的注释。《论语》又被看作是道德实践的一种学说，而被日本统治阶级所信仰，用它来加工日本固有的道德，使日本固有的道德条理化和理论化。可见，中国儒学的传入对日本早期的文化教育影响是积极的和深刻的。

公元 607 年，日本首次正式派遣小野妹子赴中国隋朝的使节。翌年，隋文帝派遣文林郎裴世清为答礼使，陪同小野妹子回国。中国和日本于此开始了政治上的直接交往，也打开了两国文化教育交流的直接通道。从 7 世纪开始，中国的思想文化主要不再经朝鲜，而是渡过东海直接输入日本。由遣隋使、留学生、学问僧等带回的中国思想文化，渗透到日本社会政治、文化教育等许多领域，产生了深刻的影响。

在裴世清等人从日本启程回国时，日本朝廷又遣小野妹子为大使，吉士雄成为小使，与隋使同往中国，另还派有学生 4 人，学问僧 4 人随行。

随后，日本继续派遣使节和学生、学问僧到中国来。日本派遣隋使的目的，一方面是为了了解和掌握当时复兴的佛教，另一方面在于积极吸收隋王朝新鲜的制度和思想文化。《隋书·倭国传》记载：在日本国王迎接抵达日本都城的隋使节裴世清的欢迎词中，有这样的话："冀闻大国维新之化。"这说明，隋王朝统一了南北朝，建立了全国统一的中央集权体制，已引起了日本统治阶级的关注。当时日本的统治阶级不仅笃信佛教，同时也尊崇儒学，所以他们派遣学生和学问僧来中国学习，那是势所必需的了。

应当指出的是，遣隋使带到中国的学生和学问僧大多属于归化人。如第三次遣隋使所带的 8 名学生和学问僧，他们的姓氏全都清楚。从《日本书记》推古纪来看，学生是“倭汉直福因、奈罗译语惠明、高向汉人玄理和新汉人大国”4 人。学问僧是“新汉人日文、南渊汉人请安、志贺汉人惠隐和新汉人广齐”4 人。也就是说，他们都是汉人或新汉人。这些人通晓汉语，懂得汉字，又擅长于理解和掌握中国的思想文化，由他们来充当留学生，沟通中日两国文化教育交流，那是再合适不过的了。

令人感兴趣的另一点是：他们的逗留时间比后来遣唐使时代的留学生们要长得多。在上述 8 人中，已搞清回国年代的有 6 人。回国最早（倭奴直福因和新汉人广齐）也是在推古天皇三十一年（622 年），他们在中国留学的时间为 15 年；新汉人日文是在舒明天皇四年（632 年）回国的，留学 25 年；志贺汉人惠隐留学 31 年；回国最晚的是高向汉人玄理和南渊汉人请安，这两人是在舒明天皇十二年（640 年）回国的，他们的逗留时间实际长达 33 年。

他们在中国逗留期间，恰巧遇上隋朝灭亡和唐朝创立这一巨大的历史转折。这也许是他们留学时间拖长的一个原因。但恐怕主要还是由于他们作为新兴国家的知识分子，凭着其旺盛的求知欲，而贪婪地吸收唐创建新王朝及随之俱来的制度和法制的改革、整顿和充实等经验的缘故。

这些留学生学成回国后，把他们在中国学到的制度、思想、文化带回日本并进行广泛的传播。例如，南渊请安回日本后，颇受世人尊崇，王公大臣对他十分尊敬，不敢称其名，而以先生称之。当时日本没有培养政治家的专门教育机构，想要成为政治家的人们也去南渊先生那里就学。南渊请安著书百余卷，成为日本儒学史上著名的人物。

唐王朝是中国封建社会兴盛的朝代，它在政治、经济、文化、教育诸方面都十分强大、繁荣和发达，居于当时世界先进国家的行列。唐王朝十分重视加强国内各民族和外国的经济、文化交流，因而封建主义文化得到了高度的发展并获得灿烂的成果，同时对各兄弟民族和全世界的文化发展也做出了重大贡献。

唐朝的首都长安（今西安），成为亚洲各国经济文化交流的中心，亚洲许多国家曾派大批学生到长安留学，长安著名的佛寺，住有印度、日本的僧徒。这样就使中外文化相互发生影响，融合成一种更高的文化。

在国家强盛和经济、文化繁荣的条件下，唐王朝的教育事业获得了空前的发展。不仅国子学、太学等高等学府规模很大，吸收了不少外国留学生，而且以传授算学、医学和天文学等科学技术为教育内容的专科学校也十分发达，学校教育无论从学制系统或教学内容上来说，都是完备和丰富的，居于当时世界的前列。

为了吸收更多的中下层地主阶级出身的知识分子参加政权，唐王朝继承了隋朝的科举制度并加以发展，这种通过国家统一考试选拔人才的制度在当时世界上也是先进的，它虽然带有欺骗性的一面，但确实也为唐王朝挑选了政治、文化、教育、艺术等多方面的人才。唐代发达的文化教育，不仅在亚洲享有很高的声誉，同时这种文化教育又给邻国产生了重大的影响。当时各国向唐朝请求经籍和名师的不一而足，派使节、学生、学问僧来唐学习的更是陆续不断，其中最积极的当是朝鲜和日本。

所以，唐代是古代中国与日本文化教育交流的高潮时期。自630年（唐太宗贞观四年）至838年（唐文宗开成三年）的200年间，日本曾派正式的“遣唐使”12次（也有说13次的）。每次最少250人，最多至五六百人以上。所派“遣唐使”经常带领许多留学生或学问僧，此外还有医师、画师和各种手工匠师等。他们来唐后全面学习中国的哲学、文学、艺术、佛学、医学、天文历法、建筑、手工业技术和政治法律制度等。

日本学者藤家礼之助对第六次遣唐使的情况是这样记载的：这次遣唐使是自祝贺平定高句丽的第五次遣唐使以来，打破了持续30多年的空白而派遣的。其主要成员如下：执节使粟田真人；大使高桥笠间（后来辞职）；副使坂合部大分（后来是大使）副使巨势邑治；大佐许势祖父；中佐鸭呈备麻吕；小佐扫守阿贺流；大录锦部道麻吕；小录白猪阿麻留；小录山于亿良；大通事垂水广人佐吉吉麻吕……

《旧唐书·日本传》上写着：“长安三年（703年），日本遣其大臣朝臣真人来贡方物。朝臣真人者，犹中国户部尚书，冠进德冠，其顶为花，分而四散，身服紫袍，以帛为腰带。真人好读经史，解属文，容止温雅。”

在这些人中，有才华和端正的仪容受到了高度赏识的粟田真人，留在唐朝获得荣升的藤原清河，以及在新年朝贺时同新罗争座次、变倭国的座次为东侧第一席的大伴古麻吕等人。他们都是大使、副使级的官员，真是济济多士。

在留学生和留学僧中，正如《续日本纪》所说“我朝学生，播名唐国者，唯大臣（及）朝衡二人而已”。朝衡，又作晁衡，即吉备真备（大臣）和阿倍仲麻吕（晁衡）。另外，还有参加过律令改编的大和长冈，以及在圣武天皇时期一度备受宫中重视的僧玄等许多朝气蓬勃之士。他们为了把遣隋使和初期遣唐使时代所传来的中国文化进一步深化，满腔热情地学习了中国的文物。正如《旧唐书·日本传》上关于有吉备真备和玄昉参加的第七次遣唐使所记载的那样：“所得锡赉，尽市文籍，泛海而还。”他们为了获得和学习经史与佛典，献出了自己的年华。他们留唐的时间一般都很长，即使把阿倍仲麻吕作为例外，玄昉和真备等人也长达17年。①

在为数众多的留学生和留学僧中，如要举出著名的人物，恐怕首先应推阿倍仲麻吕。阿倍仲麻吕（后改名晁衡）是在唐玄宗在位时被颂扬为“开元之治”的唐王朝顶峰时期来到中国的。他不久便入太学学习，随后参加了科举考试，正式成为唐朝的官吏。他与唐朝当时的著名诗人李白、王维等交往甚密，结下了深厚的友谊。当他中间回国时，王维写诗送别他。大概是由于误传他在归国途中遇风漂没，李白因此写了《哭晁卿衡》的诗哀悼他：“日本晁卿辞帝都，征帆一片绕蓬壶．明月不归沉碧海，白云愁色满苍梧。”这些充满着真挚情谊的诗篇，是中日人民友好的记录。770年，他在长安去世，留唐时间为53年，终年73岁。

来唐的著名僧人中有一位叫园仁，他是作为请益僧随同以藤原常嗣为大使的第12次遣唐使来到中国的。他是一个非常勤奋学习的人，留唐时间为10年。在《入唐求法巡礼记》一书中，他非常详细真实地描述了其来唐的经过。他从渡海的恐怖开始，不仅详细地记述了中国内地的情况，如当时的物价、民间的各种风俗以及有关佛教的情况，而且还对唐代官僚机构的烦琐而复杂的实际状况，做了敏锐而细致的观察。这是日本人了解中国情况十分珍贵的资料。他还从中国带回经论章疏、传记584部，802卷，胎藏界、金刚界各1部，大曼陀罗及诸尊坛像、舍利、高僧真影等多达59种。

唐王朝对当时来中国的日本以及其他邻国的留学生、学问僧在生活上给予各种照顾和方便。例如，对日本文武朝的学问僧荣誉、普照、玄朗和玄法等人，唐朝每年发给绢25匹及四季衣服；对于仁明朝的学问僧园载，特发给5年粮食。

---

① 藤家礼之助. 日中交流二千年［M］. 北京：北京大学出版社，1982.

日本学生留唐即使是暂时的，也要按照唐朝的风俗习惯，在衣食住各方面过和唐人一样的生活，甚至连姓名也有不少人改成唐人式的，其中还有人娶唐女为妻、两国通婚的。

日本留学生随同遣唐使来到长安后，多进入唐朝国子监所属的六学馆之一，各自学习专业。例如，元正朝的吉备真备，他留唐 18 年，学习经史，并涉猎各种技艺。孝谦朝的膳大丘曾在长安国子监学习经史，回国后任大学助教和博士，对于日本奈良朝儒学的兴起起了很大作用。专门学习法律的有大和长冈，他自幼爱好刑名之学，潜心钻研，后来和吉备真备等人入唐请益，颇有心得，当时凡习法令的都要向大和长冈请教。他还和吉备真备共同删定律令 24 条。学文学而著名的有桓武朝的桔逸势，唐朝的文人也称他为桔秀才。此外，仁明朝的春苑玉成，是遣唐阴阳师兼阴阳请益，学习阴阳道，传来《疑义》一卷，教授阴阳寮的学生。菅原尾是遣唐医师兼医请益，学习医术后回国任针博士、侍医等职，对于日本医学的发展做出很大的贡献。①

这些留学生和学问僧回国时，带回了大量的中国文化典籍。《史记》《汉书》《三国志》《晋书》《文选》以及诸子文集等，大量传入日本。有不少书籍在中国失传了，以后在日本发现，再传回国内。此外，如书法、佛教经典、建筑艺术、医药等也大量传入日本。这些文化典籍都是他们在唐朝经过精心挑选，细心访求、抄写而得来的，或者节省了学费而买到的。所以，其中包括许多尚未传到日本的新译经卷、优秀的著作、珍奇的诗集等。这些带回去的物品，对于日本文化教育的发展，必然给予清新的感受。

在传播中国唐代文化的过程中，留学生和学问僧的确起了很大的作用。相传学问僧空海回国后，仿汉人草书制定平假名，吉备真备取汉字偏旁制定片假名，自此，日本才有了自己的文字，这种字母一直沿用到今天。至于学习汉人的诗赋辞章者更不乏其人，如白居易的诗歌尤其受日本人的喜爱，因为当时日本考试的内容，就是汉人的经史文章。由此可见，中国唐代的文化对日本文化教育的影响是十分深远的。

唐朝也有不少人到日本，其中有一些名僧、学者到日本讲学，传授儒学和佛学，有的还定居在日本。他们在中日文化教育交流方面也起了很大的作

---

① 木宫泰彦. 日中文化交流史［M］. 胡锡年，译. 上海：商务印书馆，1980.

用。其中著名的当首推鉴真，他在10多年中，经过6次努力，才实现渡海的愿望。公元754年，鉴真与其弟子等24人到达日本时，他已双目失明，年近七旬。鉴真到日本后，不仅带去了一批佛经，同时还把佛寺建筑、佛像雕塑的艺术介绍过去。在他的设计和指导下，在日本奈良建立了唐招提寺。鉴真精通医学，尤精本草学，他以鼻嗅辩证日本药物的真伪，为日本医药界鉴定了许多中草药，还留一卷《鉴上人秘方》的医书，对日本医药学的发展做出了贡献。他的弟子为他塑造的坐像，至今还保存在唐招提寺内，成了中日两国人民友好关系的珍贵纪念品。

在日本向中国学习的过程中，儒学和佛教继续传入日本，各种文化教育制度和内容都在日本得到了广泛的传播和移植。

701年（大宝元年），日本完成了内容最综合的国法 。因为国法制定在大宝年间，故被世人称之为“大宝律令”。“大宝律令”集大化改新后推行的律令制度之大成。其中也谈到了教育，确立日本的大学和国学制度，把儒学列为一门重要课程，在大学或国学中讲授，《论语》是必读的教科书。

由于日本受到了唐朝文化的影响，使本国文化得到了显著的进步。学术中有经学、史学、文学、天文学、数学、阴阳学等相继出现。在大学寮里，开始系统地讲授经学，其中包括《周易》《尚书》《周礼》《毛诗》《礼记》《左氏春秋》以及《孝经》和《论语》等。春秋两季举行“祀孔”仪式。①

到了日本奈良时代，中日两国之间互相交往较为频繁，日本受中国儒家思想的影响也逐渐加深。例如，757年日本孝谦天皇下诏，令全国每家都要有一本《孝经》，奖励“孝子”“贞妇”，百姓中如果有“孝子”，地方官要随时奏闻。连考取官吏的试题，几乎都是儒学汉学的内容。这时，儒家思想已普及到日本的各个阶层。

再次，简要地介绍佛教教育和体育交流的情况也是必要的。

（1）在中日文化教育交流史上，佛教占有重要地位。中国佛教在公元6世纪传入日本，此后中日之间的佛教往来愈益频繁，基本上没有中断过。佛教对日本的历史文化发生过重大影响，直至今日在日本社会中仍有相当大的势力。日本的佛教宗派部分发源于中国，有的是通过朝鲜僧人最初传入的；有的是中国僧人直接传入的；有的则是日本僧人从中国输入的；也有的是日

① 尾形裕康．日本教育通史［M］．7版．东京：早稻田大学出版社，1978．

本僧人根据传入的汉译佛经和中国佛教宗派的著作自己创立的。

日本佛教虽然最初发源于中国，但在它被移植到日本社会这块土壤上以后，不断深入扎根发育成长，最后发展为日本民族的佛教。

但在鉴真来到日本之前，佛教虽然已被日本统治阶级所利用，但并没有一个集中和统一的规划，不但没有建立制订受戒制度，就在训练和教育僧侣方面，也是各自为政的。鉴真来日本以前，他在国内的时候，在训练和教育僧侣方面，本来就具有丰富的经验。对于日本统治阶级来说，鉴真的东渡，使他们获得了一个从事佛教教育的理想人才。因此，日本统治阶级在建造戒坛院，委托他制订受戒制度的同时，又在东大寺内修建了一所名为唐禅院的训练和教育僧侣的寺院，也委托鉴真经营管理。从这个时候起，日本对僧侣的法制形态，从训练、教育到受戒得度才算有了完整的一套。

（2）中日之间在体育方面的关系可以追溯到两汉、三国时期，但是到了唐代，中日体育交流则发展到一个新的阶段。交流的内容是丰富多彩的，它涉及中国古代体育的许多项目和方面。射箭、投壶、百戏、蹴鞠（足球运动）和击鞠（马球运动）、围棋等等。

击鞠是一种骑在马上持杖击球的马球运动，中国古称击鞠，唐代又称“打毬”或“击毬”。这项运动自东汉以后逐渐发展起来，至唐代已盛行全国，并向东邻各国传播，大约在8世纪初传入日本。日本最早的一部诗歌集《万叶集》的某些诗篇，即歌颂了以王子为首的日本诸臣在春日郊野行“打毬之乐”的情景。由此不难看出中国古代的各项运动传入日本后，是深受日本人士所喜爱并广为流行的。

关于中国古代文化教育对日本的影响问题，日本的学者在这方面的著作很多，阐述得也很详细。这里引述几种有代表性的教育观点如下：

日本著名汉学家内藤湖南曾说：“日本民族未与中国文化接触以前是一锅豆浆，中国文化就像碱水一样，日本民族和中国文化一接触就成了豆腐。”

另一位专门研究中日历史文化关系的森克己则说：“大陆（指中国）和我国（指日本）之间，从原始时代起，就在进行文化交流。先进的大陆文化不断地流入我国。与此同时，日本把这些大陆文化不知不觉中吸取、日本化。”

木宫泰彦在他的著作《中日交通史》中也说：“中国，乃东洋文化之母国……倭人来至中国，目睹其情形，必赉往若干新知识，而对中国文化作极热烈之钦慕……亦思如汉人有灿烂如花之生活也。”他又强调说：“日本中古之制度，人皆以为多系日本自创，然一检唐史，则知多模仿唐制也。”

日本学者的这些认识和见解，说明了中国古代特别是唐代，中日两国关系友好、密切，文化教育交流频繁，中国的文化教育给予日本的影响是重大和深远的。

隋唐以后，日本吸取中国思想文化的方式虽然有所改变，但仍继续不辍，只要中国有了什么新的学派或理论，日本就有它的翻版。程（程颢、程颐）、朱（朱熹）、陆（陆九渊）、王（王阳明）在中国曾风靡一时，在日本也都各有他们相应的名家，其地位和影响也和中国的不相上下。这种现象，直到明治维新前夕，还依然可见。

到了 11 世纪，日本统治者禁止人民私自渡海，日船绝迹于中国。但北宋商船仍不断前往日本，中日贸易往来仍在进行。日本入宋僧人也备受优待。但是人数要比唐代少得多，这反映了当时日本统治阶级在对外交往上的消极态度。

到了 12 世纪后叶，日本统治者奖励商舶和南宋贸易，南宋也注意招揽外国商船。这时前来南宋的僧侣数目大为增加，南宋僧人也有许多前赴日本的。据史书记载：在整个北宋的 160 余年间，入宋的僧侣仅 20 余人，但在南宋的 150 余年间，仅史料上载明了的入宋僧侣就超过了 100 人。这个僧侣数可与唐代的鼎盛时期相匹敌。这些入宋僧侣不仅在宗教方面，而且在其他领域也为文化交流尽过力。

中国福州刻印各本大藏经传入日本，对日本印刷事业的发展予以极大的刺激。13 世纪初以朱熹为代表的南宋儒学传入日本。1247 年日本有人托名“陋巷子”覆刻宋椠本《论语集注》十卷，这是日本印刷中国儒书的开始。

当时从中国传入日本的宋学，并不是全部理学，主要是洛学和闽学，即以程朱学派为主的新儒学。这些唯心主义的思想流派刺激了日本的思想界、宗教界和教育界，从此而形成了一批研究这种中国思想文化的日本的“中国汉学家”。

佛学与儒学、禅宗与宋学（主要指程朱学派）都是中国盛极一时的宗教和思想流派。它们都是唯心主义这棵树上的两朵花，实际上，它们之间在宇宙观、方法论以至伦理学方面，都有许多共通处。禅宗以见性成佛为主，宋学以穷理尽性为宗；禅宗主张回复自己的本源，宋学主张探求自己的本性，坐禅内观与静坐省察，顿悟与豁然贯通几乎同出一辙。这两种唯心主义学说都鼓吹禁欲主义。所以，无论儒佛之间如何对立，但两者在实质上是交互为用的。不少来宋留学的日本禅僧以及东渡布道的中国禅僧，他们不仅是禅宗教义的传播者，同时也是宋学家。

在 13 世纪中日禅僧的交往中，为宋学传入日本而做出重大努力的，有俊芿、园尔辨园和兰溪道隆等人。

日僧园尔辨园是日本佛教史上著名的禅僧。他 19 岁赴京都听孔老之教。因慕南宋禅风，于 1235 年来到中国，1241 年回日本。

园尔辨园不仅为日本传入了风靡一时的宋学著作，其中又以程朱学派、朱熹的著作为主。1257 年，他为当时的幕府执权北条时赖于最明殿寺讲授《大明录》，这可能是日本禅林讲授宋学的最早经筵。1268 年崛河内大相国源基贞曾请教他关于儒、道、佛三教大意，他为回答此问而特撰《三教要略》一书。1275 年又谒龟山法皇，说三教旨趣。从这些活动事迹来看，园尔辨园作为禅林僧侣，一直致力调和儒、佛、道三教学说，他既是一位佛门僧侣，又是一位宋学研究家。他的毕生努力，对中国宋学传入日本无疑地起了极为重要的作用。

由于种种原因，也有许多中国僧侣前往日本，甚至有些人在日本定居下来。去日本的中国僧侣，有的精通儒学、新儒学，一般也都受过儒学的熏陶。他们到日本后，往往受到统治者的优遇。他们把包括朱子学在内的宋学带进日本，并利用有利条件进行传播以扩大宋学的影响。而其中与日本宋学渊源关系最深者，当推兰溪道隆了。

兰溪道隆俗姓冉氏，祖籍四川涪江，1246 年到日本。从现存的《大觉禅师语录》三卷来看，兰溪道隆的讲学处处皆儒僧口吻，貌类禅林而神似宋学，于阐发《四书》尤为谙熟。《语录》中引诸如“政者正也”“正心诚意”等《论语》《中庸》的语句更是随手可拾。从这里可以清楚地看出，兰溪道隆不仅熟悉宋学的精髓——《四书》，而且是根据宋儒的哲理加以理解和阐发的，从某种意义上可以说，他的禅林道场，就是传播中国宋学的基地。

从中日文化教育交流的角度来看，这个时期有一些情况是值得注意的，这就是日本对中国文化的输出。一般说来，它是宋代以后才显著起来。宋代也已有人看到了这种现象。宋代著名的文学家、教育家欧阳修在一首题名为《日本刀歌》的乐府中道：“昆夷道远不复通，世传切玉谁能穷。宝刀近出日本国，越贾得之沧海东。鱼皮装贴香木鞘，黄白闲杂鍮与铜。百金传入好事手，佩服可以禳妖凶。传闻其国居大岛，土壤沃饶风俗好。其先徐福诈秦民，采药淹留丱童老。百工五种与之居，至今器玩皆精巧。前朝贡献屡往来，士人往往工辞藻。徐福行时书未焚，逸书百篇今尚存。令严不许传中国，举世无人识古文。先王大典藏夷貊。苍波浩荡无通津。令人感激坐流涕，锈涩短刀何足云。”这首诗除了称赞那把日本宝刀外，还谈到了日本土地肥沃、风俗良好；知识分子善于诗词文学；以及手工艺品十分精美，还保存了不少中国的逸书等，表现出了一种钦佩羡慕的心情。

日本知识分子工辞藻，说明了他们深受中国文化的熏陶。日本保存着中国逸书一事，是因为中国屡遭战乱，图书典籍散失湮灭不少，而在日本反而完善地保存着。早在五代时就曾派人去日本访求并抄回过一些。《皇朝类苑》卷七十八引《杨文公谈苑》的话说：“吴越钱氏，多因海舶通信。天台智者教五百余卷，有录而多阙。贾人言：日本有之，钱俶置书于其国王，奉黄金五百两，求写其本，尽得之讫。”这就是明证。宋太平兴国八年（983 年）来中国受到宋太宗接见的日本僧人奝然带来献给宋太宗的礼物中，就有《越王拳经新义》十五卷及《孝经郑氏注》一卷，都是用金缕红罗褾水晶轴装潢成的卷子本。《宋史·日本传》就是中国已经失传的书。到了后代，中国逸书在日本重获的现象，更加寻常。《四库全书》就收录了魏何晏注梁皇侃疏的《论语义疏》十卷。山井鼎校《七经孟子补遗》一卷，太宰春台考订《古文孝经孔氏传》一卷，附宋刻《古文考经》一卷，这些都注明是从日本传入的逸书。唐代由政府名义和力量编写并颁行的国家药典——《新修本草》，它是我国也是世界上第一部国家药典。《新修本草》公布后，深受人民群众欢迎，不但风行全国，而且在很短的时间里，便传到了日本、朝鲜等邻邦。宋元祐间（11 世纪前后）《新修本草》在我国失传。直到 1889 年（清光绪十五年）傅云龙在日本东京发现这部书的天平三年写本的摹抄本（共十卷），加上一卷日本人在 1849 年仿天平写本抄写的辑本（卷三），刻作《纂喜庐丛书》之二，这一在中国已经湮没了八九百年的本草学重要著作才得以返回它的故土。有了这个翻印本，人们可以比较普遍和相当清晰地目睹这部世界第一部药典的完整内容、体例和神态。

至于利用日本的善本来校补过的书籍，那就更多了。从这个意义上看，日本对于中国文化产品，仿佛起了储备仓库的作用。祖国的一些文化遗产之所以能失而复得，日本保全之功是不能低估的。

从隋唐到两宋这一段历史时期，中日之间的文化教育交流具有一些新的特点，它是比较教育的历史渊源的重要资料和必须探索的课题之一。

（1）唐代是中国封建社会的鼎盛时期，文化教育极为繁荣发达。日本向中国学习，采取的是一种全面积极的态度。日本的政治法律制度、文化教育的内容、学术思想流派，以至艺术、书法、体育等等，都有全盘唐化的倾向。它多少反映了文化教育交流的客观规律，因为就文化教育交流的方向来说，从较高的、较先进的文化教育地区向较低的、较后进的文化教育地区流动，那是很自然的，这是文化教育交流的主要潮流。从比较教育的角度来看，日本向中国学习，正是中国先进的封建主义文化教育对日本起了一种借鉴作用，促进了日本文化教育的发展。直至今天，这种影响还没有全部消失。

（2）中日的文化教育交流主要是通过留学生和学问僧作为桥梁和纽带来进行的。在近代中国和日本进行维新变法的时候，也是通过派遣留学生的途径来吸取外国先进的文化教育的。看来这是古今中外国际文化教育交流的普遍现象。通过留学生对外国文化教育的引进、吸取、比较、选择，使之与本国的传统文化教育相结合，它就会产生适合于本国国情的具有民族特点的思想、文化教育体系。这也是国际文化教育交流合乎规律的现象。比较教育学科的兴起，也是与这种国际学术交流分不开的。

（3）文化教育交流还有反向流动的现象，也是理应指出的。所谓反向流动，就是文化教育程度较低的国家某个或某些先进文化因素影响到文化教育程度较高的国家，改变和丰富了它们的生活。例如，隋唐时期中国的音乐、舞蹈就曾大量地从邻国中吸收了丰富的营养。《天竺伎》——今印度的乐舞；《康国伎》——今乌兹别克共和国撒马尔罕一带的乐舞；《安国伎》——今乌兹别克共和国布哈拉一带的乐舞；《高丽伎》——今朝鲜的乐舞；此外还有疏勒、突厥、扶南（今柬埔寨）、倭国（今日本）的乐舞。这样，中原音乐和邻国的外来音乐长期地接触汇合在中国的音乐、舞蹈园地里，新艺术的美丽花朵终于百花盛开，争奇斗艳，这就是历史上著名的“唐乐”。唐乐以中原音乐（即中国传统的音乐）为基础，吸收了各国优秀的新鲜的音乐成分，成为国际意义的内容而同时又是中国新的民族形式的高度艺术创造。

教育领域也应如此，我们不仅要学习先进的、发达的国家中合理的有用的教育制度和教育思想，同时也要注意吸收后进国有关教育方面的优秀因素和成分。比较教育的研究也必须兼顾两个方面。

宋代以后，中日两国的关系曾多次受到干扰、阻滞，但是人民之间的来往从未间断。元、明、清三代，程朱理学在中国受到统治阶级的尊崇。这种情况在日本同样有所反映。日本的吉野时代中期到室町时代和江户时代（相当于中国元到明清这段时期），儒学和朱子学依然是十分盛行的。

15 世纪初期，一位曾经很活跃的日本僧人仲方园伊在《送义山上人序》中说："国朝二百年以来，斯道稍衰，名教殆坏，朝廷不以科取人，士亦不守世业，仅存官员，不问其人才否，于是大废学问之道，大率谈道学，言文字，以吾德之绪余为缙绅者之专门也。"这一段文字写中国的宋学传入日本一个多世纪之后，以明经训诂为主的日本旧儒学，已经为以道学（程朱理学）为主的新儒学所替代，宋学正在发展为日本儒学的主流。

当时，日本朝廷对宋学也抱有很大的兴趣，花园天皇、后醍醐天皇就是持有这种兴趣的最明显的代表。《花园院御记》中记有："近日禁里之风也，即是宋朝之义也。"又说："凡近日朝臣多以儒教立身，……只依《周易》《论语》《孟子》《大学》《中庸》立义……近日风体以理学为先……"可见，宋学在当时京都的宫廷和上层社会受到重视并广为流传。日本僧人玄惠法印充任后醍醐天皇的侍读，在宫中热心于宋儒新注书的介绍，讲授《四书集注》等。

玄惠法印，号独清轩、天台宗僧侣，他是在日本宋学史上第一个正式开设讲席传授《四书集注》的人。他的讲学，影响所及，达于朝野。当时"士大夫之有文者，莫不从而受教"，极受知识分子的欢迎。玄惠法印一生讲学，弟子门生遍布，至老而不息，已成为京畿地区的学术泰斗；他的讲学，退汉唐注疏，倡程朱之说，开日本宋学研究一代之风。

自此之后，整个 14 世纪，无论禅林或世俗讲读宋学者，均不乏其人，如营原公时、梦岩祖应、义堂周信等，他们分别以程朱新义讲授《大学》《中庸》《论语》《孟子》《尚书》。其中，由于四书和训和点的出现，从而使日本的宋学讲席更达到一个兴隆时期。

日本室町时代的"足利学校"，不仅是日本关东地方的文化中心，也是全国的教育中心。足利学校的校规明确规定以"三注、四书、六经、列、庄、老、史记、文选"为教科书，禁讲其他书。学生中僧侣很多，但教学科目却不以佛教的学问为中心，而以汉学为中心。毕业生多数到地方去从事教育，做领导人或者任武家的顾问、参谋。寺院的高等教育也学习“经、史子、集”等①。可见，中国的文化教育内容，对日本的学校仍然存在着重大影响。

在明朝约300年间，入明的日本禅僧也不少。他们对中国儒学、文学以及其他各种文化的移植，也做出极大的贡献，其中颇负盛名的有汝霖良佐和桂庵这样的人物。

桂庵字玄树，生于1427年。“长门永福寺僧，任遣士官入明，留明6年，泛游苏杭之间，从硕儒学朱子学，回国后因避乱游丰、筑、肥等地，后到萨摩，开创桂树院，宣讲宋学，对振兴镇西文运，贡献很大。”② 桂庵对宋儒新注书及其著作是有研究的，尤精于朱子学。他也擅长诗文。桂庵讲授朱子学，在日本风靡一时，上自公卿大夫，下至群士僧俗莫不倾慕，竞受其学，于是名声大振。

至于在明代或明清之际到日本的中国僧人、学者、文人为数也不少。他们为日本的宋学、文学、教育诸方面都带来了很多新的刺激和影响。其中最著名的就是朱舜水。

朱舜水名之瑜，字鲁玙，明浙江余姚人。他是中国古代教育史上一个很特殊的人物，他曾流寓日本，对日本的思想界、教育界产生颇大的影响。他与唐代鉴真和尚东渡日本，可称得上是先后相辉映的。朱舜水是个爱国主义教育家，又是个民族气节很坚强的志士。他在日本讲学，深受日本人士的欢迎。他和日本弟子之间，互相关怀和支持，亲如父子。他对这些弟子们说：“仆之视贵国同为一体，未尝有少异于中国也。”他在日本20余年的讲学生涯，培养了一批人才，朝野人士也乐与之交游。作为教育家的朱舜水，他是深得日本学生的爱戴和赞扬的，他的“诲人不倦”的教学态度和精神也是令人敬佩的。他在促进中日文化交流，推动日本教育事业的发展，以及传播儒家经世致用的教育思想方面，都做出了一定的贡献。

近代西方帝国主义侵入东方以后，中日关系发生了剧烈的变化。鸦片战争以后，中国陷入了半殖民地，半封建的深渊。日本学习西方较早较快，19世纪的后30年中，迅速地发展成为近代化的国家。这时，中日两国之间的

---

① 尾形裕康. 日本教育通史［M］. 7版. 东京：早稻田大学出版社，1978.

② 木宫泰彦. 中日文化交流史［M］. 胡锡年，译. 上海：商务印书馆，1980.

文化教育交流发生了新的变化。

三

自汉代以来，中国与印度在文化教育交流方面也是十分频繁的。特别是佛教传入中国之后，经魏晋南北朝至唐代而极盛。

在唐代中印文化交流上，唐代僧人玄奘贡献很大。为了深入研究佛学，玄奘于627年出发，经甘肃、新疆、中亚等地，历经艰辛，到达印度，遍游各名寺，从高僧求学。由于他的刻苦努力，成绩卓著，在印度获得很高的名声和地位。645年回到长安，带回约510部佛教经典，并立即从事译经工作。玄奘还将这次所经历的各国各地区的风土、人情、物产、信仰和历史传统，撰成《大唐西域记》一书，成为研究中古时代中西交通和中亚及印度等国历史的宝贵资料。

《大唐西域记》近100年被译成英文、法文、日文、德文等各种版本。《印度简史》的作者潘尼迦意味深长地指出："玄奘的生活是世界历史上的伟大奇迹之一。玄奘在叙述与佛教神迹无关的事件方面，是一位准确的观察者，他的旅行记事是我们所有的关于印度的第一幅完全的画面。"潘尼迦的分析是深刻的和中肯的。这说明了《大唐西域记》一书是古代中印文化交流的真实记录。

就这位唐代僧人在印度的留学生活和学习经历中，我们可以从侧面看到当时印度佛教教育的一些概况，它同时也是中印文化教育交流的宝贵史料。

在唐代交通条件异常困难的情况下，玄奘徒步西行，孤身远征，历尽艰险，终于进入印度境内。到印度后，玄奘边旅行边考察，边访学边巡礼圣迹；然后辗转到了当时印度佛教的最高学府——那烂陀（施无厌）寺。那烂陀寺的门槛是很高的，一般僧人是不容进住的。寺主戒贤，是全寺也是当时全印度最有学问的人，被尊称为"正法藏"。

玄奘在那烂陀寺受到戒贤特别的器重和赏识。戒贤特地为玄奘亲自登坛讲经。在生活上则给玄奘以优厚的供奉。那烂陀寺藏有丰富齐全的典籍：大乘经典、小乘经典、婆罗门教的经典，以及因明、医方、术数等等，各种书籍应有尽有，各种专门的讲座天天进行。玄奘除了主要从戒贤受学之外，还得以向一些知名的佛教学者（如居士胜军等）学习、请教。可以想见，那烂陀寺，是当时印度佛教的宣传中心，也是为印度封建统治阶级服务的精神文化堡垒。

玄奘在那烂陀寺潜心学习了 5 个年头。“经于五年，晨夕无辍”的学习生活是相当紧张的。加上他又在印度其他各地游学访师，前后共 10 多年。后来，他几乎成了全印度佛学界的权威。

唐贞观十九年（645 年），玄奘学成回国，带着大批印度书籍回到长安。这一次唐太宗给了他很大的礼遇，派出大臣去迎接他，后来又对他翻译佛典的工作给以大力的支持。他成立和领导了一个译经场，集中了很多有才能的和尚，曾译出经论共 75 部，合计 1 335 卷。

作为一位卓越的翻译家，玄奘在中国佛经翻译史上享有很高的声誉。因为前代的翻译，主译者多数是外国僧人不通汉文，助译者多数是本国人不通梵文。所以，往往不仅译文艰涩难懂，而且经意也是有乖误。玄奘不仅语文兼精梵汉，而且对于佛理也有深入的钻研。因此，他的译经，在佛经翻译史上，开辟了一个新的时代（因而被称为“新译”）。

玄奘除了把大量的佛经翻译过来之外，还把《老子》译成梵文。这对于沟通古代中印文化，也可说是一个创举。

玄奘又把印度因明学的专著——陈那的《因明正理门论》译了出来，从此，印度的因明学就传入了中国。因明是发源于印度的一种佛教逻辑学，陈那则是印度佛教中对因明学有重大贡献的卓著人物。因明学是一门玄妙艰深的学问，自玄奘把它引入中国之后，引起了一些学有根基的僧人产生了研究它的兴趣，使因明学的研究在唐初曾极盛一时。

作为一位沟通古代中国和西域、南亚地区的文化，增进同这些地区人民友谊的使者，玄奘的贡献是重大的。正如他自己所说的那样：“宣皇风之德泽，发殊俗之钦思。”把当时中国的政治、思想文化介绍给西域、南亚各国的朝野，引起他们对中国的敬意和向往。同时，也带回了西域、南亚地区的文化和人民的友情。这不仅在当时具有重大意义，而且对后世也具有深远影响。

除玄奘外，唐代高僧前往印度求法的也甚为踊跃。例如，僧人义净在 671 年（咸亨二年）至印度，学习 10 年，然后回国。先后撰译经论 61 部，239 卷。义净的门弟子唐青州僧慧日，也于 704 年（嗣圣十九年）乘船西行，经南海佛逝、狮子等国，至印度各地遍访圣迹，寻搜梵本，访求知识。然后经北印度，于 719 年（开元七年）返抵长安，前后周历 70 余国。他们为中印文化交流而万里孤征，他们的求经求学的心情是真诚的，他们的吃苦精神是令人敬佩的。

随着中外佛教人士的往来频繁，有关介绍印度佛教情况的书籍，也陆续撰出，除了玄奘的《大唐西域记》和义净的《南海寄归传》等外，还有《中天竺行记》《唐西域图志》《西域志》等图书编出，使中国人士对佛教圣地及印度文化更加理解，同时印度风格的佛教艺术也在中国广泛流行传播。

毫无疑义，佛教是麻醉人民的一种精神鸦片。佛学是一种唯心主义的东西，是为封建统治阶级服务的。但是随着佛学的东流，同时也引进了印度的文明，引进了学术上的许多新的思想方法。这在一定程度上有利于中国学术的发展，例如，印度因明学的引进，这对于中国逻辑思想的发展起了一定的作用。

印度的佛教传入中国后，因为它是在中国这块土地上发展起来的，就不能不与中国固有的思想相结合，从而具有中国的特点。它对中国的教育制度和教育思想也产生了深刻的影响。

由于佛教的兴盛流行，各地寺院林立，僧徒众多，寺院不仅要对佛教徒进行佛教教育，而且还要译著佛经，宣传佛教。每一个较大的寺庙实际就是一所佛教学校，形成了一套佛教的教育制度，这一套制度对于世俗学校特别是对于唐以后的书院产生相当的影响。例如，佛寺里有僧徒宿舍，有讲佛书的“讲堂”，僧徒听讲时有一定的纪律，寺院都订有“清规”，也就是寺院的章程，所有这些对后来书院的组织形式和教学方法都有很大的影响，并为它们所吸收发展，如朱熹的《白鹿洞书院教规》，无疑就是受了佛教寺院“清规”的影响。书院教学采取的“讲义”和“语录”文体也脱胎于佛教的经籍文体；书院多建在山林静寂之处，也和寺院相类似。寺院之所以多选择在山林名胜之区，目的在于使佛教徒有一个清静潜修的地方，令僧徒们勤修禅道。这一点对一些崇尚儒学的学者和教育家是有所启迪的。因此，他们选择书院的院址，大多是自然环境优美宁静，足以陶冶性灵的名山胜水之地。

中国著名的白鹿洞书院就是坐落在庐山五老峰南 20 多里的地方，山峰至此汇成环状，别具一种格局，是一个“无市井之喧，有泉石之胜”，适合于群居讲学、著书立说的好地方。再经过朱熹一番规切、整理，广植花木，增建亭榭，勒石题字，使这所书院再度成为名胜之区和著名的教育场所而誉满天下。朱熹认为，书院要有一个优美宁静的自然环境。它对于学生潜心读书、修身养性是至为重要的。在白鹿洞书院讲学时，他“诲诱不倦”，师生间互相探讨，休息时他与学生徜徉在书院所特有的青山秀水之中，领略大自然美好的风光，这样的一种环境，对于学生的学习和修养来说，都是有一定好处的，所以从这一个方面来说，佛教寺院对书院的影响是有积极意义的。

中国的一些学者、教育家由于受到佛教思想的影响，他们做了许多把儒佛综合起来的工作，使佛教的理论适合中国儒学的传统，同时也使儒学渗入了佛学的因素，这样也就影响了中国儒家教育思想的发展方向。

宋代的著名思想家、教育家朱熹就是这样一位代表人物。朱熹在回忆他年轻时的学习经历也曾提到这一点。他说："某旧时亦要无所不学，禅、道、文章《楚辞》、诗、兵法，事事要学，出入时无数文字。"① "禅"指的是佛学，"老"指的是老子、庄子。可见朱熹年轻时就接受了佛教思想的影响。后来，朱熹接受了他的老师李侗的教导，把精力放在学习和钻研儒学上面。但朱熹着力于以儒学为主体来构造他的唯心主义思想体系时，他并没有抛弃佛学，而是将它熔铸进去了。他吸取了佛教教义中某些思想资料来补充自己。例如，他在阐明他的基本命题"理一分殊"时，就引用佛教禅宗的"一月普现一切水，一切水月一月摄"来说明"理"与万事万物的关系。从朱熹的教育观来看，他的"豁然贯通"说，虽然其前提是"积习既多"，但仍然可以看出它受到佛教"顿悟"说的影响。他极力宣扬的"存天理、灭人欲"的教育宗旨，虽然是渊源于孔子的"克己复礼""非礼勿视，非礼勿听，非礼勿言，非礼勿动"的礼教绳索，但他也吸收了佛教的禁欲主义精神。在道德修养方法上，朱熹主张"主敬"。他的"敬者主一无适之谓"与佛教的"一心""住念""无慢怠"的意思是相通的。

印度的佛教传入中国，到了宋代已有千年的历史。经过消化，在中国出现了若干重要的教宗，其中华严宗和禅宗的影响较大。宋朝的理学（新儒学）吸收了不少佛教的成分，二者的关系是十分密切的。佛教虽然是从国外输入的宗教，但是它在中国土壤上开花、结果。它一方面要从中国传统思想中吸收营养，使之民族化、中国化；另一方面它又施加影响于中国的传统思想，使中国固有的哲学、文学、艺术、教育等增添新的血液。这是中外文化教育交流史上的一种普遍现象。

由此可见，在中国古代，由于它曾是比较发达的封建主义国家，并发展了丰富多彩的文化、教育制度和教学内容，所以它曾吸引邻国的大批留学生来到中国学习，同时通过他们和其他渠道，把当时的封建主义文化和教育制度、教学内容传播和移植到其他国家。与此同时，中国也从邻国吸收了精湛

---

① 朱熹. 朱子语类［M］. 北京：中华书局，1986.

的文化，这对中国的古代文化、教育制度和教育思想也起了一些重大的影响。由于历史和时代的局限，当时不可能有人从理论上对此进行概括的比较，它只是作为一种史料记载下来。但是，从比较教育发展的角度来看，它在实际上已经起了一种跨国家和跨文化的作用，它为比较教育学科建设提供了必要的条件。

第二章　以教育借鉴为标志的比较教育学科建设（1817—1917 年）

第一节　学科建设第一阶段的背景述要

从 1817 年法国比较教育学家朱利安首次发表《比较教育的研究计划与初步意见》这本专著到 1917 年苏联十月社会主义革命，可称为比较教育学科建设的第一阶段。

随着现代生产和现代教育的发展，比较教育的研究对于各工业国家的生产现代化与现代教育都起了积极的作用。各工业国家为了发展本国的教育事业，曾互相派遣自己的教育家和改革者到别国学习先进经验。这就为比较教育的建设闯开了“借鉴”的新路子。

蒸汽机的发明和应用，标志着人类社会的伟大变革。第一次工业革命对生产者提出了受现代化教育的要求。生产者必须掌握一定的文化知识和技能，才能适应大生产的客观需要。工业革命促进了教育发展。工业国家在发展生产的过程中逐步形成了适合本国实际需要的教育制度。各国教育事业的发展，反过来又促进本国工业生产的发展。因此，各国政府日益关注教育革新。究竟怎样制定教育政策？如何改革现行教育制度？别国的教育理论和实践有什么可以借鉴的东西？世界各国教育发展的共同趋势是什么？每个国家的教育有哪些固有的特色？这些问题引起了制定教育改革政策的人们和比较教育专家们极大的兴趣。于是，以借鉴外国教育经验为标志的比较教育理论和实践的调查研究，在比较教育发展史上出现了新气象。各国的教育改革工作者互相访问，交流教改经验，促进了比较教育学科建设的进程和质量。研究比较教育的前驱大多数是一些教育行政长官或学者。他们是 19 世纪各工业国的教育改革的促进派。维克多·库森是当时法国的著名教授，1840 年出任法国教育部部长，多次出国访问，热心于借鉴国外先进教育经验以改革法国教育事业。英国知名学者马修·阿诺德不仅是19世纪的教育家，而且是英国学院的高级官员，以热心于学习外国经验、积极视察本国学校、革新本国教育事业而闻名于世。美国的威廉·托雷·哈里斯不仅是美国19世纪著名的教育哲学家，而且是美国教育行政部门的最高领导人，他对借鉴外国教育经验，改进本国教育，曾做出了重要的贡献。

在借鉴外国教育经验这方面，虽然教育行政官员和教育学者们都想知道，通过了解别国教育改革经验是否可以学习到一些对改革本国教育有实际价值的东西，但是他们对待学习外国经验的态度则各不相同。总的说来，有两大派别：开放派和保守派。

其一，开放派。思想开放的教育改革者们力图从别国教育理论与实践中，吸收对本国教育革新有益的东西，并加以鉴别，使外国经验在本国产生积极的效果。因此，他们出访外国，进行考察，综合分析，提出教育改革的设想和建议，供本国制定教育政策的人们做参考。在这种情况下，教育改革者与比较教育家有着共同的语言。他们对教育改革的政策不仅积极支持，而且亲自进行实验。人们称这些教育创新者为新时代的“开放派”。

其二，保守派。有许多思想保守的教育行政官员和老学究，对借鉴外国教育经验抱有强烈的怀疑态度。他们认为，从外国教育制度中借鉴不到什么对本国教育改革有益的东西，因而采取排外的保守政策。他们表示借鉴外国经验的办法是危险的，有害无益的，因为各国教育制度各有其自身的文化传统和社会特性。他们认为，借鉴别国经验来改革本国教育是无益的，本国教育的改革，要按本国教育传统来制定教育政策才行。他们主张，研究外国教育毕竟是比较教育理论家的任务；而现行教育制度的改革是教育行政部门的任务。二者是有根本区别的。教育行政领导人应研究本国教育发展中存在的重大问题，而非研究什么外国教育的“借鉴”问题。人们把这一类人称为教育改革中的“保守派”。

在比较教育学科建设的第一阶段，尽管教育行政长官们所关心的是教育实践，但他们对教育理论也不是毫无贡献，因为任何有效的改革实践总离不开相应的理论指导。反之，比较教育家研究教育政策的理论根据，不仅对比较教育学科建设是一种贡献，而且对教育改革也是一种贡献。因此，教育改革的实践家与比较教育的理论家相结合，外国教育经验的借鉴与本国教育改革的创新相结合，就能对教育发展起到相辅相成的促进作用。

随着资本主义大生产的发展，初等教育的改革日益受到各国政府的重视，在19世纪上半叶，各国政府为了建立适应生产发展需要的教育制度，增加了出国考察的国际交流活动。各国政府不仅派遣教育行政管理人员出国参观访问，增广见闻，而且派教育专家到外国调查研究，比较分析，为改进本国教育提供借鉴。当时，欧洲和北美国家的中央政府和地方政府都在积极从事教育革新，特别是对初等教育的普及和发展受到社会的关注。许多教育革新家力图减少或取消教会对学校的垄断，要求政府尽早实施教育立法，普及小学义务教育。这个时期的国际教育交流有了新的发展，有选择的教育借鉴日益受到各国政府的重视，照抄照搬外国教育经验的情况日益减少，比较教育学科建设也相应地得到了新的进展。

日本比较教育学家冲原丰在《比较教育学》一书中说：19世纪的比较教育研究的活动，是在企图从外国获得有益教训的动机下开始的。最初的典型事例是1817年朱利安发表的《比较教育的研究计划与初步意见》。但是，朱利安对比较教育的贡献主要在于借鉴。冲原丰说："教育借鉴的观点，对他来说是第二位的。"朱利安认为，要从本国教育发展的情况和民族文化传统等因素来吸收别国经验，从而探索国际教育发展的共同规律，这才是比较教育研究的首要任务。关于朱利安的比较教育原理，下面再详细论述。

与朱利安同时代的另一位著名学者，是热心教育改革的库森。他于1831年接受法国教育部的派遣，赴普鲁士考察教育。1837年，他发表了《关于普鲁士公共教育情况的报告》。为了借鉴外国经验以改革法国教育，库森在报告中反复强调普鲁士教育制度的优越性，他明确表示，普鲁士教育制度和教育政策给他留下了深刻的印象。首先，普鲁士的教育与宗教是分离的，世俗学校完全摆脱了教会的控制。其次，国家教育行政组织实行中央集权制，统一管理全国教育。再次，学校教育的效率较高，教育政策服务国家需要的大方向相当明确。

朱利安的比较教育原理与库森的教育观是不相同的。虽然，他们两人都想努力改革法国教育，以促进法国社会向现代化的方向发展，但是，他们两人对借鉴外国教育经验的看法则存在着重大分歧。朱利安重视比较教育规律的探索与国际教育的合作事业。朱利安的比较教育原理，按其性质来说，属于实证科学的范畴。他认为，应从本国教育革新的实际情况出发，借鉴外国先进教育经验以发展本国教育事业，从而探索世界各国教育的共同规律与国别教育的特殊规律。在朱利安看来，研究教育规律是第一位的，而教育借鉴是第二位的。库森则持不同的观点。他认为，教育借鉴在比较教育研究中应占首要地位，而探索教育规律是少数比较教育理论家的任务，应居次要地位。库森的教育借鉴观在当时法国教育界中起主导作用。法国政府根据库森出国考察教育后的建议，制定了法国教育改革史上著名的《基佐法案》。该教育立法的宗旨是在保持本国文化教育传统的前提下，把外国教育的优秀经验作为发展本国教育的指导方针，它带有“拿来主义”的色彩。库森特别重视普鲁士的教育经验，主张其他国家的教育改革应以普鲁士教育经验为范例。他认为，有志气的国家和民族应敢于借鉴别国教育革新中的好东西，使本国教育发展臻善臻美，不断前进。库森的比较方法有三个特点：①对外国教育资料应广泛搜集并加以认真分析研究；②个人或集体出国访问，一方面核实已搜集到的资料，另一方面增加第一手资料，把在异国的所见所闻作为对比研究的重要部分；③写文章宣传外国教育发展中可供选择借鉴的好东西，并向政府各有关教育机构提出建设性的改革意见。库森相信，世界各国的教育不论千差万别，教育经验总存在某些相似性和共同性，这就是教育借鉴的基础。

在教育借鉴思潮盛行的 19 世纪，美国的教育改革者与比较教育学家也为这门新学科的发展及本国教育的振兴做出了一定的贡献。在借鉴问题上，美国的贺拉斯·曼与巴纳德可作为当时教育改革派的代表人物。尽管他们两人的教育观不完全相同，但在借鉴别国经验以革新本国教育这个问题上，他们的见解则是一致的。1837 年，美国的马萨诸塞州建立了一个由 8 人组成的教育委员会，主要任务是了解别国教育经验，对本国教育改革提出建议。贺拉斯·曼任该委员会的第一任教育督察长职务长达 12 年。在职期间，他十分重视教育革新，特别重视初等教育的发展。他每年都向马萨诸塞州的州议会提出一份有关教育情况的报告书。他于 1842 年有计划地出国考察教育，先访问了苏格兰、爱尔兰、法国、德国、荷兰和英格兰，历时半年，参观了欧洲各国的各级各类学校，最后撰写了《第七年报》这本世界比较教育名著。英国比较教育学家汉斯认为，这个报告是对外国教育进行评价的首次尝试，对学校的组织形式和教学方法都进行了比较。这本专著的显著特点是：①对普鲁士学校的先进教育经验，特别是教师采用非强制性的纪律教育和启发式的教学方法大加赞赏，不吝笔墨；②提出了改善美国马萨诸塞州教师和学生的关系，使教师不仅要热爱学生，而且要应用新教学方法，以克服满堂灌的缺点；③倡导有选择性的借鉴，只借鉴普鲁士教师的优良教学技能和技巧，而不借鉴普鲁士学校对政府的默然服从和对教会条规的盲目信仰；④主张教学技能和技巧可以是各种不同社会制度共同使用的手段，不同的国家和社会可以应用某种相同的教学手段为本国教育事业服务。

贺拉斯·曼的报告对美国传统教学提出了新的挑战，对宗教控制学校提出了非议，从而触犯了宗教领袖的权势，在教育改革实践中碰到了阻力。贺拉斯·曼认为，普鲁士国家可以利用学校教育为君主政权服务，美国也可以利用学校教育为共和政权服务。他还认为，现状是历史造成的，而历史的作用在于说明现在的问题，虽然历史事实是不能改变的，但教育发展的未来则有改变的可能性，因此，世界各国改善今天的教育，就意味着各国教育的美好前景。

19 世纪美国另一位教育改革与比较教育研究的代表人物是巴纳德。他是美国康涅狄格州的首任教育督察长。因他领导教育改革成绩卓著，后来晋升为美利坚合众国第一任教育署署长。他年轻时代曾出访欧洲各国，特别研究了普鲁士的教育理论与实践，主张有选择地借鉴外国先进教育经验以促进本国教育的发展。

他对美国中小学教育和大学教育的改革做出了重大的贡献。首先，他创办了《康涅狄格教育杂志》，介绍欧洲各国的许多先进教育信息和经验。在美国教育界，他连续 30 多年从事教育改革的宣传活动。在美国联邦政府的支持下，他作为第一任教育署署长，积极从事教育改革，提供国外各种有利于教育改革的情报资料和专题研究，并总结本国教育改革经验，为改善美国教育做出了巨大成绩。其次，巴纳德建立了美国教育促进协会并担任第一届主席。他还主编会刊《美国教育杂志》，尽量搜集、翻译和登载世界各国的教育统计资料，然后加以分类整理和比较研究。再次，巴纳德主张借鉴欧洲各国教育制度的先进性，但反对照抄照搬外国的东西，他认为美国教育应有自己的特色。以公立普通学校为例，美国的公立学校是与本国的社会、政治、经济制度及宗教文化传统相结合的，所以，美国教育能培养出适应美国生产与生活方式的实用人才和富于创造性的开拓型人才。这种开拓求实精神是与美国人开拓边疆的传统因素分不开的。欧洲的教育则有所不同，学校强调学术性课程，轻视应用性的教学实践。欧洲各国的教育，特别是英国教育，并没有考虑培养具有实践能力与工作效率高的人才，而是片面强调书本知识，发展形势教育训练，培养经院式的书生型人才。巴纳德认为，不论培养何种类型的人才，单靠学校教育是不够的，还要靠社会教育与家庭教育的相互配合，因为教育质量的决定因素是综合性的，即学校、社会与家庭诸因素的综合。

19 世纪英国工商业的大发展，对教育改革提出了新要求，在这一历史时期的教育改革家中，约瑟夫·凯与阿诺德两人具有代表性。他们都主张借鉴外国教育经验以振兴英国教育，从而促进了比较教育学科建设的发展。

约瑟夫·凯为了改善英国平民教育，不仅研究了本国普通教育状况，而且出访欧洲各国，考察别国教育中可供英国借鉴的好经验。1850 年，他发表了《英国和欧洲大陆各国平民的社会地位和教育》这部名著，其中论述了德国和瑞士对平民教育所取得的优良效果，是这两国改良社会的重要因素。为了英国的社会进步，他主张英国政府应借鉴上述两国的经验，以改革教育来促进社会制度的革新。这反映了英国 19 世纪“社会改良主义”的教育思潮。

19 世纪英国教育改革家中，享有盛名的又一位代表阿诺德是一位诗人，又是一位文艺批评家，还是一位英国学制改革的积极倡导者，并担任了英国政府的视学官。可见，阿诺德是英国当时文化教育界颇有影响的代表人物。阿诺德于 1868 年给学校审议会做的考察报告书《欧洲大陆学校》，使他扬名于世。这本教育著作论述了法国的教育状况，介绍了意大利和瑞士的教育改革经验，阐述了普鲁士学校教育发展的各种条件。他从出访考察教育中形成了这样一种观点：即英国教育必须改革，才能顺应时代发展的潮流，英国传统教育的保守性是妨碍教育革新的消极因素。阿诺德的教育观与社会观是互相联系的，就社会观而言，他把英国社会上各种各样的人划分为三大类型：①野人，指的是英国的贵族。这些人饱食终日，碌碌无为，性格古板，胸无主见。②庸人，指英国中产阶级。这些人虽非饱食终日、碌碌无为，但是，他们自以为是、刚愎自用、无所作为。③平民，指工人阶级、劳苦大众，贫穷受罪的人们。他预感到这一类型的人是英国未来新社会的民主力量，其发展的势头与日俱增。阿诺德相信，英国社会如不主动改革，很可能要发生悲剧性的革命。他认为，贵族是普及文化教育的敌人，中产阶级是无所作为的保守派，明智的英国当局应该十分关心平民教育，使他们能接受到良好的民主教育，掌握现代科学文化知识和技术，这样英国社会的前景才可能预防发生暴力革命。阿诺德的教育著作还有《民主教育》（论文集），其中《法国的民众教育》一文强调了英国政府借鉴外国教育经验的重要性。阿诺德相信，英国政府在改革教育以促进社会发展方面，不仅是大有可为，能够收到“教育治政”的效果，而且能够提高英国民族文化教育水平。从他批评英国政府的教育政策中可以看出，他提请社会舆论注意，不能简单地相信政府发表的教育统计数字，而要剖析英国教育发展的实质。阿诺德的比较教育著作主要是赞扬外国教育经验的抽象论述。他主张借鉴外国经验，找差距，其目的在于促进本国教育的革新。

上述几位比较教育学家对“借鉴”问题有一个共同的看法，即主张“以本国教育传统为主体，外国教育经验为补充”。他们力求改革本国教育的传统与变革不被外国借来的新东西所损害。他们都承认普鲁士教育经验，特别是教学方法和技巧的优越性，但对于如何借鉴这类教育经验则采取了谨慎的态度。以泰勒的教育观为例，1836 年美国翻译出版了库森的《普鲁士公共教育情况报告》一书的摘要，没有发表报告全文，这是美国借鉴外国所采取的一种谨慎态度，这也可以说是有选择性借鉴的表现之一。泰勒在该书序言，一方面对这个报告表示欢迎，并认为美国教育改革可以从普鲁士教育中学习到许多好东西；另一方面，他又提醒读者说，普鲁士教育制度中有许多东西是不符合美国人民的民族精神和民主原则的，因为普鲁士的教育是支持专制政权的，而美国的教育是支持共和政体的。

借鉴外国与民族传统的关系，是比较教育研究中的一个重要课题。法国比较教育学家库森认为，一个民族的真正伟大之处并不在于它没有向别人借鉴什么东西，而在于是否借鉴到好的东西，并使其适应本国情况而有所创新。他相信法国人学习德国的教育经验，不会因两国存在历史上的对立情绪而影响借鉴与对比，更不会由此而损害法国民族的传统。库森的教育思想在当时英国教育界有着广泛的影响。霍纳曾把库森论荷兰教育的报告译成英文，并宣传教育借鉴的观点。他鼓励教育界从别国吸取经验作为改进英国教育的参考。

在 19 世纪“借鉴”之风盛行的时期，世界各国都在致力于普及小学教育及改进小学教学方法。因此，这些 19 世纪初期的教育改革者与比较教育学家都没有认识到借鉴外国经验的困难性与危险性。世界各工业国家基本上实现了小学义务教育之后，开始讨论发展中等义务教育时，才较明确地认识到“借鉴问题”的各种不利因素。决定一个国家教育发展的因素是哪些？如何剖析教育改革中存在的各种外因和内因？这类问题的阐释对比较教育学家在研究学科建设时提出了更高的要求。

英国比较教育学家萨德勒是一位对“借鉴”问题有创见的代表人物。他曾出访过德国、法国和欧洲的许多国家，考察教育实况。他见广识多，经验丰富，思想进步，见解新颖。他撰写了《教育问题特别报告》，共28卷。在这部巨著中，他提出了一个发人深思的问题，他问道：“我们在研究外国教育制度中能够学到多少有实用价值的东西呢?”并提出了一些有关研究外国教育以及本国教育改革借鉴的新观点。

第一，关于学校与社会的关系问题。他说：“学校外的事情比学校内的事情更为重要，并且校外的事可以支配校内的事。”这就是说，学校教育改革是不能脱离社会、政治、经济制度的制约性而孤立进行的。任何一国的教育发展，总是受本国的社会因素、政治因素、经济因素和文化因素等客观条件所支配，因此，教育改革与社会进步是相互联系的，二者的发展是相辅相成的。

第二，关于教育制度与民族特性的关系问题。教育形式应该坚持多样性原则，而教育宗旨则应该坚持统一性原则。他认为，借鉴外国教育经验，就不能把眼睛老盯着学校建筑的灰沙砖石，也不能只看教师学历和学生考分。人们还要花大气力到校外去，做社会调查，弄清楚那些支配学校成功或失败的各种精神力量与各个民族的传统与特性。如果他国借鉴德国的教育经验，就必须了解德国的民族特性，像德国那样的教育制度和学校体制不一定适合英国的教育改革需要。英国的教育制度是多样化的，特别是学校体制千差万别，英格兰的教育制度与苏格兰的教育制度各具其特色。两个地区不仅彼此的行政管理组织不同，而且教育传统和形式各异，爱尔兰的教育制度与英格兰、苏格兰都不相同。这种教育形式的多样性并非意味着英国整个民族精神没有统一性，恰恰相反，英国各地区却属同一个联合王国，甚至英国的许多殖民地，各地方的教育制度各有其殖民地色彩，但有谁能说英国不是一个统一的联合王国？英国人的民族特性是统一的。因此，萨德勒认为，整个大英帝国的各部分及英属殖民地的教育制度各不相同，但各种各样教育制度的教育宗旨则符合英国的民族特性，它是教育制度多样性与民族精神统一性的社会产物。英国民族特性的活力，把现代科学精华与历史遗产结合起来，使学校与社会日臻完善。

第三，关于外国与本国的关系问题。萨德勒说，在研究外国教育制度时，不仅要了解“是什么”，如实地报道异国教育见闻，而且更重要的是理解“为什么”，分析其决定因素何在。他曾经形象地讲过，比较教育研究者在欣赏各国教育制度之林时，不能像小孩逛花园那样，从这株花枝上摘一些鲜蕾，又从另一枝上摘一些绿叶，然后带回家去，把它们插在家园中的土地里，等着他们生根、开花与结果。那肯定是不可能把花种活的。教育的借鉴，其理相似。每个国家的教育制度都是有生命的东西，是本国传统与变革的有机组成部分，它扬弃该教育制度中不适应本民族特性的因素，而发扬民族特性中优良的传统因素。因此，他主张“各国的教育制度必须具有各国本身的特性”。当比较教育研究者“借鉴”外国教育经验时，一定要真正理解决定该国教育经验的各种相关因素。从比较教育学科建设的发展看，萨德勒对 19 世纪后期与 20 世纪前期的比较教育发展起了承上（借鉴时代）启下（因素分析时代）的桥梁作用。比较教育学家希金森于 1916 年在伦敦召开的北欧比较教育大会上高度评价萨德勒的比较教育思想的历史意义。萨德勒剖析了教育借鉴时代的比较教育理论与实践，提出了因素分析的概念，探索决定教育制度发展的诸因素，为比较教育学的借鉴与创新谱写了新篇章。萨德勒的因素分析论对比较教育的学科建设起了促进作用，对后来的比较教育学家康德尔与汉斯学派的理论体系有深远的影响。

从 1900 年萨德勒提出借鉴外国教育的实用价值，到 1917 年苏联十月社会主义革命取得政权这段历史时期，比较教育学科建设活跃起来了。这短短的 10 多年中，比较教育从借鉴时代逐步向因素分析时代转化。世界各国工业发展日新月异，促进了各教育事业的改善和发展。教育家们探索本国和外国的新教学计划、新课程设计、新教材教法。1906 年，英国政府的教育立法，对贫困家庭的儿童提供了进一步的资助。学龄儿童不仅受到免费的初等普及义务教育，而且由教育当局给儿童提供免费午餐，在校就食。这钱虽少，但意义重大。随着教育经费的增加，英国、美国等工业发达国家对教育科学与心理科学的教学和研究都加强了。儿童心理研究、教育心理研究、教育测验、早期儿童智力资料积累，对比较教育科学的发展提供了更为有利的从宏观对比深入到微观对比的一些研究因素，比较教育学科建设在教育史上又向前迈出了新的一步。

第二节　学科建设的创始人——法国比较教育家朱利安

法国的马克·安托万·朱利安是一位世界著名的比较教育学的先驱者。他出生在巴黎的多罗姆，中学毕业后进入巴黎大学深造。他作为“孔多塞的悖论”代表，于1792年被派往伦敦，担任法国驻英大使馆的一名外交官。他于1794年从英国回到法国，被法国政府任命为巴黎“公共教育执行委员会”的委员，从而对研究教育问题产生了浓厚的兴趣。1810年，他接受内务大臣蒙塔利巴的命令，赴瑞士考察教育，历时两个月对伊巴尔顿的裴斯泰洛齐学园进行调查研究。返回法国后，他发表了许多关于裴斯泰洛齐的教育理论与实践的论著，在这些研究外国教育的著作中，有一些已成为教育史上很有价值的文献，例如，1812年出版了《瑞士伊巴尔顿学园所信奉和实践的裴斯泰洛齐氏教育方法的本义》二卷，1816年又发表了《关于裴斯泰洛齐教育方法的书信》等文章。

然而，上述著作都不能全面地反映朱利安的教育思想。朱利安教育思想的代表著作，是1816年开始在《教育杂志》上连载，并于1817年以单行本问世的《比较教育的研究计划与初步意见》。这本书字数不多，共50页左右，但其质量很高。他在这本著作中，首次把比较研究法引进教育科学的领域，使比较教育学的理论和方法明确化，即沿着实证科学的方向发展。1822年，这本著作在波兰翻译出版。1826年，这本著作以“朱利安关于比较教育的各种提案”为题刊登在拉塞尔的《美国教育杂志》上。尽管朱利安的比较教育学的见解开创了比较教育学科建设的新局面，然而，不论在他生前或死后约100年的漫长岁月里，都没有引起教育界名流学者和教育机构领导官员们的注意。

真理终究不会永远被埋没的。1885年，匈牙利教育学家柯梅尼在巴黎的塞纳河畔一家旧书店里发现了这本不朽之作。1948年，日内瓦国际教育局次长罗塞洛在巴黎举行的朱利安逝世100周年纪念大会上，向全世界做了广泛的宣传和评价。自此之后，世界各国的教育学家们对朱利安的比较教育学进行了重新研究，承认这本书是教育学史上的一册划时代的杰作。朱利安开创了比较教育学的新领域，被后人誉为“比较教育学之父”。

不过，对朱利安的学术成就，个别学者也持不同的看法。美国历史学家布里克曼认为，最初建立比较教育学的人不是朱利安，而是巴塞特。因为前者发表的《比较教育的研究计划与初步意见》的年代为1817年，而早在1808年后者已出版了《公共教育社团组织问题论文集》，其中就谈到比较教育。因此，布里克曼提出要重新考虑比较教育学科创始人的问题。为了论证这位创始人应为谁的问题，有两位比较教育学者对此进行了认真的历史考证。他们是哥茨和弗雷泽。这两位学者考证了朱利安的代表著作之后，做出了符合历史本来面目的适当评价。弗雷泽分析了朱利安的代表著作曾受到巴塞特论文《关于外国教育和教育模式考察结果的利用问题》的影响，并且从伯克托尔德著的《爱国旅游者访问记》一书中得到启示。朱利安通晓这两部著作是有史为证的，他在自己的代表著作中利用过上述两本书中的一些资料。然而，朱利安利用这些资料时已有他自己独特的创造性见解，因此，布里克曼的观点是不能成立的，朱利安利用别人的资料这一点不能贬低朱利安作为比较教育创始人的学术地位和他对比较教育学科建设的历史功绩。自此之后，几乎全世界著名教育学者就再没有人质疑朱利安作为首次使用比较教育学这个概念与专门术语的先驱。朱利安第一次给比较教育学原理做了实证科学的论述这一历史事实，已为世界各国的比较教育研究者们普遍承认了。美国著名比较教育学家贝雷迪称朱利安为“第一位有科学头脑的比较教育研究者”，并宣称朱利安的比较教育理论与实践开创了比较教育研究的“借鉴”时代，使比较教育的学科建设能成为教育科学体系中的一门新的独立学科。

第三节　朱利安比较教育学原理

一、比较教育学原理的特点

朱利安的比较教育学原理，有下列几个显著的特点。

第一，重视教育的社会职能。朱利安认为，19世纪的欧洲教育不适应社会发展的需要，必须进行革新。他尖锐地指出：“总之，学校与社会发展不平衡，既不适应儿童和青少年的实际需要，又不适应他们预定的社会方向，也不适应国家和政府的普遍需要。”① 在19世纪初期，朱利安受到了社会动荡的冲击。他既受到反动政治的干扰，也受到革命力量的影响。在上述双重力量的包围下，他提出了教育是改革社会的工具的观点。他说：“教育的改革和改进是社会大厦的真正基础，是人们的习惯和意见的源泉。这些因素强烈地影响着人们的全部生活。整个欧洲似乎出自本能地感到，教育的改革和改进势在必行了！”②朱利安的教育观，与19世纪教育改革家的普遍看法有原则性的区别。他不赞同就本国教育制度的范围孤立地讨论教育改革的问题，而倡导“借鉴”外国先进经验以改善本国教育的开放性原理。

第二，重视学习外国先进教育经验。朱利安主张学习外国教育经验要有选择。因此，他选择了欧洲著名的裴斯泰洛齐学园和福禄贝尔学园作为法国教育改革的借鉴对象。奥地利和俄国的教育改革也借用了这两所学园的模式。“英国许多学校采用的小学新教学方法已在欧洲大陆的好几个区域异常迅速地传播开来了。”③朱利安在选择借鉴研究方面，很重视选择典型地区，他把瑞士看作“是一个最能集中各种有利条件成功地进行比较教育研究的特别地区”。他选择这个地区的理由如下：

“由于瑞士的22个州在气候、语言、宗教、政治组织和政府机构等方面都有很大的差异，该国的学校和教育制度存在着五花八门的现象。这使教育上人所共知的一切可能形式得以重新出现，不论是老式的教育，还是新式的，还是新旧结合的，不论教育是由世俗团体还是由宗教团体管理的，也不论教育是最终属于政府领导的还是不受政府控制的，真可谓各式齐全、应有尽有了。”④这样看来，19世纪的瑞士教育体制的多样性对开展比较研究提供了有利的条件。瑞士曾先后做过德国、意大利和法国的殖民地，这个地区学校是用德语、意大利语和法语三种语言教学的。比较教育研究者可根据不同类型的学校搜集研究中所需要的资料，并加以分类整理，以便和研究项目相一致，然后进行研究。

第三，重视比较研究的理论性。在19世纪，朱利安比较教育原理已为世界比较教育名家们公认了。比较教育学家彼德罗·罗塞洛、汉斯、洛雷索·菲尔霍等都公开赞赏朱利安的比较教育学原理。朱利安说：“教育，像其他一切科学和艺术那样，是由研究客观现实和观察结果而构成的。所以，为

①②③④ 朱勃，王孟宪．比较教育的研究计划与初步意见［J］．世界教育文摘，1984（1）．

了建立教育科学，正如建立其他各门科学那样，看来有必要把各种事实和观察结果所得的资料搜集起来，并把它们排列成分析性图表，使其互相联系和便于进行比较，从中演绎出某些原理、确定一些规则。所以，我们说教育可以成为一门近乎实证的科学，这比说教育可以抛弃狭窄的有限的观点、不受教育行政官员们主观臆断的影响而成为一门科学更恰当些，这也比说教育可以偏离其所应遵循的正统路线而成为一门科学更恰当些，不论这种路线是受常见的教育偏见的影响所形成的也好，还是由教育制度改革上所需要依据的原则而构成也好。"① 对于教育科学的发展，比较教育研究是一个十分重要的组成部分。朱利安又说："比较解剖学的研究促进了解剖科学的发展；同样，比较教育学的研究也必然要为教育科学臻于完善而提供新的研究方法。"②

朱利安对比较教育学的分析表达了他的实证主义教育观。当时许多比较教育学家和朱利安的观点一致，力图应用归纳法来研究比较教育，使其更接近于一门真正的实证科学。米尔在《逻辑体系》一书中关于实证科学的研究法概括了下列几个主要特征：①用客观考察办法来搜集资料；②对资料分类进行仔细研究；③对每件事可能产生的原因寻求解释；④设计经验性的假说；⑤深入搜集确实的证据；⑥阐明各种有效的教育原理原则。此外，有的名流学者，如圣西门等，都研究了实证科学的性质及其应用。甚至有人认为，马克思也应用实证科学研究法探索社会发展规律。他从仔细地、全面地论述和剖析资本主义社会的实质中，总结归纳出一条放之四海而皆准的普遍真理：资本主义制度必然灭亡，社会主义制度必然胜利。

第四，重视比较研究的方法。朱利安阐明他的比较原理的目标和任务时，还设计了一套教育调查研究的问卷方法。他认为，首先，要提出这些问卷的模式或所需填充的调查要目。其次，要介绍搜集资料的各种有关调查事实的普通度量法。再次，介绍调查研究结果产生的影响，包括积极或消极的影响在内。他很重视问卷法及其在比较研究中的意义和作用。他说："各门科学研究领域中所应用的分析方法和图表应起着完全与机械工艺上所采用的仪器相类似的作用，人们使用这些仪器的目的在于弥补人类的弱点，为克服弱点而提供援助，为我们的天资才华增加辅助力量；这些方法和图表，可以说，有助于人们智力水平的接近，把中等智力水平提到较高的智力水平，正

①② 朱勃，王孟宪．比较教育的研究计划与初步意见［J］．世界教育文摘，1984（1）．

像我们的手枪等武器在某种程度上补充了人体力量的不足，使弱者得以处于有利地位而与强者敌对搏斗。”① 至于如何编制教育观察资料比较表？如何应用这些图表？怎样调查研究？诸如此类的问题，下面还要进一步阐释。

第五，重视国际教育委员会的作用。朱利安认为，国际教育委员会对比较教育学科建设来说是一个十分重要的机构。该委员会是由人数不多但热心教育的有识之士组成，其中包括有学术地位的领导人，也有负责搜集各种资料的一般工作人员。他们把搜集到的各种资料汇编成册，对欧洲各国教育体制与教学工作加以比较分析，最后做出适当小结。他说：“这些以相同时间和相同顺序搜集到的欧洲各国教育和公共教育概况资料分析性小结，不用三年，就可以继续编成欧洲各国关于教育这一重要方面的现状比较表。从这种表上，人们不难判断哪些国家在这方面是先进的，哪些国家是落后的，哪些国家是停滞的……最后，一国教育上哪些部分的工作提出的改进经验可以引进到别国，并由该国的社会环境和地区情况确定其是否适用而加以修改和变革。”②国际教育委员会不仅要完成上述任务，而且要提倡各国互相交流经验，组织国际性学术会议，从探讨别国的优秀教育经验中发现本国教育革新的最佳方案。这就是说，国际性的教育借鉴，或者说国际性教育竞争对每个参加国的教育改革都是有益的。因此，成立这类教育委员会是开展比较研究不可缺少的国际教育机构。朱利安的这个观点当时未被人们理解和应用，而现在的联合国教科文组织，正发挥着朱利安100多年前就倡导的国际教育委员会的职能，而且这种国际学术交流的职能日臻完善。

第六，重视师范教育网的建立。朱利安认为，以培养优秀教师为目标而发展师范教育网是搞好教育事业，特别是培养比较教育研究人员的一项十分迫切的重要任务。这类师范教育网有利于提高教师的水平。师范教育网可分为两类：一是中心师范教育院校，它起典范作用；二是普通师范教育院校，它起普及推广先进教育经验的作用。当时的法国教育，既缺少优秀的教师，又缺乏系统的教材，还缺乏灵活的教法。如果法国的教育改革能提供解决实际问题的好条件，“并根据这样的好条件来培养、引导和教育儿童，那么教育改革与完善的问题将会得到解决，这正是我们研究教育科学的目的所在。”③

①②③ 朱勃，王孟宪．比较教育的研究计划与初步意见［J］．世界教育文摘，1984（1）．

中心师范教育院校还应该担负起出版《教育通讯》或《通俗教育杂志》的任务。“期刊内容可分成与教育体制上所确立的特定考试科目小册子的内容一样多的课题系列或分科类目。如有需要，还可将该刊物译成几种外文版。它将使所有从事教育科学研究而见闻广博的人建立定期交流成为可能，并直接有利于教学方法的改进；与此同时，今后整个教育工作亦将实受其益，可望在不到三年的时间内全部趋向完善。”① 由此看来，朱利安改进法国教育的美好愿望与初步设想是鼓舞人心的，是积极向前看的。但是，他的教育理想缺乏实事求是的措施，他幻想法国教育改革“可望在不到三年的时间内全部趋向完善”，就说明朱利安的教育思想脱离法国教育实际。他把教育改革的复杂性简单化了。短短的三年时间，法国教育改革最多是个开端，不可能“趋向完善”。

二、比较研究的问卷法

朱利安在拟定比较教育系列问卷法之前，提出了作为问卷法基础的几个要点：教育的对象、教育的目标和教育的手段。

“作为教育对象的人，是由三个要素构成的：身体、心智和头脑。”而每个受教育者的“幸福是生活与教育的目标，它存在于与上述构成人的三个要素密切相关的三种情况之中：人的健康、道德或美德、教养。”至于时间则是“教育与生活的手段”，据此，朱利安设计了六个调查研究的范畴来搜集资料、整理分类，最后做比较分析。

朱利安比较问卷的第一个范畴，是关于各国初等教育和普通教育的问题，在这个范畴内，包括下列调查研究的一整套提问。

第一类问题有 12 个。提问的目的在于了解这类学校的性质、数量、质量、教育立法、教育经费、行政管理、招生条件、儿童上学收费与否等。每个问题都要求有明确的答案。

第二类问题有 18 个。提问的目的在于了解小学校长和小学教师的情况。例如，用什么方式培养优秀校长和教师，他们每人有多少薪金，依据什么原则加薪或提级，退休后有无养老金，他们与学生家长，地方官员和各教派的关系等。从这些问题中可获得具体可靠的资料。

第三类问题有 10 个。它们是关于学生人数、年龄、入学情况、编班分组、教学进度、毕业时间、社区人口总数与小学总数的比例等问题。

---

① 朱勃，王孟宪．比较教育的研究计划与初步意见［J］．世界教育文摘，1984（1）．

第四类问题有 25 个。这类问题的目的在于调查研究学生体育、营养、疾病、死亡率等。

第五类问题有 25 个。这些问题主要是关于道德教育与宗教的探索。朱利安想研究“道德情操的初期发展；不道德行为倾向的约束；家庭中母亲的影响；宗教教育是枯燥无味的和教条主义的说教呢，还是饶有趣味的和给儿童心灵留下深刻印象的说理？小学的纪律教育和规章制度、处罚、奖励；竞赛：它是否用作引起学习动机的必要手段”①。此外，各所学校的宗教教育课程是必修还是选修？宗教教育的方式局限于宗教教义问答手册和宗教仪式，还是通过宗教信念来培养学生的道德品质等等。

第六类问题有 16 个。这些问题主要是智育方面的问题。智育的主要功能是培养儿童的“注意、比较、推理”的能力。从婴儿时期起，教师就应有目的地对他们进行感官教育与发展语言能力。与此同时，教师应采用各种有利于提高智育质量的新教学方法，使儿童“理解事物的实质”以达到学习的目的，而非仅仅“记忆表达事物的词句”来完成所谓的教学任务。朱利安的这种教育思想当时未引起法国教育当局应有的注意。现在看来，“理解事物的实质”是教学成败的关键，是提高教学质量的中心环节。

第七类问题是关于家庭的和私人的教育，共有 4 个问题。家庭教育与学校教育的关系二者有无矛盾；教师进行家访的情况如何；家庭教育与学校教育的方式不同，前者温和，后者严厉，这两类教育相对比，各产生不同的效果等。

第八类问题是关于普通初等教育的问题，共有 4 个。“初等普通教育的现行组织是否建立在庞大、稳固和完备的基础之上，足以对穷苦的工人阶级子女提供各种不可缺少的基础知识，以锻炼和发展他们各方面的才能？”② 有钱人家的子女与工人阶级的子女，在这方面的教育有什么共同性与差异性。

第九类问题有 6 个。这类问题主要调查一般教育情况。例如，新教育方法与旧教育方法的区别，有些什么全国性优秀的小学教育著作，怎样改进现行普通教育制度等问题。

上述各类问题共有 120 个，相当详尽，各种各类的问题既相互联系又各有其特点，根据这些问题搜集到的资料不仅有利于分类整理，而且有利于比较分析。

---

①② 朱勃，王孟宪. 比较教育的研究计划与初步意见［J］. 世界教育文摘，1984（1）.

朱利安比较问卷的第二个范畴，是中等教育和古典教育。重点在于通过一系列提问，了解中学生毕业后升学与就业的关系，以及教师队伍与教学计划方面的问题。

朱利安比较问卷的第三个范畴，是高等教育与科学教育。该范畴主要研究高等院校体制、大学生情况、普通教育与高等教育的关系，教学与科研的关系，高校培养人才与社会发展的供求关系问题，教授和校长的作用等。

朱利安比较问卷的第四个范畴，是师范教育。研究者主要想了解师范教育的特点、师范教育课程设计、师范教育与大学教育及中小学教育的关系等。

朱利安比较问卷的第五个范畴，是女子教育。研究者主要调查各级女子学校教育的状况，其中包括教职员工的情况，学生的情况，德育、智育、体育等方面在男女教育之间的异同。

朱利安比较问卷的第六个范畴，是教育与立法及社会制度有关的问题。研究者主要调查教育立法的实施状况、教育制度与社会制度的关系等问题。

就我们搜集到的资料看，朱利安的调查研究问卷编写得相当具体实用。在六个范畴中，包括260多道问题。朱利安拟通过大量提问搜集资料，然后加以整理，再做比较分析，最后概括出带规律性的结论。

朱利安对每个范畴所设计的调查提问，其目的在于客观地评价各校教育质量，了解学校与宗教的关系，了解学生的职业技术训练以及师资的培养。同时，朱利安还力图探索正规学校教育与非正规学校教育的联系途径问题，并总结一些具有普遍意义的教育规律。

美国比较教育学家乔治·贝雷迪是朱利安的比较教育理论与方法的一位最忠实的支持者和解释者。他在1964年出版的《教育中的比较方法》一书中说："朱利安的比较法的重点是把教育资料编成附有解释的分类目录；而且将所搜集到的资料进行比较，以便一国最好的教育经验可'移植'到其他国家去。"这段评论，简明扼要地总结了以"借鉴"为标志的比较教育学科建设第一阶段的基本特性。总而言之，朱利安的比较教育思想并不局限于"借鉴"的范围内，实际上，他力求探索世界各国教育发展的共同规律，并希望能从比较研究中归纳出一些带普遍性的教育原理。朱利安应用自然科学的归纳法研究比较教育，对比较教育科学建设做出了不朽的贡献。他不愧为一位比较教育的创始人。

第三章　以因素分析为标志的比较教育学科建设（1917—1945 年）

第一节　学科建设第二阶段的背景述要

比较教育学科建设由借鉴外国经验的第一阶段向分析外国教育因素的第二阶段过渡，是教育科学发展的必然趋势。这两个阶段虽然不是完全分割开来的，但每一个阶段也有相对的独立性。第二阶段的特点，是“抽出形成各国教育制度特点的各种因素和力量，并把它摆在历史文化传统和国民特性之中加以理解”①。

比较教育学科建设的第二阶段，包括 20 世纪的上半叶，其重点是从第一次世界大战到第二次世界大战的 31 年。

战争于 1914 年 8 月在欧洲爆发，1918 年 11 月结束。这期间还有 1917 年影响世界整个格局的苏联十月社会主义革命。

一

战时教育改变了教育改革，特别是学科建设的方向。在整个战争过程中，教育事业与教育科学遭到了严重的破坏。

其一，师资奇缺。德国的柏林地区，公办学校的教师有 2/3 应征入伍，许多学校停办，就是继续开办的学校，许多课程也缺教师，甚至合班上课仍感教师奇缺，聘用不合格教师充数亦困难重重。法国的情况与德国相似。英国与俄国有 50% 左右的男教师从军，美国有 1/3 的教师离开了教育岗位。

其二，学校转轨。办学方向转轨，意味着教育内容与教学过程都转向为战争服务的轨道。战争对教育的影响是深远的。1917 年 5 月，巴黎举行了一

① 冲原丰．比较教育学［M］．刘树范，李永连，译．长春：吉林人民出版社，1984．

次“学校与战争”的展览会，展出了上课时师生讨论关于战争的各种新闻报道，赞美法国士兵勇敢杀敌的真实故事。这些关于战争的材料，成了学校进行知识教育和道德教育的源泉。德国比法国早两年就举行了宣传学校教育与战争至上的展览会。在 1915 年 5 月柏林举行的这一类展览会上，德国统治阶级大肆宣扬现代战争的光荣感，教育青少年、儿童们理解他们自己正生活在德国历史上“最伟大的时代”。学生们在学校学习的主要内容，是歌颂德国军队在这次大战中的功绩。美国于 1917 年也搞了类似上述两国的宣扬战争的教育活动，通过所谓战争教育培养美国青年一代的爱国主义思想。参战国的学校，实际上成了所谓爱国主义教育的基地。在教育发展史上从未有过这么广泛地进行爱国主义教育的热潮。各参战国都自夸其功绩，并谴责敌国的罪恶行为。关于“爱国主义教育”，不同的社会制度对此有不同的理解。德国当时宣传的爱国主义教育，实质上是帝国主义战争教育；而法国当时宣扬的爱国主义教育，也是帝国主义战争教育。

其三，质量下降。整个教育质量全面下降的主要表现是：①文盲大幅度增加，根据美国政府于战争结束时的测验统计：在 1 726 966 名军人中，黑人入伍者的情况是，每 100 名适龄黑人儿童只有 87 人读小学一年级，32 人上六年级，8 人上高中，0. 4 人大学毕业。在 1918 年，美国成立了一个文盲调查委员会。该委员会于 1923 年发表的结果表明，美国仍有 2 000 万人是文盲。在美国、法国、德国、英国这些工业国家，从世界标准看，文盲率毕竟还较低。至于发展中国家，文盲率就高多了。例如，当时印度文盲率竟达 94%，在校人数仅占 4%。1918 年，印度政府认为，教育的基本任务在于扫除文盲，普及初等义务教育，提高全体国民科学文化水平。②健康状况下降。1918 年，美国政府说，入伍者体格检查不合格的人数占 1/3，要求学校加强学生的体育活动。③少年犯罪率上升。学校纪律松弛，父亲去打仗，母亲去做工。少年教育不良，罪犯人数与日俱增。据德国当局的统计资料，柏林在 1918 年，少年犯罪率达到 1914 年的 3 倍多。总之，在战争年代里，各有关国家的青年一代的德育、智育和体育都受到严重破坏，学校数量不足，教育质量低劣。这已成为普遍存在的严重教育问题。

二

第一次世界大战结束后，各参战国都面临重建教育制度、改革教育过程、提高教育质量的问题。旧式学校已不能适应战后生产力发展的要求，各工业国家都要求建立适应当时社会生产力发展需要的新式学校。这就是战后各国教育改革的共同趋势。当然，每个国家的教育改革都有各自的特色。

英国教育改革最显著的特色，是放弃以经典著作为主要课程的传统教育，提倡以科学技术为主要课程的现代教育。1916 年，英国《泰晤士报》刊登了 36 位教育科学家联名写的一封公开信，主张改革文科教育，现代文科教育不能像公学那样保守。“35 所最著名的公学有 34 所校长是研究经典著作的，没有一个是研究科学的。”这封信引起了公众广泛讨论教育改革问题。大多数人认为，“文科教育是文明国家各种思想和精神活动的基础。”现代教育包括自然科学、现代语言、本国语、历史、地理等。这时，英语国家的文学教育出现了新气象，这就是向拉丁语和希腊语的教学和研究提出了挑战，甚至在拉丁语和希腊语的堡垒地区，如德国和法国，这种经典著作在教学中的重要性也大幅度下降了。

美国教育改革的最显著特色，是提高教育的社会效率。美国全国教育协会主张，现代教育的目的在于提高社会效率，各种教学都应该对这个目的有所贡献。为了使社会能有效地行使其职能，教育必须使每一个成员都懂得自己在民主社会中的职责，并知道如何尽力去完成其职责。因此，教育改革的原则是建立在分析个人活动与发展的基础之上的。概括起来，美国当时教育改革的主要原则有七条：①提高健康水平；②培养独立生活能力；③做一个良好的家庭成员；④进行职业训练；⑤享受公民教育权利；⑥有价值地利用业余时间；⑦有高尚的道德品质。

上述七条教育改革的原则，主要是指中小学基础教育的改革而言，但其精神亦适用于高等教育。这些原则不仅对美国教育改革有指导意义，而且对世界各国教育改革有深远的影响，尤其是对后半个世纪里讲英语国家的教育改革的影响最为广泛。

美国教育改革的新动向，不仅表现在试行中小学六三三制方面，而且表现在提倡对全体青年普及中等教育方面。在第一次世界大战的年代里，西方工业发达的国家延长了义务教育年限，他们认为美国的教育原则是正确的。从 1913 年至 1945 年，西方工业国家中等教育改革的历史大体上讲就是普及中等义务教育的历史。

苏联教育改革最显著的特色，是废除资本主义的旧学校，建立社会主义的新学校。列宁说：“旧时学校培养出来的是资本家所必需的奴仆，旧时学校把科学人才训练成为适合资本家口味来写作和说话的人。我们必须废除这样的学校。”①

列宁又说：“在这样的学校里，工农青年所受到的与其说是教育，不如说是为迎合资产阶级利益的奴化训练。教育这些青年的目的就是要为资产阶级造成适用的奴仆，他既能替主人创造利润，同时又不会惊扰主人的安宁。所以我们反对旧时的学校，而只从这种学校中采取我们为了实行真正共产主义教育所必需的东西。”②

根据列宁的指示，苏联于20世纪20年代进行了全面的教育改革。这次改革的主要特点是加强劳动教育，建立单轨学制。1918年，苏联颁布了《统一劳动学校规程》和《统一劳动基本原则》，从而建立了苏联式的新型劳动学校制度。这次教育改革的主要失误，是劳动时间太多，讲授又不甚得法，教育质量下降。苏联第一次教育改革到1929年便完成了它的历史任务。

法国教育改革的最显著特色，是教育传统与革新的对立。传统派的代表人物主要是大学教授和中学教师。他们认为，法国教育是以教授经典著作为基础的。按照传统派的教育观，学校不开设经典课程，就意味着青年一代的教育权利被剥夺了。他们坚持传统教育，反对教育革新。革新派的代表人物主要是青年学生。1919年，法国青年成立了自己的组织机构，称为“同学会”。该同学会是两次世界大战时期法国教育改革的主要推动力。

革新派主张改革法国的传统教育，特别是公民教育。他们认为，法国儿童不仅要受爱国主义教育，而且要受公民教育，使青年一代学会履行社会义务，热爱国家，更重要的是培养他们对人民大众福利的责任感，革新派的口号是：“我们要使教育有积极的社会内容和明显的社会精神。”从这种教育观出发，革新派提倡办“统一学校”，使所有适龄少年儿童都有享受中等教育的机会；普及义务教育的年限从小学延长至中学毕业。革新派还主张改革当时的高等教育。他们认为，高等教育改革的主要任务是：①培养合格的各种专门人才，尤其是教师；②促进学术和科学研究；③广泛传播文化科学知识，使法国兴旺发达。只有这样改革，法国教育才能适应第一次世界大战后新生产力发展的需要。传统教育已在大战中死亡，新教育制度将随着战后经

①② 列宁．列宁论国民教育［M］．北京：人民教育出版社，1958．

济政治的振兴而日趋完善。

德国教育改革的最显著特色，是从战败国的失望中逐渐振兴教育事业。以20世纪20年代德国教育改革为例。这次改革对整个德国教育制度的发展有深远的影响。主要表现是：①从1920年，实行四年制小学义务教育，并使小学毕业生有机会上中学。战前，中学只招收少数天才的学生，战后，中学大门向所有小学毕业生开放了。②各州政府要求学校加强体育、德育和职业技术教育，并发展全国儿童福利事业。③中学教育形式是多种多样的，供小学毕业生选择。战前，德国中等教育的多样性比欧洲其他国家都明显。战后，中等教育类型增加得更多了。④提高中学教师的培养规格。战前，师范学校培养小学教师，它属中专性质。战后，教师培养由高等院校负责，它属大学本科性质。⑤在各级各类学校教育中，都强调德意志文化作为德国教育的基础。中小学教育的目的，是使学生理解全国和本地的社会、政治、经济状况，培养学生献身祖国的自我牺牲精神，发扬德意志民族传统。

德国的教育改革取得了一定的成绩，但很不理想。到20世纪20年代中期，德国的经济困难，民主政治力量变弱，军国主义得势，保守的国民政府上台。这使德国20世纪20年代后期的教育发展放慢了。

三

战争扩大了各国之间的接触，战后的教育改革需要教育科学的指导。20世纪20年代到40年代，教育科学包括比较教育学科建设在内，都得到了较快的发展。比较教育学的研究已不局限于借鉴外国教育经验，而是对外国教育经验做进一步的因素分析。

在比较教育学科建设过程中，英国比较教育家萨德勒较早应用因素分析法研究比较教育问题。萨德勒的比较教育观前面已经提到了。他留给后人的迄今仍为世界各国广大比较教育工作者所引用的一句名言："学校外的事情比学校内的事情更重要。"因此，在研究各国教育制度时，不仅要研究学校的内部关系，而且更重要的是研究学校的外部关系。在分析学校教育的内部关系与外部关系的基础之上，探索决定教育制度发展的各种政治因素、经济因素和文化因素等。

另一位比较教育家阿诺德在1861年出版的《法国平民教育》中，表述了因素分析法的思想。其后，他于1874年发表的《德国高等专门学校和大学》中，更明确地阐述了因素分析的理论依据。他仿效医学所应用的解剖人体的办法，来剖析影响各国教育制度的诸因素：①国家结构因素；②文化传统因素；③民族特性因素；④政治经济因素；⑤社会制度因素；⑥历史地理因素等等。在上述诸因素中，他特别强调历史传统与民族特性对教育的决定性作用。

然而，历史发展的道路是曲折的。第一次世界大战的爆发，打乱了教育科学研究的正常进展。直到战后各国进行教育改革时期，为了国际之间互相借鉴教育改革经验，从20世纪20年代到40年代，因素分析法才逐渐形成了比较教育学科建设中的一个有世界影响的新方法。

美国比较教育学家康德尔是受萨德勒影响最深的一位用历史法进行因素分析的著名学者。关于他的教育理论与实践，后面再做论述。

德国的比较教育学家施奈德和康德尔一样，都认为教育制度是多种因素相互作用的产物。因此，比较教育研究的目的在于阐明各国教育制度的异同，并剖析决定或影响每个国家教育制度的民族特性。施奈德于1881年出生于德国的科隆，1928年为波恩大学教授，同年他赴美讲学。1931年，他与美国哥伦比亚大学的门罗共同创办了一份学术性刊物——《国际教育杂志》。1946年，他任奥地利的萨尔茨堡大学比较教育研究所所长。1947年，他的名著《各国国民教育的动力》出版了。此后，他成为用因素分析法研究比较教育的另一位代表人物。虽然，他与康德尔同属一个学派，但是两人不同之处仍然很明显。前者侧重决定教育的现实因素，后者则强调决定教育制度发展的历史因素。施奈德从20世纪60年代起，就成为欧洲比较教育学会的名誉会员，直到1974年逝世。

英国的汉斯既吸收了施奈德的因素分析的现实观，又继承了康德尔的比较研究的历史观。因此，汉斯是应用历史因素分析法研究比较教育的一位有代表性的名家。1888年他出生于俄国的敖德萨。十月革命后他加入英国国籍。1926年，他在伦敦大学英王学院取得哲学博士学位。1936年，他又取得了该学院文学博士学位。在1945年至1953年，他任英国皇家学院的比较教育学副教授。后来，他任英国伦敦大学教育研究所的特别研究员。1949年，他的代表作《比较教育——教育的因素与传统的研究》问世了。该书深受读者的赞扬，从1949年到1977年，先后再版共8次。迄今为止，该书仍然是欧洲各国比较教育学课本中的畅销书之一。汉斯在书中，首先阐述了比较教育学的意义和范围，并分析了影响各国教育制度的诸因素。然后，他在第一部分中论述了自然因素（第Ⅱ～第Ⅳ章），其中包括民族因素、语言因素、环境因素等。在第二部分中，他论述了宗教因素（第Ⅴ～第Ⅷ章），其中包括欧洲的宗教传统、天主教传统、英国国教传统和基督教新传统等因素。在第三部分中，他论述了世俗因素（第Ⅸ～第Ⅻ章），其中有人文主义因素、社会主义因素、国家主义因素，以及民主和教育的意义。在第四部分中，他论述了英国教育制度、美国教育制度、法国教育制度和苏联教育制度，对上述四种教育制度用历史法进行了因素分析，并对各国的教育改革和趋势都做了一些评价和对比。总之，汉斯在这本代表作中，试图把历史研究法与实验研究法结合起来，对教育制度进行因素分析，使读者不仅了解各国教育制度是怎样形成的，而且进一步理解当前一国教育制度是由哪些因素的影响而形成的。因此，汉斯的历史因素分析法，对比较教育学科建设起了积极的促进作用。

1957 年，英国里丁大学的马林森教授发表了《比较教育研究入门》一书。到 1980 年该书共再版重印 8 次。可见这本入门书是受广大读者欢迎的。全书共 11 章。第一章讲教育的目的，第二章讲教育与民族特性，第三章讲民族特性的决定因素，第四章讲生活教育，第五章讲教育的各种具体目标，第六章讲教育行政，第七章讲师范教育，第八章讲学前教育，第九章讲初等教育，第十章讲中等教育，第十一章讲技术与继续教育。这本比较教育著作的中心思想，是论述一国教育制度的性质是由该国的民族特性所决定的，而精确的历史因素分析法对阐述民族特性是不可缺少的比较研究法。马林森是继承康德尔和汉斯的比较教育思想的一位著名教育家。

这三位比较教育学家都属于用历史法研究比较教育的代表人物。他们的比较教育学不仅对英美教育界有深远的意义，而且对世界比较教育学界也有着重要的影响，特别是康德尔比较教育学对各国的影响最为突出。

比较教育学科建设第二阶段的主要标志，是用历史法对国民教育制度进行因素分析。第二次世界大战后，特别是 20 世纪 60 年代，比较教育学界对康德尔学派的研究方法提出了新的挑战，社会学研究工作者对比较教育研究领域发生了兴趣，出现了用社会学方法研究比较教育的新动向。与此同时，比较教育的研究，也从宏观研究领域逐步深入到微观研究领域，其中还包括预测科学的研究和应用。这种研究势头到 20 世纪 80 年代还在继续发展。

第二节 学科建设的带头人——美国比较教育家康德尔

美国比较教育家卡扎米亚斯在评价比较教育学科建设者的历史贡献时，承认朱利安是比较教育学的创始人，其比较研究理论和方法很有价值。但是，卡扎米亚斯明确地指出："从方法论的观点看，只有 1933 年康德尔著的《比较教育》的出版，才奠定了比较教育学作为一门真正的科学研究的基础。康德尔的研究开辟了新的途径，而且他对比较研究的观点，迄今仍然是这门学科研究的理论基础。"因此，我们说康德尔发展了朱利安的比较教育学原理，成为比较教育学科建设继承人。这样评价康德尔，丝毫不降低朱利安在比较教育发展上的地位和作用。比较教育学科建设第一阶段的首要代表人物，当是法国比较教育学家朱利安。比较教育学科建设第二阶段的突出代表人物，当是美国比较教育学家康德尔。

康德尔是个犹太人，1881 年生于罗马尼亚。他从英国曼彻斯特大学毕业后，于 1908 年赴美深造，入纽约哥伦比亚大学研究生院攻读博士学位。1910 年获博士学位后留校任教。1923 年在该校国际教育研究所工作。1924 年开始为该研究所编《教育年鉴》，长达 20 年。他在哥伦比亚大学任教期间及尔后，发表了一系列论文和专著，例如，《中等教育史》（1930 年）、《教育管理的形式》（1938 年）、《战争对美国教育的影响》（1948 年）、《20 世纪美国的教育》（1957 年）、《大教育家巴格利》（1961 年）等论著。此外，他不仅编辑《学校与社会》杂志（1946—1953 年），而且还编辑《大学季刊》（1948—1949 年）。1923 年至 1946 年，他担任美国卡内基财团理事会委员、美国教育协会咨询委员、全美大学教授协会理事等职务，对学术活动做出了应有的贡献。

在他的众多著作中，最有代表性的是 1933 年出版的《比较教育》，其次是 1954 年出版的《教育的新时代：比较研究》。康德尔于 1965 年逝世。

怎样评价康德尔？这是一个长期争论不休的问题。有人把康德尔看作是比较教育学发展史上的一位杰出学者，因而片面地从历史贡献方面来评价其人其事。有人把康德尔看作是一位比较教育方法论的代表人物，因而片面强调从方法论观点来评价他的学术地位。这两种看法都只分析了康德尔的一个侧面，只评价了他的部分学术成就。另有人认为，康德尔的著作在内容上和方法上都确实反映了他那个时代的精神，论证了他自己提出的理论假说，虽然他的假说有一些已过时了，但他的比较研究经验迄今仍是有价值的宝贵遗产。正如比较教育学家布莱克所说："康德尔作为比较教育学的巨人之一是完全当之无愧的。他对这门学科的发展已经产生了深远而广泛的影响。"

比较教育学家贝雷迪是康德尔的生前友好。贝雷迪在《悼念康德尔》一文中，对康德尔的一生做了较全面的评价。现将该文的基本内容做简要的述评：贝雷迪认为，康德尔"是个不可磨灭的形象"，因为他"狂热地用全部精力去追求知识，他一生严谨地从事学术研究"，他的学术地位很高，成为法国有特殊功勋者的"荣誉社团"成员。

康德尔的教学生涯，是在比较教育学科建设的艰苦奋斗中度过的。他献身于比较教育学的教学与科研 50 多年，经历了两次世界大战的冲击，但他像辛勤的"园丁"那样，从未放松耕耘比较教育科学这块"被开垦的处女地"。他在比较教育学中一贯重视对教育与国家相互影响的研究。他认为，一国教育制度的特性是由该国政治制度的特性所决定的。国家决定教育，教育服从国家。他说，欧洲教育制度的传统在于培养国家的驯服公民，忠于国家就是教育的目的。

康德尔对西欧各国的教育制度很有研究，尤其是对英法两国的教育制度研究得更为深入和具体。他出版的《20 世纪的美国教育》一书，反映了康德尔的写作风格。这本书的新内容不多，但他以高超的文笔，剖析了美国教育面临的重大问题。他不仅擅长于描述国民教育制度的特点，而且擅长于归纳总结教育制度的规律，并提出自己独特的见解——预言和警告。贝雷迪评论道："他的预言和警告有时很平凡，有时很啰唆，有时难以捉摸。但是这些预言和警告真是很少有错。"康德尔一贯坚持比较教育学的专业特性和学术标准，反对降低这门学科的特性和标准去搞那些粗劣的普及工作。因此，他不论是在学术界或是教育界都赢得了人们的赞扬与尊敬。

康德尔热爱教育事业，是一位有献身精神的教师和学者。他在被排挤出"教育与社会"问题专家组后，成了哥伦比亚大学研究生院挂名的教授，曾一度过着凄清寂寞的生活。后来，贝雷迪到哥伦比亚研究生院工作，并经常积极征求康德尔对比较教育各项研究计划的意见，使他在高校重新引起公众的关注。他的生活从逆境向顺境的转变，使他非常高兴，满怀激情。他在比较教育学的教学与研究中又充满了老年人少有的那种“青春活力”。他从以国家为单位，研究比较教育学的老框架，以跨国家界限为基础，探讨比较教育学科建设的新领域。他以问题为主对各国教育制度、教育行政和各级各类教育进行比较研究，既重视各国教育的“民族特性”，又重视国际教育的共同性。他认为世界各国应实行一种国际性的教育制度，通过这种共同教育，使人们可能想到一块去。

有人误认为，康德尔主张比较教育学的研究不是社会学家的事，而是历史学家的事，实际不然。他提倡用社会学、政治学、人类学以及有关学科的基本方法来研究比较教育等，即用多种方法而非用一种历史法研究比较教育学。他说：“比较教育学与这些学科的相关性，远比它与教育理论和实践知识更为紧密。”然而，他也不赞成社会学家用那种琐碎而机械的方法，去研究教育的社会职能与特性。他主张深入学校进行实地考察。这一主张是完全正确的，甚至在今天这个新技术革命对教育提出严重挑战的年代里，康德尔的学校考察法仍是可取的，因为电子计算机不可能代替研究者对学校的现场考察与感性认识。他信赖直觉知识，信赖凭个人生活经验对真理的证实。他对问题深思熟虑，见解超群。

康德尔是在混合文化熏陶教育下成长起来的欧裔美国人。他带有一种犹太人特有的无家可归的伤感，对政治风雨十分敏锐。希特勒法西斯主义对犹太人的残酷迫害，使他不仅在政治上极端仇视“极权主义”，而且在学术上也对极权主义国家的文化教育抱有偏见。这里应着重指出的问题是：他把德国法西斯主义和苏联社会主义混为一谈。他对德国希特勒暴行仇视是完全正义的，完全合情合理的。然而，他也像谴责法西斯主义那样，强烈地谴责苏联社会主义，深恶而痛绝之，这就大错特错了。康德尔比较教育学的遗产，我们要批判地继承，至于他反对苏联社会主义的那部分，特别是把它与法西斯主义混为一谈，则应加以全面否定。所以，有人评论说，康德尔是学术上的巨人，政治上的“小人”。这个评论有一定的道理。

第三节 康德尔比较教育学原理

一

康德尔是一位世界著名的比较教育学专家。他的主要著作是 1933 年初版、1970年再版的巨著《比较教育》。这本著作，集中反映了他的学术生涯中主要论著的基本原理。在该书的导言中，他列举了世界各国教育上存在的可以进行比较的问题。例如，①什么是决定教育制度性质的基本因素？②什么是民族主义及其与教育的关系？③教育与国家关系怎样？④个人发展与社会教育的关系如何？⑤儿童教育应该由谁来管理？⑥学前教育的范围如何？⑦初等教育的范围如何？⑧中等教育的范围如何？⑨怎样培养中小学教师？⑩各种学校应设置些什么课程？⑪如何确定适当的考试标准？⑫怎样实行教育机会均等？⑬普通教育与特殊教育的关系应该怎样处理？⑭教育行政实行集权制，还是实行分权制？⑮教育制度中的重要因素和力量是什么？等等。

从上述各种问题的分析出发，康德尔提出了自己的比较教育观，他在前面提到的《比较教育》中，明确表示说："研究比较教育学的方法首先需要正确评价那些构成教育制度基础的无形的、模糊的精神上与文化上的力量；各种来自校外势力和因素的影响比发生在校内的更为要紧。因此，比较教育研究必须以学校所反映出的各种社会和政治的理想为基础来进行分析，因为学校集中体现了这些理想的传授与发展。为了理解、鉴别和评价一个国家的教育制度的真实意义，对该国的历史和传统、对支配该国社会体制的势力和观念、决定该国从何发展的政治条件和经济条件，对所有这些都必须有所认识才能比较分析。"这个观点贯穿于康德尔的比较研究的全过程。康德尔比较教育思想的核心，是民族主义与民族特性对教育制度的决定意义。

在教育与民族主义的问题上，康德尔认为，第一次世界大战后，各国教育制度的发展面临新的挑战：一方面是工业化国家的生产力大发展，对国民教育提出更高的要求；另一方面是民族主义思潮迅速高涨。他反复强调民族主义的真谛："如果说19世纪是民族主义兴起的时代，那么，20世纪就可以说民族主义已进入自决的时代了。"什么是民族主义的基本内涵呢？康德尔指出："民族主义包括了共同语言、共同习惯和共同文化，一个有组织的民族是民族与国家的集合体，有自主的政治组织，并有一定的国土。"民族主义与国家教育制度的关系是十分密切的。民族主义因素决定国民教育制度的变革，反之，教育改革的新经验又将增强民族主义因素的发展。因此，民族主义和民族特性这两个因素构成了康德尔比较教育学的核心。

康德尔比较教育学原理，可分为两大部分：其一为比较教育学的目的论，其二为比较研究的方法论。以"二论"为指导原理，康德尔比较教育学总体结构，除导言外，共由10章组成。

（1）教育与民族主义。其中包括教育面临的危机、民族主义的实质、民族主义与教育的关系。在康德尔的教育观中，民族主义教育是他研究比较教育学的理论基础，是比较教育学原理的重要因素。

（2）教育与民族特性。其中包括英、法、德、美、意、俄等六国的民族特性。康德尔选择了这六国作为比较研究的对象国。有人把它们称为“六个实验室”。关于各国的民族特性是什么？他们之间如何比较分析？康德尔除用民族主义因素来阐述这些问题外，还经常引用民族特性这个概念作为因素分析的补充。

（3）国家与教育。其中包括历史的发展与现时的趋势两方面的内容。康德尔一贯重视国家与教育的关系。六国的政治制度不同，教育制度各异。然而，在国民教育制度的发展中，各国教育经验不仅有相异性，而且有相似性和相同性。教育事业必须为培养国家建设所需的人才服务，而国家建设所需的人才的智力投资必须依靠教育。这是各国教育发展的共同规律，也是各国比较教育工作者研究的共同课题。

（4）教育制度。康德尔首先分析了全国教育制度的定义和制度的因素和力量，然后分别论述了六国的教育制度。所谓教育制度的定义，众说纷纭，莫衷一是。康德尔说：“根据现时的趋势（不限于哪国），我们可确定的教育制度是一种依儿童能力而给各人自由和均等的受教育机会，并受一定宗旨指导的制度。”决定一国教育制度的基本因素和力量是：①教育宗旨；②教育系统；③学校制度；④儿童受教育的机会；等等。各国的政治制度决定了相应的教育制度。虽然各国的教育制度不尽相同，但是决定教育制度的因素和力量则可能具有普遍意义。这些因素和力量是决定教育制度成功与失败的关键。

（5）教育管理。以六国教育行政管理制度看，就自由世界而言，大体上可分为三种类型：一为中央集权制，法国教育行政管理最典型；二为地方分权制，美国教育行政管理最典型；三为中央集权制与地方分权制相结合，英国教育行政管理最典型。康德尔说：“教育行政的本质，靠两种势力来决定：一是国家的理论，二是一国流行的教育学说。”中央集权制把教育行政管理统得太“死”，不利于调动地方办教育的积极性。地方分权制把教育行政管理分得太“散”，不利于中央对国家教育制度的全面规划。按康德尔的看法，

“理想的制度，应该是中央和地方政府合作的制度”。健全的教育行政管理的基本目的在于“创造适当情境来帮助受教育者的充分发展，同时鼓励教师享有专业上的自由”。偏离了这个基本目的，不论采用什么类型的管理办法，都不利于国民教育制度的健康发展。

（6）初等教育。在19世纪，初等教育主要是一种训练劳动人民及其子女的工具。教育目的建立在“知识万能论”“教育决定论”的思想基础之上。基佐说的“开了学校，关了牢狱”这句话，颇受人们的赞赏。其实，这句话过分夸大了教育的作用。学校的职能与牢狱的职能根本不同。二者有关系，但不能彼此代替。不过，人们重视教育对改造人的作用这一点是有积极意义的。初等教育内容分两类：一是宗教教育，以背诵教义为主。二是工具教育，以学习读、写、算的基础知识为主。当时流行的教学方法，既非传统的机械教学方法，又非儿童中心主义所谓革新的教学方法，而是一种兼顾儿童生长与社会需要的折中主义教学方法。康德尔认为，虽然19世纪的初等教育六国之间各不相同，但是，“有一个公共的趋势，即公认初等教育目的，在奠定各个基础未成熟儿童的基础，并充分发展之，使其成为社会中的健全分子，有思想、有感情、能认识自己的责任，并能控制环境。”这个共同趋势不仅反映了当时六国初等教育的发展情况，而且也反映了后来几十年六国初等教育的改革要求。众所周知，良好的初等教育是国民教育制度发展的基础。这是六国教育改革中反复证实的客观规律。这条教育规律对六国以外的其他国家的教育也有借鉴的作用。

（7）小学师资训练。法国第一所培养小学教师的机构，成立于1795年，设在巴黎，名为师范学校。19世纪中叶，德国、法国、英国和美国的师范教育制度已基本形成。师范教育由过去“学徒式”的训练制度转变为现代教育的“专业化”的教育制度。新型师范教育不仅要“教书”，更重要的是“教人”。亚当斯爵士说：“假如教师的任务是教约翰何为x，那么，他不仅要自己懂x，而且要懂约翰对于x的反应。他必须知道的比x（学科）还多，必须了解教学所在的环境及其所具教育的价值；必须洞悉各门学科的关系；知道教的东西是否适于约翰的发展；使用的方法是否能激发约翰的兴趣，使其专心从事学习。”这种师范教育观对六国小学师资训练起到了积极的促进作用。

（8）中等教育。初等教育与中等教育相比较，前者的性质和任务比后者明确。普及初等教育是大势所趋。许多人认为，中等教育的性质和任务，众说纷纭，实难统一。问题的分歧，在于实施普通教育与职业技术教育的关系上，各家各派自有不同的教育宗旨。以普通教育为中等教育的宗旨者，有德国的文科中学、法国的国立中学、英国的所谓公学。这一类古典式的中等学校，是为少数上层人物的子女升大学而开设的，选择性严，教育机会不平等。美国的中等教育与欧洲式的中等教育不同：一是中等教育不完全设普通教育课程，而兼设职业技术教育课程；二是教育机会平等，适龄青少年都有上学的机会。按康德尔的分析："英国中等教育的特色，是注重个人与其他公民的关系中所认为最重要的德行。"而法国的中等学校则不同，它"注重文化陶冶和理智训练的发展"。德国的中等教育，则由第一次世界大战前注重普通教育训练，逐步转向为强化中等教育的职业技术训练。因此，德国的中等职业技术教育在六国中居于首位。

康德尔对英国中等教育的历史、现状和趋势都做了比较详细的论述，其中包括下列一些主要问题。

第一，19 世纪下半叶，英国政府对中等教育实行干涉政策。1861 年，国家选取了克拉伦敦学校调查委员会调查了几所大公学的情况。此后，国家对办学方针政策和教育经费做了较严格的控制。1899 年成立了教育部，1902 年公布了"教育条例"。根据国家制定的教育条例，英国中等学校的组织和种类有了若干变革。第一种中等学校为公学，第二种为文法中学，第三种为市立中学，第四种为私立中学。英国中等教育在国家指导下得到迅速的发展。1903—1904 学年有 407 所学校，1931 年学校数便增加到 1 867 所。

第二，英国中等学校的目的，是对学生进行广博的普通教育，发展学生适应环境的各种能力，主要为升大学做准备，不考虑职业技术教育。以曼彻斯特文法学校前四年的课程为例，该校的科目有：英文与历史、地理、科学、艺术、拉丁文、希腊文、法文、德文、劳作和体操。

第三，英国的考试制度是比较严格的。1931 年，参加第一次考试学生的数目为 66 909 人，其中只有 69.2% 的学生得到证书；参加第二次考试的学生为 11 060 人，其中得到证书者仅有 67.2%。第一次考试科目有 28 门，即英文、法文、数学、历史、地理、拉丁文、化学、艺术、物理、宗教知识、植物学、其他数学、生物学、威尔士文、家政科目、希腊文、电学及磁学、普通科学、机械学、商业科学、手工、西班牙文、德文、化学与物理、热光与声学、家庭科学和卫生、音乐、经济。第二次考试科目有24门，即数学、法文、英文、历史、物理、化学、拉丁文、地理、希腊文、古代历史、植物学、德文、动物学、生物学、威尔士文、经济、物理与化学、西班牙文、艺术、英文与历史、历史与法文、音乐、地质学、意大利文。

上述考试科目，对英国中等教育产生了深远的影响。一是社会各阶层对考试制度提出了严肃的批评，因为考试科目脱离了社会需要。二是考试标准不规范化，因校因地而千差万别。三是考试科目繁多，内容繁杂，学生负担过重，忽视学生个别差异。因此，许多学者和家长都主张改革考试制度。总的趋势是加强实用性科目，减少学术性科目，使学生完成中等教育后，对升学和就业都有所准备。

（9）中等学校教师。在上述“六国”中，对中学教师训练都不如对小学教师训练那样重视。小学教师比较注意儿童的发展，中学教师比较重视科学的知识水平。以法国的中等学校教师的训练为例，法国中学教师要求有专门化的学科知识，市立中学教师最低资格是“教学硕士”水平。1920年设文科教学硕士学位，1928年设理科教学硕士学位。文科教学硕士按不同的教学科目发给相应的证书。例如，教哲学的硕士分别颁布给普通哲学史证书，或心理学证书，或哲学概论证书，或社会学和理论学证书；教文学的硕士分别发给希腊文证书，或拉丁文证书，或法国文学证书，或文法及语言学证书；教史地的硕士分别发给古代史证书，或中世纪史证书，或近现代史证书，或地理学证书；教近代外国语的硕士分别发给古典文学证书，或外国文学证书，或语言学证书。学位及证书的获得都要经过国家考试与选拔，并以学术标准为主来确定教师的地位。法国中学教师与其他同等教育程度的人们一样，享有同等的社会地位和经济待遇，因为他们不仅是教师，而且是学者，和同级公务人员处于平等的地位，因此，法国教师是受社会尊敬的，教师职业的专业标准比其他“五国”都要高一些。

（10）总说与结论。在比较教育学最后一章中，康德尔扼要地概括了全书的基本观点：①民族主义是比较教育学的基础；②民族特性是比较教育学的核心；③国家与教育的关系是比较教育学的主线；④民主教育制度的类型有法国的中央集权制、美国地方分权制，以及两者相结合的英国制；⑤中小学教师及其师资训练是比较教育学研究的重点。虽然六国教育情况不同，但是，作为基础教育的中小学校，作为“母机工厂”的师范教育，则具有普遍意义，彼此之间存在许多共同因素，可以相互借鉴。

康德尔比较教育学的基本原理，是民族主义和民族特性的原理。该书为并列式框架，各章开始把各国有关教育问题分类并列，然后描述各国教育发展状况，根据民族主义的目标和民族特性精神，用历史学的术语和方法来解释各国影响教育情况，并对各国教育制度的因素和力量进行分析。有人认为，康德尔的比较教育学，实际上是国别教育的个案研究，而非真正以教育问题为主的比较研究。虽然这些个案研究引起了读者对各国教育模式或动态的关注，但是这些研究的"可比性"如何，这一点确实存在许多争议。美国比较教育学家诺亚和埃克斯坦争辩说，康德尔的比较教育学是一些需待验证的假说，其理论的说服力是依靠康德尔本人的学术威望，而非依靠别人可以重复或检验的客观结论。康德尔主张用历史法研究比较教育学，但他并不遵循历史著作的那些准则，让读者能核对他在比较教育学中据以概括规律的材料来源，也不让读者有可能独立地检查他的论据。虽然有这种非议，但它未能降低康德尔的学术成就和历史功绩。康德尔的比较教育学是 20 世纪 80 年代很典型的富于历史性和哲理性的教育名著，是比较教育发展史上的一个里程碑。历史实际是不能改变的。我们用辩证唯物主义和历史唯物主义的观点，来剖析康德尔的比较教育学原理，去伪存真，"为我所用"，也不能不承认它是比较教育学科建设中的宝贵遗产。

二

康德尔用历史法对教育制度与民族特性（亦译为民族性）的关系，进行了深刻的因素分析，取得了具有国际水平的学术成就。在 20 世纪 80 年代，康德尔的比较研究法盛行于比较教育学界，成为比较教育研究的唯一方法，正如他在《比较教育》一书中所说："探究一国民族特性对于教育的关系，乃了解本国教育制度的意义的唯一法门。"①

美国民族特性的思想基础是实用主义。用康德尔的话来说，实用主义代表了美国哲学界对世界思潮所做出的仅有的一些真正具有本国民族特性的贡献，实用主义本身就是美国生活方式对美国人心理状态产生影响的自然结果。②

---

①② 康德尔. 比较教育［M］. 罗廷光，韦悫，译. 上海：商务印书馆，1940.

美国民族特性的集中表现，是喜新厌旧、急于求成。喜新厌旧是产生急于求成与急躁不安的性格特征的根源。美国人对社会制度和教育制度的变革急于求成。康德尔曾用过一个生动而形象的比喻来说明美国人的急性病，美国人“有时急得似乎想把植物幼芽连根拔掉来看它是如何长成的，他们甚至在尚未确知旧芽会失去作用以前就用新的来代替了”。美国人的这种特性，往往导致适应目前需要而不慎重考虑后果的通病。美国人缺乏远见的短处，在教育体制的改革中反映得尤为突出：“时而迅速发展，时而停滞不前，时而顺从新的潮流。”

英国民族特性的思想基础是经验主义，他们认为，“十分理论构思不如一分实践经验。”伯克在《对法国大革命的反思》一书中，分析了英国的民族特性，认为英国人凭常识经验来改革社会制度和教育制度。他直言道：“在社会一步步改良的整个过程中，我们就能因势利导地前进了。我们务必使社会制度的各部门不要发生冲突。”解决各种冲突，其中包括教育领域的冲突，用实践经验法来处理问题比用逻辑推理法有效得多。英国教育家重视教育经验，他们认为通过教育和教学获得的经验，比书本上的逻辑推理和僵化定义更有价值。按经验主义原则建立起来的教育制度，不仅有利于发展英国的民族特性，而且有利于培养英国公民的独立自主精神和创造性思维能力。英国人把个人自由不受国家控制，看作是获得自主权的无价之宝。康德尔认为，作为社会成员来说，英国人“坚信团体成员的自由合作与协作精神是好的”。他借用国际联盟报道中的一则双关妙语来勾画英国人的民族特性：“一个英国人是极愚笨的；两个英国人是有竞争的；三个英国人便可组成一个伟大的国家。”由此可见，英国民族特性既有个人自私愚笨的因素，亦有团体竞争协作的因素，这类消极和积极的因素在教育上表现得尤为明显。英国民族特性的集中表现，从这则双关语的字里行间也可以洞悉全貌了。

法国民族特性的思想基础是理性主义。如果用英法两国的民族性做比较，则有下列几方面的异同。

第一，英国人重视实际行动，而法国人则强调推理逻辑。麦达利对英法民族特性的分析是很有趣的。他说：“法国人看事，本身就是目的。他们只发疑问，找问题，不像英国人的想求解答。法国人思想中的两大要素是明辨与概括。他们所用的方法是很合逻辑的。”这样看来，法国民族特性的主要标志是：重理论、喜逻辑、有秩序、有计划、勤思考。总之，法国人分析问题头脑清晰，而处理事务有条不紊。

第二，法国人是受理性管束的个人主义者，所以他们对人、对事往往表示执拗己见，不肯抛弃自己的主张。英国人是受情感支配的个人主义者，所以他们对人、对事常常表示通情达理，调和折中，讲究实效。作为个人品性来说，英国人相信“自己活也让别人活”的精神是有良好情感色彩的。英国人不像法国人那样固执己见，比较容易改变自己的主张以适应新情况。

第三，法国人服从政府命令，服从中央集权控制，这种民族特性表现为有秩序、有系统、有计划、有组织和有整齐划一的传统。英国人不愿依赖政府的指挥，不喜欢中央集权制。英国人的性格特征是什么？克赖顿专家说：“爱好活动、富有魄力、重视实干、不屈不挠、笃守决定、诚实可靠、热爱正义、胸怀坦白、待人正直等等。”

总之，在康德尔看来，美、英、法三国的民族特性基本上是好的，因为它们是民主政治和教育制度的产物。反之，德、意、俄三国的民族特性基本上是坏的，因为它们是法西斯主义和共产主义的产物。在这个问题上，康德尔混淆了法西斯主义与共产主义之间的本质区别。他只看到两者表面上都奉行“集权制”这一点，就做出了错误的判断，把法西斯主义统治下的德、意两国的民族特性与俄国共产主义教育培养出来的民族特性等同起来。这不仅在理论上是错误的，在政治上也是十分反动的。关于康德尔对德国、意大利和俄国三国民族特性的论述，基本上不符合客观实际的，特别是对俄国的评论是带有浓厚的政治偏见和种族仇视的因素。这也是康德尔关于“民族特性”问题经常引起争辩的重要原因之一，这也是他的比较教育原理中的严重错误。

从 20 世纪 30 年代康德尔的代表作《比较教育》问世，到 50 年代他出版《教育的新时代：比较研究》一书的几十年间，他的比较教育研究法和比较教育原理始终如一。他一直坚持自己的观点，他在《比较教育的方法论》一文中，公开反对比较研究法的单一化。康德尔认为比较教育学研究不能用单一化的方法，“对几个国家的教育制度进行比较，应采用适合于处理该问题的种种方法，需要根据比较目的来决定所要选用的方法。”

卡扎米亚斯和马西亚拉斯说：“康德尔的方法论受着至少三种主要目的的指导。第一，可以称为‘报道—描述’的目的。”他向读者提供某些事实，或者用他自己的话来说“提供关于各国教育制度的情报”。康德尔主要采用一些常识性的范畴对事实进行分类。例如，教育组织和教育行政，中小学教育、中小学教师的培训。康德尔认为，这种事实的报道虽是不够的和有局限性的，却是比较研究过程中重要的开端。比较教育学家们一般都同意康德尔的这个基本观点。

第二，按他的意见，比较教育学最重要的特征，就是所谓“历史—功能”的目的。仅仅报道事实，虽属必要，却很不够。按照康德尔的观点，比较教育学家要探索产生某个问题的原因，并且必须重视萨德勒所谓的构成一种教育制度的基础的那种看不见的、精神的和文化的力量。康德尔指出：“不应把教育作为孤立存在的事情来看待。它应同国家背景，同社会的、经济的、政治的和知识的环境等因素联系起来研究。”这个因素分析的观点，也成为比较研究不可缺少的组成部分。

第三，康德尔方法还一个特征就是“借鉴—改善”的目的，在他的1933年和1955年的著作中，康德尔对于改进世界教育，表示了巨大的关切。他希望通过考察外国的和本国的教育制度，研究比较教育学的人们能够养成一种更可取的哲学态度，其终极目的不仅是改进本国教育制度，而且要培养国际主义精神。

康德尔的比较教育研究的目的论是十分重要的。他认为，目的论决定方法论。因素分析法是多方面的，例如，社会因素、经济因素、政治因素、文化因素等。因素分析法包括三个环节：①分析情况，加以归类；②分析产生问题的背景，探索起决定作用的主要因素；③分析不同教育制度之间的普遍因素与特殊因素。

康德尔认为，比较教育学的因素分析法尚缺少应有的特色，需要做进一步的改善。他承认自己研究比较教育学的因素分析法，只是简单地借用历史学研究的因素分析法而已。此外，康德尔重比较内容而轻比较方法。在比较什么东西这个问题上，康德尔指出，比较研究的主要问题，应该是比较分析各种与教育理论及实践紧密相关的因素和力量；同时，应该从世界教育发展的广度和高度来分析外国教育制度和本国教育制度中存在的共同因素。具体一点讲，比较教育专业人员应该把注意力集中在研究国民教育制度中的实际问题上，比如教育行政管理、基础教育、师范教育、英才教育、教育机会均等、课程、教材和教法之类的实际问题，并阐明决定这些问题的政治因素、经济因素、社会因素以及文化传统因素等等。康德尔在肯定因素分析法的重大意义的同时，也指出了它的不足之处。这就是说，因素分析法的应用，到20世纪60年代，过于强调分析教育制度的各种具体因素。这样一来，人们对于比较教育学的全貌就看不清楚了。就康德尔对社会科学的定量方法应用于比较研究表示怀疑。他认为，社会学定量研究只能提供一些数据，但是社会学方法却不可能阐明比较教育的性质。因此，定性分析法是基本的比较法。研究世界各国的教育制度的目的，在于解释每个国家形成教育制度的决定性因素，及其显著特性影响教育制度的决定性因素是什么。康德尔认为，首先是民族主义和民族特性，其次是政治制度与国家政策。因此，康德尔的因素分析法，是一种不局限于单纯描述教育现象而要求阐明问题实质的定性分析的方法。

康德尔的因素分析法的思想渊源，来自他的导师——英国比较教育学的先驱萨德勒爵士的教育观。萨德勒认为，分析比较的目的是发现一国教育制度中所具有的那种“无形的和难以捉摸的精神力量”。就任何一国的教育制度进行分析，其成功的因素或力量实际上集中表现为“支持该教育制度的决定性因素”，并阐明这种教育制度“取得现有成果的主要原因”。萨德勒的教育思想对康德尔的影响是极为深刻的。在他整个比较教育研究过程中，特别是碰到困难问题需要解决时，康德尔反复求教于他的导师。有人评论康德尔的学术生涯时，曾说过这样一句意味深长的话：“康德尔是第一次世界大战前在英国曼彻斯特受到萨德勒的影响的，而且萨德勒所给予的影响是康德尔始终保留住的一种可塑性的影响”。事实确是如此。我们研究康德尔的因素分析法，就有必要提及萨德勒的教育思想。

民族主义因素，对康德尔阐释各国教育制度来说，是起决定性作用的关键所在。1949年，康德尔总结了过去一个多世纪的历史经验后，颇有自信地说：“教育制度是为了保持、维护和促进民族主义的各种目的而被组织起来的。”1957年，康德尔分析了民族主义的精神实质之后，做了下列的总结性述评：“民族主义是过去、现在和将来都起着确保民族团结作用的各种力量的综合。民族主义意味着人们的观念、理想和信仰的一致，而这一致性必须具备两个条件才能臻于完善——居住在同一地区和受同一政府管辖或忠于某种政治理想或政治组织。”康德尔对民族主义因素的研究，在学术上是一大贡献。然而，他对这个问题的基本概念尚未讲清楚。例如，①民族主义因素与影响教育制度的其他因素如何发生相互作用，这在康德尔的著作中没有明确的解说；②民族主义因素如何对教育制度产生实际影响而发挥其决定性作用，这一点也没能让读者清晰地理解；③教育的发展受各种因素的影响，而影响民族主义本身的因素，也是这一相同的“各种因素”。在康德尔的思想中，这个民族主义概念总是含糊不清的。这个概念确实成了萨德勒所谓的“难以捉摸的精神因素”了。

康德尔民族特性因素与民族主义因素，对教育制度的影响是融为一体的。在康德尔看来，世界各民族的历史传统不同，文化背景各异；不同的国家和不同的民族，经常以适宜于本国家或本民族的特有方式来处理各种各样的教育问题。因此，不同的民族或国家就会产生不同的国民教育制度。那么，决定教育制度发展的基本因素是什么？康德尔肯定地回答说：“民族主义和民族特性是对一国教育制度的性质和发展起决定性作用的基本因素；而国家与教育的关系，是受这一类型所制约的。”这就是康德尔比较教育学原理的精髓。

第四章 比较教育学科建设的新时代（1945 年至现在）

第一节 学科建设第三阶段的国际背景

二战后世界各国教育发展的总趋势，是面向现代化。工业发达国家与发展中国家教育现代化的水平不同，但发展教育现代化的大方向一致。以发展电子科学技术为主要特征的工业革命，对当代世界教育的数量和质量都提出了史无前例的高标准与严要求。发展教育数量与提高教育质量二者之间的矛盾，在工业社会与信息社会的发展中日益尖锐化了。当前，如何正确处理这个普遍存在的矛盾，是比较教育研究的一个重要课题。

一

第一，关于发展教育数量的问题。二战后世界教育迅猛发展。据联合国教科文组织的统计资料，从 1950 年至 1975 年世界各国学生入学率如下：

（1）小学。1950 年，发达国家中有 35 个国家的小学生入学率达到 103.1%；1975 年，有 42 个发达国家的小学生入学率为 100.3%，这就是说，这些国家已经普及了小学教育。发展中国家的情况则不同。1950 年，有 93 个发展中国家的小学生入学率为 43.7%；1975 年，有 90 个发展中国家的小学生入学率达到了 81.1%，就 1975 年统计数据做比较，两种类型国家的小学生入学率的差距为 20%。

（2）中学。1950 年，有 35 个发达国家的中学生入学率为 26.7%；1975 年，有 48 个发达国家的中学生入学率已提高到 66.9%。这就是说，在 25 年里，中学生入学率提高了 40.2%。在同一历史时期内，1950 年，有 85 个发展中国家的中学生平均入学率为 5.3%；1975 年，有 79 个发展中国家的中学生入学率为 24.7%，就 1975 年统计数据做比较，两种类型国家的中学生入学率的差距为42.2%。

（3）大学。1950年，有30个发达国家的大学生入学率为3.7%；1975年，有46个发达国家的大学生入学率为18.9%。1950年，有95个发展中国家的大学生入学率为0.6%；1975年，有78个发展中国家的大学生入学率达到4.5；在30个发达国家中，1950年大学生入学率为3.7%；1975年，有46个发达国家的大学生入学率达到18.9%。就1975年的统计数据做比较，发达国家与发展中国家的大学生入学率的差距为14.4%。发展中国家的大学教育照上述发展速度，要赶上发达国家的大学教育，不是20世纪内所能办得到的。

总的发展趋势很清楚，在上述这段历史时期，全世界小学生平均在学率从59.9%增至86.5%；中学生平均在学率从11.5%增至40.7%；大学生平均在学率从1.3%增至9.8%。这些情况表明，二战后世界各国的教育都沿着面向现代化的总方向普遍地发展，原因在于世界各国政府的教育经费在国家预算中的比例相对有所增加。从1950年的13.5%上升到1965年的15.5%；1971年大约上升到16%。1968年，公共教育开支上升到大约1 320亿美元，与1960年到1961年的544亿美元相比，8年内就增长了150%。再加上校外教育经费，全世界每年用于教育的开支估计在2000亿美元以上。教育经费增加了，教育过程中的浪费也增加了。造成浪费现象的原因是多方面的，但学生中途退学是一个重要原因。这就产生了教育名义上的增加与教育效果实际上的提高二者之间的矛盾，迄今为止，仍没有解决这个矛盾的好办法。

第二，关于提高教育质量的问题。教育改革的中心环节在于提高教育质量。各国社会制度不同，教育质量观各异。但是，各国教育在通过开发智力，从而提高劳动生产率方面，则是相近的。联合国教科文组织的研究表明，受过初等教育的工人能提高工作效率43%，受过中等教育的工人能提高工作效率108%，而受过高等教育的专家能提高工作效率300%。国外有句名言："效率就是生命。"生产建设要讲求效率，教育建设也不例外。

提高教育质量的最终目的是开发智力，培养人才。从国外教育的经验看，各国的教育改革都在沿着提高教育质量的方向发展。

苏联一贯重视基础教育的质量。苏联教育学者认为，改革中小学课程、教材和教法，是提高质量的关键，而改革师范教育又是这一关键的核心。早在20世纪60年代中期，苏联就开始对中小学教育进行了一系列的实验和改革，曾把小学从四年改为三年，使学生早日学习系统的中学课程。教材内容按年级下放，中学毕业可学到更多的科技知识，更好地掌握现代科学、文化和技术的成就。中学除必修课程外，增设了许多选修课程、职业技术性质的课程，以利于进一步开发智力、提高质量。1984年，苏联又开始改革普通学校教育和职业学校教育，使二者的教育质量更加符合现代化大生产的发展趋势。改革后的苏联中等教育，使普通教育职业化，职业教育普通化。中等教育，特别是高年级，能更好地完成升学与就业的任务。这样的改革，引起了世界各国的关注。与此同时，苏联教育界还大力改进师范教育，培养合格教师。为此，苏联当局要求修改师范院校和中等师范学校的教学计划和教学大纲，将高等师范院校的学制从四年改为五年，在职教师每4～5年有一次脱产进修学习提高的机会等。这样做有利于年轻教师掌握深刻而牢固的科学基础知识和运用这些知识的本领，从而达到提高教师素质和教育质量的目标。

高等学校提高教育质量的基本标志，是培养攀登文化、科学和技术高峰的杰出人才。这就是所谓“重点大学的尖子教育”。美国的重点大学有哥伦比亚大学、哈佛大学、麻省理工学院等。20世纪70年代，美国大学获得诺贝尔奖的学者有30人，居世界各国的首位。国外学术界公认，大学教育质量高的标志之一，是获得诺贝尔奖。当然，这不是衡量大学教育质量的唯一标志，然而，作为参考依据还是有意义的。

苏联也很重视专门人才的教育质量。苏联的重点大学有莫斯科大学、圣彼得堡大学、列宁师范学院等。苏联现有高级专家1 400多万人，专职高级研究人员130多万名。在苏联第10个五年计划期间，国家通过了“关于进一步发展高等学校和提高专家培养质量”的决议。该决议特别重视知识分子在现代化事业中的地位和作用，要求“国内外一切大事均应优先向高等院校的师生通报”。可见，苏联教育改革的目标，不仅在于提高基础教育的质量，而且更着重于提高大学教育的尖子教育质量。

世界各国的教育如何向前发展？这是广大教育科学工作者很有兴趣的研究课题。唯心论者认为，当代教育危机严重，前景难测。联合国教科文组织国际教育发展委员会发表了《学会生存》这本专著，分析了教育世界的今天和明天，得出了消极悲观的结论。编者打听不到西方社会危机的原因何在，认为未来社会的前景将面临“毁灭”，而教育的宗旨就在于使青年一代寻求防止毁灭的办法，谋求生存的出路。从唯心主义观点看未来教育，人们就不可能真正预测世界教育的发展趋势。

然而，马克思主义认识论为我们预测未来教育提供了锐利的思想武器，深入地、科学地剖析教育发展的过去和现在，就可能看出现代教育的大趋势。马克思总结了人类历史发展的基本规律，科学地揭示了未来社会的美好前景。列宁也曾指出，搞社会主义建设不仅要善于解释过去，而且要能大胆地“预察未来”①。因此，预测未来教育的发展趋势，不仅需要，而且可能。问题在于依据什么理论与方法进行预测。

美国人研究“未来学”与“教育未来学”起步较早。1960 年，“世界未来学会”在美国成立，有 80 多个国家参加，与会人员达 4 万多人。美国学校从 1967 年开始设未来研究课程，最初只有 3 所大学开设这门课，到 1971 年增至 200 所。20 世纪 80 年代，几乎各大学都在开展这方面的教学活动与科学研究。有很多大城市的中等学校，尤其在高年级，也设了未来研究的课程，并为高等学校输送尖子学生，培养从事未来研究的专门人才。

联合国教科文组织在 1978 年第 20 届大会制订了“教育未来发展问题研究”的计划，开展世界性教育预测活动。1980 年召开了讨论会，研究“今后二十年内普通教育内容的发展”。1981 年，第 38 届国际教育大会讨论了世界未来教育问题，探索了 2000 年世界教育发展总趋势。

1971 年，苏联教育科学院安排了教育未来预测的科研课题，对 20 世纪 80 年代到 20 世纪末的教育做了内容广泛的预测。为此，苏联教育科学院还专门设立了教育发展预测实验室，研究 20 世纪最后 10 年如何建立现代化的普通教育模式问题。苏联教育专家柯斯杜亚希金著《苏联的未来学校》，在联合国教科文组织主编的《展望》杂志（1980 年第 4 期）上发表后，引起了广大教育科学工作者对苏联教育前景的普遍关注。

二

第二次世界大战后，美国中小学教育曾经历过几次较大的改革。一是在 1957 年，苏联人造卫星试验成功，对美国科技教育提出了新的挑战，暴露了美国科技教育的严重问题，特别是在中小学数学和自然科学的基础理论、基

① 中共中央马克思恩格斯列宁斯大林著作编译局．列宁全集：第 21 卷［M］．北京：人民出版社，1958：52．

本知识和技能方面，苏联中小学都名列美国之前。因此，这次改革的重点在于更新课程内容，提高教学的科学水平。二是到20世纪60年代，美国将小学教育改革的重点转移到普及中等教育，取消种族歧视，资助贫困学生，实现教育机会均等。三是到70年代，美国中小学教育改革的重点又从普及教育转移到反对进步教育运动，主张恢复传统教育关于读、写、算的基础训练，用美国人的话来说，这就是所谓的“回到基础教育去”。四是到80年代，美国中小学教育改革的重点开始面向以微电子为中心的新技术革命，使中小学教育和教学能符合现代化大生产中出现的信息社会的要求。

美国最新科学技术成就在中小学教育改革中的反映是加强“新三艺”的理论和实践。所谓“新三艺”指的是加强数学、自然科学和外语的教学。1958年，美国中学已在数学方面大胆革新，把高等学校的某些数学课程下放到中学。例如，十年级开设平面几何与立体几何；十一年级开设代数、解析几何与三角函数；十二年级开设基本函数、现代数学或统计学。就自然科学的改革而言，二战前的美国中学一般只开设博物课及生物课。物理和化学为选修课。二战后几经改革，目前美国绝大多数中学都开设了热力学、固体物理学、核子学、放射性同位素、核能、量力论、航空空间科学、火箭学等。就外语教学看，美国中小学与欧洲中小学相比，外语水平较低，普遍存在外语教师不会讲外语的缺点。一般来讲，中学外语教学时数占全部教学时数的比例是：初中为11%，高中为20%。外语教学有了明显的改进。当前，从“新三艺”发展为“新基础课程”：它包括电子计算机、数学、物理、化学、生物、本国语、外语等学科。有人也把这些课叫“核心课程”或“重点学科”。加强基础是传统的教学论在当代学校中的反映，它与美国进步教育即实用主义教育观是对立的，二者长期争论不休，无法统一。美国中小学的课程包括必修课与选修课，科目繁多。苏联中小学教学科目由国家统一规定为19门课，各校可因地制宜开设两三门选修课。据了解，20世纪80年代美国中学选修科目竟多至200门以上，有的中学选修课比重很大，占必修课与选修课总学分的50%以上。目前的改革趋势是：精简课程，正确处理必修科目与选修科目的关系，适当加强必修学科。

美国的信息社会对中小学教育提出了更高的要求。西方未来学家预测说，如果在工业社会里，战略资源是资本，教学生获得有关资本的本领就足够了；那么在信息社会里，战略资源已不是资本，而是信息。教会学生掌握信息的本领，就变成教育事业的头等重要任务了。因信息社会的权力来源不是少数资本家占有的货币，而是社会上多数人占有的信息。1950 年，美国只有 17% 的人从事信息工作，到 20 世纪 80 年代初，美国从事信息工作的人已超过了 60%。目前的趋势是从事制造业的人数越来越少，而从事信息业的人数愈来愈多。知识已成为最主要的工业，它向经济建设提供生产所需要的重要中心资源。因此，美国整个教育制度，特别是作为基础教育的小学阶段和中学阶段，不能不按信息社会科技发展的新任务而进行彻底的改革和创新。在新型学校里，决定教育质量的关键在于掌握现代化的信息，使学生的教育与信息社会相结合，从而使学生获得均衡的和全面的发展，成为未来社会的一代新人。

然而，美国当前中小学教育质量很不符合信息社会的要求，主要表现在两方面：一是师资水平太低。全国担任中小学数学、物理、化学和生物课的教师有一半人不合格。南方各州师资水平更差。二是学生成绩下降。1965 年中学毕业生考高等院校的分数为：语文 473 分，数学 496 分；到 1980 年下降为：语文 424 分；数学 466 分。有些中学毕业生写不通一封简单的家书，不会演算生活中常用的数学题。美国人自己认为，今日高中毕业的一代人是美国信息社会中的“科技文盲”。美国还有不少青年中学毕业后仍停留在功能性文盲阶段。据估计，全国功能性文盲人数已超过 6 000 万。中学生退学人数激增，以加利福尼亚州为例，20 世纪 70 年代中学生退学率增加了 83%，这在目前是美国全国退学人数平均数的 3 倍，它成为美国中小学教育改革面临的严重挑战。

1983 年 9 月，美国国家科学基金会决策机构国家科学委员会发表了一份有关教育改革的报告，要求大力提高全美国中学的数学、科学和普及教育的质量，到 1995 年使美国中小学生的学业成绩达到世界最高水平。该委员会还说，从 1985 年 9 月 1 日起，全国各中学至少要上三年数学和三年科技课，所有学校都应开设计算机课、高级数学课和科学研究课。在计算机教学中要突出重点，重视新信息和通信技术。该委员会认为，小学四年级的学生就要开始学习计算机。随着计算机科学的发展，教数学的方法亦应更新。教学生学习计算机操作的同时，应把算法思维训练当作解数学题不可缺少的组成部分。

三

20 世纪 70 年代苏联的教育改革是有成效的。苏联宪法于 1977 年规定："苏联公民有受教育的权利。"这种权利表现在下列几方面：①实行各种免费教育，国家给学生颁发奖学金或助学金；②实行普及中等义务教育，免费供应课本，可用本族语教学，为自学成才提供方便；③广泛发展职业技术教育，面向现代化生活与大工业生产；④发展多种形式的校外教育、函授教育和夜校等。苏联公民有受教育的权利不是一句空话，而是其教育改革的指导思想，它有丰富的内容。苏联全体儿童，不论在大城市或小乡村，都有平等接受教育的机会。为了保证用民族语教学，全国使用除俄语外的近 60 种语言。对智力或身体缺陷的儿童设立特殊学校。

苏联强调全体公民有受教育的权利。其目的在于培养全面发展的苏联人。列宁夫人克鲁普斯卡娅说："我们的目的是使儿童全面发展——我们要他们体格健康、道德高尚，教育他们成为集体主义者而不是个人主义者。"

通过集体促进人的全面发展是苏联教育的重要政治目的。国家办学校，实行高度统一的中央集权制。它意味着全国实施统一学制、统一教学计划、统一教学大纲和教科书等。教育制度的集中统一问题，不仅是一个政府需要的问题，而且也有心理科学和教育科学的依据。苏联心理科学家相信巴甫洛夫的条件反射学说，他们认为，在相同的条件下，各个儿童都会取得同样水平的学习成绩。从这个观点看苏联的教育改革，比较容易理解 20 世纪 70 年代苏联为什么把小学四年缩短为三年是有争议的。有人主张学制要缩短，有人则持相反的看法。再从教育科学家的研究成果看，苏联人认为，教什么和怎么教的问题不是主观臆测的需要，而是教育实验的结果。在教育改革中，主观主义注定是要失败的。1975 年，苏联教育科学院普通教育研究所教学问题实验室的领导人赞可夫教授发表了关于改革中小学教育的创造性建议。作为一位教育心理科学的领头学者，他的建议受到苏联当局的重视，从而决定把十年制中头四年的课程集中在头三年完成。赞可夫在《教学与发展》《教学法实验研究》等专著中，既阐述了教学与发展的区别所在，又分析了二者之间的相互关系。他认为，教学应该向前看，应该先于儿童发展的下一个阶段。赞可夫还总结了实验学校研究儿童在发展过程中的心理活动与学习效果的规律，并且论述了儿童在学习过程中所形成的科学概念及小学阶段以后的教学与发展。儿童的全面发展包括观察、推理、实际活动诸方面的能力发展。赞可夫的研究肯定了实验性教学的理论依据，肯定了初等教育从四年改为三年的大方向。一至三年级的重点学科为俄语和数学。儿童三年内学完四年的课程，而且保质保量，这使赞可夫闻名于教育世界。赞可夫所建立的教学论体系包括：①儿童如何掌握基础知识；②怎样发展儿童创造性的思维能力；③如何激发儿童的学习兴趣与热情；④制定具有灵活性特点的教学大纲；⑤把儿童在校内和校外学习的知识结合起来；⑥建立良好的师生关系等。

苏联教育改革的成就，不仅表现在赞可夫的研究成果方面，而且还表现在中学教育的发展方面。1975 年，苏联普及了十年制中等教育。1976—1977 年度，有 5. 2 万所十年制完全中学，10. 7 万所八年制不完全中学。1976 年，有将近 525 万名八年制不完全中学生毕业，其中 97% 的学生升入十年制完全中学高中读书或相当于高中阶段的其他中等学校。1976—1980 年，计划普通学校在读人数为 700 万，其中 450 万来自广大农村地区。1977 年，职业学校有 6 100 所，学生 350 万人，约 40% 的职业学校毕业生升入大学。中等专业学校招收八年制不完全中学毕业生，学制为 3 ~4 年；招收十年制完全中学毕业生，学制为 2 ~3 年。1976—1977 学年，中等专业学校共有 4 300 所，学生合计有 460 万名，其中超过 100 万人是函授生，50 万人是夜校生。

20 世纪 70 年代，苏联中小学教育取得了巨大成绩，但新的矛盾也产生了。一是小学生负担过重，严重影响儿童的全面发展；二是中学毕业生只有少数人能升入大学，绝大多数人要就业，升学与就业的矛盾成了突出的社会问题，因此，苏联于 80 年代又开展了全民讨论教育改革问题的活动。这场大讨论目前仍在进行。1983 年 6 月苏联党中央提出了进一步改革教育的建议，1984 年 1 月 4 日颁布了《苏联普通学校和职业学校改革的基本方针（草案）》。苏联各级各类学校和广大教育工作者、学生家长及社会贤达都纷纷发表意见和建议，苏联《真理报》《教师报》《苏维埃教育学》杂志刊登了许多有关教育改革的文章和消息，引起了世界各国教育科学工作者的关注和兴趣。

关于小学结构的讨论仍有分歧。有人主张三年制，也有人主张四年制。但从发展趋势看，越来越多的人拥护苏联党中央的精神，把小学阶段从三年制改为四年制。与此相关联的是学生入学年龄问题。究竟小学生 7 岁入学还是6岁入学？这也是教育改革中引发争论的问题。苏联许多早期教育学者认为6岁儿童的心理和生理方面都具备了入学的条件，6岁入学是符合教育发展规律的。苏联教育专家克里沃舍耶夫说，教育学家、心理学家和医生对儿童6岁入学的问题进行了科学实验，结果表明儿童入学的最佳年龄是6岁。

目前苏联教育改革的趋势还在于抓中等教育，特别是高年级（十至十一年级）。这次改革的中心议题是：普通教育职业化，职业教育普通化，二者融合为一体。苏联最近的教育改革方案包括40条，其中规定了中小学的教育结构，改革最突出的地方是高中，完全中学（五至九年级）的毕业生升高中面临三种选择：①进入普通中学的十至十一年级；②进入中等职业技术学校；③进入中等专业学校。这三者的结合将逐渐形成统一类型的中等职业技术学校与完全中学教育相互渗透、相互补充的新型中等综合教育体制。它对苏联教育事业的发展是很有利的。

第一，有利于改善苏联的中等教育结构，使中学毕业生在升入高等学校继续深造与到劳动部门就业之间有了必要的准备。在过去，升学与就业的矛盾是苏联教育改革中长期存在的问题。以1980年十年制中学毕业生为例，大约有84%的人没有上大学的机会，而他们在校时又无就业的基本训练。因此，要改革普通教育学校和职业教育学校，并完成下列几项任务：①提高教育质量，完善教学计划、教学大纲和教科书；②加强教学的综合技术性与实践性，实现普及中等职业技术教育的过渡；③加强劳动纪律教育，提高学生的自觉积极性；④加强学校的技术基础，采用现代化教学手段；⑤完善学校体制，实行科学管理；⑥提高教师的待遇，培养能完成“双重”教学任务的新型教师；等等。

第二，有利于提高苏联的中等教育质量，特别是中等职业技术学校的教育质量。多年来，苏联中等职业技术学校的地位较低，教育质量不高，青年不想进中等职业技术学校的问题相当突出。1982年，苏联新西伯利亚一所建筑学校的招生计划有47%没有完成。1983年，苏联党中央六中全会指出了改革普通学校和职业学校的重要性，鼓励办好职业技术学校。这一年，新西伯利亚州职业教育系统发展了职业技术教育网，加强普通教育与职业教育的联系，把培养具有现代科学文化知识的熟练工人与现代化生产劳动结合起来，报考职业技术学校的青年人数大幅度上升，超额完成了招生计划。这反映了苏联新的教育改革方向还是比较符合苏联社会生产发展的需要，从而满足青年一代求学的愿望。看来，这次改革不仅能提高中等职业技术学校的质量，而且也能提高普通学校的质量。

第三，有利于提高普通学校的水平，特别是完全中学十至十一年级的现代科技知识水平，苏联教育界讨论这个同题时，提出了几点建设性的意见：①精简课程教材，使教学内容现代化，各科教学尽可能反映20世纪80年代科学技术发展的新成就；②改进普通中学里的职业技术教育的理论与实践，为中学毕业生打下职业定向与劳动训练的基础；③改进教学手段，在教学过程中广泛应用电子计算机及各种电化教具，充分发挥广播、电视等现代化技术的作用；④重视讲清科学概念的同时，上好实验课与实践课；等等。这些看法反映了目前教育改革的新动向。

从20世纪80年代苏联教育改革的动向预测苏联90年代的中小学教育，我们将看到下列几点可能出现的重大变革。

第一，学制结构的变革。20世纪90年代的学校模型将是“三、五、二”三个相互联系又相互区别的三个阶段。第一阶段为四年，第二阶段为五年，第三阶段为二年。学生6岁入学，17岁毕业。这种中小学结构变革，有可能提高基础教育质量，加强职业技术训练。一至四年级的教学计划将沿着减轻儿童学习负担和提高质量的方向发展；十至十一年级的教学计划将更加合理地把普通教育与职业技术教育结合起来，为学生个性的全面发展创造有利条件。

第二，课程结构的变革。中小学课程结构的原则是：必修课程与选修课程相结合，小学阶段以必修课为主，高中阶段以选修课为主。一般情况下，十年级最好每周有两天的职业技术训练和社会有益生产劳动，十一年级有一天的生产劳动，有一天的图书馆独立自学。其余的时间可灵活安排，把学校统一的作息时间表和个人的自学时间表结合起来，学校的教学工作分为必修活动与选修活动两部分。前者是为了达到国家对学校提出的统一要求，后者是为了适应每个儿童的兴趣和特点，以便在教学过程中解决个别差异的问题。原则上从一年级到十一年级逐步增加选修活动的比例。

第三，学校职能的变革。未来学校的职能将更加复杂化。从双重任务改变为综合性单一任务。这就是说，升学与就业的双重任务不存在严重对立现象了。由于普通教育与职业技术教育相结合，中学的职能就成为综合性单一化，使学生既有就业的准备，又有升学的条件。在这种新型学校里，劳动将以最新的现代化科学技术为基础，教育将进一步面向现代化生产，同时，针对苏联未来青年一代人的特点问题，全国各地区曾展开了广泛的讨论，苏联人希望新型学校能培养出比较理想的德才兼备、身体健康的新社会开拓者。青年一代人的特点是现在老一辈苏联人的优点在未来的反映。这是苏联学校职能不断革新的关键。如果人们理解上述关键问题，就能看清20世纪末苏联基础教育改革的新动向。

四

在20世纪60年代至70年代初，以美国为首的工业化国家提出了用现代化理论研究比较教育的主张。现代化理论对研究第三世界各国的教育影响很大，对西方教育本身也是有一定影响的。

以现代化理论为指导研究比较教育，使教育“借鉴”的含义增添了新的内容。过去100多年，比较教育研究的宗旨是如何“借鉴”外国先进教育经验以革新本国教育。到了20世纪60年代，西方比较教育学者到发展中国家去，把本国现代化教育模式“借出”给第三世界各国。用美国历史学者布莱克的观点来表述，发展中国家要搞现代化，就必须西方化，于是现代化与西方化就等同起来了。社会学家希尔茨则不完全同意这种观点。他认为现代化理论意味着世界各国将继续争取本国社会制度和经济增长的合理化，以促使本国生产力的发展达到最大限度。在教育与现代化的关系方面，比较教育研究的重点在于探索哪一种模式的教育革新对现代化的贡献最大。现代化理论家们认为，教育既是对个人成才的投资又是对社会发展的投资。这种教育投资的效益，从长远的观点看，将大大超过重工业生产投资的效益。调查研究表明：接受了教育的人比未受教育的人工作效率高、工资收入多；国家由于发展了教育事业，从而提高了国民生产总值的水平。

以现代化理论为指导的比较教育研究，从总体上研究现代化概念转向研究教育现代化对政治、经济和社会所起的作用问题。现代化理论家们重视教育实践经验的数量化；重视教育资料的可靠性与比较标准的客观性；重视不同历史和地理条件下政治经济与文化教育的相互关系所产生的社会功能；重视各项研究成果对教育现代化的可推广性。20世纪60年代后期至70年代初期，现代化理论家们把本国工业化教育框架强加给发展中国家，以求实现西方式的现代化，这种尝试越来越行不通了。因为现代化理论家们所谓的西方现代化模式脱离了第三世界各国的实际情况，从而变成了纸上谈兵的空洞说教，对发展中国家的教育革新无所作为，失去了积极的现实意义。

有些研究比较教育的学者提出了修订现代化理论框架的主张。在他们中间有社会学家艾森施塔特，有经济学家舒尔茨，有历史学家布莱克。这些学者都相信教育改革对现代化建设有重大贡献。他们认为，教育现代化与第三世界各国的职业教育的发展有着密切的关系。因此，他们大力提倡各国发展职业技术教育，特别是非正规化的灵活多样的基础职业技术教育。20 世纪 70 年代初期，比较教育研究工作者加强了非正规化的职业技术教育对促进社会现代化的研究。然而，研究成果不能令人满意，因为它既不能阐明发展中国家的教育问题和前景，也不能对欧美发达国家的教育带来好处。于是许多比较教育工作者放弃了所谓“借入”西方“现代化理论”的研究，开始研究本国教育现代化的比较标准和解决本国教育问题的可行性方案以及国际合作，相互借鉴、相互依赖的新领域。

现代化理论家们在 20 世纪 60 年代至 70 年代初研究的范围主要是英美援助的对象国以及讲英语的东非和西非国家。这在很大程度上反映了英美两国的比较教育科学的发展在世界教育体系中的特殊地位。在亚洲地区，他们研究印度教育的成果最多，而研究其他东方国家教育的成果则很少。不仅如此，他们也忽视了欧美国家教育发展的比较研究。比较教育学者对尼日利亚教育的研究成果比对欧美法国教育的研究成果还要多些，尽管法国教育在当时正处于迅速扩展之中。在 20 世纪 50 年代，苏联人造地球卫星升空震撼了欧美各国，英美比较教育学者对苏联和东欧教育成就产生了强烈的研究兴趣。但到 70 年代初期，这种兴趣亦日趋下降了。

现代化理论家们对第三世界国家的教育实况了解甚少，又缺乏系统的科学方法。他们研究的重点，大体上是教育的外部关系，如教育与社会的关系、教育与经济的关系等问题；很少研究第三世界国家教育的内部关系，即教育结构、教学内容、教学原则和方法等问题。“现代化理论家们强调从历史发展的角度来研究第三世界国家教育的现状和趋势，而忽视从阶级差异的角度来研究这些对象国的教育实质。”

总之，西方的“现代化理论”家们试图把发达国家的教育模式主观地“借入”给第三世界国家，作为这些国家教育革新的框架，这种“借出”现代化的理论已被历史发展的客观现实所否定了。第三世界国家的教育现代化，必须从本国的实际出发，有选择地借鉴别国经验而加以创新，绝对不是机械地“借入”欧美发达国家的现成“模式”。正如邓小平同志指出的那样，任何“照抄照搬别国经验、别国模式，从来不能得到成功”①。西方“现代化理论”之所以失败的基本原因就在这里。

五

1945 年 11 月，联合国成立了教育、科学及文化的组织，即联合国教科文组织，制订了著名的联合国教科文组织宪章，并认为世界战争“是从人们的思想中产生的，所以必须在人们的思想中筑起和平的长城”。该宪章的观点是值得研讨的。从马克思主义观点看，产生世界战争的根源，不仅来自人们的思想，更重要的是来自各个帝国主义国家的对立和斗争。战争是政治手段的继续。然而，通过国际教育增进国际友谊，减少世界战争或推迟其进程，国际比较教育这个工具将能够发挥一定的作用。从历史渊源上看，联合国教科文组织是以国际联盟（1920 年成立）、伦敦博览会（1851 年成立）、巴黎博览会（1855 年成立）、维也纳博览会（1873 年成立）和费城博览会（1876 年成立）等国际组织为基础而发展起来的。它很强调教育在反对世界战争中的意义，教育“在人们思想中筑起和平的长城”的作用，在教育、科学和文化三者中，联合国把教育摆在首位，这也是该组织重视教育在国际范围内的地位和作用的一种具体表现。

联合国教科文组织建立了许多国际教育与比较教育的研究机构。全世界有 157 个国家参加这个组织所开展的各项研究活动。我国是联合国教科文组织的创始国之一，但在新中国成立以来很长一段历史时期内，我们基本上没有参加该国际组织的学术交流活动。1978 年，实行对外开放政策后，我国在联合国教科文组织中发挥了应有的作用。

联合国教科文组织的直属研究机构如下：

其一，国际教育局。1968 年，联合国教科文组织第十五届总会决定成立该研究机构，它现在已成为世界比较国际教育的研究中心。该研究机构的宗旨是：①建立一个国际性的、持客观态度的信息研究机构，对世界各国不同的政治制度和宗教信仰采取中立的立场；②这个研究机构的任务在于推进国

① 邓小平在中国共产党第十二次全国代表大会开幕式上讲话。

际合作，成为全球性为教学与科研服务的现代化信息中心。著名儿童教育心理学家皮亚杰曾任第一届国际教育局局长职务，对国际教育和比较教育做出了一定的贡献。

国际教育局的主要工作有：①在正常情况下，每两年召开一次政府间的国际会议，讨论过去两年间世界各国教育改革的现状和趋势，以及一些重大的具有国际影响的各国共同感兴趣的教育问题。以 1971 年第三十三届会议讨论的题目为例，参加会议的国家对少年教育很关注，因而讨论了少年学生的社会经济背景对完成学业的影响问题。在第三十五届会议上，各国代表则对师范教育感兴趣，大家讨论了教师作用的变化与现代教育的影响问题。每届会议讨论的问题都获得了良好效果，会议基本上完成了国际教育局下达的任务。②组织国际性科研课题，比较研究各级各类教育的共同性与特殊性。该机构曾组织过各国的比较教育学者讨论了有关师范教育、中等教育、教学计划与教学过程等问题，促进了国际学术交流，推进了比较教育的发展。③该机构还出版了许多教育论著情报信息和图书资料以及教育工具书等。如《特殊教育辞典》《普通教育辞典》《各国教育丛书》和多种教育刊物，该机构编辑部对国际教育和比较教育都做出了应有的贡献，受到世界各国广大教育工作者的赞赏。

其二，汉堡教育研究所。1951 年 8 月，联合国教科文组织在汉堡成立了一个国际性质的教育研究所。该所的主要任务在于完成教科文组织下达的各项研究任务，召开国际性教育会议，开展学术交流与比较研究活动。汉堡大学比较教育学米尔克教授任第一届所长，实行所长负责制。全所研究人员自选理事组成理事会，主管全所各项活动。1955 年，首次召开了国际性比较教育研究会议，讨论了比较教育学的许多原则性问题和研究程序问题。该所出版了《国际教育评论》，对比较教育建设起了积极的促进作用，还出版了许多比较教育专著和调查报告。例如，伯曾著《五个欧洲社会主义国家教育研究：1970—1972 年概观》，还有科巴耶斯著《当前比较教育发展动态》（1971）。该所也进行了一系列关于终身教育理论与实践的调查研究。全部研究经费的来源有三：联邦德国政府、汉堡市政府和联合国教科文组织。

其三，国际教育成绩评价学会。汉堡联合国教科文组织教育研究所于 1960 年组织了欧美九国比较教育学者的代表，制定《国际教育成绩评定计划》。日本的国立教育研究所参加了数学和理科成绩的调查。欧美 12 个国家进行实际调查研究后，分别出版了《国际数学成绩研究》（1967 年）和《十九国理科教育——国际评定研究》（1973 年）。该学会认为，继续进行经常性调研工作，是提高科研质量的重要组成部分。因此，在斯德哥尔摩设立了国际教育研究所总部，扩大调研范围，不仅研究数理科教学成绩，也研究语文、外语等文科教学成绩，对教育质量做出更全面、更客观的评定和考察。

其四，亚洲地区教育办事处。联合国教科文组织第十一次大会决定，1961 年在泰国曼谷成立联合国教科文组织亚洲地区教育办事处。这个办事处的主要职能有：①根据亚洲地区部长会议的决定，援助各成员国发展初等、中等和成人教育并对部长会议与教科文组织提供教育发展的原则性建议。②办事处对各成员国的研究人员和专家尽力提供最新教育信息与图书资料；并对各成员国的教育发展计划给予资助，提供咨询服务；资助工作包括主办地区性教育专题讨论会议，派遣教育专家开办各种教育培训班，协助各成员国研制计划和建筑学校等。这个办事处自成立以来，对亚洲地区教育事业的发展起了重要的促进作用。近年来，我国曾多次派教育专家参加办事处开展的国际教育活动。

其五，国际教育计划研究所。国际教育计划研究所是联合国教科文组织大会于 1962 年决定成立的研究所。所长是法国教育专家密塞尔・德保贝。研究经费来自联合国教科文组织、福特财团、世界银行以及参加研究计划的各成员国。研究目的在于探讨教育发展的外部关系，了解各国社会、经济和政治对教育的影响，为教育发展计划提供较客观的依据。研究的特点有二：一是强调对比分析，二是调整国际合作。研究项目较广泛，包括：①关于地区间教育差别问题；②师范教育计划与实施问题；③普通教育与就业的关系问题；④高等教育机关选拔人才的方式问题；⑤地区教育计划问题；⑥农村教育行政和教育计划问题。1976 年，这个研究所的出版物有 400 多种，成绩显著。

此外，非联合国教科文组织直属，但联系比较密切的研究机构，还有下列几种。

（1）教育研究和革新中心。这是经济合作与发展组织所属的研究机构，成立于 1968 年。这个中心的任务之一是研究学校教育质量问题，其中包括学前教育、中小学教育的课程设计与质量评定、教学方法和技术的革新等项目。另一科研任务，是研究义务教育完成后的职业选择、普通教育与地区服务的关系、高等教育与地区社会建设的关系等。该所的出版物已有90多种，科研成果丰硕，对教育革新产生了良好的效果。

（2）欧洲教育研究所。1975年，欧洲文化财团和欧洲共同体委员会、国际开发协议会合作建立了这个研究所，人们称它为欧洲文化财团教育研究所。该所的主要任务是研究普及义务教育阶段完成后高中教育的具体政策问题。通过高中教育升学与就业这双重任务的比较研究，探索欧洲各国高中教育的共同规律，促进各国在教育方面的互助合作。该所的经费主要来自欧洲文化财团、欧洲共同体委员会和法国政府。委员会的会长是布里格斯教授，研究所所长是塞里奇教授，正式研究成员有15位。有些科研项目则与所外各国教育专家协作研究。这个研究所的特点是：①国际性。从研究人员到课题协作等方面都具有明显的国际性质。②跨学科性。各项研究课题都不局限于一门学科，而是几门学科的交叉、进行综合性比较研究。③现实性。各个课题的科研成果对解决当前教育实践中提出的重大问题有参考价值。④独立性。研究所有自主权，可以独立做出符合科研需要的决策，不受外在力量所支配。研究范围包括中等教育、高等教育、终身教育、职业教育、国际教育合作、社会问题和经济问题等。该所还出版《欧洲教育杂志》，发表专家的研究成果，提供教育革新的政策性建议，促进欧洲教育及其他有关国家教育事业的发展。

（3）世界比较教育学会。它是1970年成立的国际性、学术性的民间组织，是在世界各国的比较教育学会的基础上联合而成的。这些学会包括美国的比较国际教育学会、欧洲的比较教育学会、法国的法语区比较教育学会、荷兰的荷兰语区比较教育学会、日本的比较教育学会、加拿大的比较教育学会、澳大利亚的比较教育学会、印度的比较教育学会和中国的教育学会比较教育研究会等等。

在上述各学会基础上联合而成的世界比较教育学会的总部设在联合国教科文组织教育局。学会宗旨在于发展国际教育和比较教育研究，并将研究成果应用到教育实践中去，从而促进国际教育经验的交流与借鉴。学会自成立以来，已开过五届大会。第一次大会于1970年在加拿大渥太华召开；第二次大会于1973年在日内瓦召开；第三次大会于1977年在英国伦敦召开；第四次大会于1980年在日本埼玉县召开；第五次大会于1984年在法国巴黎召开。每次大会都有中心议题。第一次的议题是教师培训与比较教育；第二次的议题是中等教育的效率性与非效率性；第三次的议题是教育的多样性与统一性；第四次的议题是教育的传统与革新；第五次的议题是各国教育的依赖与互赖：比较教育的作用。此次大会分六个专题进行讨论，参加者各抒己见，集诸子之高论，汇百家学说之精华，对比较教育的理论与实践都有重要的促进作用，深受教育科学工作者的赞赏，世界上越来越多的国家支持世界比较教育学会的宗旨和措施。我国的比较教育研究会于 1984 年 7 月在巴黎第五次世界比较教育大会上，以集体会员资格正式参加了这个国际性民间学术团体，这标志着我国比较教育科学发展史又翻开了新的一页。

第二节　英国比较教育学科建设鸟瞰

一

英国比较教育学的研究中心在伦敦大学。1947 年，劳锐思博士被聘为该校教育学院比较教育学系第一任教授。他后来担任欧洲比较教育学会的首任会长。他用哲学方法研究比较教育学，认为政治哲学是决定教育目的的主要因素。他主张比较教育学应成为教育科学中不可缺少的一部分，使比较研究对制定一国教育政策和探索教育规律做出应有的贡献。

霍尔姆斯博士于 1953 年被聘到该校比较教育系工作。现在，他已被提升为比较教育系的系主任和比较教育学教授。该系还有其他一些比较教育学专家：帕金斯博士负责联合国教科文组织方面的研究工作，托密阿克博士负责苏联和东欧教育的研究与教学，劳古洛博士担任斯堪的纳维亚教育的教学与科研，考恩博士是高等教育比较研究的专家等。他们人数不多，但学术水平较高、教学质量较好。在系主任霍尔姆斯教授的引导下，已形成了一支有战斗力的比较教育学梯队。霍尔姆斯也担任过欧洲比较教育学会的会长。自 1948 年以来，该系一直负责编辑《教育年鉴》，但从 1953 年起，英国伦敦大学教育学院与美国哥伦比亚大学师范研究生院合作，共同编辑《教育年鉴》。1956 年 9 月出版了《教育年鉴》中的《教育与经济学》卷，1957 年 8 月出版了《教育与哲学》卷，1958 年 5 月出版了《中学课程》卷。贝雷迪教授作为美国哥伦比亚大学代表，参加了《教育年鉴》的编辑工作。美国和英国的比较教育学者经常互访讲学，促进了两国的比较教育学科建设。1957 年，伦敦大学的霍尔姆斯博士和埃德蒙·金博士两位著名比较教育学家赴美国哥伦比亚大学师范研究生院讲学；1958 年，美国贝雷迪教授也到伦敦大学教育学院讲学。两国比较教育学者多方协作、经常互访，对比较教育学与科研都做出了应有的贡献。

伦敦大学的比较教育学者们很重视国际性科研协作和学术活动。1956 年，埃德蒙·金博士访问了孟菲斯大学；霍尔姆斯博士访问了伊利诺斯州立大学、俄亥俄州立大学；劳锐思教授访问了美国、中东地区的国家、斯里兰卡、印度等国家和克什米尔地区，并做过多次公开的学术讲演。1957 年，埃德蒙·金博士在美国华盛顿大学访问时所做的学术报告，深受听众的欢迎。

根据我们对 20 世纪 50 年代至 80 年代的 76 篇比较教育学博士的博士论文的观摩，发现他们的题目具有下列几个特点：

其一，纵向比较。从教育发展史的不同阶段及各阶段的教育名家的教育思想进行纵向性的比较分析，吸取历史经验教训，达到“古为今用”的研究目的。

其二，横向比较。从世界各国的教育理论与实践，进行国与国之间的横向性的比较分析，重点在于探索各国教育发展的共同规律与国别教育发展的特殊规律。

其三，宏观比较。从国际之间的教育发展与国民经济建设的方针政策的高度，剖析教育建设的外部关系，阐明教育上的智力投资对国家现代化建设事业的深远的战略意义。

其四，微观比较。就国别教育发展的内部关系进行比较分析，重点在于比较研究各级各类学校结构、课程、教材与教法的最佳方案，从而提高教育和教学质量，培养现代化教育世界所需要的各种人才。

伦敦大学比较教育的学术地位是世界上第一流的。该校比较教育研究生不仅来自国内高等院校，而且来自国外高等院校。研究生的质量很好，名师出高徒。该校有如劳锐思教授、汉斯教授、霍尔姆斯教授和埃德蒙·金教授等第一流的比较教育学者担任研究生的指导教师。同时，该校拥有国内和国外的大量图书资料、现代化科研手段和最新科学信息及足够的教研经费与组织好的梯队。

伦敦大学比较教育的教学计划有两个显著的特点：一是双专业的培养目标。如比较教育与外语教育相结合，教育系与外语系合办开设硕士研究生课程，培养对象是外语教师，目的在于提高他们的比较教育理论水平及其在外语教学中的应用。二是多层次的课程结构。按学业程度分为四个层次：第一层次为教育证书。这里的比较教育是一门选修课，为大学本科生讲授一点比较教育基础理论和基本知识；第二层次为教育文凭。这里的比较教育虽然仍被列为选修课，但是课程比前者难度大，对象也非大学本科生，而是有经验的进修教师；第三层次为硕士学位。这里的比较教育为必修课。学位课程分为文科硕士和教育硕士两类。前者培养比较教育的教学与科研人员，要求学生系统地学习比较教育的历史、理论和方法，并选择对象国中的若干重要问题做比较研究，探索比较教育的发展规律；后者培养有教学经验的教师，如上述外语教师攻读比较教育硕士学位，因此，教育硕士学位具有双专业的性质。第四层次为博士学位。硕士学位获得者可继续申请攻读博士学位，一般不需要上课，在教授指导下独立地撰写博士学位论文，学制 2 ~ 3 年，通过论文答辩，学术委员会授予博士学位。

比较教育与外语教育相结合是新设置的学位课程。攻读硕士学位者必修两门课程：一门是比较教育概论，另一门是外语教学理论与实际。有两门选修课程：一门是比较教育政策研究，另一门是视听教学方法与模式。学生可选修其中之一。读完硕士研究生的必修课程与选修课程之后，在比较教育学者指导下，独立撰写硕士学位论文，在学术委员会答辩通过后，授予教育硕士学位。

除伦敦大学开设比较教育课程和招收比较教育研究生外，英国的雷丁大学与诺丁汉大学也很重视比较教育的教学与科研，这 3 所大学的比较教育内容，大体上可分为三种类型：第一种类型为国别教育研究，以一国教育理论与实践做个案分析；第二种类型为区域教育研究，以一个地区各国教育状况做分析研究，一般选择该地区某一国教育为重点，联系邻国做比较研究；第三种类型为教育问题研究，以一个或几个问题为主进行跨国家、跨文化的分析研究。对初学比较教育的人来说，从国别教育研究入手，随着研究经验的增加和理论水平的提高，再进一步搞区域研究和问题研究。

在 20 世纪 80 年代，随着英美经济建设和国际学术交流的发展，比较教育的教学与科研也逐步得到教育界的重视，从而使这门新学科得到迅速发展。从各国比较教育的现状和趋势看，英国的比较教育学科建设在工业发达国家的学术研究范围内居领先地位，主要表现在下列几个方面。

其一，有丰硕的科研成果。英国不仅拥有第一流的比较教育学家，如霍尔姆斯与埃德蒙·金等，而且有大批的比较教育博士和硕士研究生。他们的科研论文与学术专著受到广大读者的欢迎。

其二，有系统的课程教材。英国的比较教育课程结构是多层次的，教材不求全国“统编”划一，允许教授有选择教材的自主权。

其三，有灵活多样的教学方法。英国重视培养学生创造性思维的能力，教学方法可因地制宜，因校而异。

二

20世纪60年代，比较教育学科建设有了迅速的发展。英国比较教育家霍尔姆斯对比较教育的学科建设是有贡献的。

霍尔姆斯是英国伦敦大学教育学院比较教育系教授兼主任。英国比较教育的研究中心就设在这里。

霍尔姆斯教授在教学与科研两方面都有显著的成就。他不仅对硕士和博士研究生讲授比较教育的理论和方法，而且对比较教育的学科建设进行了深入的研究。他的代表著作有《教育问题的比较研究》（1965）《比较教育研究法的思考》（1981年）。从这两本代表著作中，我们可以清楚地看出，霍尔姆斯试图用问题法分析对比教育问题。霍尔姆斯的问题研究法，使比较教育的学科建设具有自然科学与预测学科的性质。因此，霍尔姆斯认为，问题研究法是比较教育的科学方法。他相信，通过比较研究可以建设一门既有利于教育改革，又有利于教育预测的教育学科。他的问题法使比较教育的学科建设日趋现代化与科学化。霍尔姆斯对科学方法的解释是有新意的，他认为，科学方法不是等于固定不变的教义，而是供继续辩论的研究课题而已。他还说，过去人们认为用科学方法概括出来的科学规律是完全驳不倒的，是颠扑不破的，是绝对正确的。然而，现在情况不同了，自相对论出现以后，人们对科学规律就有了新的解释。霍尔姆斯就是用相对论观点来阐释科学规律的。他认为，科学规律是概括客体的表述，用于预测未来的趋势，其真实程度只能是相对可靠而已。判断科学规律的准则，是看其有用与否，而不是看其真实与否。所谓有用，就是可以用来作为进一步研究问题的假说、预言和行动的基础。社会科学的发展表明，理论与实践之间的差距是司空见惯的；人们无法达到理论与实践统一的最理想的精确程度。然而，科学方法的优越性仍不能抹杀：一是注重客观性，二是注重证据，三是注重检验结论，四是注重辩论争鸣。因此，霍尔姆斯认为，比较教育的科学方法既有助于教育改革的政策规则，又有助于预测教育发展的动向。他选定了问题法作为研究比较教育的一种科学方法。

（一）霍尔姆斯与杜威

霍尔姆斯的问题研究法的理论支柱之一，是约翰·杜威的反射思维的分析论。关于反射思维论的内容见于杜威教育专著《我们怎样思维》一书。霍尔姆斯应用杜威的反射思维论研究比较教育，在比较研究法方面做出了新贡献——这就是霍尔姆斯的问题研究法。

霍尔姆斯把杜威的反射思维论应用于比较教育研究，有下列几个特点：

其一，选择问题。比较教育研究人员所选择的问题是否适当，取决于研究人员的经验、学识和兴趣。他们可能选择对本国教育改革面临的紧迫问题，也可能选择世界各国共同关心的重大问题。如果所选择的问题有普遍意义，经初步考虑之后，对原来迷惑不解的情况变得明确了，对解决不了的难题有了办法，于是，研究者对初步选定的问题进行逻辑推理，搜集有关该问题的各种资料，通过初步研究，构思有利于解决问题的可行性方案。

其二，确定假说。确定了假说之后，研究者对假说是否符合实际要进行检验。检验包括对解决问题的假设所涉及的各种因素的检验。这就是说，不仅要检验从假说中做出的逻辑推理，而且要检验预言事态与真实情况是否一致。如果检验结果证明该假说是正确的，则这个假说就可以成功地解决面临的混乱状态和对事态的发展趋势做出合理的解释与预言。

其三，因素验证。在确定假说之后，对于验证与假说有关的各种因素，要严格地逐一分析。在预测各种解决方案可能产生的效果之前，对于与预测有关的各种因素，也要一个又一个地加以鉴别和验证。弄清楚哪些因素在问题解决中起关键性作用，哪些因素对解决问题有一定的影响，哪些因素不起作用，可以排除。霍尔姆斯认为，鉴别验证是科学地解决问题的中心环节。验证者要有全面分析问题与概括问题的能力，善于洞察关键性的起决定作用的基本因素，善于筛选各种相关的因素，善于排除多余的因素。从理论上讲，这样做是明确的。从实践上看，问题就很复杂。在五花八门的大量资料堆中筛选、鉴别和验证各种不同性质的因素是相当困难的。因此，需要有一个比较客观的资料分类框架或模式。霍尔姆斯从波普尔的“批判二元论”得到启发，设计出了他自己的教育模式，或称资料分类框架。这一点下面再分述。

其四，预测效果。在因素分析的基础上，预测是最有效地解决问题的办法。按照假说中拟订出的一些解决问题的有效标准，分析某种方法能对解决问题可能产生最佳效果，从而使比较研究科学化，这就是霍尔姆斯倡导问题研究法的意图所在。问题研究法与历史分析法是相互联系的，前者对教育改革和教育规划更有预测作用，后者则对教育改革和教育规划的历史经验提供借鉴。

（二）霍尔姆斯与波普尔

卡尔·波普尔的“批判二元论”是霍尔姆斯的问题研究法的又一次理论支柱。它对霍尔姆斯的方法论影响很深。

波普尔的代表著作有《科学发现的逻辑》《历史循环论的贫困》《开放社会及其敌人》等。波普尔的著作中包括两条重要的法则：一是意识规范性法则，二是社会性法则。前者的理论渊源是波普尔的“证伪主义”，后者的理论渊源是波普尔的“社会改良主义”。

霍尔姆斯把波普尔的规范性法则改为规范模式，把社会性法则改为制度模式；他自己也设计了两个模式，称为物质模式与精神模式。这就构成了霍尔姆斯研究教育问题的四个模式。它们对于资料分类与处理是很有用的，特别是对因素验证提供了较为科学的依据。

1. 规范模式

什么是规范模式呢？霍尔姆斯说，它是社会生活准则的概述，它为更具体的比较研究打下简明而可靠的基础。例如，从某个社会有代表性的思想家的著作中，可以分析该著作中所反映的社会性质，从而概括出该社会的规范性模式，关键在于筛选出真正有代表性的思想家。按霍尔姆斯的筛选法，列宁是苏联最有代表性的思想家，中国是毛泽东，英国是洛克，法国是笛卡儿，美国是杜威，联邦德国是黑格尔等。然而，对许多社会来说，很难确定谁是代表性人物，规范模式的建立有利于阐述大量的科研资料，使比较条理化。规范模式亦非包罗万象，只要包括判断所依据的基本因素就行了。

规范模式的构成：①政治方面的资料；②经济方面的资料；③宗教方面的资料；④教育方面的资料；⑤社会结构方面的资料；⑥文学艺术方面的资

料；⑦法律方面的资料。

当人们认识和应用规范模式时，要明确区分高级价值标准和低级价值标准。前者指理想的结构观念，即全社会共同遵守的行为准则，后者指现实的结构观念，即个人日常生活的惯例。霍尔姆斯认为，建立规范模式的优越性，在于使阐述大量科学资料条理化与科学化。因此，合理的规范模式是因素验证的必要条件之一，而构成模式是比较研究具体化的一种表现。

2．制度模式

什么是制度模式呢？霍尔姆斯认为，这个模式以研究制度，特别是现行教育制度为主。然而，教育制度的模式与教育规范的模式是互相联系的统一体。前者是教育改革和教育规划的理论准则，后者是教育理论在教育实践中的具体应用。有关教育制度的内部关系与教育制度的外部关系的各种资料，要尽量做到系统搜集与分析加工，使其能较确切地阐明所研究的对象国的教育制度的性质、结构，及其与政治、经济、社会诸因素的联系。制度模式的建立对解决所要比较的问题来说前进了一步。

制度模式的构成：①教育制度；②政治制度；③经济制度；④社会制度；⑤宗教制度；⑥其他制度。

霍尔姆斯认为，研究制度模式的任务是描述和解释现存的教育问题，而解决问题的办法要适合产生制度模式的背景，如何完成这项任务，主要取决于所研究的问题的性质。如果我们研究的问题对整个教育制度都很重要，则我们可以先描述这个制度的结构，并描述有关政治、经济、社会、宗教及其他制度对该制度模式的影响和作用，然后再逐一分析验证，并进行科学解释。例如，霍尔姆斯分析对比，苏联高等教育模式与西欧高等教育模式之后说，苏联高等教育模式不同于西欧高等教育模式。前者是综合大学与专门院校并置，正规全日制高等教育与非正规全日制高等教育并置，这种高等教育模式的结构是“纵向型”的体制。西欧各国高等教育模式则恰好相反，它是“横向型”的体制，大学规格高于学院，正规高等教育地位高于非正规高等教育地位。苏联高等教育模式适应中央集权制度的要求，西欧各国高等教育模式符合地方分权制度的需要。

3．物质模式

什么是物质模式呢？霍尔姆斯把物质模式又称为自然环境模式。这个模式不借用于波普尔的上述两个模式，而是霍尔姆斯本人建立的。物质模式是自然环境中不以人的主观意志为转移的客体，它与前两种模式有密切联系，在比较研究中不能忽视物质模式对教育发展的作用。例如，第三世界的国家由于石油资源的开采和石油价格上升，几年之内便由穷国变为富国，随着石油工业的发展，教育也相应地发展了。这就表明，自然资源对教育建设的影响是巨大的。

物质模式的构成：①地理环境；②地质概况；③人口统计；④经济资源；⑤气候条件；⑥其他因素。

霍尔姆斯认为，物质资源是人们从事教育事业的重要因素，环境的力量对人们受教育的影响是十分重要的。例如，澳大利亚战前为农牧国家，自然条件限制了该国教育早日现代化，而战后澳大利亚大量开采金矿，经济发达了，工业现代化了，教育也随之现代化了。美国的自然资源是丰富的，美国工业化后，教育也随即现代化了。总之，有了自然资源这个物质条件，才能谈得上教育规范和制度规范的建立和发展。这也是霍尔姆斯的因素验证中的一个有效模式。

4. 精神模式

在20世纪80年代比较教育问题的研究中，霍尔姆斯又前进了一步，提出精神模式这个新概念。什么是精神模式呢？1981年，霍尔姆斯发表了题为《比较教育研究法的探讨》的论著。他明确地提出了精神模式的概念，补充上述三个模式在问题研究法中之不足。他认为，人们的精神状态不同，对教育改革和发展的影响各异。如果比较教育研究者不能发现人们的精神状态的本质，就不能真正理解人类的教育与发展的效果，也不能正确分辨规范模式、制度模式和物质模式对精神模式产生的影响。因此，精神模式的建立就使因素验证更加全面更加合理了。

精神模式的构成：①民族特性；②道德观念；③文化传统；④生活方式；⑤革新态度；⑥其他有关因素。

在上述精神模式中，民族特性不仅对因素验证的分析起着关键作用，而且对问题解决的全过程也有一定的影响。霍尔姆斯认为，把上述四种模式联系起来运用，对解决问题有关的各种资料进行系统的选择、分类与组合，不仅可以进行某种一般性的教育预测，而且可以使比较研究的学术成果更加科学化。

霍尔姆斯是比较教育学家，也是物理学家。他试图应用物理科学的方法来研究比较教育，使教育中的比较方法科学化。

霍尔姆斯研究比较教育的方法论，受波普尔批判二元论的影响。波普尔对科学方法的贡献，在于他建立了一套以相对论为基础的研究方法。第二次世界大战后，霍尔姆斯的问题研究法有了新的进展。他不仅应用杜威的反射思维论来研究比较教育的程序，而且应用了波普尔的批判二元论来剖析假设验证的诸因素，把步骤模式化，因此，霍尔姆斯接受了相对论和实用主义的研究法。他认为，社会规律有利于人们了解社会制度，正如自然规律，有利于人们了解自然世界一样。他认为，这两类规律都应经得住实践的检验和他人的反驳。检验为正确的、反驳不倒的规律，才是真理，才有用处。

霍尔姆斯相信，在杜威的反射思维和波普尔的批判二元论的基础上建立起来的比较教育问题研究法，能使比较教育学家在特定环境条件下预测某些问题解决办法所产生的后果。关于这一点，霍尔姆斯自认为能获得预期成功。他还相信，作为人类活动的一种计划是有可能做出科学预测的，只要人们按计划正确行动，预测效果是能够实现的；计划被接受并付诸实施，就可能取得预期的结果，否则所做出的任何美妙计划都是空洞的，毫无实际价值的，不能产生预测效果的计划就没有什么研究的意义了。

波普尔的批判二元论中就包括预测这一重要因素在内，他说：自然科学家和社会科学家都可以应用预测程序，发现问题和解决问题。霍尔姆斯确信，把杜威的反射思维论与波普尔的批判二元论结合起来，形成一种新的问题解决法，有助于决定教育政策的人们对教育改革和教育规划做出科学判断、选择和预言。霍尔姆斯的结论是：比较教育学家的任务之一，是分析、鉴别和检验教育政策，而比较研究的方法不能单一，应用综合性比较法为宜。应对不同性质的问题，采取相应的不同对策。有时解决一个问题交错使用几种不同方法，有时用一种方法也可以解决许多问题。霍尔姆斯自认为他的比较教育问题研究法仍在试验中，有待不断改进，需通过长期实践才能逐步完善。

三

埃德蒙·金是英国又一位著名的比较教育学家。他是英国伦敦大学皇家学院的比较教育学教授，对比较教育学科建设曾做出了一定的贡献。

在《比较教育和教育政策》一书中，埃德蒙·金一是提出了“教育预测是一种科学么?”这个有争议的问题，他的回答是否定的。我们在前面讲过，霍尔姆斯的问题研究法很重视预测教育效果，并把它看作比较教育科学的重要环节。而埃德蒙·金的比较教育观与霍尔姆斯的比较教育观则是针锋相对的。二是埃德蒙·金提问道：“我们研究的教育客观么?”他认为，比较教育的研究方法带有很大的主观性，比较研究方法是不客观的。三是他认为比较教育仅是分析和探索教育状况的一种方法，而非有规律性的严谨科学。四是他论述了比较教育研究中所能承担的义务和应采取的有效策略。五是他阐明了比较研究中的有见识的精明政策的结构及其对教育改革的重要性。六是他承认比较教育的研究有利于制订良好的教育政策，推动本国教育事业的进步。

埃德蒙·金的另一本代表作是《别国的学校和我们的学校：今日比较教育》。这本书自 1958 年初版以来，到 1979 年已重版 5 次。该书分四部分，共 12 章。前两部分论述比较教育的一般原理原则，第三部分剖析了丹麦、法国、英国、美国、苏联、印度、日本等国家的教育理论与实践，最后一部分讲述了当前比较教育研究的教育政策与教育问题的状况及前景。

埃德蒙·金与霍尔姆斯对比较研究法的观点完全不同。他不主张比较教育有独特的研究方法。霍尔姆斯对探索某种自成体系的比较研究法颇感兴趣。这两位学者长期争论不休，各持己见。埃德蒙·金认为，用什么方法研究教育取决于研究目的。不同的研究目的要用不同的研究方法，研究一个问题往往要综合应用多种方法。因此，他主张比较研究的目的和内容决定比较研究的方法。按照他的分类法，比较研究大体上可分为三个层次：一是比较教育的初学者。他们学习比较教育的目的在于了解别国教育概况，扩大知识眼界，借鉴国际教育经验，加深对本国教育的理解。对于这些初学者来说，采取区域研究的方法是有效的。二是对比较教育有一定基础的专业人员。他们学习比较教育的目的在于剖析世界各国教育领域内反复出现的那些重大问题。对于这些专业人员来说，采取专题比较研究是有效的。专题研究比描述研究要求更高些，难度也大一些。三是比较教育高级专家。他们研究的重点是教育改革与教育发展中的关键性问题，其研究成果应对教育决策做出贡献，对决定教育政策的人们起咨询服务的作用，在研究教育政策问题时，应吸取政治家、哲学家、经济学家、社会学家和历史学家共同研究，采用多学科协作研究的综合性对比方法。

虽然埃德蒙·金反对霍尔姆斯的比较研究法，否认比较教育研究本身有什么独特的比较方法。但是，他毕竟还是提出了一套比较分析的框架：一为概念框架，研究任何问题都要有明确的概念。例如，教育机会均等是什么含义，各国教育家的理解并非完全一致，因而争论不休，对概念的内涵与外延都要有严格的科学界说，才能进行比较研究。不仅如此，社会科学的概念，包括教育概念在内，往往带有很大程度的主观色彩，因为研究者是用一定的立场、观点和方法来解释某种概念的，这就限制了概念本身的客观性。二为制度框架，教育制度反映教育概念的实质，就是说，制度框架是概念框架的具体表现形式。例如，不同的学校类型说明不同的教育概念。英国的“公学”这个概念，实质上，体现英国贵族学校制度；而美国的“公学”这个概念，则与英国学制的含义相反，它体现政府为公众开办的普通教育学校。可见，“公学”这个概念可以指贵族学校，也可以指平民学校；三为实践框架。研究者对教育制度的框架进行具体分析，付诸实践。不同的学校类型，不同的课程安排；不同的教育对象，不同的教师规格，不同的具体措施，不同的教育效果等。

总的说来，我们很难对埃德蒙·金的比较教育体系概括出一套明确的程序来表达他的基本理论与方法。然而，他对比较教育若干主张还是明确的，并有一定的参考价值。我们已初步看到，他主张比较研究的方法取决于比较研究的目的，目的不同，方法各异。他认为，拘泥于一种方法会使研究走入歧途。同时，他认为研究的目的在于制定政策、做出决定和付诸实践。他主张比较教育的研究是为国家教育事业服务；比较教育研究工作者应为政府的决策提供可靠的信息和资料、可行性的各种方案和办法。他认为，比较教育的功能和作用是很有限的。他说，人们所谓发现教育“规律”，进行科学“预测”之说都是主观臆断罢了，因为各国文化教育是活生生的，各种教育形态，千变万化，不可能总结出有把握的普遍规律和做出科学预测。他断言比较教育家对教育变革不可能做科学预言，最多只能提供一点教育变革的一般性的假说而已。他反复强调这样一种观点：比较教育研究工作者以为搞比较教育就必须寻找什么“规律”和“原理”，这是荒唐谬论，因为社会科学的性质和自然科学的性质截然不同。自然科学规律是客观存在的，研究的对象同研究者的主观成分可以分离开来的，而社会科学包括教育在内，则不可能探索什么普遍规律和科学预言。很明显，埃德蒙·金教授的这些观点是针对霍尔姆斯的比较教育观而言的，这也算“一家之言”吧。

埃德蒙·金的比较教育研究法与霍尔姆斯的比较教育研究法，各有长处，亦各有其短处。从这两位英国比较教育学科建设的代表人物的教育思想中，还是可以得到许多有益的启示的。他山之石，可以攻玉。学习外国教育经验是可收到“攻玉”之效的。

第三节　美国比较教育学科建设鸟瞰

一

1954 年，美国成立了比较与国际教育学会。学会的创始人是里德博士和布里克曼教授等。学会的宗旨为：①促进和改革各学院和大学的比较教育学；②鼓励对比较教育学和外国教育学的研究；③帮助各学科的教授们了解和比较其任教科目在各国的情况；④促进世界教育工作者的互访和到现场研究教育的情况；⑤与其他学科的专家合作，从更广泛的文化联系来看待教育的发展；⑥促进比较教育研究和最新情报的出版；⑦促进世界各地比较教育专家合作研究、交流文献和第一手的资料；⑧尽可能与联合国教科文组织、国际教育研究所、美国各州的研究机构进行合作。

比较与国际教育学会成立后，开展了一系列出访活动，考察世界各国的教育现状和趋势。1956 年 8 月 18 日至 9 月 17 日访问了欧洲各国。同年 9 月 1 日在日内瓦召开了第一次国际性年会。1957 年 8 月至 9 月访问了委内瑞拉、巴西、阿根廷、智利、秘鲁和厄瓜多尔。1957 年 12 月出访苏联的莫斯科和圣彼得堡。布里克曼是这次访苏的学术领导人。出访前夕，在纽约组织了两天的学习，尽量做好考察苏联教育的准备工作。1959 年 8 月至 9 月还访问了日本和韩国，并在东京参加了国际教育研究会议。1961 年 8 月至 9 月访问了丹麦、联邦德国、荷兰、比利时和英国。1962 年 8 月至 9 月访问了埃塞俄比亚、肯尼亚、坦噶尼喀、南罗德西亚、南非联邦、刚果共和国（利奥波得维尔）、尼日利亚、加纳和利比亚。1963 年组织了两次访问：一次是访问拉丁美洲，另一次是访问斯堪的纳维亚诸国。1965 年 11 月 3 日至 24 日访问了欧洲各国，比较研究了各国教育的共性与个性。

从 1958 年 2 月开始拟订比较与国际教育学会的章程，经过多方协商，反复讨论，到 1959 年 6 月 1 日才由学会全体会员表决通过。

1975年6月以来，学会每年出版3期由贝雷迪教授主编的《比较教育学评论》。这份杂志成为美国和国际上著名的刊物，现由芝加哥大学出版，供应全球。

学会会员逐年增加。1956年，会员有美国学术界人士152名，外国人士3名；1959年，美国有会员329名，外国人士18名；1962年，美国有会员519名，外国人士47名；1965年，美国和世界各国会员在一起，共计1 400名。20世纪80年代，会员不断增加，比较教育学的影响在国际上日益扩大，为教育科学体系的发展做出了积极的贡献。

随着教育现代化的发展与国际学术交流日益增多，美国的比较教育学研究机构迅速扩大，科研方法多种多样，科研成果日新月异。国际性的主要出版物有《纪要》《比较教育研究》《世界教育情报》等。如美国芝加哥大学比较研究中心，其特点是研究比较方法，运用社会学、人类学、政治学、经济学、历史学等方法来研究比较教育学。

美国哥伦比亚大学对比较教育学的贡献也是很突出的。1948年以来，该校先后建立了东亚研究所、欧洲研究所、近东中东研究所、东欧中欧研究所、非洲研究所、拉美研究所、共产主义事务研究所、以色列和犹太研究所、国际研究所等。

《比较教育学评论》创办的年代，正是美国取得世界头等强国地位的时代，美国迫切要求了解世界各国情况以及称霸世界。美国的“和平队”极盛时期也是比较教育学大发展的时期。那些“和平队”成员到国外工作几年回国后，对外国文化教育感兴趣并相信教育是美国称霸世界的重要手段，因而，比较教育学的研究队伍就迅速扩大了。

美国联邦政府及各种文教基金会拨款支援比较教育研究计划。国家和私人团体援助外国的项目和资金日益增多。20世纪70年代美国高等学校的许多比较教育学者被派遣到海外从事教育工作，特别是到第三世界国家的教育专家越来越多。从20世纪80年代到20世纪末，美国的比较教育学将由于美国对外开放政策和争霸世界的战略思想而得到相应的加强和扩大。比较教育发展的重要经济来源，是政府有关部门和私人基金会直接和间接的资助。这里举几个例子来说明教育经费对比较教育学研究的影响。

美国大部分的比较教育研究经费，来自福特基金会和卡内基基金会。它们提供经费的目的是培养适应美国利益的某种专门人才。约翰逊总统的国家安全顾问邦迪于1966—1979年担任福特基金会的会长。他谈到这种投资对国家会带来难以预期的效益。他认为，美国的比较教育研究与政府情报机构在很大程度上是互相渗透的。比较教育学者与政府情报专家常常被邀为重大国际研究计划和技术援助项目出谋划策。比较教育学的研究经费，直接或间接地涉及美国外交政策的利益和争夺国际优势的前景。美国的国防教育法案提供的基金，不仅对第三世界比较教育的研究大有影响，而且对研究苏联教育，特别是苏联卫星上天后对美国的挑战，起了巨大的促进作用。这些教育投资的指导思想与上一节所述“现代化”论有密切关系。现代化论者认为，比较教育学是掌握世界教育动向的钥匙，是美苏在教育领域里谋求优势的有效手段，是革新美国教育的一面镜子，是智力开发的长远基本建设投资。

二

贝雷迪是美国现代比较教育学家。他的比较教育代表作是《教育中的比较方法》。在这本著作中，他论述了比较教育的理论和方法，特别是在比较研究法的探索中，提出了“四阶段”比较研究的方法。这对比较教育的发展起了积极的促进作用。

（一）贝雷迪比较研究法的理论依据

第一，比较教育学科的性质。贝雷迪认为，比较教育面临的一个困难问题，是它应该归属于哪一类专门学科的问题。从教育传统看，人们往往把比较教育作为教育史的延续。历史学派如康德尔等就持这种观点。因此，比较教育就在历史学科类中占了一席之地。用历史法研究比较教育的人们就愿意比较教育处于这种从属地位。然而，第二次世界大战后，随着科学技术的发展，教育学科的门类日益分化，出现了许多独立的新的教育学科，比较教育就是教育科学领域里的一个新分支。如果按历史学派的传统看法，把比较教育当作历史学科的一部分，那就不可能区别比较教育与当代教育史的界限，从而忽视了这两门学科的特点。历史学对比较教育的发展，过去、现在和将来都是很重要的因素，但是比较教育的发展绝不局限于历史学研究的范围。别的学科如教育社会学、教育经济学、教育哲学、教育统计学等，对比较教育的发展也是不可缺少的因素。由此可见，比较教育的性质是跨学科的。但是，如果把比较教育的性质局限于跨学科上，那么，这样的理解就具有片面性了。

贝雷迪认为，比较教育的跨学科性从根本上说，绝不能脱离教育科学体系这个“母体”。比较教育应用其他学科的理论和方法来研究各国教育问题，其目的在于建设和发展比较教育的完整体系。贝雷迪还认为，比较教育也许可以归属于那些研究各国政府与政府之间的比较政府学和研究国际关系的比较政治学的领域。这些领域，正像比较教育那样，不仅研究国别意识形态的结构与功能，而且研究跨国界的各种教育制度的经验和教训。

第二，比较教育既有理论探索又有实际应用的重大意义。贝雷迪认为，比较教育不是什么非常玄妙的学科，它可以对教育理论科学做出贡献，也可以对教育实践科学做出贡献。从教育理论方面看，比较教育对国别教育研究、区域研究和问题研究都具有明晰的重要贡献，从而形成了各种不同风格的比较教育学。那些用历史学方法研究比较教育的人们形成了一个学派，如康德尔和汉斯等；而那些用社会学方法研究比较教育的人们又形成了另一个学派，如希尔克、贝雷迪、德克亨、霍尔姆斯、诺亚和埃克斯坦等。不论是历史学派，还是社会学派，他们对比较教育发展的贡献却有共同之处。这两个学派在理论上都致力于探索各国教育改革的特殊经验，并在国别教育和地区教育研究的基础上，总结世界教育发展的普遍规律。在教育实践上，他们都主张研究外国教育的目的在于改进本国教育，同时也把本国教育经验传播到外国去，相互借鉴，取长补短。贝雷迪认为，对其他国家的了解是出于“实际的需要”。他还说：“我们研究各国的教育，并不仅仅是想要了解外国人，也许更多地主要地还是为了了解我们自己。”不仅如此，比较教育能够提供的最好的教训，莫过于通过对照别人而警惕自我的自知之明。

了解外国教育和了解本国教育的目的，在于进行比较研究。比较研究的框架，只能从两种或多种因素的仔细构思过程中逐渐明确起来。比较教育研究工作者要善于剖析别国教育制度的优缺点，为本国制定教育政策的人们提供参考建议；与此同时，还要从全球性观点来评价国别教育的得失和世界教育的成就和趋势。

（二）贝雷迪的比较方法

首先，贝雷迪把比较教育划分为“地区性研究”和“问题性研究”两大类。前者指研究一个村、一个省、一个国家或一个地区；后者指按问题比较分析，研究许多国家或许多地区。他还说，地区性研究又可以分为描述性论述和解释性分析，问题性比较又可分为并置性研究和比较性研究。地区性研究包括两个方面：其一是搜集数据和信息；其二是解释所获得数据和信息的各种因果关系。

问题性比较并置从并置开始。所谓并置，就是对从各地区或各国搜集的资料进行初步分类整理，以建立比较的标准。在并置的基础上，进行全面的以问题为主的比较研究，它包含着跨学科、跨国家的理论分析和实际应用。

贝雷迪还进一步把区域性研究和问题性比较的步骤，做了具体的说明。

第一，描述阶段。贝雷迪认为，比较研究的第一阶段是从区域性的“描述”开始。比较教育工作者要通晓至少一个国家或一个地区的教育，并对该国家或地区的教育情况做尽可能全面的描述，客观地描述对象国的教育制度和教育现象。具体做法是：①出国考察与掌握第一手材料。研究者带着问题，有计划、有目的、有准备地赴对象国调查研究，掌握第一手资料。就比较教育这门学科的特性而言，第一手资料不仅指研究者的出国见闻，而且指对象国政府机关的正式报告书、议事记录、报纸杂志上的有关原始资料。②阅读文献与掌握第二手资料。这是指阅读各种教育专著、论文、文摘等，这些资料是经过专家学者们系统地、科学地分析研究过的作品，其中有作者的解释和评价。③了解文化背景与掌握辅助性资料。这类资料属于文学作品、文化书籍和社会背景材料。从表面上看，这些辅助性资料似乎与比较教育没有直接关系，但从实质上看，这类材料对提高比较研究的质量是有一定关系

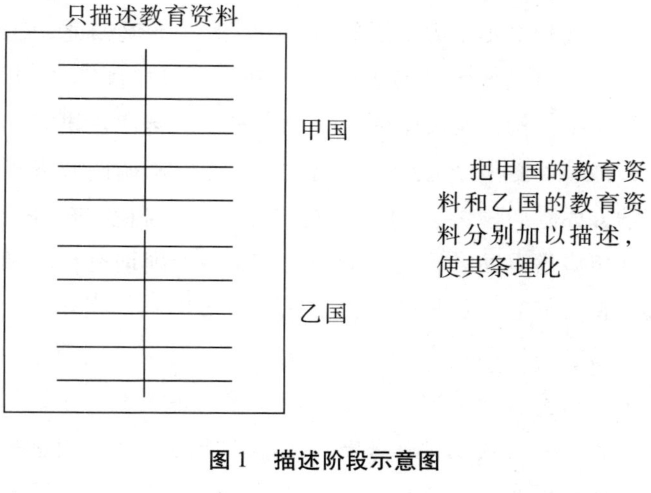

图1　描述阶段示意图

的，特别是对了解社会背景有很大的帮助。

就比较分类法而言，他把比较教育分为两个主要部分：一是地区研究，二是比较研究。前者只涉及一国或一地区，后者同时涉及几个国家或几个地区。在地区研究的范围内，要研究的课题不仅是对状态的说明，进行数据的搜集，而且是对状态的解析，进行数据的处理。

比较教育的初学者应从区域性研究开始，对一个地区的教育情况做全面了解，这样的区域范围大小不同。小区域可为一个村庄，大区域可为一省或相似的数省。就一般情况看，区域性研究是研究一个国家的教育实践的具体模式。比较研究者对地区做过学术性钻研之后，才有可能达到比较阶段所必需的感性认识的深度和广度。研究者获得地区性研究的感性认识后，不仅能把该地区教育和其他地区教育相对比，而且能把该地区的教育和本国教育相对比。这就是说，地区性研究是比较研究的入门或基础。地区性研究包括三个要素：一是掌握的该地区的语言知识；二是在该地区的生活经验；三是控制自己的主观成见，保持客观的对比态度。

第二，解释阶段。在上一阶段，研究者描述事实的目的在于解决“是什么”这个问题。这一阶段，研究者解释事实的目的在于剖析形成该教育事实的各种因素。解释该教育现象“为什么”是那样的问题。在解释过程中，研究者不仅要从人文科学的观点对该教育现象做出解释，而且要从社会科学的观点进行深入研究。这就是说，要以人文科学和社会科学知识为基础，把所描述的教育现象与普遍存在的教育规律联系起来进行科学的解释，阐明该教育事实的理论意义和实际意义。以美国“和平队”对外国援助为例。二战后不久，发展中国家对美国给予的援助，其中包括教育援助在内，深表欢迎。但到20世纪60年代初，发展中国家对“和平队”表示厌恶，从而发展到拒绝美国外援的地步。为什么会产生这种情况呢？这就要求从多方面进行解释。从社会学方面看，美国人的生活方式使发展中国家的人民感到不习惯，难以接受；从历史学方面看，美国的门罗主义传统使得有些“和平队”成员对援外厌倦、丧失信心；从哲学理论方面看，美国人的实用主义使发展中国家的利益受到损害，实用主义者唯利是图的商人哲学受到第三世界人民的抵制；从心理学的角度看，美国人的民族优越感伤害了发展中国家人民的民族自尊心。研究者从社会与教育关系的各个侧面进行分析，以便科学地全面地解释所描述的教育事实的广泛意义。解释阶段的核心思想就表现在这里——

回答“为什么”这个问题。为了具体说明这个阶段的进程，贝雷迪还做了图示，如图2所示。

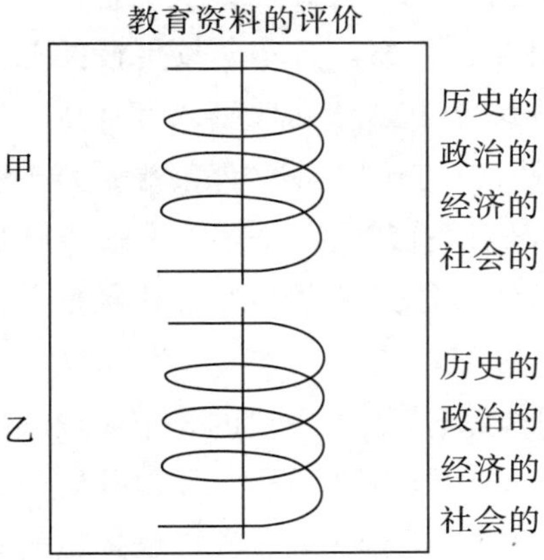

把甲国与乙国的教育资料分别进行评价。阐明影响教育事实各有关因素。既要讲清社会历史因素的影响，又要讲清政治经济因素的作用。要全面地客观地给予评价

图2　解释阶段示意图

第三，并置阶段。在完成上述两个阶段的任务以后，把所描述和解释的各国教育事实加以分类和整理，使其类型化，从而按比较形式“并置”起来。有了并置的框架，再把教育事实填进去，并加以适当说明，为比较阶段打好基础。在并置过程中要为下一阶段的比较分析建立假说。因此，描述阶段与解释阶段仅仅是比较的准备工作，真正的比较是从并置阶段开始的，贝雷迪以下列的教育事实为例来说明并置的几个项目：“日本学校传授插花技

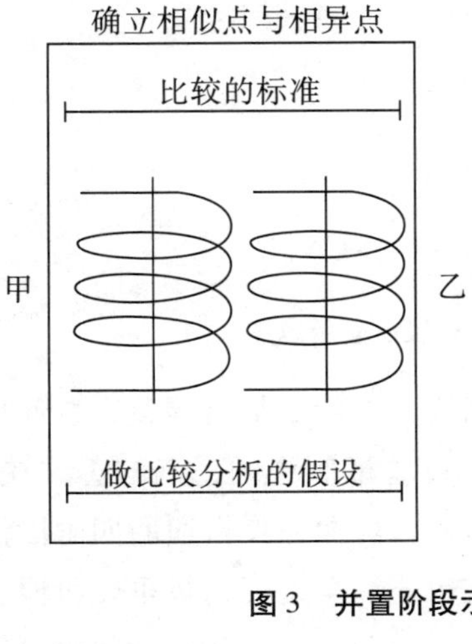

把甲国和乙国的相同点和不同点并置起来，建立可比性的标准，提供比较分析的前提条件，并置仅仅是比较的开始

图3　并置阶段示意图

术”；“犹太人小学要求学生背诵犹太教法典”；“美国的一些大学把保龄球列入正规教育计划”。

研究者把上述三种教育事实并置起来，使比较成为可能。贝雷迪说：“这些特征往往成为了解一般教育性质的线索。日本学校传授插花技术，是否表示日本人追求直观美感的一般倾向？犹太人小学要求背诵犹太法典，是否意味着犹太人为严密理性献身的精神？美国大学教保龄球，是否说明美国人重视业余教育？”这样一来，比较假说就建立起来了，下一步就是分析验证假说，如果验证结果是肯定的，假说就成立；否则，假说被推翻，另立假说，重新验证。

第四，比较阶段。这是贝雷迪比较研究法最重要的一个阶段。前面三个阶段都是为这个最后阶段做准备的。在这个比较阶段，要对并置中的各种教育事实进行深入探讨，对各有关因素同时进行比较，验证已提出的假说是正确的还是错误的。比较研究的成果是：①对假说是否正确所做出的结论；②对证明假说的比较过程所做的分析验证。这种科研成果可公开发表，取得社会承认，收到实效，有利于教育改革。

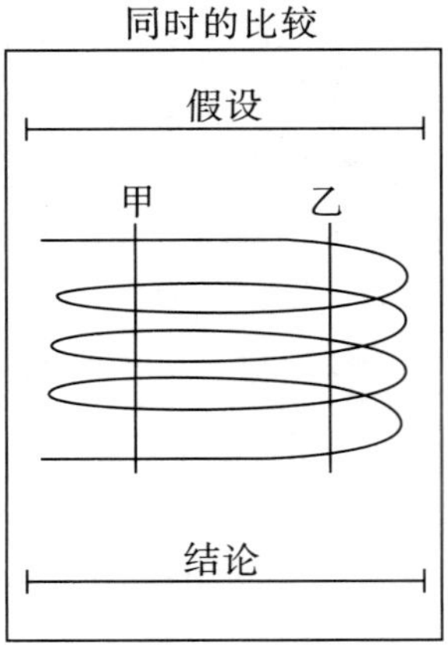

把并置阶段所整理的甲国和乙国的教育事实“同时进行比较”，以证明假说的真伪，从而做出结论

图4　比较阶段示意图

贝雷迪的四阶段法，使比较研究的过程更加具体化，并使比较研究的顺序更加明确化。研究者通过比较，可验证假说的正确与否。在这个问题上，贝雷迪为发展比较教育做出了新贡献。然而，贝雷迪的四阶段法也还存在某些不足之处。例如，比较阶段是比较研究全过程的最重要阶段，但这个阶段如何对各国教育事实“同时进行比较”则未讲清楚，如何检验假说的顺序和

方法也不明确等。

“四阶段法”中的地区研究是比较研究的基础。贝雷迪很强调地区研究的重要性。但近年来，比较研究工作中出现一种倾向，即贬低地区研究的重要性而热衷于教育问题的比较研究，因为后者突出“比”的特性，它对读者有强烈的吸引力。

（三）诺亚和埃克斯坦的比较方法

为了进一步探索比较教育学科建设的规律，美国比较教育家诺亚和埃克斯坦于1969年发表了《比较教育的科学探索》这本颇有新意的专著。他们认为，在教育科学中，比较研究是验证假说的有效手段，特别是定量研究对提高比较质量的科学水平有明显的作用。显然，他们十分强调比较教育的科学方法对比较教育学科建设的决定性作用。因此，他们重点抓定量研究法，并把它的过程划分为五个相互联系的环节。

第一，明确问题、提出假说。研究者开始认识问题时，一般说来，往往是不明确的。要把所研究的问题明确起来，才可能提出适当的假说。虽然，在明确问题的过程中，开始可用不同的方法，但最终目的则在于弄清比较研究的特定问题。例如，在观察学校、阅读文献的基础上，可以搜集各国教育资料，形成研究者对特定教育问题的看法，并寻求解释该类教育问题的共同性和特殊性。与此同时，研究者基于个人的教育经验，意识到弄清这样的问题对发展本国教育事业的重要性。这就促使研究者反复思考，把本来是模糊不清的问题逐渐认识清楚，根据已明确的问题提出相应的假说。这里的假说程序，不像贝雷迪的四阶段法那样先描述教育事实，后对教育事实做因素分析性的解释，再到“并置”阶段才可以拟定假说。诺亚和埃克斯坦不同意贝雷迪的这种研究方法。他们认为，没有明确问题就广泛搜集一般性资料，浪费了研究者的时间和精力，往往使研究者难于达到比较阶段而获得结论。当然，初步了解一点教育情况，浏览一下教育资料，也是必要的，但只要明确问题的所在就行了。明确问题是为系统地和详细地比较研究做好准备。心中有了问题才能构思假说。验证假说是比较研究的重点。有了假说之后，搜集资料的范围就有限定性，而验证假说的程序就有目的性。这样，研究就可以克服搜集资料时的盲目性。搜集资料是为验证假说、解决问题的，而不是泛泛地搜集一般性资料。

研究者能提出哪一种假说，取决于他对所研究的问题的理解。一般地说，研究者对问题理解得越深刻，则他提出的假说越准确。就教育与经济的关系看，诺亚和埃克斯坦提出了这样一个假说：“教育水平比经济水平高的国家，经济增长速度就会快；相反，教育水平比经济水平低的国家，经济增长速度就会慢。”这个假说是否正确，就要对它进行验证。再就学校教育与宗教信仰的关系看，诺亚和埃克斯坦提出了这样一个假设模式：宗教信仰上超世俗性愈强，教育上愈强调理论性研究。反之，宗教信仰上超世俗性愈弱，教育上则愈强调实用性研究。就前面这两个假说相对比，前一个假说在理论上和实践上都具有较大的可行性，可以构成比较精确而细致的假设，因为概念明确与资料可靠。后一个假说则不相同。该假说中的概念模糊和资料不可靠，宗教与学校之间的因果关系难以用假说方式确定下来。因此，研究者提出一个最佳的假说，对于解决问题是极为重要的良好开端。

第二，概念数量化、测定指标。在选定假说之后，对假说中包含的各种概念要加以数量化，并且要用测定的指标来明确地表示这些概念。指标是什么意思？它意味着把概念数量化，使其能测定出来。例如，在研究教育与经济的关系那个假说中，要把教育水平、经济水平、经济增长这三个概念明确化与指标化，教育水平的指标为：①初等教育与中等教育的就学率，可用“S”来表示；②教育经费在国民收入中所占的比例，可用“E”来表示；③15 岁以上人口的文盲率，可用“L”来表示。经济水平的指标为每一国民平均的国民生产总值，可用“r”来表示；而经济增长速度的指标则定为过去 10 年间的年平均经济增长率，可用“G”来表示。上述几项指标，在比较研究过程中是能够逐项测定出来的。

在教育与宗教的关系那个假说中，“超脱尘俗”是一个高度抽象的概念。虽然抽象概念的指标难以测定，但是，诺亚和埃克斯坦说：“至少有三个重要方面可被区分为该超脱尘俗概念的不可缺少的组成部分，它们是：来世论、组织法和仪式化。”

来世论是指死后生命灵魂存在，相信转世再生说。组织法是指世俗的官僚政治机构，宗教通过这种组织来发挥作用。仪式化是指个人对宗教信仰的拜礼，是宗教信仰与宗教行为的集中表现。

用数量来测定这类高度抽象的宗教概念是非常困难的，即使想办法去测定，其结果亦未必可靠。

第三，选择对象、区分类型、在确定指标之后，就选择好研究对象国或案例。选择数量要适当。数量太少，影响研究结果的普遍意义，因而选择对象国或案例应尽量多一些。但也不能把世界上100多个国家都选作对象来比较，因为那样的研究既不可能，也不必要。上述教育与经济增长的假设案例中，诺亚和埃克斯坦选择的对象国是16个国家，因为这些国家过去10年间经济增长率年均为4%以上。有了这些对象国，也就足够用来验证假说，不需要选更多的国家。这16个国家每年平均经济增长率为：波多黎各为12.0%，保加利亚为11.4%，埃及为10.4%，罗马尼亚为10.3%，日本为10.2%，芬兰为10.1%，南斯拉夫为9.0%，以色列为7.4%，匈牙利为7.1%，葡萄牙为6.3%，希腊为6.1%，苏联为6.1%，加拿大为5.4%，意大利为5.1%，丹麦为4.8%，巴拿马为4.7%。

除选择适当的对象国之外，诺亚和埃克斯坦还把所研究的对象国划分为四种类型做比较。

（1）全球型。在这一类型的取样中，研究者的对象国是全世界，搜集来的资料也是为世界各国使用的。弗雷德里克·哈比森和查尔斯·A. 迈尔斯合著《教育、人力与经济发展》的论文，为全球型的研究提供了一个范例。该论文作者按教育发展水平把75个对象国类型化。像这样全球型研究所汇集的资料，不仅方便研究人员获得大量的充分的对比信息，而且为周密地验证各种假设提供了十分有利的条件。全球型研究的局限性不是没有的。研究者要想搜集到各个国家在某一时期内关于某个问题的真实可靠资料，的确非常困难，解释和对比的难度就更大了。实际上，研究者多数只选择某地区的几个国家进行比较就足矣。

（2）区域型。这一类型是以区域（多国的）为单位进行比较的。例如，把拉丁美洲各国看作是天主教思想体系的有代表性的区域，或把斯堪的纳维亚半岛看作是新教思想体系的代表性的区域，并以这两个跨国家的区域作为单位进行比较。

（3）地方型。这一类型是以国内各地方为单位进行比较的。换句话说，研究者可以就省、市、县等行政单位之间的异同进行比较，还可以就农村和城市进行比较。因此，“从逻辑和方法上讲，比较研究也应包括大于国家的比较和小于国家的比较。”

（4）超时型。比较并不限于同一时间，可以进行超越一段时间加以比较。这就是说，研究者可以对比每隔一定时期某个国家教育制度与经济制度的关系的变化，以检验某一假说的正确性。例如，把英国19世纪初和20世纪初的乡村城市化与初等教育发展的关系变化做比较，从而证实教育与工业化在不同历史阶段中的不同表现。这种研究是超时间顺序的研究。通过这种比较，以验证一个假说是否正确。

第四，整理数据、同一标准。在选择对象国之后，就要搜集和整理各项指标的数据。以教育和经济的关系为例。该假说中有三项指标的数据要整理，这三项数据是：经济增长速度的指标的数据、教育水平的指标的数据、经济水平的指标的数据。

整理原始数据所采用的方法是置换法。用这种方法对各项指标的数据进行修正，按各对象国的各种指标的实数值的大小，把对象国排成相对的顺序。就上述16个对象国而言，表示经济水平第一项指标的实数值最大的国家是加拿大，列为第一位；表示教育水平第一项指标的实数值最大的国家是日本，列为第一位。其余各项指标的实数值分别按大小排列，就得出全部指标的顺序表。

按指标的平均顺序拟定出复合指标的顺序。例如，日本的教育水平的三项指标顺序分别为第一、二、三位，则它的平均顺序约为1.7位。因此，日本的复合教育指标的顺序就居于1.7位。

研究者不仅要搜集和修正数据，而且还要把教育水平的指标和经济水平的指标加以处理，应用置换法使教育水平与经济水平形成同一标准，才能做比较分析。因为没有同一标准，就没有可比性。

第五，运用数据、证明假说。研究者要正确地处理并运用数据来证明所提出的假说是否正确，为了验证假说，首先要区别哪些国家的教育水平比经济水平高，哪些国家则相反。具体办法是：

$$D = Y - C$$

D 表示教育与经济的关系，Y 表示经济水平，C 表示复合教育指标。

以日本为例，经济水平的顺序居于第13位，教育水平的顺序居于第1.7位，则教育与经济的关系为 $D = 13 - 1.7 = 11.3$。日本的教育与经济的关系（D 值）为正数值。

再以芬兰为例，该国的 $Y = 2$，$C = -5$，$D = -3$。芬兰的教育与经济的关系（D 值）为负数值。

正值与负值分别证明了两种结论：正值证明该国的教育水平比经济水平高；负值证明该国教育水平比经济水平低。

研究者最后证明，D 值为正的国家其经济增长速度比 D 值为负的国家发展得较快些。这就是说，“教育水平比经济水平高的国家”，其经济增长速度比“教育水平比经济水平低的国家”的经济增长速度要快得多。这样验证的结果表明，上面提出的教育与经济的关系这个假说是正确的。

综上所述，诺亚和埃克斯坦的验证假说对比较教育的科学方法做了精确的数量化分析，自成一家之言，对比较教育的探索做出了新贡献。然而，验证假说法也有很大的局限性。首先，概念指标的测定是否正确，值得商榷。其次，指标数据的可比性也存在问题，因为各国的统计数字不一定都可靠，往往有许多不符合教育实际的。再次，处理数据的方法是否恰当，也要进一步探索，因为有些高度抽象的概念，不宜于用定量方法来确定数据，而宜于用定性方法来揭示其实质。从全局看，定量研究与定性研究相结合，对比较教育的发展是有利的。研究者不仅要善于用社会科学的方法来研究比较教育，而且要善于用历史学的方法来研究比较教育。近年来，比较教育的研究方法迅猛发展，从单一型方法向综合型方法迈进。在 20 世纪 80 年代，研究比较教育的社会学家，已不再像 60 年代那样强调数量化方法的优越性，不再过分贬低历史学家对比较教育学科建设的贡献。

第四节　苏联比较教育学科建设鸟瞰

一

苏联比较教育学的先驱者是民主主义教育家乌申斯基，而用马克思列宁主义原理研究比较教育学的奠基人是克鲁普斯卡娅。这两位教育家有关外国教育的著作，都是各国教育情况介绍，没有涉及比较教育学科建设的实质性问题。

第二次世界大战后，美苏两国对世界各国的教育历史、现状和趋势的研究状况有了新的进展。虽然，苏联的比较教育学科建设比英美诸国起步迟了一点，但是，它在这方面的发展还是很快的，研究成果也不少。1957 年，苏联马尔克谢维奇等学者撰写并出版了《中国学校与教育》一书，为比较教育的教学与科研提供了宝贵的资料。

自 20 世纪 60 年代以来，特别是 70 年代，苏联对外政策比斯大林时代开放多了。苏联教育学者中研究外国教育的人日益增多，比较教育的教学与研究亦相应地得到了发展。

1960 年，莫齐雷夫等著的《资本主义国家的教育制度》以及贝伊科香的《美国、英国和法国的学校》这两本著作问世了。翌年，夏巴叶夫的《现代人民民主国家的学校》、马尔科娃的《社会主义国家学校学生的教育》、克休蒂娜的《独立国家阿富汗的教育》、卡斯因等的《意大利国民教育制度和学校过程》都出版了。这种情况为苏联比较教育学科建设提供了有利条件。到 20 世纪 70 年代，研究比较教育的队伍扩大了，研究成果也增多了。按著作出版先后顺序，主要有：①1970 年出版的《当代法国的学校》（武尔弗松著）；②1971 年出版的《当代美国的学校》（马尔科娃著），③1973 年出版的《发展中国家：教育与联合教科文组织》（汤卡恩著），《发展中国家：教育和联合国教科文组织》（坦格扬著）；④1975 年出版了《发展中国家当前的教育问题》（坦格扬著），《现代发展中国家当前的教育问题》（汤卡恩著），《当代资本主义国家的学校和教育学》（马尔科娃与武尔弗松合著）；⑤1976 年出版了《资本主义国家的教育政策和学校》（马尔科娃著）；《欧洲社会主义国家的学校：战后的发展和当前的问题》（库兹明编）；⑥1977 年出版的有《发展中国家的教育》（希林斯基著），《当代英国的普通中学》（拉普饮斯卡娅著）等。此外，苏联教育科学院比较教育学研究所还出版了一些专业论文集：《比较教育学上的问题》和《对资产阶级教育学最近倾向的批判》，等等。

最引人注目的是 1966 年，苏联莫斯科列宁师范学院建立了比较教育学研究机构，开展外国教育与比较教育学的研究。苏联比较教育学者们不仅研究比较教育学的理论、历史、现状和趋势，从事专门著书立说，而且还对大学生讲授比较教育学及引导学生进行课堂讨论。1978 年，苏联比较教育学者索科洛娃、库兹米娜、罗焦诺夫等人合著的《比较教育学》问世了。这引起了世界各国比较教育工作者极大的兴趣。在比较教育的教学与科研领域里，苏联的比较教育学别具一格，另有特色。

二

苏联索科洛娃等专家合著的《比较教育学》独具特色。其一是用三种模式把世界各国教育分类比较。作者说："本书不要求详细分析某个国家的学校和教育的情况，本书只是就学校和教育的主要问题按三类国家，即社会主义、资本主义和发展中国家进行比较研究的，同时强调指出这三个主要地区解决国民教育问题依赖于占统治地位的社会关系这一点。"

从上述观点出发，作者分别论述了七个问题：①比较教育研究的对象、任务和方法；②社会主义、资本主义和发展中国家的教育政策和国民教育制度的基本组织原则；③社会主义、资本主义和发展中国家的教育制度和学校改革；④社会主义意识形态和资产阶级意识形态在教育学中的斗争；⑤社会主义、资本主义和发展中国家的教学内容和教学组织问题；⑥青年学生的政治教育；⑦当代世界的师资问题。

该书把全世界五花八门、形形色色的教育理论与实践、教育制度与政策、教育内容与方法归纳为上述三大类，自成一学派之言。然而，划分类型的标准和根据则存在根本分歧。以社会主义国家而论，哪些是社会主义国家呢？阿尔巴尼亚的教育性质与苏联的教育性质是否同属一个类型？中国的教育性质与苏联的教育性质又如何科学地分析对比呢？再说，资本主义国家之间的教育也是千差万别的。美国的资本主义教育已发展到超级大国阶段，富于垄断性；而英国、法国、联邦德国、日本等资本主义国家的教育尚未具有超级大国特色，它们与美国教育形式不等同。最后，发展中国家的教育更为复杂，其中包括殖民地制度的教育、半殖民地半封建制度的教育、封建制教育和奴隶制教育等。中国是发展中国家，是世界文明古国之一，她正在建设有中国特色的社会主义教育体系。希腊也是世界文明古国之一，她正沿着资本主义教育的轨道前进。把不同性质的教育归纳为同一类型来比较研究是欠妥的、是大有问题的。这类型化问题的关键，在于把复杂的现实问题通过类型模式而概念化和简单化了。读者从《比较教育学》中所了解的世界教育，只能见其"形"，不能见其"神"。从马克思主义观点看，比较研究世界各国的教育，应当是"形"与"神"相结合，而以"神"为主。

苏联《比较教育学》的另一个特色是理论化。编者用一般哲学概念阐述各种各类的教育问题。编者说："马克思主义比较教育学以辩证唯物主义和历史唯物主义的规律和基本原理为指针，辩证唯物主义和历史唯物主义以认识客观世界的唯一正确、唯一科学的方法武装教育学。比较教育学所研究的教育范畴和规律是社会生活中的客观现象，不能孤立地、离开它们和社会生活中其他现象联系及其相互作用来看它们。”

根据上述理论，编者分别论述了比较教育发展的三个阶段：①从西方资产阶级革命到十月社会主义革命；②从十月革命到世界社会主义体系的建立；③从世界社会主义体系的建立到现在。关于历史分期的问题，比较教育界长期存在不同的看法，有待继续研究和探索。然而，这里所谓的“世界社会主义体系”的观点是不符合当前世界各国社会制度的现状和趋势的，是以抽象的理论框架强加于客观实际的。因此，任何脱离实际的所谓理论也只能算是一种书斋里的文字游戏罢了。

苏联《比较教育学》的再一个特色是政治化。编者从本国政治需要出发，用阶级斗争尖锐化的观点看待比较教育研究领域的各种问题。编者说：“世界资本主义的总危机，工人运动和共产主义运动在理论和实践上的成就，使资本主义和社会主义的阶级斗争日益尖锐。这在思想领域中表现为马列主义意识形态和资产阶级意识形态斗争的尖锐化，其极端低劣的形式是反共产主义。”

根据上述理论，编者分别论证了苏联比较教育学的目的和任务，批判了资产阶级比较教育学的目的和任务，阐述了当代资产阶级教育学的几种流派。从而得出结论说，“意识形态斗争的尖锐化使反共产主义的观点加强并积极活动，它反映在教育理论的各个方面。”在 20 世纪 70 年代，苏联教育科学院和高等师范院校大力加强比较教育学的教学与科研，就是为了适应“意识形态斗争尖锐化”的政治需要，其结果便产生了对世界上三种不同类型的国家，采取三种截然不同的政治态度。

其一，以“褒”为主。苏联比较教育学专家们认为，社会主义国家的教育特别是苏联教育，是世界各国教育模式中最先进最优越的教育模式。如苏联宪法中规定的苏联公民的教育权为“实行各种免费教育，对青年实行普及义务教育。在教学同生活和生产结合的基础上广泛发展职业技术教育、中等专业教育和高等教育；发展函授教育和夜校；对学生提供国家助学金和优待；免费发给中小学教科书；学校可用本族语教学；为自修创造条件”。苏联的教育经验是“具有国际意义”的，它为世界人民“打开了获取知识、获取精神文化财富的广阔道路”。

其二，以“贬”为主。苏联比较教育学专家们认为，资本主义国家的教育制度，特别是美国教育制度，是教育发展史上最腐朽最虚伪的教育制度。

资本主义国家宪法上宣告“教育机会均等”，实际上则不均等。资本主义世界有“两种教育制度”，一种为资产阶级子女而设立的特权教育制度，另一种为奴役劳动人民子女而设立的教育制度。以升学率为例，联邦德国在高等学校读书的工农子女为8%，资产阶级的子女为92%；法国高等学校的工农子女为12%，资产阶级的子女为88%。再以学制为例，资本主义国家设立各种类型的私立学校，为统治集团的政治利益服务。英国的“公学”是为资产阶级设立的“私学”，这种“公学”制是英国双重学制的表现，英国“公学”毕业生中大多数人当外交官员和主教、法官，86%当法官。

由此可知，资本主义国家的教育政策和学校制度，都说明了一个共同的趋势——“不同社会阶层教育机会不均等”。

其三，以“诱”为主。苏联比较教育学专家们对发展中国家教育改革所持的态度是以诱导为主。他们认为，发展中国家大体上可分为三类：第一类是教育发展水平较高的国家，在20世纪70年代就普及了小学义务教育。第二类是教育发展水平中等的国家，普及小学义务教育要在80年代才有可能实现。第三类是教育发展水平较低的国家。普及小学义务教育将在90年代或更迟一些时间才有可能。对于这三类国家的教育发展，社会主义国家和资本主义国家采取了根本对立的两种态度。苏联教育专家说：“资本主义世界的教育政策在于保持当代帝国主义的基础、统治阶级对教育的垄断、它们在发展中国家的地位，在于反对社会主义学校和教育学的思想在本国和国外传播。”

当前，发展中国家面临许多教育现代化的共同性问题：

（1）扫除文盲。由于殖民主义统治的结果，发展中国家的文盲很多。例如，在亚洲和非洲一些地区，居民中的文盲数竟高达90%～100%，中小学教育数量少、质量差，几乎完全没有高等学校。因此，所有发展中国家走向教育现代化的第一步是扫除文盲。不解决这个问题，任何发展中国家都不可能向现代化的方向发展，而要解决这个问题的唯一出路是向苏联学习。

（2）普及教育。虽然有些发展中国家的教育立法中规定了普及义务教育的条文，但实际上困难重重。如印度、阿尔及利亚、菲律宾、拉丁美洲国家，由于缺少足够的教育经费与合格的师资队伍，迄今尚未真正实现普及义务教育。小学义务教育的年限有些国家是四年，有一些国家是五年，还有一些国家是六年。联合国教科文组织曾定过几个地区性的教育发展计划：一个是亚洲的“卡拉奇计划”，另一个是非洲的“亚的斯亚贝巴计划”，再一个是拉丁美洲的“圣地亚哥计划”。这三个计划对有关各国的普及义务教育都起了积极的促进作用。苏联教育家认为，普及教育唯苏联教育模式最佳。

（3）改革学制。发展中国家在教育现代化方面所面临的又一个重大难题，是改革殖民地时期遗留下来的旧学制，以符合民族教育发展的客观需要。在发展中国家里，印度的学制改革取得了较好的成就。独立后的印度共和国建立了初等、中等和高等教育三个阶段相互联系的学制结构，通过了有关小学义务教育法令。经过几十年的努力，到20世纪80年代，在大城市基本上普及了小学义务教育，但在广大农村，大多数儿童没有受过小学教育，有的根本不上学。

拉丁美洲国家的学校制度基本上在19世纪末20世纪初就已经形成了。这些国家里居民识字的程度比亚洲和非洲的发展中国家高得多，教育质量也较好。墨西哥、阿根廷、秘鲁等国在拉丁美洲国家中的学制改革极为完善，这几个国家试图把初等、中等和高等教育衔接起来，建立标准统一的学校制度。

总的说来，所有获得独立的发展中国家，都在力图通过逐步的学制改革，建立适合本国情况的新教育制度，保证学校各阶段的衔接性，为全体适龄儿童提供受教育的机会。苏联专家认为，苏联的道路是发展中国家必经之路。

（4）教育展望。发展中国家面临的教育问题是很复杂的，各国情况不同，发展前景各异，然而，每一个发展中国家都在选择本国发展的最佳方案，展望美好的发展前途。如何选择教育发展的基本方向呢？是往资本主义道路的方向发展呢，还是往社会主义道路的方向发展呢？这是展望教育前景时带关键性的重大问题。苏联比较教育专家认为，社会主义方向不仅能加速发展中国家经济建设的步伐，而且“对教育的进步变革起着更为决定性的影响”。苏联专家研究了阿尔及利亚、突尼斯和摩洛哥三个发展中国家选择的不同发展方向，而导致了不同的教育后果。调查研究表明：“选择了社会主义作为发展前景的阿尔及利亚民主人民共和国解决教育问题要比历史上和领土上与它接近的摩洛哥王国及突尼斯共和国快得多，彻底得多。”

由此可见，苏联比较教育学者的政治意图在于“诱导”发展中国家学习苏联教育模式，而拒绝接受美国教育模式。

归根到底一句话，苏联比较教育者坚信苏联教育制度最好，美国教育制度最差。发展中国家向苏联学习，走苏联的道路为上策，如走美国道路，向西方学习则为下策。

苏联的比较教育，与美英两国的比较教育有相同点，也有相异点。

这三国比较教育的共同点在于：三个国家的比较教育工作者都在尽力开展综合性的国际比较，对世界各国教育的历史、现状和趋势进行调查研究，进行全球范围内的分析概括，以增进国际学术交流。在这一类国际交往中，美、英、苏三国在表面上都主张国际协作精神，使比较教育研究领域的共同因素日益增长。然而苏联的比较教育学实质上与美英两国比较教育的理论和方法存在尖锐的对立性。

1980 年《苏维埃教育学》第三期发表了苏联比较教育学者霍罗利斯基的论文，题目是《现代意识形态斗争中的比较教育学》。该文的开头就说："我们生活在两个世界、两种社会发展的两条道路——社会主义道路和资本主义道路——进行历史大搏斗的时代。"接着，霍罗利斯基尖锐地抨击了西方比较教育学家的理论与方法。他认为，"资产阶级比较教育学最著名的理论家和宣传者是美国教育家贝雷迪（哥伦比亚大学教授）和布里克曼（纽约大学教授）、英国教育家埃德蒙·金（伦敦大学教授）、联邦德国教育家赫利克尔（慕尼黑大学教授）、瑞士教育家罗斯谢利奥（日内瓦大学教授）等等。"这位苏联教育者在批判了国外同行们的比较教育观之后，他认为西方的比较教育学是"同马列主义思想体系相对抗的各种资产阶级的社会、经济观念"。

由此可见，苏联比较教育学最突出的一点，就是所谓的"政治性"很强。苏联比较教育学者把这门教育科学领域中的一个分支学科，看作是在现代意识形态中的一种阶级斗争的手段，而不反映国际教育实践的一门新兴学科。这一观点是否符合实事求是精神，值得商榷。

苏联比较教育的另一个特点，是高度的统一性。全国的比较教育课程设置与教学大纲都是由国家统一规定的。这一点是与美英两国比较教育学的情况截然不同的。在比较教育的教学与科研方面，是统一性有利于比较教育的发展，还是多样性有利于比较教育的发展，或者二者相结合才有利于比较教育的发展？这些问题也是值得研究的。

1966 年，苏联教育科学院也开展了比教育学的研究，并在有条件的高等师范院校逐步开设了比较教育学的课程。1978 年，苏联当局进一步明确规定了全国性统编比较教育学教材和教学大纲。苏联全国各高等师范学校只开设一门比较教育学，以教师系统讲授为主，课堂讨论为辅。教师用 40 多学时讲授十几个问题。教学内容可分为四类：首先，讲授比较教育学的历史、对象、任务和方法。其次，讲授社会主义国家、资本主义国家和发展中国家的教育制度。再次，概括地论述各国学校教育的基本内容、组织形式和教学方法。最后，阐述马克思主义教育学与资产阶级教育学的本质区别及其对发展中国家教育理论和实践的影响。教学目的是要形成学生的国际主义和共产主义的坚定信念。这就是苏联比较教育学课程设置与科学研究的中心任务。因此，有些比较教育家认为，苏联的比较教育学近似比较政治学，苏联的比较教育学科建设与西方各国教育学科本质上是对立的。前者强调比较教育学的政治方向，后者侧重比较教育学的科学探讨。

教育科学与比较研究①

第一节　引言——认识的方法

“我不相信那么一回事!”艾丽斯说。

“你能不相信吗?”女王带着惋惜的口吻说,“深深地吸一口气,闭上眼睛,再试试看吧!”

艾丽斯笑了起来.“试也没用,”她说:“人们不能相信那些做不到的事情。”

“我敢说,你还没做过许多练习。”王后说,“当我像你这个年纪的时候,我一天总得花上半小时来练习它。噢!说真的,有时候早餐前我已相信了的,而后来又办不到的事情就有半打之多哩!”

根据美国实用主义哲学家查尔斯·皮尔斯的范例,人们可以认为,证明论点的正确性主要有四种方法:即坚持信念法、权威论证法、直觉观察法与对照实验法。这些方法的每一种都可以通过以往比较教育学研究中获得的范例来说明。因为运用比较资料的研究人员都可以通过采用上述的一种或多种方法来证明自己对于现实世界性质的信念,特别是证明自己对于学校与社会关系的结论是正确的。

① 本文选自朱勃、王孟宪编译的《比较教育的研究方法》第二章。

例如，教育观察家们一般都固执地相信他们国家的教育体制与实践比国外的教育体制和实践优越，特别是美国的许多教育工作者长期以来都认为，他们的学校制度比其他任何国家的学校制度都优越，尤其比苏联的优越。这种信念是由适应个人和社会目标所需要的独特观点而形成的，它被上述那些人们固执地坚持着。与这种观点相反，绝大部分没有被美国教育工作者所注意到的是那些为外国许多人（包括苏联教育工作者在内）所坚持的观点。他们同样认为，他们自己国家的教育制度比其他国家的优越。20 世纪 50 年代后期，当美国教育工作者开始注意到苏联以教育制度优越自称时，人们提出了调和两种对立信念的问题。但是，美国教育制度是否真正比苏联教育制度优越，仅依据各自的意见，是不可能获得什么完满答案的。按照“固定信念”的论证模式，这种用以坚持自己论点的热情就变成衡量论断正确性的标准了。某项论断经过固定不变的重复宣传，人们对它的信念就增强了；对信念的正确性表示怀疑，只会导致信仰者愤然的否定，而这类否定反过来又强化原有的信念。

当一个相信 A 种制度好的人遇到一个相信 B 种制度好的人时，问题就发生了。这种对 A 制度的信念和对 B 制度的信念是不相容的。例如，相信美国制度优越的人遇到相信苏联制度优越的人时，就会出现对立的情况。如果互相对立的意见继续存在而不能消除，那么要从这些固执地坚持着的对立意见中做出选择也就没有什么标准可言了。有时一方承认自己以前的信念是错误的，并承认对方的信念是正确的，那对解决根本对立也无济于事。一个人基于自己固执地坚持的旧信念，可能为别人基于他自己固执地坚持的新信念所代替，这就是在那种情况下曾经发生的一切罢了。20 世纪 50 年代后期和 60 年代初期，比较教育学对研究这个带策略性的问题提供了极良好的说明。大受赞扬的美国教育评论家们开始以高度的热情对欧洲各国教育（特别是对苏联教育）的优越性给予肯定，但当他们做出恰好相反的论断时，他们并不比早期评论家们具有更可靠的根据。

另外一种坚持信念的而某些方面更使人满意的方法，就是建立在相信权威基础上的方法。人们往往求助于各种权威，如宗教的、部落的或博学内行的权威来支持自己的信念，而不是仅仅凭着坚持自己信念的正确性和采取积极的一贯态度来坚持自己的信念。我们往往心甘情愿地求助于权威来解决许多有争论的问题，因为我们缺乏时间、愿望或专长来亲自解决这类问题。谨慎地信赖权威已经做出的结论，能够形成而且的确已经形成扩大认识的基础。

然而，求助于权威的智谋也有其一定的局限性。比如，在权威之间的那些冲突意见中进行选择时就往往出现各种困难。在确定一个权威应该精通的专门学问的适当高度方面始终存在着问题；在极个别情况下，这样的问题甚至变成决定谁是真权威、谁是假内行的问题。

再从比较教育学的发展看，有些历史事实也许合乎实际情况。在比较教育学的整个研究领域中，人们对那些依靠权威立论而引起的问题都特别敏感。谁已经成为比较教育学的专家呢？比较教育学权威往往似乎是到研究对象国旅游一样，显以观感而不是以牢固的专门知识为根据进行比较研究的。在有些情况下，这种权威仅以在对象国的观光、居住及所学到的语言和文化知识为根据做比较研究。在另一些情况下，比较教育学权威甚至是以其他研究领域的专门知识为基础的，比如以教学、教育行政管理、政治甚至核物理工程学的专门知识为研究比较教育学的基础。在权威和专家论证某种信念的章节中出现不确切的观点时，向权威机构或人士求教只是调和了证实信念的困难而已。

比较教育学尤其可能以建立信念的第三种基础为依据，即建立在直觉研究法的基础之上。这种直觉研究法是运用“自明”（即不需要证明的）命题作为其出发点的。比较教育学，与哲学、自然科学和数学一样，在直觉观察真理的基础上，分担了广泛发展人类智力的职能。但是，应用这种直觉研究法却产生了两种主要的困难。首先，对一个人是自明的真理，对另一个人则可能是自明的谬误。其次，对一个人是自明的真理，也许对每一个人都是自明的真理。尽管如此，谬误却是始终存在的。人类认识的发展史，就是曾被人们普遍接受而后来又被驳倒的那样一些杂乱无章地保存下来的真理。在自明命题的基础上进行的一些社会现象的研究，人们还特别冒着危险——怀有偏见地、随心所欲地报道研究成果。凡是不符合研究者假设的资料，就未必会被读者看得到。

比较教育学由于信赖直觉法而出现的问题和错误超过了这门学科应分担的职能。例如，“民族性格”这个概念就产生了许许多多广泛用于比较分析的自明命题。许多教育研究的著作者通常认为，英国人的行为，表现出实用主义的特征；德国人的行为，表现出纯理论反映的特征；法国人的行为，表现出清晰推理的特点。关于不同民族性格的这样一些假设可能被用来指导人们对各种教育制度进行调查研究，然而这些假设却是极不可靠的。观察研究者很容易坚信其对事物进行观察的先验性假设。于是，各种循环论证的争辩就流行起来了。而这些争论对原来的研究命题充其量只能提供一些带有偏向性的证据而已。

在更大的研究规模上，当比较教育学者们从“自明命题”出发，认为一个国家的教育制度是其历史传统的产物，绝非一种不合理的假设，并对其进行调查研究时，他们碰到了种种困难。当研究者用历史“事实”来解释现实问题的时候，困难就发生了。因为只有那些过去被认为有助于构成解决现实问题的要素才会被人们承认为历史事实。循环论证的效果削弱了结论的正确性。这并非是说直觉观察方法就没有用处了。当然，研究者基于直觉观察的顿悟，往往是各种有成效的科学研究的出发点。然而，研究者却有必要经常不断地凭经验，即凭着现实世界的实证经验来证明这些基于直觉观察方法的命题是否正确。

确实，研究者们对比较教育学上较为普遍的一些先验性重要命题正在着手进行系统的检查。例如，在国际人类工程学协会的研究计划中的典型试验报告里谈到有人建议调查研究的一个假设可能是这样的：“各种民族的类型在自愿表明确实相信某种结论的态度问题上表现出一贯的差异。”因此，较早期的调查研究者满以为不成问题的有关民族性格方面的问题，已作为一个需要加以证实的研究课题被提出来了。①

在刚才讨论过的那三种证实认识或信念的方法中，每一种方法都曾被广泛地用来促使一般智力的发展，并使比较教育学的论述更有实质性依据。但是，比较教育学，对各种方法中的固定信念所包含着的偏见与缺乏公认统一标准的那些带根本性的问题，总是表现得特别敏感。任何方法都不会不受这些问题的影响。正如科恩和纳吉尔所指出的，这些方法中的任何一种都摆脱不了人们的任性和固执。它们当中的任何一种即使会被人们充分认识到它存在着错误，也不会包含有人们防止错误的自我修正意志。从理论上讲，人们所需要的倒是一种能自我修正错误的科研方法，使观察者产生偏见的可能性

① 国际人类工程学韩国人会研究计划第一阶段的报告对问题进行了更深一层的探讨。它论述了如何把民族风格或性格变为具体的、可辨认的教育实践的可能性问题，以及如何使这些教育实践上的差异与教育成果上的差异联系起来的可能性问题，就这点来说，它指的是教学上获得的成绩。

减到最小限度，使资料的有效利用率增至最大限度。尤其重要的是，它必须成为这样的一种科学方法，即把调查的每一个步骤和研究者所做结论的逻辑上和经验上的根据公之于世，接受公众的检查。这一切都说明了它们终将成为众所周知的科学方法。

第二节 科学方法与社会研究

白兔子戴上了他的眼镜，问道："陛下，我从哪儿开始讲好呢？"

"就从开头的地方开始讲吧，"国王庄严地说，"一直讲到结尾，然后才停下来。"

科学方法的主要优点在于，它提供了前后一致的客观方法来解决带有偏见的、有倾向性的，甚至任性和固执的问题。虽然所有论据和命题都是采取怀疑态度来进行探讨的，但是这种方法却不局限于持续性和腐蚀性的怀疑论，它还提供了一种信念与怀疑相结合的技术。科学上改进观察手段和搜集资料的不断尝试是对论据发生怀疑的结果。受到实践不断检验的以演绎法为基础的违反客观现实的论据是对命题发生怀疑的结果。此外，这种归纳法和演绎法思想的结合，就人类的无限制开放的认识体系来说，是具有进步意义的。这种无限制的体系，则是指经过一个阶段研究所得出的结论，为后来的研究揭示了继续探索的问题。

因此，科学方法有两个显著特征：即特有的科学态度与特有的研究策略。对那些已经牢固地确立了关于社会现象的认识因素所持的科学态度阐述如下：

社会科学家不再假定社会的或政治生活的实际是众所周知的，也不再假定这种实际通过临时观察、反省或系统阅读，就很容易为人们所理解。有人不仅对生活实际的解释提出了疑问，而且从一开始就对社会生活实际本身也表示了怀疑。最重要的问题也许是，一个人对社会生活方面的一些论述，是表示接受或拒绝所依据的那些标准，其重要意义是具有特殊性质的。最终的标准是一种按照反映现实生活的方法来确定的。这种方法应该是比较有系统和确实可靠的。它应该是经得起反复检验的，使另一个研究者看了同一材料后能得出大致相同的反映现实的论据。当然，这一切都意味着，这种方法应该是公开的和明确的。

各门社会科学中的这种新看法是与符合科学规律的研究策略紧密相关的。也就是说，它是有系统的、受控制的、以经验为根据的和富于批判性的。

“系统性”一词是指研究问题时所需要做出的有条理的论述和解决问题时所需要进行的合乎逻辑的步骤等方面而言。当然，解决任何一个特定问题所涉及的一些特殊步骤，以及这些步骤彼此间的相互关系是由问题的性质和数据的种类来决定的。但是，这些步骤的一般形式并不改变。科学研究问题首先在研究者的想象中反映的，他往往于开始时仅模模糊糊地意识到问题的存在。在这个阶段上，要研究的问题可能是不明确的和不完全的。虽然研究者不能断定问题的确切性质，但是出于他好奇的动机和直觉的指引，他试图对问题进行加工，精细研究，使其公之于众，受到更周密的检查。这时他开始对存在的问题进行限定性的解释，搜集这类相对有限范围的资料，并精益求精地阐明那些有助于他说明问题的概念。这些活动未必一定是按序列发生的，而更可能是同时发生的。不管怎样，那时所发生的情况将是当时用来检查某一种或某一组暂定假设中提出的那些问题、数据和概念的出发点。这种检查工作包括解释问题与仔细研究数据和概念在内。设想研究者的工作目标是运用更加集中的数据来验证那些不能解决问题的假设，而代之以较能解决问题的一些假设。当调查研究者已经知道自己分析的资料和技术情况并得出自己无法再扬弃的一些假说时，他的科研任务暂时就算是完成了。

“控制”一词，就其科学定义来说，并不具有它在日常惯用法中相同的含义。也就是说，它并不单纯意味着指导、管理和安排科研活动。代替惯用法，它倒是有重要而特殊的含义，即防止掺杂着由外来因素造成的各种结果。对观察或实验的控制，是力图分离可变的因素，以便使外来的因素，尤其是偶然因素的各种影响能够被有把握地排除在正常研究之外。正是这种有组织和有控制程序的结合，才允许调查研究者对自己所取得的研究成果满怀批判信心。

科学研究按定义来说，既是经验主义的又是批判主义的。原因在于它坚持经常不断地对违反数据的想法进行检查，不管这些想法是由直觉知识构成的，还是由先前证实了的研究成果构成的。证实某种想法经常是出乎研究者预料而获得的。科学研究之所以是批判主义的，因为它不仅建立在习惯怀疑论的基础之上，而且建立在各阶段都有一系列自我修正错误的检查方法的基础之上。就有组织、有控制、以经验为依据的研究策略来说，这些检查无疑是绝对必要的。

第三节　假设

“现在要修改假设已经来不及了，”王后说，“当你一旦说出一件事情就把自己的假设确定下来，你必须承担其后果。”

科学研究方法不但包括科学探索的特点，而且还包括对假设的特别关注。研究者对资料搜集、分类、处理和解释的一切努力都是为了验证假设的正确性。事实上，这些假设是科研程序的关键所在。假设一般被认为是推论自然现象彼此间相互关系的陈述。据此，这种陈述需要得出一个结论，它阐明一组现象是另一组现象的函数关系。这种陈述的最简单的表现形式是：y 随着 x 的变化而变化。

这类函数关系的陈述是数学学科某些重要分科的共同要素，并已逐渐成为各门社会科学研究中特别有用的东西。在社会科学领域里，各种社会现象的相互作用关系都需要利用函数概念加以研究。在数学上，推定 y 是 x 的一个函数，就意味着 y 值是依 x 值而变化的。当然，这并不是说，在所观察的各 x 值的整个变化过程中，y 的变数必将完全与 x 的变数成比例。y 值可能大于或小于比例数。这个关系的数值很可能从 y 的一个值变为 x 的另一个值。因此，x 与 y 之间的关系，在整个变化过程的不同阶段中，可能是线性的（常数的和比例的），也可能是非线性的（非比例的）。这种自变数与非自变数之间的函数关系的公式，无论是就其一般意义上对各门社会科学进行研究来说，还是特殊意义上对教育学科进行研究来说，都是非常有用的。教育上各种可变情况的变化往往被认为是依据那些在学校范围内或在较广阔的社会环境中可看作同属一类情况的变化而变化的。因此，经济、社会结构、政治、文化等方面一般都应作为对学校表现情况有影响的因素而分开来研究。

函数的这种数学概念不可避免地将会导致关于自变数与非自变数二者之

间关系的公式化的日益精确的陈述。例如，比较教育学者对自己疑惑的关于政治极权主义与课堂纪律不民主的关系问题试图进行调查研究。就最初级的研究来说，他只想搞清楚这种关系是不是确实存在着。就较高级的研究来说，他希望确定这种关系变化的方向性。也就是说，研究者考虑到这样一种假设，例如，“政治制度愈是极权主义的，课堂纪律也愈是不民主的。”这个假设为研究上述二者的函数关系提供了较精确的定义。但只有上升到第三级，甚至更高级水平的研究才有可能为做出结论提供更大的精确性，这个结论表明量词在限定假设时起关键作用。在这个问题上，研究者试图通过这两个变数的一整套变化进程来测量政治与课堂风气的关系，并试图做出这样一些陈述：认为社会政治上极权主义增强到某种程度时，它往往导致课堂教学中不民主风气；还认为，政治的极权主义在较高级的变程中有所增强时，它往往使课堂上的不民主风气大大地增长起来。这也就是说，研究者首先是要证实这种关系的存在；其次是要阐明这种关系发展的一般方向；最后是要给这种关系做出更精确的、可用量词来加以限定的陈述。

当然，从第一阶段发展到第三阶段是一个巨大的变化步骤，在第一阶段中，对函数关系要么加以肯定，要么加以否定，二者必居其一。这个发展相当于从用符号词把某种关系列成公式发展到用数字来使符号变成有血有肉的东西，那是一些以前在许多情况下从未被列入的用来表示各种现象的数字。

此外，把函数概念的数学意义与把函数概念用于社会科学方面的功能表示法加以区别是很重要的。某些社会学家和人类学家曾把社会各种组织结构及其制度（包括教育）看作是完成一系列按不同社会背景所规定的共同职责或共同任务的一整套社会结构。根据这些理论家的看法，对各种社会结构进行研究必须辅之以研究它们的各种功能。而且，他们主张在不同社会里建立的各种机构，不论它们表面上有何差异，只要它们能体现共同的功能，它们是可以正确地加以比较的。这种功能研究法的发展使人类学者们对人类的全部文化进行比较成为可能。例如，通过了解各种文化如何满足全人类共同需要来加以比较。因为这种函数概念的运用可能有助于对教育的分析比较，所以函数概念的数学意义与其当前对比较教育的功能研究法的讨论也就更为关系密切了。

功能关系的陈述是一种涉及协变式的陈述。这种陈述，即使有单方面因果关系的一些暗示可能深含其中，也不一定必须涉及因果关系。纵然如此，这种发现却不一定意味着前者就是后者发生的原因，而仅仅是指它们的协变关系。在这种情况下，研究者对协变中的两种现象只可能假设一个前因，对该两种现象则需轮流地加以进一步研究。例如，调研者，如果他接受韦伯或托尼的论点的话，也许会假设新教是资本主义经济体制和较高文化程度这两种协变现象的前因。

还有一种见解认为，强调功能的陈述也许不能完满地对某种关系加以阐明。它也许不能揭示这种从一个因素影响到另一个因素的方向。因此，甚至当一个人能够证明文化程度与经济发展水平有系统地发生协变时，要他确定是文化程度影响经济发展还是经济发展影响文化程度，那也会是有困难的。

在朴素的功能陈述中还存在另一种固有的局限性。假定协变关系确定下来了，又假定这种陈述体现出一个含有因果关系的明确的公式，可是对于这种精细的功能作用过程——通过它，x 使 y 发生变化——也许仍是未能明确地加以阐明的。在这点上，这个过程输入的信息是限定的，输出的信息也是限定的，但联结输入和输出二者的过程却是在结构复杂的“黑箱”的暗晦中发生的——“黑箱”的奥秘未被揭露。例如，根据已搜集到的大量证据表明，在某种情况下更多地接受教育是使一个国家的经济发展水平上升的原因。但出现这种情况的具体原因仍需继续发现。一般说来，表明因果关系的陈述是极难加以证实的。

那么，就迄今为止的争论概括来说，功能陈述法所可表明的只不过是一种协变现象。而且，即使此类陈述法确已表明这种协变现象，它们也未必能揭示协变因素间所发生的影响的倾向性。甚至当变化方向已为众所周知时，这种因果关系的作用过程也许仍然说不清楚。这一切虽然听起来多少有点悲观，功能陈述法却是扩大诸现象中各种协变关系的知识的唯一方法。根据从功能观点出发有系统地加以验证和累积起来的一些陈述，推知事物从过去至现在的变化关系是可能的，因而这些陈述对事物如何从过去发展成现在的状态至少可以说提供了一种解释的方法。

然而，被说成是功能陈述法的一些假设的价值却不受限于这些假设对阐明诸现象中各种协变关系的可能性。这些假设在给调查研究提供导向方面也起着关键性的作用。它们为积累和处理资料充当向导。

从科学的观点出发，假若把还没显示出差异的资料说成是具有什么意义或重要性的事实，这会使人产生误解。一份资料，只有当它被审慎地选择出来，加以分类并被插进一个表示因果关系的结构中去的时候，才可成为一个需加考虑的事实。这一表示因果关系的结构也包括其他一些事实，这些事实彼此间的关系及其后果等。E. H. 卡尔评述说，一个有关历史的项目，只有当历史学家把它选出并与其他一些项目一起编入一个有年代先后关系的解释中去的时候，才可变成一个历史上的事实。例如，克伦威尔鼻子上的肉赘只有当编史家把它选用于对历史人物的描述或注释时才变成了一个事实。对研究者来说，有关教育的项目像有关历史的项目一样都是极为大量的。各级政府和其他组织都接连有关教育的统计及其他资料。按刚才的释义来说，这些资料项目除非被审慎地挑选出来并列入与其前后关联、旨在解说的结构中，否则它们当中任何一项都不能成为有关教育方面的事实。如果没有假设，研究者就会在一大堆未经探索、杂乱无章的资料中处于漫无目的地徘徊在歧途的危险境地。从假设的角度着眼，他对某些资料的选取和对其余一些资料的舍弃就有了导向。

假设的必要性可通过比较教育研究中的一个事例加以说明。以这一假设为例，即"随着工业化的增长，教育上对少数民族的歧视就会减轻"。直觉地说来，研究者的研究领域受到局限并集中起来了。他现在可以忽略那些与教育歧视、少数民族、工业化等问题无关的范围广泛的教育和社会方面的资料。并不是说，在选用资料时做出相应的一些抉择总是容易的。这些抉择往往并非易事。不过，一个具有指导性的假设的重大功能，却在于它促使研究者全面考虑哪些资料需要及时地加以研究，哪些需要完全彻底地加以排除，以及哪些需要暂被搁置不用，留待进一步抉择。

认识资料与假设间正常存在的"紧张关系"是很重要的。这需加验证的假设决定着所需搜集的资料种类及其用途。倒过来说，可用资料的种类决定着所提假设的类型；这些假设可适当地被看作先决条件并加以实际检验。是否甚至有可能对某一特定的假设进行研究，这需视可用资料的种类而定；并且，如果这些资料是不合理的，或者是很不恰当的，那么一个认为自明之理而提出的假设就也许会促使一些以前并不存在的资料的构成。

着手探究资料而没有提出一个假设，这不但效能低、浪费大，而且就严格的意义上说也是不合理的。利用假设与赌运气这玩意儿相类似，赌博规则是预先制定好的。如一个人在一局开盘后不能更改那些规则，一个人在下好赌注后也不能更改他的赌注。这不会是"合理的"。一个人不能先掷骰子，然后才下赌注。同样，如果一个人先搜集各种资料，然后选出一种并据以做出结论的话，那么他就违反了科学游戏的规则。

这绝非仅仅是形式上的一些规则，因为违反这些规则就有可能招致严重错误。假定研究者在审查某些资料时心中没有任何特定的假设就对那些资料进行分类，他可能会注意到一组资料与另一组资料彼此间存在着某些相互作用的关系；他也许很想进而断言二者间确实存在某种关系。总有一个机会对于这种关系来说是富有意义的，但同样地，或许更可能地存在其他一些重要关系。这些重要关系往往由于观察者在看问题方面或资料本身的局限性而被忽略。一些不大合乎逻辑的关系的出现也许就更使人高深莫测了。这些论据必须获得尽可能发挥作用的机会。它们也只有与预先提出的假设结合在一起才能做到这样。

现就此进一步加以说明，一个没有任何明确假设的研究者也许搜集一些关于英国和德国中等教育的资料并按一般意义对这些资料进行分类，如学生一般毕业年龄、所修各门学科、学习期限、课程内容、学业成绩水平、师资培训等经仔细研究后，从这些项目的比较表中大概显示出两方面结构特点，即中学毕业的德国儿童一般要比英国儿童年龄大些。平均说来，他们的学业成绩水平也较高。心中没做任何假设而进行了资料搜集的研究者，只能断言毕业年龄与学业水平之间的某种关系。他甚至并未着手证实它。而且，他可能只观察了某种不合逻辑的关系而忽略了各种确切的关系。

仅凭扩大研究范围以包括更多的资料和更多的国家免不了出现这样一些危险。研究者在扩大的研究中也许依旧采取同样方法对自己所搜集到的有关中等教育的资料进行整理，最后他注意到许多国家的中学生的毕业年龄与学业成绩之间存在一种绝对的关系。那么，如果他断言这种关系的存在，实际上他就完全忽视了那些不为自己的主张提供论据的实证。这好比骰子已被掷滚后他才下赌注似的。因此，资料的搜集和归类不足以作为论述的依据，更不用说作为证据了。光是一些事实什么也证实不了。这些事实对研究者来说，如果要起作用的话，它们就要有研究者预先系统提出的假设。它们还需要以易于最有效地验证该假设的语言形式表达出来。这就需要采取量化的方式对资料进行分类整理。

第四节　量化

"唉，别把我弄糊涂了！"公爵夫人说，"我从来就不堪计数之苦！"

到此为止，在极力主张把假设置于首位的同时，很明显，对数据需予以高度注意。在现实生活中，这些数据提供了客观的实证。所有假设的关系都必须接受这些客观实证的检查。社会现象的评述者往往持有主观的看法。只有客观存在的数据才是不偏不倚的。然而，这些中性的数据如果要对某项研究产生作用的话，它们就必须加以分类整理和掌握运用并因而得到转化。就研究者提出假设及其对假设的检查这两方面来说，都很容易受到偏见的影响。而应用于处理数据和验证现象间假定关系的定量方法则有助于保持假设的客观性。

事实上，定量的方法，甚至仅仅是最小量的对假设加以限定，也是强加于科研工作者的；他希望的只不过是证实假设所预示的各种现象的存在与否。在稍微复杂些的假设中，陈述量较多或较少的问题就发生了。关于现象在发展过程中存在或不存在的限度问题是多数有关假定关系的陈述中所固有的性质问题。因此，陈述中存在着恒久不变的诱导因素；这种因素将会导致高于仅仅表明现象存在与否的简单"二进制标度"的效果，并制定一些标度使各种现象得以按其存在的限度（即强度或频率）进行排列。如果依照某种相应的标度对各种现象进行排列是合乎需要的，主张或多或少地进行某种带有普遍性的陈述也往往是合乎需要的。也许有必要采取更精确些的定量方法，这需要通过具体指明陈述量多至多少或少至多少才做得到。例如，要有一个级数式的进程，它从简单二进制（是/否）标度、通过序数（排列）标度、然后进至基数（多少）标度。级数进程中的每一步骤都显示出量化的优越方式：它使更多的关于各种现象的资料能更精确地予以传递。

一般认为，量化方式在应用上有其严重的局限性。确实如此，有许多种数据好像是很经不起基数量化方式的检验似的；不过，二进制标度和序数标度，即使并不那么精细，也都是量化的一种方式。甚至在明显非数量方面的研究中，简单的数量测度，事实上也通常被应用于质量因素方面的研究了。

例如，在研究政府与教育的民主形式之间的关系时，比较教育学者们最低限度必须解决民主主义在特定的一个国家里是否已经体现的问题。而且，假如他们想要进行国与国之间的比较，他们就必须经常关注每一国所体现民主形式的限度问题。

此外，却出现这样一种倾向，那就是把量化看作只不过是单凭“计点人数”来决定问题罢了。然而，基数测度法并非受限于它对抽象对象和具体对象进行计量的用途，因为它一般被应用于远非实体的各种现象。许多日常生活中所经常采用的以基数作为标准来进行的测度都是一些人为的产物。例如，当我们看温度计并看出温度是68℉时，就华氏温度不是自然物体而是由物理学家所创造出来的一种人为的标度这个事实来说，它对我们的关系极大。

在比较教育学方面，数字惯用于计量类如学校入学人数规模大小等目的，但明确地应用数量表示法的一些尝试却往往在对待别的问题上易遭抵制。例如，比较教育学者在考虑课堂纪律或课程重点时，他们动辄避开量化方式，主张不需借助数字就能最妥善地处理这些问题。然而，由于必定会有类如“更不民主的或不那么不民主的课堂教学”或“较多带有学术性的或较少带有学术性的课程设置”这种类型的定性比较，定量测度就确实无法避而不用了。定量测度在描述变量时是不言自明的。其实，比较方法的真正性质，在教育方面与在其他社会科学研究方面一样，要求研究者尽一切努力用量词明确地说明问题。

用数字和符号表示现象的方法可使很多现象得以同时进行比较，对它们各自的特性可极准确地互做比对，对它们的分析可更深入地进行。各门社会科学的专家们在努力把量化和数学尽可能引进他们的学科领域时，他们与许多外行人所思考的正好相反，不仅依照一定的方式去做，而且认识到数学无可比拟地提供了比传统的比较方法更为有效的分析工具。

然而，符合要求的资料量化方式并非易于达成的。理由之一是，甚至那些通过数量可加以表明的最简单的现象的精确性也总是有限的。连教育细目表上的那些显然单纯的任务，例如，计算学校入学人数都免不了要出现一些差错。因此，要求绝对准确总是不现实的。研究者的职责是需要估计到可能产生的差错；而如果他能做到对未来资料搜集加以控制的话，他就还需努力渐次缩小差错。甚至在最精确的科学方面，连误测也不仅是料想得到的，而且是可以容忍的。例如，物理学家对光速的测量也不是完全准确的，尽管光速是他所探究的最重要物理恒量之一。但他认识到他必须估计自己在计算中可能产生的差错。[①] 而且，特别是在社会科学方面，连最简单的计算程序都要下功夫。在计算间歇期间，该被测量的现象也许就会发生变化；因此，把计算的最后结果作为一个完全准确的测度来看是不可靠的。

比这些由于工具不完善而引起的更为严重的问题是，各种既得利益者对数据故意进行的曲解。政府机构、调查表回答者、教育行政官员等可能都有理由对自己报道的不准确加以说明。与国家声誉攸关所做的一些考虑成了约束识字统计的重要因素之一；中央拨给地方教育机关的补助经费也往往以当地学校注册入学的数字为转移。因此，凭借言过其实的报告也许有利于获得更多的利益；然而，如果数据是有意误报的，那么估计误差就会成为异常困难的事了。

当建立测量定性差异，例如，学校课程中的定性差异的标准时，又发生了另一种带根本性的困难。假如有一位比较教育学者想要按某种课程标准对一些国家的学校教育划分等级，这一课程标准是从以学科为中心发展到以儿童为中心的。一套课程体系由各门不同学科组成，每一门学科都应单独地给予评价。于是，这些对个别学科的评价必须集中起来加以研究，以便做出对每个国家的综合课程的评价。但一个人怎样才能使一个国家的一门高度地以学科为中心的数学课程与一门高度地以儿童为中心的语言课程综合在一起呢？推测起来，统计学中的“加权法”也许会提供答案。可是，对统计上权数的选用是苛求的。那些组成全部课程的各门学科必须按照一些能辩护的标准来加以权衡。如果同一套权数可用于所有的国家（这并不一定行得通的），那么按标准简单地对各门课程进行分等就可能行得通了。然而又出现了更深入一步的问题。研究者渴望知道的往往不仅是 A 国是否比 B 国有一套更高度地以学科为中心的课程的问题，而且是两国在这方面究竟相差到什么程度的问题；他也很想了解在标尺下端的 A 和 B 两国间的绝对差度，比方说，10 度是否在任何意义上都能与在标尺上端的 C 和 D 两国间的绝对差度 10 度相比的问题。按这样一种标度把绝对值平分给度数间相隔的距离，这多半仍是

① 令人遗憾的是，当引用社会统计数字时还不习惯于对它们的大概误差留有余地。做不到这样，就往往会给数据制造准确性的假象；使这些数据最好也不过是审慎的估计，最坏也不过是单纯的推测。

一个难以处理的问题。

无可置疑，在应用定量数据时，往往会出现一些不易处理的理论问题和实际问题。绝对准确总是不可能达到的。对没有入门知识的人来说，数字也许会使资料变成一种完全欺骗性的论据。更加严重的是，它的诱惑简直使人集中注意力于那种容易和明显可以做测量的事物上，而忽视了某些本身所固有的难以定量的现象，或者是现在还没有测量这些现象的工具。然而，所有量化的尝试都是增加描述和解释的精确性和客观性的尝试。量化对不断提供更准确的词语定义起着激发的作用，并对控制资料增加了各种的可能性。但应用定量法所得出的最重要的实数大概是它允许结论得以按某种方式加以说明；这种方式详细说明了对那些结论可表示信任到如何程度的问题。

第五节　对照实验与对照调查研究

这家商店好像充满着各种各样离奇的事——但全部怪事中最奇妙的部分就是，每当她要看清楚一个物架上面摆着些什么东西的时候，该陈列架上总是空着的，可是在它周围的另一些架子上却被堆得满满的，能装多少就装多少。

“这儿到处都涌现出这么一些咄咄怪事啊！”艾丽斯终于带着忧郁的情调说……

在自然科学方面，当一位调查研究者，比方说，观察电子或活细胞在活动中所显示的有趣差异时，他通常都能设计一些实验，使自己有机会对产生这些差异的因素进行隔离和鉴定。他往往会采用对照实验的方法。在设计实验的这一程序中，研究者往往尽可能把那种在全局中唯一明显地经鉴别为同一的因素有所改变时的影响隔离开来，而使所有别的一切因素保持不变。例如，生物学家为研究土壤增加某种化肥后对农作物收获量所产生的影响而设计了一项对照实验，在这项实验中有些植物吸收该化肥，有些植物则不吸收，这是一些与上述植物在其他各方面都几乎一样的植物。要把研究结果仔细地进行对比；在做出结论之前，对消除纯偶然因素这一点应特别注意。

在社会科学方面，包括对教育制度的研究，如果对照实验可行的话，也是无足轻重的。不管实验研究设计得多么完美，人们讨厌自己变成“实验的对象”；如果实验周期不是以10年为单位进行计算，通常就应以年为单位来进行，进行这种长期实验，很可能影响到实验对象的态度和行为，这是一种容易引起对研究结果的正确性表示怀疑的复杂情况。而且，在社会科学方面，即使可能做实验，它也只能一次实验完，因为一旦该实验完成了，其数据的性质也就有所变化，通常是不能逆转实验的变化。因此，要对含有相同数据的相同实验进行另一次的重复实验几乎是办不到的事情。

然而，如果说在社会科学方面使用对照实验的预期效果难免欠佳的话，那么就对照研究的预期效果来说却并非如此。对照研究实质上就是比较研究的方法。

对照研究甚至在有些自然科学的学科，如天文学领域里也被广泛应用着。在这些学科领域里，实验法也许会因为所研究的材料的性质而被排除。通过仔细选择可比材料后，研究者试图把那些被看作是由同一因素引起的各种变化现象的影响隔离开来。经过许多这样的对照研究之后，他尝试对其中特定因素产生影响的方式做一般性的陈述。尽管这样的一些陈述不能通过实验法来加以验证，它们却可用作各种预言。于是，不论把这些预言用来对照将来的研究成果，还是用来对照目前研究所缺少的部分，这些预言都应受到检验。

同样地，比较教育方面的一些一般性陈述可按他们在这两种意义上的预示价值予以探索和证实。例如，美国教育制度从一个州到另一个州，甚至在各州管辖内，都是以各学校教育设备的质量不均衡见称的。假如这是教育上缺乏中央集权的行政管理的结果，那么别的一些规模庞大的教育制度，例如苏联、中国、澳大利亚、加拿大、印度尼西亚等国家的教育制度就可加以研究，以验证这一假设是否正确。假如最后断定这一假设是有根据的：缺乏中央教育行政机关监督管理与学校教育设备质量标准不均衡的情况相吻合；那么，可以预言：如果美国在教育方面出现中央集权不断增加的情况（多数观察者似乎都盼望着它的来临），结果将会造成学校教育设备质量最好的州与最差的州以及各州管辖内最好的学区与最差的学区的差距日益缩小。如果这个预言在20世纪下一个十年终结时得到证实，那么人们就会加强对促使预言得到证实的一般性陈述的重要意义的信念，这个假设还可以通过对照迄今尚被排除于该实例之外的当代其他国家的情况来验证假设的预言价值。在另外一些情况下，中央集权的程度如果也可以预言学校教育设备质量不均衡的程度，那么目前尚缺少实证的部分，也就被成功地预言出来了。然而，这将不会证明该一般性陈述是毫无疑问的，倒有可能错误的理由反而是对的。一般性陈述有助于按陈述一词的这两种意义做出各种正确的预言，前后所做预言越趋于一致，则人们对该陈述就越相信。

对照实验法和对照调查研究法好像是可供选择的两种科学研究的方法，是研究者亲自掌握这两种可相互替换的方法呢，还是方法本身的自然变换已给他做了此事呢，二者必居其一。这意味着该两种方法之间只存在程序上的差异，而不存在逻辑上的差异。需要研究的那个领域的性质决定着到底是对照实验法还是对照研究法将占优势的问题。这个原则并不要求对照实验法成为自然科学特有的方法或对照研究法成为社会科学特有的方法。在自然科学研究方面，研究者往往在不能利用对照实验法时，不得不满足于利用对照研究法，这一点前面已经指出过。此外，在行为科学学科（特别是心理学）的有限领域里对照实验法却常被采用。

第六节　理论基础

“你对干这一行究竟通晓些什么呢?”国王对艾丽斯说。

“并不通晓什么。”艾丽斯回答说。

“任何业务都不熟悉?”国王持续地问道。

“是的，没有任何业务是我熟悉的。”艾丽斯说。

为了防止滥提假设的危害，把假设建立在理论的基础上非常合乎需要。

理论在跨国研究领域里比在任何其他领域里都更为重要。在进行全国范围的研究或范围狭小学科的研究时，研究者也许会预感到他的数据指示器或运筹学定义是精确的。他能估计其指示器的表面准确性。就比较研究方面来说，研究者对其中许多发生重大变化的各种环境做了比较后，他不知道为什么总感觉到一切指示器所显示出的表面准确性并非人力所能做得到的。研究者在跨国比较研究项目中，如果不掌握理论或某种指导性的假设体系，几乎可以肯定地说，他必将遇到这样一种情境：他会把那些衡量各种不同事物的实际上不同的现象看作是相似的现象。

假设本身并不构成理论。假设，按其推断界限现象之间设想存在的某种特定关系的意义来说，是一种更加有限的陈述形式。理论是依据一组相互关联的假设构成的；同时，发展中的理论又提出了新的一些假设使其再接受检验。通过这两种相互关联的变化过程，研究者可以从经验主义方法上的启发式研究中获得好处。

抽象理论的运用和推理的逻辑过程在理论的构成方面起着很大的作用。只要研究者初步浏览一下那些资料，他就会受到激发而系统地提出问题，并试图解决问题。研究的一种方法是演绎推理。这包括证实许多“自明命题”和按照公认的逻辑准则从自明命题中所做的推理。例如，调查研究者观察到德国学术研究计划的严密性及其渗透大学预科学校的严格课堂纪律，并对这些特征做了解说，这是通过参考众所周知的德国人特别喜爱的严格纪律性，并根据它代表德国社会（包括学校）各方面特征这一点进行争论后才达成的共同看法。

但是，随意把一套预先做出的概括强加于人就往往不能提供适当的证据。当然，一个人可以凭德国人中那种被公认的热爱纪律的特性来说明德国学校内执行纪律的情况，这也许是千真万确的事。但问题是，单凭演绎法就不能适当地提供证据来证实它。所需要的倒是要凭经验对基本命题进行检验；这些命题涉及德国人民的性格，涉及这种性格对社会的一般影响和对学校的特殊影响，涉及列举证据说明是德国民族性格这种成分构成了所观察的教育现象的根据。此外，如果确实获得了德国民族性格对学校有影响的证据，那么关于民族性格对教育有影响的更一般的理论的基本组成部分就建立起来了。当然，以这种更广泛的理论为基础而做出的任何一些陈述都必须受到经验主义的检验。如果那些陈述进一步被证实，那么该理论就在那种程度上被证明是有根据的；如果它们不被进一步证实，那么该理论就没有足够的根据而必须受到限制。因此，在唤起想象力和明智正确的理论构成过程中，演绎推理和归纳推理发挥着相互交替的作用，二者是同样重要的。演绎法有助于鉴别问题，确定它在较广泛的理论体系范围内应有的位置，并设法提出各种假设。归纳法尽量不让我们“作茧”把一些逻辑上无懈可击但经验上未受检验的论点和理论隐藏起来。

理论可看作是研究者试制的一张地图，它是一幅标明各地区间的定界关系的象征性图画。

基于假设的科学研究，有助于对地图上各地区之间的某些假定关系进行检验。由于有些假设被拒绝，有些假设暂时被接受，该地图（亦即该理论）增加了明朗性和精确性。其目标是构成一批整体化的、逐渐累积起来的着重经验的证据。

关于把经受检验的一批批假设构成理论的价值问题，有两种主要的看法。第一种看法着重解释和理解，这可以被看作是纯科学的方法，以便区别于应用科学的方法；第二种看法主张科学理论旨在提出被预言的事物，并给它提供对照检验的可能性，这可称为以工具主义观点为根据的方法。科学和知识的直接目的是使研究者的才华能动地影响到科研成果。而且，科学知识的直接目的与制图最大相似之处也许就在于此。试对地图与航线图之间的不同加以考虑或对地图绘制者与航线图标示者之间工作上的差异加以考虑。地图的绘制目的（和在它上面划定航线）是不偏不倚的。它是一幅标示各地区间一般定界关系的象征性图画。它可被用以标示航线，但这并非它的唯一的（或甚至也不是它的主要的）作用。

在比较教育上，应用经验主义方法对假设进行检验并系统地提出理论，这是绘制教育与社会间各种关系“示意图”的一种尝试。这样一些图，或者说一些理论，无须具有直接工具主义的效用。然而，比较教育的经验主义方法也可被看作是地图上航线标记的相等物，因为这些方法含有各种非常特殊的实用价值。例如，科研工作者们也许会提出一些为掌握情况变化而暗示进行原因分析的问题：“印度教育发展计划为什么没有成功?”“尼日利亚为什么会出现师资不足的情况?”“为什么乌孜别克族儿童毕业年龄早于俄罗斯族儿童?”这种类型的分析是实用科学家工作的一个基本部分，但它在纯理论科学家的工作中却简直没有什么位置；纯理论的科学家对确立一般关系所发生的兴趣，比对探究特殊现象所发生的兴趣要大得多。他不会提出“为什么印度教育计划不成功”这样的问题，而是提出“教育计划成功的条件是什么?”；不会问“尼日利亚为什么会缺少教师?”，而会问“影响教师供求关系的因素是些什么”

利用科学方法对各门社会科学进行研究，已为当代人所普遍重视。这一点从当前在人类学、经济学、社会学、政治学、经济历史学等方面已有的大量研究成果中得到了证实。

就社会学来说，例如，达雷多夫在其《工业社会中的阶级和阶级斗争》的导论中对研究自然科学和社会科学两方面所共同需要的科学方法问题坚持了这种主张。

在这类研究中，如果笔者论及“理论”“假设”“经验主义的检验”“辩驳”“科学研究”等项目，笔者就得按照某门着重经验的学科所含有的方法论特点的严格意义来应用这些术语。就逻辑上的意义来说，物理学、生理学、社会学等学科起码是受相同的一些规律支配的——不管是何种规律，都会使这些学科中的某一门或某几门，在经验上按精确的意义来说，就变得更为可取。笔者不明白研究者为什么不该渴望进行这样的起码尝试，即试图使社会学摆脱其具有独一无二的历史性特点和超经验的哲理性方向的双重束缚，并使社会学与一些带有精确性、典范性，当然也带有数理性的基本原理、理论模式和可检定律结合成一门真正的社会科学。这种尝试必须进行。尽管目前这项研究还远离它的圆满完成，笔者却希望从这样一种尝试出发使它为人们所理解。

还有，在历史分析的领域里，这种方法通过对照研究已经找到了它的支持者。“新历史学”所需承担的任务是：一是精确阐明需经检验的问题，并应用运筹学来解释相应的变化情况；二是确立与手上问题有关的明显典型事例；三是提出如实反映世界存在状态的证据（往往是数量上的证据，但有时也是质量上的证据）；四是对照实证（世界确实存在）与反事实的推论（世界并不存在）来检验典型事例（对假设和结论的逻辑性陈述）。

根据这些强烈地支持经验主义研究方法的说法来假定所有以前的研究，特别是对待特定事例的历史分析，都没有什么价值，这将会是十分错误的。早期的研究工作，就其做得最出色的情况来说，它的优点是细致地对概念下定义，对实证做评价和对推论进行陈述。然而，遗憾的是，新近大量出现的着重经验研究工作所论及的问题只是一些不大重要的问题，而成果也只是一些肤浅的结论，但为达到此目的却用了不必要那么深奥的分析方法来处理一些从开始采用就觉得其不可靠的资料。科学的假象往往会把质量低劣或无足轻重的研究结果虚构成暂时性的值得重视的事实，但有些调查研究者则盲目地把高级统计方法应用于粗劣地构成的概念和不完整的资料方面，从而对由此产生的严重后果并不在意。只有当这些方法在应用上受到限制并被应用于适当的资料时，这些在各门社会科学领域里和在历史上普遍得到推广的科学的、经验主义的方法才有应用价值。

科学上的进步可用两种方法来衡量：一是看它能否以较少的词概括说明较多的事物；二是看它能否构成经得起检验的假设和理论。前一种测量法系根据用词节省的原则概括出来的，这项原则无论被应用到哪种学科方面，都不比被应用到比较教育学方面更为严格。试图解释某种特殊现象的调查研究者的目标不应该是把尽可能多的因素、国家、时期等项目纳入他的分析中去。说得更确切些就是，通过对假设的细致陈述和对概念与例证的顿悟性选择，他只应使用与做出完善解释所绝对必需的那么多的一些变化情况和那么多的一些资料数据就够了。换句话说，要求比较教育学家的首要任务完成得好像是埋头于研究世界教育制度的细节问题似的，把资料贮藏起来以便一有机会就能利用最大量的情报来说明或证实某一论点，这是很不恰当的。这对比较教育来说，是一种粗糙的全然学究式的研究方法。如果运用得适当的话，重视以经验主义方法为根据来解释各种现象倒不是最不经济的方法，而是最经济的方法。

对经验主义方法的第二种测量法是检验其启发式的潜能。这种潜能并非全部从那些借助经验主义方法而得出的明确结论中去发现，而更大的可能性是从受它支配的调查研究过程中去发现。正如布朗诺斯基所阐述的那样："因为这是一门科学课，它的概念要比它的定律更为深奥，它做出的评价要比它做出的判断更有批判性。"

第七节　作为一个探索领域的比较教育

当她听完后，她说："这似乎写得很好，但相当难懂啊！"（你要知道，她不愿意承认，甚至对自己都不承认，她根本不能理解其含义。）"不知怎么的，它似乎使我的头脑里充满着某些想法——只是我不确认这究竟是些什么样的想法！"

到目前为止，对于作为认识上的一种手段的科学方法的重要性，以及作为调查研究社会实际的一些主要特点，这一部分前面已经有所论及。关于比较教育学的专门特点和将经验主义方法应用于比较教育研究的具体情况，现在有必要加以考虑了。比较教育研究工作本身所固有的目的，就是为了改进本国教育而借鉴外国有用的教育设计。该描述面逐渐扩大到包括对学校教育制度获得发展所处的社会、政治和历史背景进行调查研究。当比较教育学者进而考虑教育及其社会环境之间的交互能动作用时，他们对这些关系的描述又增添了一个深广的测度。最近几年，比较教育学更进入了一个新的阶段，在这期间，比较教育工作者可利用跨国间相互参照的资料来验证有关教育与社会的一些命题。

因此，比较教育学是用以解释各种现象的更为广泛的尝试中的一部分。首先，解释教育制度及其组织机构范围内的各种现象；其次，解释围绕教育并使教育与其社会环境相结合的各种现象。试图做前一项的研究势必涉及教育工艺学上的问题，即研究教学方法，教学实习和不同类型的课堂教学、组织结构、指导工作、行政管理、财务制度所产生的教育效果等方面的问题。凡重视研究教学与教学过程的那些国家，教育心理学，尤其是心理测验学，都与此过程有特殊关系。就比较教育学与普通教育学而言，这项研究已由教师、教育行政人员和教育心理学家们做了大量工作，他们试图理解并尽可能改进学校教学工作；把这门学科命名为“比较教育学”是有益的。但是，就比较教育学的研究范围而言，它已不局限于研究学制与上课方面的问题，它涉及的范围和资料与社会科学家的兴趣部分巧合，有些社会科学家对教育作为一种社会现象的问题曾经进行过系统的比较研究。

比较教育学一方面坚实地扎根于普通教育学，另一方面扎根于社会科学的更广泛的领域。然而，就学校的形式与功能的关系来说，通过集中注意力分析类似的资料和互相补充的课题，这种关系已把比较教育学领域中的教育研究与社会科学研究这两方面结合起来了。另一个结合的成分，并可能是更重要的成分，从采用经验主义研究法和定量研究法方面看，近年来这种结合已明显地成为一种共同的发展趋势。值得注意的是，在前面描述的国际教育协会研究项目中已把比较教育学的这两个方面结合起来了。比较教育学最近的发展趋势是，试图用跨国资料来检验关于教育与社会之间以及教学实践与学习成就之间的关系问题的假说。

第八节 比较教育的特征

“咳，在我们的国家里，”艾丽斯仍有点气喘吁吁地说，“如果你像我们那样长时间地快跑的话，你一般就会跑到不知别的什么地方去了。”

“真是一种落后型的国家啊！”王后说，“现在你该知道这一点，在你参加的整个过程中，你始终停在同一位置上。”

比较教育学这个领域的严重问题是不难察觉的。对比较教育研究者来说，这些伤脑筋的问题继续存在着。例如，为什么我们对比较教育学的实际知识掌握得那么少，又为什么比较教育学根本没有被列为已公认的比较研究领域中的一门学科呢？例如，历史学、社会学、宗教、文学、经济学、政治学等学科。最近出版的一本关于人类行为的科研成果简编包括了大量教育方面的资料，但一点都没有讲及关于这一学科领域如何借助跨国资料来研究教育上的问题。同样地，一位学识渊博的学者在其评论美国各学科比较研究情况的文章中，对比较教育学的情况甚至连提都不提。许多问题对比较教育来说似乎是根本性的，预料这些问题必须正面开展研究并逐步解决，如果比较教育学这个研究领域要能充分发挥其潜在能量的话。这些根本性的问题是：研究中存在偏见问题、研究成果利用问题、比较研究法问题以及数据上的折中主义问题。

比较教育研究者的工作上可能在每个阶段都产生偏见，从确定问题到搜集资料、对资料进行解释、然后做出结论，在这些阶段中都难免有偏见。民族中心主义是比较教育学中产生偏见的明显渊源之一：调查研究者不可避免地总要插入一幅带有挑选性的牵强附会特色的本民族文化经验的屏障来观察外国社会。但是，另一种比上述偏见更为明显得多的渊源，却嵌入整个比较教育学领域内，实际上也嵌入一般社会科学领域内。这整座知识大厦是过去两个世纪西方世界智力成就的基本组成部分，它反映着西方传统的世俗主义、自由主义和人道主义，正像西方自然科学的发展曾经是人类试图扩大自己对所处自然环境控制的发展史那样，社会科学的发展同样是人类试图扩大对社会环境进行控制的发展史。在西方文化传统中成长起来的观察研究人员，虽然也许难以认识到这一点，但研究工作上工具主义本身就提供了对各种感性认识必然产生偏见的评价制度。例如，世俗主义、人道主义、自由主义和工业化的社会动向，是与时代发展并进的，这些成就理所当然地应具有正面价值。比较教育研究者在其著作中表现出完全赞同这种偏见。一直到最近，他们的注意力都几乎完全集中于西方类型的社会。他们对其他类型的社会往往仍按西方社会结构和历程的发展趋势来加以考虑。这种趋势曾经是把非西方国家在某种意义上看作是未开化类型的国家，并假定它们的自然发展必将仿效西方国家的先例。而且，这些看法并非西方比较教育学者和社会科学家所独有，日本、印度和当代许多发展中国家的同行们在很大程度上也有同样看法。

其结果是，比较教育学曾使本行研究人员的注意力主要放在研究变革与进步的问题上：把教育与经济增长、社会改善和政治发展联系起来进行研究。试对比一下已出版的论述这些问题的文献，就可看出他们对保存现行制度的关注是没有什么意义的了。那些只关心现存社会和文化模式的保持与延续的人，已被起了个绰号，称之为“传统主义者”和“反动分子”。然而，在这个领域里还明显地存在着某些重要的、合理的并需仔细考虑的问题。

文化上的强行渗透，不仅影响到所选择研究的问题，而且也影响到所搜集的资料。选择某一些问题而又忽视另一些问题，将不可避免地限制了所搜集资料的类型。但在比较教育学中，这种问题是混合在一起的。在这个研究领域里，来自不同文化的调查研究者往往不能为解决自己选定的问题而认清需要选用的某种类型的资料。当比较教育学者考察教育与经济发展的关系时，在印度，他自然而然地被那些正规的教育机构所吸引住了，因为他曾搜集过这些机构的统计数字和资料。在这些资料中，他一心只想弄清楚他曾学习过的那些基本原理在他所熟悉的各种模式中可否起重要作用的问题。他或许会对那些未经鉴定和在自己过去经验中似乎并未具有多大价值的资料都不加以考虑。因此，印度的现代化与教育的关系问题，也许可以根据其开办的技术学校的间数与补充教职员的人数来分析研究。但这种传统研究法只能单纯地反映西方社会正规技术教育的作用问题。然而，印度社会现代化的最重要的工具问题也许是增加汽车、自行车、水泵等的使用价值问题。这就是对操作西方类型的机器的技术人员进行关于机器的使用、保管与维修等各种训练的问题。他很可能完全错误地只注意到正规教育制度，而忽视非正规教育对引进西方机器所产生的训练技术人员的教育效果。某一项研究领域中有所前进的一个刺激因素是，该项研究结果及其实际应用二者之间的不受约束而共同发展。显然，比较的兴趣来自于借鉴国外教育模式以改革本国教育的愿望，但在广泛借鉴国外经验中所涉及的各种困难终于变得明显了。较近的比较教育学研究对教育在社会中所起的作用问题提供了大量的描述性的和有时带解释性的文章。这些东西对制定教育政策的人们并不起什么实际指导作用，不管它的学术价值有多高。近些年来所重新唤起的对比较教育学研究兴趣的主要刺激之一是，人们希望从比较教育学研究中得出来的经验教训能用以帮助新兴国家教育的发展。然而，比较教育学仍远未能实现这种愿望，比较教育学者的研究成果迄今仍极少为国家教育制度的计划者所考虑，因为这些成果的预测价值仍须用实践加以证明。

比较教育学中还有另一个重要的问题是值得大家讨论的，即是否有可能把比较教育学方面的问题同教育经济学等方面的问题明显地区别开来呢？换句话说，是否会有明确定义把比较教育学作为一个科学探索的领域来看待呢？如果说比较教育学目前正遇到全面的危机，其原因之一也许是它的折中主义。当人类学家、历史学家和哲学家等全都要求能在这一领域中提出某种专业性的意见时，要确定关于这门比较教育学的研究方法与资料界限的问题就会变得极其困难了。比较教育学者对这个研究领域的论述范围尚未能取得一致的意见。按学术上应受尊敬的“社会等级”来评定新研究领域的成就高低，需视该研究课题的“高难度”或研究方法的精确性而定。当代一位著名经济学家发表了这样的看法：经济学，比如说与普通物理学相比，是一门较为软性的和较少精确性的学科。那么，在严密精确的硬性科学领域中，研究工作者根本不需要懂得许多方法学了。即使他是一位真正地误入迷途的方法学者，但该门科学本身所具有的自动排除障碍的特性可以防止他在方法论上脱离常轨的错误。与此对照，如果一位经济学者基本上弄错了方法学上的定义、同义反复、逻辑含义、经验主义假说和事实反驳之间的相互关系，他也许就会虚度终生，并且脱离实际地从事与假想对手做拳击练习的研究活动。所以，在某种意义上讲，作为一个靠有效地贡献知识以谋生计的人，像经济学这样一门中度硬性科学的内行，必须服从方法学上的要求。我们强调中度硬性的重要意义，因为当一门科学的硬度降得更低时，比如说降到几乎完全没有实质性内容的社会学上某些领域的低度时，这门科学所涉及的研究方法问题也就无所谓应用这种或那种正确或错误的方法学了。在这种情况下，无论采用什么方法都关系不大了。

比较教育学所采用的资料是以“软性”出名的，因此有必要高度重视方法问题上的严格性。然而，比较教育学，只要它既无一套充分具体化的理论结构，本身又无自己特定的概念，就不能被看作是具有存在价值的一门科学。比较教育学，在它的资料和方法已被阐明以及这些资料和方法彼此之间的相互关系已被确认之前，不可能在学术研究的等级制度中获得可靠的地位。

第九节　比较教育的潜力

“如果它里面没有意义，”国王说，“那就省了许多麻烦，你也知道，我们不需要自找任何麻烦。”

尽管存在着这些五花八门的困难，但这个研究领域无疑包含了相当大的潜力，从两个源泉中涌现出的潜力：一是跨国性研究教育上争论问题的特殊价值，二是这个学科领域所提供的作为各科协作研究的活动场所。

教育与社会方面的命题并非全都需要跨国比较研究，但有关两种类型命题的证实问题，跨国研究却是必要的。第一，很明显，有些概括性结论是根本不可能仅使用一个国家的资料来加以检验的，因为在个别例证中没有足够的差异进行对比研究。例如，对一国的教育行政实行中央集权制与学生学业成绩水平之间存在某种关系问题这一假设进行检验时，就不可避免地需要跨国的研究了。

第二，个别例证仅可对某种特殊情况加以阐明，只有在跨国研究工作基础上，通过研究个别例证而确立起来的一些命题才能引出概括性结论，并导致精益求精。这一点值得深入研究。

甚至在单个国家的研究项目中，跨国性研究也能丰富对该国研究成果的阐述。如果美国高等教育发展的历史研究被限制在国内资料的范围以内，那么这项研究对它的现状也许只能提供一些发生论的解释。但毫无疑问，这样一项特定的研究与其他国家高等教育发展的历史背景联系起来加以全面的对比研究必将得到益处。当然，离开了例如普鲁士 1848 年革命失败后，德国知识分子外逃到美国，给美国教授和学生带来的外国经验，以及从德国传入的强调大学毕业后的研究制度等一些外来发展因素，要正确理解美国高等教育的发展情况是不可能的。这就是为比较研究而提出的具有典型性的正当理由。研究个别国家教育时，把国外教育资料列入比较，将会提高解释本国教育现象的质量。但比这点更为重要的是，如果一个假设只局限于在一个社会范围内加以检验，那就可以肯定地说，它得出的结论仅仅具有狭隘的地方性效用。假定美国高等教育发展的社会成果的一项研究表明，高等教育的发展曾经促进了存在于两代人或几代人之间的社会变革：是从下层到中层的社会经济地位的变化，而不是从中层到上层的地位变化。即使这项研究结果对分析美国社会来说，被认为具有高度准确性，也只有通过在其他国家进行相同课题的调查对比后，美国的研究成果的全面价值才能普遍加以利用。假定把这项研究推广至英国也获得了相似的一些结论，这项扩大了范围的研究应获得双倍奖金，美国研究成果的效用性得到了进一步证实。这就表明，对美国高等教育的发展与社会变革之间的关系问题的阐述现在更带有普遍性了。

从非此即彼的角度看，根据调查研究，发现该研究成果被认为符合美国高等教育发展与社会变革二者关系的实际情况，但对于英国来说，它就未必一定切合实际了。这就立刻使人产生疑问，这二者之间的关系总觉得比最初阶段想到的关系更为复杂得多哩！当调查研究者将英美两国相似的教育发展结果而产生两种不同的社会变革作为证据时，他就不得不放弃自己对此类现象所做的任何简单化的解释。他必须重新考虑整个问题，并进行包括更多因素和更多例证在内的调查研究，以便得出更为综合性的理论。比较研究的重大优点之一恰好是这种启发式研究潜力。

比较教育学能提供给各门学科代表人物互相获益的共同活动的场所，并促使研究工作者超越狭窄的专业界限而进行综合研究。① 比较教育学研究领域的学者，由于其探索多种问题和情报的特殊性，常常被认为是学科间研究工作的天然候选人。的确，比较教育学研究中许多重要论题，只有通过学科间协作研究的方式才能得到妥善处理。例如，教育与国家的发展仅局限于一门学科范围内的研究是不可想象的，这项研究必须从行为科学与社会科学的广泛领域中搜集资料。然而，比较教育学，就其起源和现状看，与其说是几

① 当然，这并不意味着一个非专业性人员，比方说一个经济学业余爱好者，对一个带经济性的比较教育问题的调查研究必然要比一个内行职业者做得更好；但是就这一特殊研究领域的传统方法来说可能就是一种刺激的因素了。

门学科之间的协作性学科，不如说是多种学科相联系的综合性学科。每一门社会科学都曾经利用来自各国的教育资料作为替换交流，比较教育学也曾经从各门社会科学中吸收一些资料和概念。正如前面所强调过的那样，这曾经是对比较教育研究的范围和界限引起许多混淆的一个原因。但假使各门社会科学的资料、概念和方法有系统地被集中于检验一些特定的社会教育的命题，比较教育学的多种学科相联系的综合性研究就可能转变成为几门学科之间的协作性研究尝试了。那么，先前不断引起困难的原始资料倒会变成宝贵财富了。

对教育研究工作者和社会科学家来说，有许多论题是他们共同感兴趣的。大家对教育的社会性都有共同兴趣。例如，教育的政治效果使政治家感到像教育家一样大的兴趣。由于社会诸方面的问题不可能同时一起处理，那么就整个教育与整个社会之间的关系来说，仅仅从政治角度一个方面来加以论述是不可能获得益处的。更确切地说，这些问题必须从教育的某一特定方面和整个社会背景中的某一局部出发来加以说明才行。因此，有必要把整个社会背景看作是由相互交织的各个部门组成的机构。例如，经济、意识形态（包括宗教的、政治的、社会的成分）、社会结构、政治结构等部门都是有联系的。所以，比较教育学涉及的一般性问题有学校与经济的发展、各种思想体系对教育产生的影响、教育与阶级结构、教育与培养社会和政治的杰出人物等。这些项目并非纯属臆想出来的，而像各门社会科学那样，是符合客观实际对社会研究所要求的一些主要方法的。然而，应该强调指出，这些方法绝非是对比较教育学的整个重要领域进行分门别类的最理想的方法。

因为有那么多的命题需要通过跨国性研究才能使其得到有益的检验，所以，教育研究工作者同社会科学家一样占有比较教育学这个研究领域就不足为奇了！然而，比较教育学，从潜力的角度看，不只是涉及各国在应用社会科学于教育方面的资料和看法的积累。教育的课题与跨国研究的范围，无论对哪门社会科学来说，都不是研究的中心问题；各项社会科学事业与跨国研究范围也不是教育工作者从事业务研究的中心问题。比较教育学领域最好被解释为各门社会科学、教育学和跨国研究三者相互作用的一个学科领域。因此，比较教育学研究是社会科学家与教育工作者的共同事业，而非任何一方的专门事业。当然，有一些严峻的难题牵涉到学科间的研究，它们通常被指责为了科研的广度和流行性而牺牲科研的深度和严格要求。此外，一门学科的专家很难理解其他学科的概念、假说及论证模式。他们常常感到很难欣赏其他国家用以解决难题的策略，更不要说其手法了。但除了科研工作的共同集中点（对于在所处社会背景中特殊教育现象的解释）而外，还有一个基本因素，这个基本因素有可能在它把被列入比较教育的各门学科结合起来的同时，也促进了科研工作的深度和精度。这个因素是科学研究的方法，即一种探索的方式，它不仅是一套程序或方法，而且是建立科学信念的入门途径。

本节阐述的每个问题都说明了比较研究工作在教育领域所做的社会科学解释中发挥的作用是无法替代的。由此得出的含义是，比较教育学不能只是作为异国情况的游览而离开了教育研究的正轨，而应该是用比较研究方法，为证实那些关于教育与社会的最重要的命题而提供主要研究路线的一门科学。在不可能进行直接对照实验研究的场合，间接对照调查研究就是必要的了。这种调查研究不可避免地需要应用比较研究法。

比以往任何时候都更明确地识别教育与社会的实质性问题当然是重要的。这些问题应予注意，它们能给社会科学做出有益贡献提供研究园地。此外，不仅比较研究要满意地解释教育与社会的问题，而且比较研究也必须包括各门社会科学的经验主义方法论在内。如果比较研究法要充分发挥出它的潜力，那么，最重要的中心问题将是努力发展比较教育的科研方法，即建立一套系统的、对照式的、经验主义的和批判性的方法学。我们现在应着手讨论该项实际的科研任务了。

思想研究篇

朱勃先生的学术人生及比较教育思想

施雨丹

朱勃先生是新中国比较教育的重要开创者和奠基人。他自 1978 年改革开放参与比较教育学科恢复重建工作至 1988 年逝世，与比较教育结缘 10 年，这 10 年恰处中国比较教育亟待发展之际，亦是先生以毕生学术积累报效祖国之时。朱勃先生的比较教育研究成果非常丰硕。在他 10 年比较教育研究生涯中，虽然当时学术期刊寥寥，但其撰写发表的论文达 47 篇，未发表论文 8 篇；发表译文 14 篇，未发表 1 篇。发表英文论文 1 篇、译著 6 部、专著 2 部，主编教材 1 部。参与《中国大百科全书 · 教育卷》“比较教育学”等词条的撰写工作及担任外国教育史与当代外国教育分支副主编。仅以 1981—1982 学年为例，在这一年里，朱勃先生就撰写论文 10 余万字，翻译达 20 万字，审阅论文有 30 万字之多。但令人叹息的是，一代学人，过早离去，遗憾之至，无以复加。朱勃先生的挚友、我国比较教育学家王承绪先生亦感叹：“他过早地离开人间，是教育学术的巨大损失，是革命的巨大损失。”10 年学科耕耘，朱勃先生为中国比较教育的恢复重建发挥了重大作用。今天再次拜读和梳理先生的作品，不仅为先生深厚的学术修为所折服，更为其全力投入比较教育学科重建的态度所钦佩，为其病榻之上仍笔耕不辍所感动。先生虽在比较教育发展蓬勃之时溘然长逝，但其比较教育思想仍超越时空、历久弥新。

一、朱勃先生对新中国比较教育做出的历史性贡献

改革开放为中国比较教育的发展带来了春天。在此之前，“比较教育变成了‘重灾区’中的重点禁区”，无人敢于问津。1978 年改革开放之后，中国教育发展急需比较教育提供可资借鉴的外国教育改革经验，也就是说，国

家教育发展的需要为比较教育的复兴带来了历史机遇。朱勃先生在教材编写、学科建设等方面为新中国比较教育的恢复重建发挥了开创性和奠基性作用。

（一）合作主编新中国第一本比较教育教科书

1978 年教育部在武汉召开高等学校文科教学工作座谈会后，比较教育教材编写工作提上日程，这也成为我国比较教育开启学科复兴的标志性事件。但是，30 年的学科断层，重建又谈何容易。顾明远先生在回忆当时情况时也提到比较教育教材编写困难重重：一是人才奇缺，二是无经验可循。改革开放初期的中国，了解外国教育的学者少之又少，更别谈在国外有求学经历的学者了。正如访谈中顾明远先生所言："我们这批人除了我到苏联去留学之外，大多数都没出过国。另外，教材建设已中断 30 年，没有前人经验可以借鉴。"这个（比较教育教材）以前有，但是呢，新中国成立以来还没有出过比较教育教材……大家都没有经验。因为我们这个外国教育研究所刚刚成立，过去都是搞资料，而且资料也不全，后来我们就邀请老先生出来指导我们，就是请了王（承绪）先生，请了朱勃先生，请了檀仁梅先生①。根据顾明远先生的回忆，3 位先生既有海外留学经历又有教育学背景，应邀以专家的身份着手组织教材编写工作。

教材编写自 1980 年筹划至 1982 年人民教育出版社出版历时 3 年。朱勃先生在教材编写过程中发挥了重要作用，尤其是对比较教育的基本特征、研究方法、比较教育发展史等比较教育学科问题的定位发挥了重要作用。教材中对比较教育的观点与朱勃先生专为《中国大百科全书·教育卷》撰写的"比较教育学"词条中的观点是一致的。王承绪先生如是评价："朱勃同志为编写新中国第一本比较教育教材做出了重要贡献。"两位先生与顾明远先生一道，作为中国比较教育复兴时期极具学术责任感和使命感的开拓者，为我们勾勒出了比较教育复兴时期的比较教育奠基人群像。

（二）撰写新中国比较教育史学研究填补空白之作

朱勃先生非常重视比较教育的学科建设，特别强调比较教育学史对教育

---

① 檀仁梅先生后因身体原因退出教材编写。

研究的意义所在。他在《比较教育史略》中开宗明义地讲道：“不了解比较教育学发展的历史，就不可能剖析教育发展的规律、特点和趋势。”这也是世界上许多比较教育学家撰写学科专著时都要加入学科历史发展内容的原因。正如何塞·加里多所言：“了解一门学科的性质，没有哪种方式胜过追溯它的起源及其最初的发展过程。”比较教育亦是如此。朱勃先生认为，“要掌握比较教育学，首先要掌握这门学科的来龙去脉，通晓比较教育学科建设与发展的历史。”据朱勃先生的学生兼同事柯森教授回忆，他突出的学术特点就是对比较教育学的探究，必须要从历史事实去探讨，而不是先入为主。

鉴于比较教育学科处于复兴阶段，比较教育史是长期没有解决的空白学科，“迄今仍是一块尚未开垦的‘处女地’，他便以此为己任，积数年比较教育研究之功撰写《比较教育史略》。”朱勃先生以抱病之躯审校书稿，1988年5月终得出版，实现了他填补比较教育史学研究“空白”、开垦“处女地”的愿望，成为新中国比较教育史学的奠基者。

（三）编译出版新中国第一本比较教育史学、方法论译著

如何恢复和创建一门学科，当务之急是要进行学术积累和培养新生力量。改革开放之初，比较教育百废待兴，怎么实现上述目标呢？朱勃先生认为，比较教育首先要接受学科发展相对较弱的现实，从学科的借鉴入手。学科借鉴如何起步？朱勃先生选择从比较教育学科史的编译工作开始。

翔实的史料是编写史书的重要条件。在改革开放之初，比较教育史料的收集相当困难。在资料和人员不足的情况下，朱勃先生“具有天然的作为学科领路人的意识和使命感”①，以其精通英俄两门外语的优势和强烈的学科忧患意识投入比较教育的资料收集和翻译工作中。他以扎实的学术积累和对比较教育史的精准把握，选择比较教育史的精华，与王孟宪教授合作进行编译工作，第一本比较教育史学编译著作《比较教育：名著与评论》诞生。此外，朱勃先生非常重视比较教育的研究方法，我国第一本比较教育方法论译著《比较教育的研究方法》亦是朱勃先生与王孟宪教授的心血之作。译著精选了3本有影响力的比较教育专著编译而成，对深入了解比较教育研究方法极具参考价值。

---

① 华南师范大学国际与比较教育研究所柯森教授在接受访谈时如是说。

（四）立足中国比较教育，参与创建学术组织和研究平台

新中国比较教育学科发展的最初格局定位于最早恢复正常工作的4所大学的外国教育研究机构。[①] 这4所大学亦是联合发起组织1978年第一次外国教育研讨会（中国教育学会比较教育分会的前身）的单位。地处华南地区的华南师范大学当时在外国教育领域并没有这4所大学的基础和条件，却是作为第5个参与第一次外国教育研讨会的单位，成为中国教育学会比较教育分会的5个创始单位之一。

华南师范大学能够作为创始单位参与我国比较教育学术组织的创建，亦是朱勃先生的功劳。据顾明远先生回忆，朱勃先生得知召开外国教育研讨会的消息后主动前来参加会议，顾明远先生与朱勃先生相识并拟邀朱勃先生赴北京师范大学任教等交往都开端于此。在访谈中顾明远先生讲道："1978年我们开了第一次比较教育学术研讨会，所以我们比较教育学会的年会，第一届那个时候还没有成立比较教育学会。我们4个学校再加上华南师范大学，那时候一开就是一个多礼拜。"

第一次外国教育研讨会之后，朱勃先生开始着手创建华南师范大学的比较教育研究机构，培育科研力量。1983年，朱勃先生创办了"华南师范大学外国教育研究所"并担任所长，这是我国最早一批专门的比较教育研究机构，也是华南地区第一个比较教育研究平台。这一平台的创建使得我国比较教育研究北强南弱的格局有所改变，比较教育学科的全国布局更加合理。朱勃先生于1981年创办并且担任主编的比较教育学术期刊《世界教育文摘》在1985年由内部刊物改为面向全国公开发行。1985年，他开始招收比较教育专业的硕士研究生，培养专业人才，蓄积专业力量。在朱勃先生的带领下，借助改革开放的前沿优势，华南师范大学的比较教育发展迅速，特别注重与周边地区研究力量的整合；在坚持比较教育学科研究的基础上，凝练了

---

① 1972年11月15—16日，国务院科教组邀请北京师范大学、上海师范大学（现华东师范大学）、吉林师范大学（现东北师范大学）、河北大学的有关人员就开展外国教育研究问题进行座谈。会议确定，各校外国教育研究室根据现有基础和力量，分工开展外国教育的研究工作：北京师范大学着重研究苏联、东欧和美国的教育；上海师范大学着重研究北美、西欧的教育；吉林师范大学着重研究日本、朝鲜的教育；河北大学着重研究日本的教育。亚非拉地区发展中国家的教育研究由各校适当兼顾。参见：金铁宽．中华人民共和国教育大事记：第2卷［M］．济南：山东教育出版社，1995：922.

以东南亚和港澳台研究为重点的研究方向，成为我国比较教育研究领域有影响力的阵地之一。

朱勃先生立足中国比较教育的同时非常关注国际比较教育发展和国际交流。1980 年和 1981 年，他先后赴印度和澳大利亚参加国际研讨会和讲学访问。1983 年，由联合国教科文组织资助、教育部委派，朱勃先生与王承绪先生一起赴英法两国考察比较教育，为改进我国比较教育教学和科研积累了很多可资借鉴的经验。

二、朱勃先生的比较教育思想探析

（一）明源立本：朱勃的比较教育学科观

朱勃先生学科建设的思路，最初始于厘清比较教育的内涵，此后就是比较教育的研究方法。也就是说，当明确学科的特征之后，如何科学地进行比较教育研究就成为关键所在。在此基础上，朱勃先生对比较教育学科建设思考的领域不断扩大，并在 1984 年和 1985 年连续发表的论文《比较教育学科建设的探讨》和《当前比较教育研究中的几个问题》中得到集中体现。改革开放之初、学科复兴之时，人们对什么是比较教育以及比较教育研究方法等问题都没有清晰的认识。鉴于比较教育学科发展的现状，朱勃先生提出了完整的比较教育学科体系，形成了由“研究对象—研究目的—研究方法研究人员—研究边界”构成的五位一体的比较教育学科观。

学科研究对象的界定是研究的起点。对比较教育而言，这是一个争论较多的问题。在研究对象上，《比较教育》教材中的界定是：“比较教育是用比较分析的方法，研究当代外国教育的理论和实践，找出教育发展的共同规律和发展趋势，以作为改革本国教育的借鉴。”此后，朱勃先生认为，“这个定义‘美中不足’之处是比较研究了美国、苏联、英国、法国、联邦德国和日本等六个国家的教育，而没有把本国教育作为对象比较研究”。因此，朱勃先生提出，比较教育是“用综合性比较研究方法，研究世界各国教育的理论和实践，总结教育发展的历史经验和当前的新鲜经验，探索国际教育发展的共同规律与国别教育发展的特殊规律，为国际提供互相借鉴的经验”。此定义突破性地把中国列入比较教育研究的范畴，更有利于发挥比较教育为中国教育现代化服务的使命；而且，将“外国”与“本国”统一于“国际”，更符合比较教育研究的国际性特征。另外，针对比较教育定义尚不明确、争论较多的现实，朱勃先生认为就中国比较教育建设而言，不应纠缠于抽象的定义之争，而是“要从实际出发，总结经验，上升为理论，从而探讨符合客观实际的科学定义。我们研究比较教育不能从书本上的定义出发，利用现成的理论模式束缚或曲解教育发展的新局面”。

研究对象与研究目的是相辅相成的。朱勃先生以史为据，提出把本国教育作为研究对象，既是西方学者在比较教育研究中的常态，也是借鉴外国教育经验以促进本国教育发展的有效方式之一。他认为，研究本国教育有利于深入联系本国教育改革的实际，发挥为中国教育现代化服务的使命。

在方法论层面，朱勃先生强调，搬用外国任何一种方法都是欠妥的，但一概拒用有价值的方法也不一定恰当。他前瞻性地指出，方法本身是工具、技术，只要是有价值的就无所谓“搬用”或“拒用”。在具体研究方法的使用上，朱勃先生从历史视角出发，提出比较教育研究方法已经经历了见闻报道、问卷研究、历史因素分析至定量研究的发展过程，整体发展趋势是“从比较研究方法单一化向多样化发展”。随着比较教育的研究方法不断增加，我们要在研究方法多样化的基础上，“从本国实际出发，借鉴国外经验，创建符合我国特点的比较方法——综合性的比较研究方法”。

朱勃先生观点的核心是将方法应用与我国实际需要相结合。有的方法适合我国的国情，比如对文献进行内容分析；有的方法本身是很有价值的，但是可能不符合目前的国情，比如现场研究法，因为当时毕竟只有少数学者有机会到不同国家进行现场研究。在资源有限的情况下，如何提高我国比较教育学者的研究水平是需要深入思考的，这也是朱勃先生提出要创建适合我国国情的“综合性的比较教育方法”的意义所在。

什么样的人适合做比较教育研究呢？朱勃先生重点强调了学科发展的领军人物——学科带头人。他列举了朱利安、萨德勒、康德尔以及汉斯等比较教育学家的学术贡献，认为这些“对比较教育学科建设有自己独创的学术见解，对这门学科的发展有所‘突破’，各自做出了应有的贡献”的里程碑式的人物可以称之为学科带头人。我国要加快比较教育学科建设，比较教育学者要努力学习他们的治学态度、研究方法以至学术成就。另外，鉴于比较教育研究的国际性和跨学科性，朱勃先生特别强调，从事比较教育研究的学者，除教育学科之外，应至少掌握一门、最好两门以上社会科学的知识和分析综合的独立工作能力。

谈到比较教育的研究边界，一个关键维度是处理好比较教育与外国教育史的关系，即如何看待比较教育的古与今的问题。朱勃先生认为，比较教育不能脱离历史，也不能脱离现实，比较教育研究必须借助于历史，但比较教育更关注现状与趋势。因此，比较教育学科建设要古为今用、以古鉴今，古今结合、以今为主。

以比较教育的定位为起点，朱勃先生系统回答了比较教育研究什么、为什么研究、用什么研究、谁在研究及研究的边界问题，形成了融合国际性与本土性、历史性与现实性、综合性与多元化的比较教育学科观。

（二）以鉴促新：朱勃的比较教育目的观

对朱勃先生而言，加强比较教育学科建设不仅在于学术的意义，更重要的是通过比较教育发展达致促进国家教育发展的目的。他认为，比较教育研究的目的是通过借鉴外国教育经验满足本国教育改革的实际需要。具体到改革开放的中国，他认为比较教育的核心与落脚点在于教育现代化。

之所以把比较教育的落脚点定位于教育现代化，源于朱勃先生对教育借鉴功能的认识。他认为，“教育中的比较、借鉴与改革是相互联系的。他以19 世纪法国借鉴德国教育、美国借鉴欧洲教育改革的历史为基础，总结比较世界各国教育改革的经验，提出教育改革的成功离不开借鉴。”因此，“进行本国教育改革时要借鉴国外的教改经验，这是历史发展的必然趋势。而比较教育学是为各国教育借鉴和改革服务的”，这就把比较教育的目的与教育发展的目的统一起来。对于改革开放初期急需向他国学习教育先进经验的中国来说，借鉴无疑是最基础的途径。正如朱勃先生所言：锁国政策破产后的今天，比较教育学就成为人们了解世界教育的一把钥匙。

在历史分析的基础上朱勃先生提出“战后世界各国教育发展的总趋势，是面向现代化”。他在考察世界各国教育面向现代化的进程后系统论述了“现代化的教育世界如何向前发展”的问题。在分析我国教育发展前景的基础上，强调借鉴要结合我国实际情况，借鉴并不是简单的“拿来主义”或是全盘接受，借鉴外国教育改革经验一定要与本国实际相结合，才能达到改革和创新的目的，这就是朱勃先生所说的理性借鉴问题。从中国现实来说，借鉴与国情相结合，就是服务于教育现代化“从本国教育的实际出发，以本国教育现代化为归宿”。

目标和行动是联系在一起的。朱勃先生认为，我国要实现教育现代化首先要科学预测未来，要有科学的理论和方法来规划教育发展；要结合人口、经济、科技发展的实际情况，与世界教育发展进程同步。具体到比较教育而言，比较教育应发挥的功用并不局限于服务学术研究，就事实和理论谈事实和理论，更重要的在于把研究目的与国家发展需求紧密结合，参与、影响及促进教育改革的发展。中国的比较教育学者要投身于教育改革的实践中，服务于教育现代化建设。

（三）以史励今：朱勃的比较教育史学观

朱勃先生的比较教育史学观集中体现在他的专著《比较教育史略》中。纵观全书，在框架理路上，名虽史略，但并不是将比较教育学史简化为比较教育思想史或比较教育国别史，而是将比较教育发展的不同阶段特点与国际教育发展趋势、民族国家教育传统紧密结合，比较教育思想史与制度史相结合，理论分析与实践探讨相结合；突出“学科时代”的微观与宏观的相关性。学科发展与时代发展共进并行的史学研究思路为我们认识理解比较教育打开了一条科学道路。史学视野开阔，厚积薄发之力跃然纸上。朱勃先生在对比较教育史的考察中，将比较教育发展划分为 4 个阶段，而且每一阶段的主题各异、特色鲜明。

在比较教育发展的“准备阶段”，着重于回答学科与学问的关系，明确二者的区别与联系：“从比较教育的历史渊源看，它确实是一门古老的学问，但从教育科学体系的建立看，它又是一门新兴的学科。”也就是说，比较教育学迄今只有 100 多年的历史，它自然是一门年轻的学科；但是，我们不能割断历史渊源来看一门学科的发展。在朱利安之前，就已经有人研究外国教育了。所以，“二者并不是矛盾的，而它正是一门学科从萌芽、发展到成熟的必然经历的过程”。这一论断的客观性和全面性在于它不割断历史，把比较教育学科建设的准备阶段和学科建设阶段有机联系起来，使比较教育史的理论框架更加全面和系统。

从内容上看，书中不仅关注到罗马、西欧等西方比较教育的发展，还特别对古代中国与朝鲜、日本、印度的文化教育交流做了详尽分析。这些研究盲点突破了以西方为中心的比较教育研究范式，是比较教育本土化的生动案例。

在以“教育借鉴”和“因素分析”为标志的两个比较教育学科建设阶段中，朱勃先生采用了社会背景分析与比较教育思想史相结合、侧重比较教育思想史的理论架构，以史论结合的方式对比较教育人物思想加以评述。以比较教育之父朱利安的分析为例。书中并没有简单地以“人物介绍—著作介绍”的方式行文，而是择其比较教育的思想精华从两个角度深入分析：一为系统学理分析。从探讨朱利安比较教育学原理的六大特点入手得出其学术独创性的结论，是当之无愧的比较教育之父。二为重点方法分析。着重分析朱利安所使用的问卷法，强调朱利安实证主义研究的特色，并通过分析其问卷法的分类范畴和使用功能，得出他希望用自然科学的归纳法研究比较教育、探索世界各国教育发展共同规律的目的。通过上述两个角度的解读，有助于深度了解朱利安对比较教育的卓越贡献，反映了朱勃先生谙熟比较教育原著的学术功底和以史促今的学术期待。

朱勃先生将比较教育发展的第四阶段主题定为“比较教育的新时代”。第二次世界大战后，朱勃先生敏锐地抓住了比较教育国际背景发生重大变化的现实，提出面向教育现代化已成为国际教育发展的总趋势，将比较教育研究所面临的主要课题确定为发展教育数量与提高教育质量，并以英国、美国和苏联三国教育改革为例，运用了大量第一手资料和数据进行了详细阐释，具有说服力。

鹤发银丝映日月，丹心热血沃新花。朱勃先生立足中国教育、放眼世界，以其学者的使命感，集毕生之力践行中国比较教育之梦。2019 年即将迎来朱勃先生 100 周年诞辰，我们恰处新时代的中国：比较教育的发展从研究领域至研究问题都更加广泛且深入；研究组织和人员不断扩大；2016 年成功举办了世界比较教育大会，在世界比较教育领域的影响力日益提升。回望改革开放以来中国比较教育的发展，每一步都离不开比较教育学者的共同努力，尤其像朱勃先生这样发挥开创性、奠基性作用的教育家，更值得我们去缅怀并继承他们的使命与责任继续前行。

原载《教育研究》2018 年第 5 期

借鉴时代的比较教育：朱勃比较教育思想择粹
——纪念朱勃先生诞辰100周年

施雨丹

朱勃先生是我国改革开放后首批参与比较教育学科建设的学者之一，他为我国比较教育恢复重建做出了历史性贡献：合作主编新中国第一本比较教育教科书；撰写新中国比较教育史学研究填补空白之作；编译出版新中国第一本比较教育史学、方法论著作；立足中国比较教育，参与创建学术组织和研究平台。曾与朱勃共事的顾明远先生称其为“新中国比较教育的开创者、奠基者”[①]，不仅表达了比较教育一代前辈的共识，更反映了朱勃先生为新中国比较教育发展发挥的开创性和奠基性作用。2019年即将迎来朱勃先生100周年诞辰，回顾世纪学者的为人为学，既是继承先辈传统之责任担当，也为今人开启比较教育未来明确发展方向。

一、朱勃先生的求真为学之路

（一）与封建家庭决裂，走上革命道路

朱勃，原名朱如初，1919年7月5日出生于云南省宣威县来宾乡观音堂村的一个富裕家庭。1936年前往昆明求学，考入昆华中学初级部。初中毕业时，朱勃先生因强烈反对封建包办婚姻，与家庭形成严重的对立，遂决定投考位于昆明的昆华高级工业职业学校，其原因就是学校有公费和贷款，可以摆脱家庭的经济限制。1939年，朱勃先生入读昆华高级工业职业学校，靠半

① 2017年9月25日笔者专门就朱勃先生对新中国比较教育发展的贡献访谈了顾明远先生。

工半读筹措生活费艰难度日。[①] 入学后，他开始对政治有了初步的认识，受当时中共地下党领导下的读书会的影响，入学当年就加入了中国共产党，担任学校地下党支部书记，任务是把同学团结在党组织的周围，抗日救亡，宣传解放区的革命事业。[②]

为了信仰而奋斗成为朱勃先生一生的追求，马克思主义既是他的政治思想指南，也是其学术思想的源泉。他的学术研究始终坚持以辩证唯物主义和历史唯物主义作为方法论基础，无论对比较教育学史的分析还是对教育未来发展的研判，都以马克思主义作为理论基础。

（二）忠诚革命事业，辗转贯学中西

朱勃先生的革命事业与学术生涯紧密结合在一起，形成了他多元的学术背景和始终如一的信仰人生。

求学期间，朱勃先生为了党的工作需要多次转换学科和专业：1941 年由于党员身份暴露，经党组织决定，改名为朱勃并赴华中大学[③]物理系学习，从工科转为理科；当时由于革命工作需要，难以完成校方规定的实验和作业，他毅然转入该校的英语专业，从理科转至文科。1948 年，朱勃先生经中共地下党组织批准赴美国哥伦比亚大学学习教育学，从外语专业转至教育学专业。他非常珍惜这次难得的学习机会，刻苦攻读，一年完成了两年的课程。1949 年秋，朱勃先生获得硕士学位。为了能够投身新中国的建设，他毅然放弃继续深造的机会，克服重重困难，绕道香港回到祖国。

回国后，朱勃先生认为，自己虽入党多年，但长期从事地下工作，没有机会系统学习马克思主义，现在新中国成立了，首先应提高马克思主义水平，才能更好地为党工作。由于当时云南尚未解放，组织关系无从联络，不能进入党校学习，他就积极争取进入华北人民革命大学[④]政治研究院学习。

1950 年 6 月，华北人民革命大学结业时，朱勃先生志愿回家乡为桑梓服务。但教育部分配朱勃先生到西北大学师范学院（陕西师范大学前身）工

---

① 2017 年，笔者就朱勃先生的政治信仰及学术人生专门访谈了朱勃先生的女儿朱乃肖教授。她介绍朱勃先生反对封建思想、走上革命道路的一段人生故事。

② 根据朱勃先生撰写《抗日战争时期昆华高级工业职业学校中共地下党的情况汇报（1939 年 3 月至 1941 年 9 月）》整理而成。

③ 华中大学是一所教会大学，华中师范大学的前身之一。

④ 1950 年 10 月 3 日，以华北人民革命大学为基础组建的中国人民大学隆重举行开学典礼。

作，他即响应号召服从分配，任西北大学师范学院教育系副教授兼师范学院党支部书记，开启了他教育学领域的教学、研究生涯。①

为了响应党“向苏联学习”的号召，教好教育学课程，朱勃先生开始自学俄文。无论党的工作和教学多么忙碌，每天他都按时完成自订的俄文学习计划，每天必读俄文至少一小时。② 1957 年 8 月，他被学校选派赴苏联莫斯科列宁师范学院进修教育学，虽然按规定副教授可以不写论文，但朱勃先生为了进一步掌握苏联教育理论和俄文，坚持完成了《直观教学理论与实践》的俄文论文。朱勃先生在《留苏学习总结》中也着重谈到了自己撰写论文的收获：“在苏联专家的指导下，不仅搜集整理了应用的论文材料，而且基本上掌握了进行科学研究的具体方法和步骤。”③ 他还特别强调，这对于回国后独立进行科学研究有着重大帮助。1959 年 9 月，朱勃先生学习期满回陕西师范大学工作，后因陕西师范大学教育系停办，1963 年 10 月朱勃先生奉命调到华南师范大学。

从美式教育转为苏式教育，虽为当时社会环境影响，但客观上使朱勃先生经历了美苏两大教育文化体系的碰撞，拓宽了对不同教育模式、体系的认识，能站在更广阔的视野上比较、发现美苏两国教育的共性和差异，为比较教育研究奠定了坚实基础。

（三）为学孜孜不倦，为术业有所专

朱勃先生的比较教育研究领域广泛，涵盖了基础教育、高等教育、职业教育、师范教育等领域，涉及美国、苏联、印度、澳大利亚、东南亚国家等不同国别、区域。他更关注比较教育学科建设领域，成果非常丰硕。

他在比较教育领域耕耘的 10 年正是比较教育与中国教育现代化发展联结最紧密、比较教育学科建设大发展的时期。朱勃先生深感时代之巨变与学术发展之机遇，希望将“文化大革命”10 年浪费的光阴补回来，加倍努力从事学术研究来建设祖国。当时国内比较教育资料匮乏，他凭借惊人的毅力

---

① 朱勃先生夫人肖前瑛教授在《关于朱勃同志的一些情况介绍》中谈到朱勃先生服从分配、为党服务的人生抉择。

② 朱勃先生夫人肖前瑛教授在《关于朱勃同志的一些情况介绍》中谈到朱勃先生刻苦学习俄文的情况。

③ 华南师范大学保存的朱勃先生档案中有一份他在 1959 年 8 月撰写的《留苏学习总结》，其中谈到了在科学研究和俄文水平等方面的收获。

和执着的学术追求，翻译、编写及撰写了大量论著，架起了中国连接世界比较教育的桥梁。这既得益于朱勃先生精通英俄两门语言的优势，也得益于他广泛的国际交流经验。朱勃先生作为当时我国著名的比较教育学者，先后赴印度、澳大利亚、英国、法国等国参加教育考察、学术会议等；同时邀请外国专家来华南师范大学访学，通过积极开展国际交流为改革开放之初了解、研究、借鉴外国教育打开了一条学术之路。

1988 年朱勃先生去世后，家人将其未发表的文稿及部分发表论文整理为《朱勃教育论文选集》，王承绪先生为其作序，细数两人在比较教育领域 8 年互相学习切磋，情真意切。王承绪先生用“立足中国、放眼世界”“借鉴国际经验，改革我国教育”这两句话来概括文集所贯穿的思想，亦是朱勃先生一生学术追求的写照。①

二、朱勃论比较教育的功能与特征

（一）比较教育的功能

改革开放以来，我国关于比较教育的界定有两种代表性的观点：一是强调比较教育的研究目的是发现教育的普遍规律和发展趋势；二是既强调找出教育的普遍规律，又指出比较教育研究的最终目标是借鉴外国教育的经验、教训，以改革本国教育。这两种观点的差异就在于对比较教育使命的定位是以认知性目的为核心还是以实践性目的为核心。

朱勃先生对比较教育的认识是建立在马克思主义认识论基础之上的。在他看来：“比较教育研究应该从各国实际出发，研究世界教育发展中的重大国际性教育问题，而不是从抽象定义出发，构思现实意义不大的形式上的理论体系。”他特别强调，要回答什么是比较教育，首先要从比较教育的功能视角来理解。朱勃先生认为比较教育有 3 个方面的功能：一要发现规律。研究教育的某些共同特点、发展规律及趋势。二要预测未来。朱勃先生认为，根据马克思主义认识论，只要科学地剖析教育发展的过去和现在，就可能看

① 朱勃先生逝世 5 周年之际，朱勃先生夫人肖前瑛教授拟整理出版《朱勃教育论文选集》，王承绪教授于 1994 年 7 月 22 日在杭州为其撰序。

出现代教育的大趋势。因此，比较教育要在探索规律和趋势的基础上，进行科学预测。三要为本国建设服务，这是最核心的功能，具体而言，就是为教育现代化服务。可以看出，朱勃先生对比较教育功能的认识是 20 世纪以借鉴为实践性目的的“借鉴论”思想的典型代表。

（二）比较教育的特征

在对比较教育的发现规律、预测未来、服务国家的功能定位后，朱勃先生从辩证唯物主义和历史唯物主义出发，认为比较教育具备自己的特征。一是国际性。从比较教育的研究范畴而言，比较教育主要研究两个或两个以上国家的教育，国际性不仅表现在跨国家、跨文化这一层面，还表现在促进世界各国教育专家、教育项目、教育信息等加强合作与交流的多元互动领域。二是可比性。这是从方法论角度强调比较教育的学科特征。朱勃先生强调比较教育研究要以国家为单位，以两国或两国以上的教育问题进行具体分析与综合对比。有比较才有鉴别，有鉴别才可能探索出符合客观规律的科学结论，实现比较教育研究的目的和功能。因此，可比性是学科属性使然，也是研究的科学性需要。三是综合性或跨学科性。朱勃先生从世界比较教育发展史出发，指出第二次世界大战后，跨文化、跨学科的综合性研究成为比较教育发展的重要趋势。对世界各国教育历史的、社会的、政治经济与文化传统进行具体分析和综合比较，需要有哲学、历史、政治经济学与社会学等方面的知识并熟悉这些学科的研究方法。因此，他主张研究比较教育的人，除教育学科外，还应具有至少一门，最好两门以上社会学科的知识与综合分析的工作能力。

朱勃先生对比较教育特征的认识有三个特点。一是重视从世界比较教育发展史角度看比较教育。朱勃先生早在 1981 年专门撰文探讨国外比较教育学的发展，从世界比较教育发展的总趋势总结和提炼了他对比较教育属性的认识。这就从历史源流上将我国比较教育与世界比较教育发展同步起来，但缺少对中国比较教育的本土性特征分析亦反映了时代的局限性。二是重视从比较教育本质属性看比较教育。改革开放之初，我国比较教育学界对比较教育的界定虽众说不一，但对比较教育学科的定位是很明确的，即“比较教育学科就是教育科学体系中的一个新的分支”。因此，朱勃先生探讨比较教育的出发点是从学科的视角出发归纳比较教育的共同属性，这就避免了因抽象定义或观点争论而影响对比较教育本质的认识。三是重视从发展的观点看比较教育。对比较教育特征的排序，朱勃先生最初将“可比性”放在首要位置，此后在专门论述比较教育的文章中则将“国际性”放在了第一位。① 说明朱勃先生对比较教育特征的认识是逐步深入的，这一顺序更好地厘清了研究对象与研究范式之间的逻辑关系。

三、朱勃论比较教育的时代使命

朱勃先生不仅强调比较教育研究的理论意义，而且强调比较教育在指导教育改革中的实践价值，也就是面向“中国需求”的教育借鉴与教育创新。他鲜明地提出了比较教育在中国发展的意义和价值是为了中国的教育现代化，强调“考察外国教育的历史经验和新鲜经验应以本国教育现代化为出发点和归宿点”。

（一）教育借鉴是历史发展的必然趋势

朱勃先生强调比较教育的借鉴功能。他从历史发展的角度指出：“进行本国教育改革时要借鉴国外的教改经验，这是历史发展的必然趋势。”世界著名的比较教育学家都把自己国家作为比较研究的对象国之一，都把本国教育革新作为比较教育研究的目的之所在。“教育改革的成功，离不开教育借鉴。”朱勃先生以新中国第一本比较教育教材《比较教育》为例，认为这本教材的“美中不足”就是没有把本国教育作为对象进行比较研究。他强调，要从马克思主义观点出发，“把本国列为比较研究的对象国是借鉴国外教育经验以促进本国教育发展的有效方式之一”。他主编的《世界教育文摘》中关于“国别教育的现状和趋势”内容的主要对象国就包括中国，他相信“今后我国借鉴国外经验，不是权宜之计，而是教育建设现代化的长期战略方针”。

---

① 1981 年朱勃在《国外比较教育学的发展》一文中将比较教育的特征列为可比性、国际性和综合性；此后在 1983 年发表的《论比较教育》一文以及为 1985 年出版的《中国大百科全书·教育卷》撰写的“比较教育学”词条中均列为国际性、可比性、综合性。

（二）要批判地进行教育借鉴

朱勃先生认为，研究和借鉴外国教育经验时，要着眼于中国教育的发展历史和实际状况，“绝对不是机械地‘借入’西方工业化国家的现成‘模式’”。比较教育的借鉴要本土化，只有这样，“异国的好经验才可能在本国的土壤上生根开花，结出有本国特色的果实，才能达到改革和创新的目的”。朱勃先生坚持中国发展需求，有深刻的中国问题意识，希望以发展比较教育学科为手段达致促进中国教育现代化建设的目标。他还特别指出比较教育与中国实际相结合的两条路径：一是要与中国几千年的历史文化传统相结合；二是要结合当前教育改革的实际情况，即建设中国特色的社会主义。他特别强调比较教育研究者要投入实践，即比较教育学者要投入于我国教育改革的实践中，将理论与实践相结合，这样更有利于收到良好的借鉴效果。

（三）比较、借鉴与创新三位一体

朱勃先生所处的时代正是中国急需向外国学习先进教育经验的“借鉴时代”。但对比较教育功能的认识上，朱勃先生从未停留于此，而是将比较、借鉴和创新融为一体。前文所述，朱勃先生认为借鉴是教育历史发展的必然趋势，我们要批判地借鉴别国的教育经验。在此基础上，还要结合中国实际进行创新：“各国教育的比较、借鉴与创新三者是相互联系的统一体，但重点在于从本国实际出发进行创新。比较教育学科产生和发展的过程是一个反复实践与不断创新的过程。”例如，朱勃先生在分析我国师范教育改革新中国成立前“全盘西化”、新中国成立后“全盘苏化”的事实时，特别指出造成这种情况的原因就是我们没有实事求是地解决借鉴与创新相结合的问题。因此，他提出了借鉴与创新相结合的师范教育发展策略：全面规划、因地制宜地建设中国式新型社会主义师范教育制度 。对比较教育创新功能的认识反映了朱勃先生的前瞻性学科理念，对我国比较教育学科建设具有重要的指导意义。

四、朱勃论比较教育的历史渊源与发展阶段

朱勃先生非常重视比较教育的学科建设，特别是比较教育学科史研究。

他用辩证的观点分析比较教育学科发展的历史，以比较教育历史发展的客观性为基础，突出强调了比较教育发展的时代特征和比较教育理论观点的时代性。

（一）比较教育研究的“古今”争论

比较教育是古老的学问还是一门年轻的学科？这是我国20世纪80年代初比较教育领域存在争论的观点。朱勃先生认为，这一争论的实质是如何处理“古”（历史）和“今”（现状和趋势）的问题 。我们要用辩证的观点理解这个问题：“一门学科的发展，它总是经历一个从萌芽发展到成熟的漫长过程。”也就是说，一门学科成为独立的学科之前，必然要经历储蓄思想资料和积累经验的过程。比较教育作为一门独立的学科，以1817年法国学者朱利安撰写的《比较教育的研究与初步意见》一书为开端，迄今只有100多年的历史，是一门年轻的学科；但是，我们不能割断历史渊源来看一门学科的发展。在比较教育学科诞生之前，就有很多人研究外国教育了。他以古希腊和罗马教育发展、中国与日本、印度等国教育交流为例，指出，古代世界各国之前教育交流虽受一定限制，但邻近国家间的文化教育交流是很频繁的。这些史实可以看作是比较教育的渊源，所以我们应该承认比较教育是一门古老的学问。基于此，朱勃先生认为：“比较教育既是一门年轻的学科，但它又是一门古老的学问，二者并不是矛盾的，而它正是一门学科从萌芽、发展到成熟的必然经历的过程。”这样辩证地看待比较教育学科史，既不割裂学科发展的历史，又能明确学科体系与零星经验之间的区别。

（二）比较教育学科的发展阶段

世界比较教育学界关于比较教育学科的发展阶段有两种代表性的观点：西方国家影响较大的诺亚与埃克斯坦的“五阶段论”和苏联比较教育学界主流观点“三阶段论”。朱勃先生认为，前者把比较教育学科的历史渊源与学科体系混淆，后者则完全忽略学科的历史渊源，两者的观点都各有其片面性。他从辩证唯物主义和历史唯物主义的观点出发，构建了比较教育发展史的4个阶段，全面把握了比较教育学科发展与历史渊源的关系，把古代教育交流活动作为比较教育学科建设的准备期，既符合比较教育学科产生和发展的规律，又尊重历史，系统全面。

在比较教育学科建设的准备阶段，分析框架打破了传统以西方教育为中心的写作思路，按中西方教育文化交流两条线索并行演进，特别强调中国与邻国日本、朝鲜和印度之间的交流。他认为，中国对世界文化教育交流做出的贡献，从比较教育的角度来看，“实际上已经起了一种跨国家和跨文化的作用，它为比较教育学科建设提供了必要的条件”。

在比较教育的借鉴阶段和因素分析阶段，朱勃先生采用了社会背景分析与比较教育思想史相结合、侧重比较教育思想史的理论架构，史论结合的方式对比较教育人物思想加以评述。这一理论框架的优势在于突出了不同时代和社会与国家教育的关系，但两部分特色和侧重点各有不同。在比较教育的借鉴阶段，工业革命与教育发展的关系日益密切，各国政府非常关注教育革新。朱勃先生重点着墨于分析各国对借鉴的认识和态度上。他认为，这一时期对教育借鉴的认识上存在两种不同的观点：开放派和保守派。其观点争论的本质是如何处理好借鉴外国经验与保持民族特性的关系问题。比较教育学者们的共识是主张“以本国教育传统为主体，外国教育经验为补充”。比较教育的因素分析阶段，朱勃先生对康德尔的评析是精华和重点。他认为康德尔比较教育学的精髓在于主张民族主义与民族特性对教育制度的决定意义。民族主义与民族特性是对一国教育制度的性质和发展起决定性作用的基本因素，制约了教育与国家关系的类型。

朱勃先生将第二次世界大战后比较教育学科的发展定位为“比较教育学科建设的新时代”。朱勃先生深刻认识到，第二次世界大战后，比较教育面临的时代背景发生了重大变化，发展教育数量和提高教育质量成为比较教育“新时代”的主题。朱勃先生将同一时期的美国、英国和苏联比较教育进行了比较论述。从其共性上得出三国比较教育都在“尽力开展综合性的国际比较，对世界各国教育的历史、现状和趋势进行调查研究，进行全球范围内的分析概括，以增进国际学术交流……使比较教育研究领域的共同因素日益增长”。同时也指出了苏联比较教育因其理论化、政治化及高度统一性等特点在比较教育的理论和方法上与美英两国的尖锐对立。

改革开放初期，中国教育发展“百废待兴”。朱勃先生为中国教育重现蓬勃生机欢呼雀跃，他立足中国实际，身体力行，以促进学科发展之实践，积极投身于中国教育现代化建设，提出了至今仍需比较教育学者思考且追寻的问题：比较教育的本土化与理论创新。1986 年，朱勃先生身患重疾，仍忘我工作，直至生命最后一刻。1988 年 12 月，朱勃先生辞世。朱勃先生好友王承绪先生感叹：“他过早地离开人间，是教育学术的巨大损失，是革命的巨大损失。”

朱勃先生从事比较教育研究的 10 年正是中国比较教育开拓与发展的 10 年，这是一段比较教育学者与中国比较教育共同成长的历史；是时代赋予的使命，更体现了一代学者为信仰、为学术全力以赴的内在自觉。他是中国比较教育学科恢复重建的见证者和参与者，是新中国比较教育的重要开创者和奠基人。

原载《比较教育研究》2019 年第 3 期

参考文献

[1] 施雨丹. 朱勃先生的学术人生及比较教育思想 [J]. 教育研究，2018 (5).
[2] 董秀华. 我国比较教育理论研究十七年：文献分析 [J]. 高等师范教育研究，1996 (5).
[3] 朱勃. 论比较教育 [J]. 课程教材教法，1983 (2).
[4] 生兆欣. 比较教育，为何研究：20 世纪中国学者的观点 [J]. 比较教育研究，2009 (12).
[5] 朱勃. 国外比较教育学的发展 [J]. 华南师院学报（哲学社会科学版），1981 (2).
[6] 王承绪，朱勃，顾明远. 比较教育 [M]. 北京：人民教育出版社，1982.
[7] 朱勃. 比较教育学科建设的探讨 [J]. 世界教育文摘，1985 (1).
[8] 朱勃. 从比较教育史看教育借鉴与改革 [J]. 世界教育文摘，1985 (4).
[9] 朱勃. 师范教育的比较及借鉴 [J]. 世界教育文摘，1981 (3).
[10] 朱勃，周德昌. 论比较教育科学的历史渊源及其发展阶段 [J]. 教育论丛，1983 (2).
[11] 朱勃. 当前比较教育研究中的几个重要问题 [J]. 世界教育文摘，1985 (2).
[12] 朱勃. 比较教育史略 [M]. 广州：广东高等教育出版社，1988.
[13] 何塞·加里多. 比较教育概论 [M]. 万秀兰，朱伦，顾明远，译. 北京：人民教育出版社，2001.
[14] 朱勃. 教育三面向与今日比较教育 [M]. 广州：广东高等教育出版社，1985.
[15] 朱勃. 比较教育学的发展 [J]. 外国教育动态，1981 (4).

后　记

一、缘起

初闻朱勃先生，源于2001年博士研究生入学考试的备考，《比较教育》教材封面上三位大家的名字被深深地印在脑海里，成为我认识比较教育的标志性符号。2005年到华南师范大学工作后，时常会听到大家提起朱勃先生，而真正与朱勃先生比较教育思想研究的缘分则始于2014年的冬天。

2014年12月中国教育学会比较教育分会第十七届年会在华南师范大学召开。正如顾明远先生回忆，华南师范大学作为比较教育学会五个创始单位之一，本应按“五大学轮流举办之约”在1985年承办第五届年会的，但因朱勃先生患病等原因未能实现。自那时起30年来，这是华南师范大学第一次举办比较教育年会。华南师范大学第一次“主场”举办的比较教育年会，是不是应让学术同仁们了解一些华南师范大学比较教育发展的历史呢？当时这个特别单纯的想法让朱勃比较教育思想研究走进我的视野。但那时的我，并未研读过朱勃先生的论著。对比较教育发展史和朱勃先生思想史的无知让我犹豫和胆怯，幸得当时比较教育学科带头人强海燕教授的支持，她把自己收藏的朱勃先生著作和译著拿给我，让我坚持这个想法，增强了我对朱勃比较教育思想研究的信心。但当时因会务繁忙，未能专注于思想研究，仅仅做了简要介绍，心中深感惭愧。此后的两年因出国等原因，朱勃先生比较教育思想研究就被置下来了。

二、再续

如果说研究朱勃先生比较教育思想的初衷是向来自全国的比较教育学者亮一下华南师范大学比较教育的“家底”，那么，再次专注朱勃先生比较教育思想研究则是出于对朱勃先生的学术担当和学术品格的敬仰。新中国第一本《比较教育》教材的主编是王承绪、朱勃和顾明远三位大家，但此后的再版教材已无朱勃先生参与，只因朱勃先生于1988年就离开了我们。当时的中国正值改革开放、百业待兴，正是朱勃先生为比较教育学科建设大展宏图之时，奈何天不假年、空留遗憾。那是一个思想和精力都集中于发展教育向前看的时代，并没有思想反思和积淀的意识与条件，朱勃先生去世后，他的比较教育研究就定格在20世纪80年代的中国。随着时间的推移和比较教育的蓬勃发展，比较教育后辈恐怕对朱勃先生是谁都不了解，也无从了解了吧。

朱勃先生在华南师范大学耕耘25年，一手创办了华南师范大学比较教育学科，把自己对学术研究的追求和热爱都寄托在中国比较教育的发展和华南师范大学比较教育这片沃土。作为后辈，我们能有这个平台可以栖息成长、滋养发展并进行身份塑造和归属感培养，完全得益于前辈的心力和智慧。因此，我们有责任以文本为媒，与朱勃先生的比较教育思想对话，与朱勃先生的人生理想对话，铭记历史的担当，汲取前行的力量。

三、回望

回望中国比较教育学术史，学术成就多者有之，影响比较教育发展大者有之，但很少遇到像朱勃先生这样“又红又专”的传奇人物。信仰和学术两条红线贯穿他的一生，很多看似矛盾的两面却完美地结合在一起。他虽出身地主家庭，但青年时代就与封建家庭决裂，成长为一名地下党员；他是信仰坚定的共产党员，亦加入民主党派九三学社，服务于党的统战工作；他追求学术进步，赴美留学，为国家建设需要，又赴苏联进修，精通英俄两门外语的教育学教授在20世纪60年代的中国寥若晨星；他立足中国、走向世界，出访英国、法国、澳大利亚、印度等国，对世界各国教育发展有着丰富的直观体验和深入研究，他的最终目的是通过比较教育研究之“技”，助力中国教育现代化之“用”；他意志坚定，虽在“文化大革命”中受到冲击，虽遭受接连失去一双儿女之痛，虽正当学术事业蒸蒸日上之时身患重病，朱勃先生仍能以乐观的革命精神面对人生困境。

有人说，一个人的价值不在于人生的长度，而在于人生的宽度、厚度和深度。人生的长度由自然规律决定，而人生的宽度、厚度和深度则是个人努力和时代命运相结合的结果。在社会变革与发展时期，只有主动迎接挑战的人才能不负时代赋予的使命和机遇。朱勃先生就是这样的人，他把个人价值与国家需要紧密联结在一起，绘就一幅个人与国家命运交织的时代画卷。

不同的时代有不同的时代主题，我们正处于大国崛起的新时代！回望前辈所走的路，那熠熠生辉的是他们历经苦难仍然坚守的理想和信念。这是新时代照耀我们前行的希望之光，唯砥砺前行，方不负韶华，无愧于我们的国家，无愧于我们的时代！

四、感谢

在朱勃先生诞辰100周年之际，负责组织和编辑朱勃先生的纪念文集是我的荣幸。

首先特别感谢顾明远先生的支持和鼓励，他在繁忙工作中不仅抽出时间接受我的采访，还为文集的出版题写书名、撰写序言。感谢之情自不在言，更重要的是，聆听顾明远先生回顾他和朱勃先生共事的一幕幕，特别是学术前辈们当年为比较教育学科发展协力共进的勇气和决心令我深受感动。

在搜集资料过程中，幸得朱勃先生女儿朱乃肖教授的帮助。她不仅为我们提供了朱勃先生的照片和仅存手稿、书信等，还统筹整理了文集中亲人怀念的文章，让本书的“纪念”意义更加丰满和立体。本书在重重困难中得以完成，与她对我们的帮助是分不开的，在此，特别向朱乃肖教授表达由衷的敬意。

本书的出版可谓共襄之举。感谢广东省教育研究院汤贞敏院长的大力支持；感谢华南师范大学教育科学学院院长卢晓中教授的指导和帮助；感谢华南师范大学教育学一级学科带头人扈中平教授专门从华南师范大学现代教育研究与开发中心拨付经费为本书出版提供资助；感谢广东高等教育出版社陈博霞编辑，她为本书文稿精选、校对、风格设计等多次到华南师范大学和我讨论，只为精益求精，保证出版质量。

本书的策划编写离不开华南师范大学国际与比较教育研究所同仁的支持。华南师范大学比较教育学科带头人柯森教授，不仅全程关注文集的编辑工作，还专门为本书撰写了纪念文章。每每遇到拿捏不准的问题，我总是第一时间去找他释疑；国际与比较教育研究所现任所长马早明教授不仅时时督促和鼓励，还为本书编写提供了宝贵的历史资料。同时，北京师范大学国际与比较教育研究院滕珺副教授在本书编写过程中给我诸多帮助，在此一并表示深深的谢意。

本书选编了我个人发表的两篇朱勃比较教育思想研究的文章。《朱勃先生的学术人生及比较教育思想》发表在《教育研究》2018 年第 5 期，感谢《教育研究》杂志社和高宝立教授为朱勃比较教育思想研究提供了平台；《借鉴时代的比较教育：朱勃比较教育思想择粹》发表在《比较教育研究》2019 年第 3 期，感谢刘宝存教授和鲍东明教授对论文的指导和帮助。

研究朱勃先生比较教育思想，内心既充满敬意又诚惶诚恐，深感我个人水平所限不能领略其要义、把握其精华，唯有扎实努力，方不负学科前辈。历经两年资料收集，整理朱勃先生的论文和著作，查询历史档案，访谈与朱勃先生共事过的老前辈，历史脉络渐渐清晰的过程亦是欣喜和遗憾交织碰撞的过程。与朱勃先生共事的前辈有些已经去世，在世的前辈年事已高，很多往事已经忘记；世事变迁，朱勃先生当年的手稿几乎都遗失了……不想面对但必须面对的事实告诉我们：如果能早一点、再早一点留下历史的记录该多好……令人欣慰的是，还好我们已经起步！

在本书整理资料的过程中，我的学生王嘉茉从研究生二年级开始，帮助我整理朱勃先生发表在《世界教育文摘》上的文章，如今她已毕业将近一年，想来他们的成长就是时间最好的丈量吧！在读学生刘腊艳、张宇萌、刘薇、薛二焕、谢薇对本书的文献整理和文字校对等都尽其所能；编写这书著作的过程，亦是我和学生们交流、反思和共同学习的过程。我们深知，这是属于华南师范大学比较教育的共同记忆，我们愿意为它守候！

最后，感谢为本书编写付出心力的所有人！

是为后记。

施雨丹

2019 年 4 月 10 日